迈向高质量发展

Towards High-quality Development

张　琦　张生玲　主编

经济管理出版社
ECONOMY & MANAGEMENT PUBLISHING HOUSE

图书在版编目（CIP）数据

迈向高质量发展/张琦，张生玲主编．—北京：经济管理出版社，2023.8
ISBN 978-7-5096-9216-5

Ⅰ.①迈… Ⅱ.①张… ②张… Ⅲ.①中国经济—经济发展—研究 Ⅳ.①F124

中国国家版本馆 CIP 数据核字（2023）第 169294 号

组稿编辑：郭丽娟
责任编辑：郭丽娟
责任印制：黄章平
责任校对：张晓燕

出版发行：经济管理出版社
　　　　　（北京市海淀区北蜂窝 8 号中雅大厦 A 座 11 层　100038）
网　　　址：www.E-mp.com.cn
电　　　话：(010) 51915602
印　　　刷：唐山玺诚印务有限公司
经　　　销：新华书店
开　　　本：720mm×1000mm/16
印　　　张：20.5
字　　　数：400 千字
版　　　次：2023 年 10 月第 1 版　　2023 年 10 月第 1 次印刷
书　　　号：ISBN 978-7-5096-9216-5
定　　　价：98.00 元

前　言

　　高质量发展是"十四五"乃至更长时期我国经济社会发展的主题，关系我国社会主义现代化建设全局。党的二十大报告指出，"高质量发展是全面建设社会主义现代化国家的首要任务"。高质量发展是体现新发展理念的发展，是创新成为第一动力、协调成为内生特点、绿色成为普遍形态、开放成为必由之路、共享成为根本目的的发展。高质量发展就是全面推进经济建设、政治建设、文化建设、社会建设、生态文明建设，使各领域都体现高质量发展的要求，促进现代化建设各个环节、各个方面协调发展。

　　为全面准确地理解和阐释我国的高质量发展、见证和记录高质量发展的实践进程，继《绿色经济与转型》和《新时代中国经济》两部论文集出版后，北京师范大学经济与资源管理研究院校友分会又策划出版了《迈向高质量发展》论文集，共收录了21篇北京师范大学经济与资源管理研究院师生和校友最新的代表性研究成果，充分展现了大家对高质量发展理念的理解和探究。这三本论文集的出版在一定程度上呈现出研究院一直以来对国家经济社会发展趋势的密切关注和实践探索。期待在未来，广大校友和师生能继续发扬"聚贤为国，立志成才"的院训精神，在更广的领域和更深的层面进行研究和探索，为"服务于国家重大需求"而做出更多贡献。

　　在论文的收录过程中，我们牢牢地把握实现经济高质量发展的几个关键点：一是体现稳增长，稳中求进的宏观总基调。实现经济稳增长目标，是实现中国式现代化发展目标的前提，也是高质量发展的重要保障。二是推动巩固脱贫攻坚成果与乡村振兴有效衔接，全面推进城乡融合发展。三是坚持走绿色低碳发展道路。绿色低碳转型是经济结构优化和产业升级的必经之路，绿色化和低碳化是满足人民日益增长的美好生活需要的必然要求，"双碳"目标为促进经济绿色转型和生态环境改善设置了时间表和路线图。四是深入实施创新驱动发展战略，加快建设科技强国，激发科技成果转化活力，助力经济社会高质量发展。

围绕高质量发展的几个关键点，本书分为四个部分，分别是"增长与发展""乡村振兴""绿色低碳发展"和"创新驱动"。其中，"增长与发展"篇收录了5篇文章，主要包括质量理念、新发展格局、经济形势和要素市场化等内容；"乡村振兴"篇收录了6篇文章，主要包括乡村振兴、社会资本和农业绿色发展等内容；"绿色低碳发展"篇收录了5篇文章，主要包括绿色金融、低碳发展、资源型城市和自然资源等内容；"创新驱动"篇收录了5篇文章，主要包括智慧城市、绿色创新、创新空间和创新能源体系等内容。收录的文章多数坚持问题导向，既有理论分析又有实证探索，还有资政报告，涉及多方面、多领域、多层级，具有多元性、广泛性、思想性和实践性，对社会关切的热点和难点问题进行研究。本书的出版充分体现了北京师范大学经济与资源管理研究院广大校友和师生的家国情怀和社会责任，也彰显出"以文资政"的智库特色和良好的学术氛围。

　　本书能够顺利出版，要特别感谢北京师范大学经济与资源管理研究院名誉院长李晓西教授的支持，他为研究院的建立和发展指明了方向、贡献了智慧；感谢北京师范大学经济与资源管理研究院党总支书记、北京师范大学中国扶贫研究院院长张琦教授，他在扶贫脱贫机制的理论与政策、绿色减贫理论与实践、中国扶贫经验推广应用和国际交流合作等领域作出了巨大贡献；感谢北京师范大学经济与资源管理研究院的全体在校师生，大家积极参与了乡村振兴、"一带一路"、绿色低碳发展和创新驱动等国家重大战略部署，为本研究院的研究工作和人才培养贡献了学术力量；感谢广大校友分享工作上的思考，为高质量发展建言献策。最后，感谢北京师范大学经济与资源管理研究院硕士研究生贺易楠在论文集整理、编排、校对等方面的辛苦付出，同时，感谢经济管理出版社优秀编辑团队的高效工作，保证了本书的如期出版。

张生玲

2023年3月6日

目　录

第四篇　创新驱动

第一篇　增长与发展

经济发展质量理念的早期阶段[*]

李晓西^{**}

  在第十届全国人民代表大会第四次会议通过的《中华人民共和国国民经济和社会发展第十一个五年规划纲要》（以下简称《纲要》）中，39 处提到了"质量"①，从不同的角度和不同的层面提到了质量问题，体现出一种新的质量理

---

  * 原文发表在《北京师范大学学报（社会科学版）》2006 年第 2 期，原名为《质量理念的新拓展》，部分内容有删节。

  ** 作者简介：李晓西，著名经济学家，中国市场化理论的先驱，国务院特殊津贴专家，北京师范大学经济与资源管理研究院名誉院长。

  ① 分别是：（1）提高发展质量；（2）城乡居民生活质量普遍提高；（3）坚持最严格的耕地保护制度，确保基本农田总量不减少、质量不下降；（4）提高耕地质量；（5）健全农业技术推广、农产品质量安全和标准、动物防疫和植物保护、认证认可等服务体系；（6）推进农产品批发市场建设和改造，促进农产品质量等级化、包装规格化；（7）对增产潜力大的中低产田加大耕地质量建设力度；（8）建设和完善动物疫病监测预警、预防控制、检疫监督、兽药质量监察及残留监控、防疫技术支撑、防疫物质保障六大系统；（9）农产品质量安全检验检测体系；（10）建设国家级农产品质量标准与检测技术研究中心；（11）提高钢铁产品档次和质量；（12）提高农药质量；（13）以节约能源资源、保护生态环境和提高产品质量档次为重点，促进建材工业结构调整和产业升级；（14）提高玻璃等建筑材料质量及加工深度；（15）推进建筑业技术进步，完善工程建设标准体系和质量安全监管机制；（16）发展建筑标准件，推进施工机械化，提高建筑质量；（17）着力打造自主品牌，提高质量；（18）鼓励家用电器、塑料制品和皮革及其他轻工行业开发新产品，提高技术含量和质量；（19）健全金融体系，完善服务功能，创新服务品种，提高服务质量；（20）要改变依靠大量占用土地、大量消耗资源和大量排放污染实现经济较快增长的模式，把提高增长质量和效益放在首位；（21）对重点开发区域，要综合评价经济增长、质量效益、工业化和城镇化水平等；（22）提高建筑物质量；（23）有效控制污染物排放，尽快改善重点流域、重点区域和重点城市的环境质量；（24）各地区要切实承担对所辖地区环境质量的责任；（25）实行环境质量公告和企业环保信息公开制度；（26）促进职业教育和普通高中教育协调发展，提高办学水平和质量；（27）提高高等教育质量；（28）把高等教育发展的重点放在提高质量和优化结构上；（29）稳步发展普通本专科和研究生教育，提高高层次人才培养质量；（30）以完善信贷、纳税、合同履约、产品质量的信用记录为重点，加快建设社会信用体系，健全失信惩戒制度；（31）积极发展对外贸易，促进对外贸易由数量增加为主向质量提高为主转变；（32）加强对出口商品价格、质量、数量的动态监测；（33）构建质量效益导向的外贸促进和调控体系；（34）提高利用外资质量；（35）提高老年人生活质量，保障老年人权益；（36）加强对医疗卫生服务行为、服务质量和药品市场的监管；（37）提高文化艺术产品质量；（38）"西新工程"加强西藏、新疆等地区广播电视设施建设，扩大覆盖范围，提高收听收看质量；（39）加强民兵预备役部队质量建设。

念。质量新理念的付诸实践，有助于我国经济社会的持续发展，有助于和谐社会的构建，值得研究和重视。这反映出在我国经济发展的新形势下，质量问题具有越来越重要的意义，质量理念在改革开放的实践中也大大拓展。本文分别从质量载体、质量领域、质量生态和质量范围四个方面阐述我们对质量理念新拓展的理解。

一、质量载体：从企业为主拓展到既有企业也有国民经济整体

传统的"质量"多指产品质量，换言之，质量载体是微观的具体的一种物质；进一步讲，还包括企业的服务质量，这也可以看作一种"产品"质量。而在新形势下，质量不仅包括企业产品质量，还包括经济发展和增长质量，即从宏观角度考虑的质量。《纲要》不仅赋予了传统的产品质量新的内涵，还将质量理念拓展到宏观与微观主体上。

《纲要》提出"提高钢铁产品档次和质量"和"以节约能源资源、保护生态环境和提高产品质量档次为重点，促进建材工业结构调整和产业升级"，这里明确指出是产品质量，更准确地说是钢铁、建材等原材料工业产品的质量，对"质量"的理解也与国际国内相关管理机构和学术界有着共同性。按照国际标准化组织（ISO）制定和颁布的 ISO9000：2000《质量管理体系——基础和术语》中"质量"的定义，"产品质量"是指产品的"一组固有特性满足要求的程度"。《中华人民共和国产品质量法》（2000 年修订版）规定，产品质量应当符合三项条件，即：产品不存在危及人身、财产安全的不合理的危险，有保障人体健康、人身财产安全的国家标准、行业标准的，应当符合该标准；具备产品应当具备的使用性能；符合在产品或者其包装上注明采用的产品标准，符合以产品说明、实物样品等方式表明的质量状况。《纲要》还提出要提高"农药质量"和"建筑物质量"，完善"兽药质量监察"系统和"产品质量的信用记录"等，显然，这些都属于产品质量。就我国产品质量而言，还存在不少问题。除存在达不到以上三条标准的普遍问题外，还有一些生产品和消费品的消费者不满意的方面。比如，一些产品质量不能保持持续性，不能按照产品创新、发展、成熟、规模生产的生命周期保持并提高质量，往往在市场需求量大的情况下，只顾产品的数量而不能保证产品质量，出现一种"萝卜快了不洗泥"的现象，导致企业产

品的生命周期可能缩短。再如，当前产品过度包装的情况非常严重。过度包装不仅增加了产品的正常成本，不利于产品质量的保持和提高，还造成资源浪费，产生过多垃圾。在很多情况下，过度包装还侵犯了消费者的权益，因为它造成的产品成本上升被商家转嫁到消费者身上。

从微观角度来看，企业质量理念也在新形势下有所拓展，这主要体现在企业要发展自主知识产权和知名品牌上。截至 2006 年，我国自主创新能力远低于发达国家。全世界 86% 的研发收入、90% 以上的发明专利掌握在发达国家手里，80% 的研究开发由世界 500 强企业创造和拥有；而我国高新技术增加值仅为制造业的 8%，2/3 的企业没有研发活动。同时，我国自主品牌在国际竞争中表现不佳。截至 2006 年，占全球 10% 的知名品牌占据了我国 60% 的市场份额。2005 年 8 月 1 日出版的美国《商业周刊》发布了"全球品牌 100 强"榜单，美国品牌过半，中国企业无一上榜。我国是全球最大的纺织品服装出口国，但是有品牌的服装不到出口额的 1%。《纲要》提出"十一五"时期要努力实现"自主创新能力增强，研究与试验发展经费支出占国内生产总值比重增加到 2%，形成一批拥有自主知识产权和知名品牌、国际竞争力较强的优势企业"的目标，这对我国企业通过创新而提升质量具有重要意义。

综上所述，质量管理部门要继续对传统的产品质量进行监管，把标准化工作与质管工作结合起来；企业要以卓越质量目标统率产品开发、设计、生产、销售等环节，重视发展自主知识产权和知名品牌，要重视结合资源节约型社会的构建之机，提高企业产品质量的生态性。

另外，《纲要》中特别提出了经济发展和增长质量，这是一种新拓展的质量概念，或者说是一种以宏观主体为载体的质量理念。这种理念的提出是与我国改革与开放的实践进程分不开的。实行改革开放后，我国经济快速增长，GDP 从 1978 年的 3624 亿元增加到 2004 年的 136876 亿元，按可比价格计算，年均增长 9.4%。但在经济迅猛增长的同时出现了一种倾向，即注重经济增长数量的提高，忽视经济增长质量的提升。在经济快速增长的同时，我国还存在经济增长成果分配不公平、经济结构趋同化、人民群众多方面需求不能满足等问题。因此，把经济增长速度作为唯一目标，甚至不惜以盲目建设、资源大量消耗、环境污染、效益降低等为代价，是不可取的。我们在考察经济增长数量的同时，也要对质量进行考察。

经济发展和增长质量的提高表现在多个方面。就"十一五"时期而言，主要体现在以下五个方面：第一，在经济增长中降低消耗。据统计，2003 年我国 GDP 约占世界的 4%，但资源消耗却很高，包括石油、原煤、铁矿石、钢材、氧化铝、水泥等，分别约占世界消费量的 7.4%、31%、30%、27%、25% 和 40%。

其结果就是，贫瘠的自然资源无法支撑高资源耗费的经济粗放型增长。2004年，我国万元GDP能耗1.58吨标准煤，比上年增长5.3%。《纲要》要求到2010年，单位国内生产总值能源消耗比2005年降低20%左右，这意味着"十一五"时期年均节能要达到4.4%。第二，基本遏制生态环境的恶化。我国经济快速增长对生态环境造成了巨大压力，生态环境形势十分严峻。比如，2004年我国人均森林覆盖率大约只有0.1公顷，相当于世界平均水平的1/5，美国人均水平的1/10。《纲要》明确指出，在未来五年内，要使"生态环境恶化趋势基本遏制，主要污染物排放总量减少10%，森林覆盖率达到20%，控制温室气体排放取得成效"。第三，在经济增长中保持国际收支基本平衡，这也是《纲要》提出的"十一五"时期要努力实现的目标。在贸易问题上，我们不仅要彻底转变观念，放弃以追求顺差为目标的传统做法，确立以国际收支平衡为目标的政策，综合权衡经常账户和资本账户，而且要加快从贸易大国到贸易强国的转变，从以数量扩张为主转向质量和结构提升的轨道上来，使我国的开放型经济达到新水平。第四，协调经济增长与社会发展。虽然20世纪90年代前期我国就已提出经济与社会协调发展问题，但真正引起人们高度重视还是在"非典"时期。2003年"非典"暴露出我国公共管理体制存在很多问题，以及经济与社会发展不够协调的严峻现实。此后，国家加强了这两方面的协调，在完善社会发展体制方面做了大量工作。第五，以人为本的经济发展和增长。以人为本的经济发展和增长就是要重视提高人们的生活质量。"生活质量"是一个源于西方的概念。1958年，美国经济学家加尔布雷斯在《富裕社会》一书中首次提出了"生活质量"的概念，他认为这个世界的目的不是消费，而是生活的效益和享受，这就是生活质量。1971年，美国经济学家罗斯托在《政治和增长阶段》中提出了"追求生活质量的阶段"，并认为该阶段的主导部门是"质量部门"[①]。罗斯托的"生活质量"包括两个方面：一是自然方面，即居民生活环境的美化和净化（罗斯托曾以污染为例讨论这一问题）；二是社会方面，即社会教育、卫生保健、交通、生活服务、社会风尚乃至社会治安等的改善。《纲要》充分体现了以人为本的理念，在其实现的目标要求中，提出"城镇居民人均可支配收入和农村居民人均纯收入分别年均增长5%，城乡居民生活质量普遍提高，居住、交通、教育、文化、卫生和环境等方面的条件有较大改善"，甚至专门提出了要"提高老年人生活质量，保

---

① 罗斯托认为，"质量部门"包括公共投资的教育、卫生保健、住宅建设、城市及郊区的建设、社会福利等部门，以及私人投资的教育、卫生保健、文化娱乐、旅游等部门，亦即由公共和私人投资的各服务部门。

障老年人权益"；要"加强对医疗卫生服务行为、服务质量和药品市场的监管，降低药品虚高价格"；在文化生活方面也有具体的要求，比如要"推进文化创新，实施精品战略，繁荣艺术创作，提高文化艺术产品质量""加强西藏、新疆等地区广播电视设施建设，扩大覆盖范围，提高收听收看质量"等。

总之，从《纲要》中，我们看到了一种新的质量理念，就是要正确处理经济增长数量和质量的关系，把提高经济发展和增长质量放在重要的位置；还看出经济发展和增长质量的提出，给质量理念注入了新的生机。现在，宏观与微观主体共同承载"质量"这一理念。

二、质量领域：从工业为主拓展到各类行业

传统的质量理念多局限在工业领域内，这与中华人民共和国成立后我国走上工业化道路是分不开的。经过几代人的努力奋斗，我国经济形势已发生了翻天覆地的变化。在新形势下，质量理念不仅涵盖了工业领域，还拓展到各类行业。在《纲要》中，除提出要"巩固和提高轻纺工业""提高建筑质量"等工业产品质量问题外，还将质量理念拓展到农业、金融业、高等教育等行业。

在《纲要》中，强调要"提高耕地质量"，要"促进农产品质量等级化"，健全"农产品质量安全"体系。"农产品质量"可分为两大类：一是产品本身的生物学特性指标，二是食物卫生安全指标。消费者对农产品质量的要求是不断变化的，从不太注重质量到高度重视质量变化，从关注产品本身的生物特征向关注食品安全变化。从污染的途径和因素考虑，农产品的安全问题大体可分为物理性污染、化学性污染、生物性污染和本底性污染四种类型[1]。而我国农产品质量安全工作的重点是要解决化学性污染及其相应的安全隐患。20 世纪 90 年代，各地政府开始重视农产品质量安全问题。2001 年，经国务院批准，农业部启动了"无公害食品行动计划"，并首先在北京市、天津市、上海市和深圳市四个城市进行了试点。2003 年，"无公害食品行动计划"在全国范围内全面开展。经过几年的努力，我国农产品质量安全体系建设成效显著，保障能力明显加强，农产品

---

① 物理性污染是指由于在农产品收获或加工过程中操作不规范，不慎在农产品中混入有毒有害杂质，导致农产品受到污染。化学性污染是指在生产、加工过程中不合理使用农药、兽药、渔药、添加剂等化学合成物质而对农产品质量安全产生的危害。生物性污染是指自然界中致病性细菌、病毒以及毒素污染等对农产品质量安全产生的危害。本底性污染是指农产品产地环境中的污染物对农产品质量安全产生的危害。

质量安全整体状况明显改善。据农业部 2005 年的前三次例行监测，按照 CAC①标准判定，我国 37 个城市蔬菜农药残留监测结果平均合格率为 94.2%；一个以农业国家标准为龙头、农业行业标准为主体、地方农业标准为基础、企业标准为补充的全国农产品质量标准体系框架已初步形成。当然，我们也要看到，我国农产品质量安全问题并没有完全解决：高毒禁限农药仍未绝迹；无公害农产品、绿色食品和有机食品总量发展规模不够，难以满足消费者的需求；农产品和农用生产资料市场秩序有待进一步规范等。如果这些问题不能得到妥善解决，我国农业就难以持续发展。

《纲要》还将质量的领域扩展到金融行业。《纲要》中指出要"健全金融体系，完善服务功能，创新服务品种，提高服务质量"。截至 2004 年底，银行业金融机构总资产达到 30 余万亿元，与改革开放初期的 1980 年相比增加了 100 余倍。金融资产数量越多，质量越重要。金融资产质量，可以与我们通常关注的金融资产盈利性、安全性和流动性结合起来。我们要加强对金融资产质量的管理，合理控制资产总量，优化结构配比，降低资产组合的整体加权风险，促进流动性、安全性和盈利性的协调运作。要使金融业更好地服务于国民经济发展，更重要的还是要提高服务质量。这表现在很多方面，主要是：规范发展多种所有制形式的中小银行以及证券公司、财务公司、融资租赁公司、基金管理公司等非银行金融机构；鼓励金融创新，稳步发展综合类金融服务，支持发展网上金融服务；积极发展面向中小企业的融资和小额信贷；完善支付结算体系，提高支付清算效率；健全金融市场的登记、托管、交易、清算系统；发展境外金融服务和外汇风险管理，为企业跨境经营提供便利服务和外汇避险工具等。

高等教育质量一直是世界各国普遍关心的问题，《纲要》对此也给予了特别的关注。1998 年，世界高等教育大会在《21 世纪的高等教育：展望和行动》中提出，高等教育的质量是一个多层面的概念，包括高等教育的所有功能和活动；教学与学术计划、研究与学术成就，教学人员、学生、校舍、设施设备，社会服务和学术环境等，还包括国际交往工作；知识交流、相互联网、教师和学生流动、国际研究项目等。当然要注意本民族的文化价值和本国的情况，应该考虑多样性，避免用一个统一的尺度来衡量高等教育质量。建立中国高等教育质量保障体系是我们跨入 21 世纪后所面临的重大任务。近年来，我国高等教育事业实现了数量上的超常规发展，但师资力量不足、学生素质不高、学生就业困难等现象

---

① "CAC"是国际食品法典委员会（The Codex Alimentarius Commission）的简称，是联合国粮食和农业组织（FAO）和世界卫生组织（WHO）于 1961 年建立的政府间协调食品标准的国际组织。

日益突出，高等教育自身发展状况也迫切要求提高教育质量。因此，《纲要》提出要"提高高等教育质量""把高等教育发展的重点放在提高质量和优化结构上，加强研究与实践，培养学生的创新精神和实践能力""稳步提高高等教育大众化水平，稳步发展普通本专科和研究生教育，提高高层次人才培养质量"，这对实现科教兴国战略、提升我国学术水平和社会服务能力具有非常重要的意义。

三、质量生态：从产品实体质量拓展到实体与环境两种质量

　　传统的质量理念多局限在实体范围内，注重的是产品等物质实体质量的提高。在《纲要》中，质量理念拓展到了环境领域，提出了环境质量问题。《纲要》提出"尽快改善重点流域、重点区域的环境质量"。这里的"环境"主要是指生态环境，是需要人类加以保护的自然环境；"环境质量"也就是"生态环境质量"，即生态环境的优劣程度。

　　"环境质量"的提出与我国当前经济发展所面临的严峻形势是分不开的。我国面临生态环境的恶化。首先，主要污染物的排放量大。2003 年，我国主要水污染物化学需氧量超过环境容量的 62%，二氧化硫排放量超过环境容量的 81%；城市空气污染仍处于较重水平，监测的 340 个城市中有 27% 属于严重污染。其次，污染结构发生变化。工业污染所占比重下降，生活污染比重上升。2003 年，我国生活污水超过工业废水，占废水排放总量的 53%。农村面源污染呈加重趋势，一些大城市出现了煤烟和汽车尾气复合型污染，室内空气污染也日益突出。最后，生物多样性遭到破坏。野生物种的栖息地遭受破坏，外来物种入侵加剧；土地和森林退化，河流断流，湖泊萎缩，滩涂消失，天然湿地干涸，生态失衡十分突出。如果继续走"先污染、后治理"的发展道路，要保证 2020 年经济总量在现有基础上翻两番，污染负荷会增加 4~5 倍。这不仅意味着中国自身的增长难以持续，而且对全球环境的影响也将是灾难性的。因此，"环境质量"的提出，作为质量理念的新拓展，有着重要的现实意义。我们一定要按照《纲要》提出的要求，加大环境保护力度：坚持预防为主、综合治理，强化从源头防治污染，坚决改变先污染后治理、边治理边污染的状况；以解决影响经济社会发展，特别是严重危害人民健康的突出问题为重点，有效控制污染物排放，尽快改善重

点流域、重点区域和重点城市的环境质量；加大"三河三湖"等重点流域和区域水污染防治力度，加大重点城市大气污染防治力度，加快危险废弃物处理设施建设，妥善处置危险废弃物和医疗废弃物。我们相信这些措施的落实，对提高我国环境质量、保证我国经济社会健康发展有重大意义。

四、质量范围：从国内范围的质量理念拓展到对外贸易质量和利用外资质量

传统的质量理念承载对象比较单一，范围也相对较窄。随着我国经济发展和对外开放的深入，质量理念的范围得到进一步拓展。这里，我们重点分析对外贸易质量和利用外资质量。

《纲要》提出要"促进对外贸易由数量增加为主向质量提高为主转变"。2004年，我国外贸进出口总额达到1.15万亿美元，跃居世界第三位。虽然对外贸易数量取得了长足发展，但是，我国的外贸增长是建立在较高资源和能源消耗基础上的，出口产品附加值低、经济效益差。对外贸易的质量不高，主要表现在：①我国货物贸易迅速增长，服务贸易发展相对滞后。1997~2003年我国服务贸易出口年均增长11.3%，而货物贸易出口年均增速高达30.2%。2003年，我国货物贸易出口位居世界第四位，占世界货物贸易的比重为5.9%；而服务贸易出口居世界第九，占比仅为2.5%。②我国位于国际产业分工链条的低端，出口贸易额的55%以上来自加工贸易。2004年，我国加工贸易机电产品出口占加工贸易出口的比重为73.1%，占机电产品出口的比重为74.2%。高新技术产品90%以加工贸易形式出口，其中，位于高新技术产品出口前列的大宗商品如笔记本电脑、等离子彩电及DVD等商品95%以上也是以加工贸易形式出口。③我国高耗能、高污染和资源性产品出口过快增长。2004年我国钢坯、钢材、未锻轧铝、铁合金、焦炭分别出口605.8万吨、1423万吨、168万吨、219万吨和1501万吨，同比分别增长312.1%、104%、34.8%、20.5%和2%；尽管国家已取消了铁合金等17种商品（2005年1月1日实行）和钢坯等商品（2005年4月1日实行）的出口退税，2005年上半年钢坯、钢材、未锻轧铝、铁合金、焦炭出口仍增长较快，分别比上年同期增长262.4%、154.1%、21.9%、17%和16.2%。④我国技术进口以引进国外生产线和机器设备等硬技术和成熟技术为主，专利和专有技术、尚未商业化技术引进较少。2004年我国技术进口合同总金额138.6亿美

元，其中成套设备、关键设备、生产线和技术咨询、技术服务所占比重达到52.3%，专业技术所占比重仅为29.8%。为提高对外贸易质量和效益，《纲要》提出要按照发挥比较优势、弥补资源不足、扩大发展空间、提高附加价值的要求，积极发展对外贸易，并具体要求到2010年货物贸易、服务贸易进出口总额分别达到2.3万亿美元和4000亿美元。为此，应优化进出口商品结构，扩大具有自主知识产权、自主品牌的商品出口，控制高能耗、高污染产品出口，鼓励进口先进技术设备和国内短缺资源，完善大宗商品进出口协调机制；发展加工贸易要提高产业层次和加工深度，增强国内配套能力，促进国内产业升级；大力发展服务贸易，不断提高层次和水平；要健全外贸运行监控体系，完善外贸管理体制，实现对外贸易增长方式的转变。

《纲要》还提出要"提高利用外资质量"。"利用外资质量"是指引进和利用的外资对利用方产生效应的优劣程度。截至2004年底，全国累计合同利用外资10966亿美元，实际使用外资5621亿美元。2004年，我国实际利用外资606.3亿美元，占当年固定资产投资总额的7.16%。虽然我国利用外资的数量已经不小，但是质量方面还存在较大问题，主要表现在：①农业和服务业实际利用外资过少。经计算，2004年我国实际利用外商直接投资的71%集中在制造业，农业和服务业所占比重分别仅为1.8%和23.2%[①]。而全球跨国投资总额中有60%属于服务业领域，该领域的大量资金和成套技术与管理能力正是我国发展所迫切需要的。②中西部利用外资数量偏低。据统计，2005年1~7月东部地区实际吸收外资占全国的九成；中部和西部地区分别仅为6.7%和3.1%。③对引进的技术的消化吸收能力较弱。多年来，我国引进技术的投入与引进技术消化、吸收、创新投入的比值只有1:0.07，而日本和韩国的这一比例高达1:8左右。我国对外资消化吸收能力的不足制约了企业自主创新能力的提高，限制了国内知名品牌的发展和国际竞争力的提升。④引进外资的社会效益不高。一些外商为转嫁环境污染，投资于农药、油漆、染料、清洗剂、造纸等高污染行业，给我国社会环境造成不良后果。为提高我国利用外资的质量，《纲要》提出要抓住国际产业转移机遇，继续积极有效利用外资，重点通过利用外资引进国外先进技术、管理经验和高素质人才，把利用外资同提升国内产业结构、技术水平结合起来。为此，要加强对外资的产业和区域投向引导，促进国内产业优化升级和技术创新。着重引进先进技术、管理经验和高素质人才，做好引进技术的消化吸收和创新提高；继续开放服务市场，有序承接国际现代服务业转移；吸引外资能力较强的地区和

---

① 根据《中国统计年鉴（2005）》相关数据计算。

开发区，应注重提高生产制造层次，并积极向研究开发、现代流通等领域拓展，充分发挥集聚和带动效应。

五、结束语：质量问题关系到可持续
发展与和谐社会的构建

在一般情况下，质量问题影响的仅仅是一个个独立的企业或个人，但在经济全球化、人类面临种种困扰的当今，质量问题直接关乎企业的市场竞争力，关乎经济社会的持续发展，关乎当代和后代人的福祉。质量问题影响的不仅是个体，也影响到整个社会的稳定。我们经常看到，因各种质量问题引发了社会冲突，增加了社会不和谐的因素，有的甚至发展到剧烈对抗的程度。因此，站在可持续发展战略和建设和谐社会的高度来看质量问题，会使我们对质量问题有更深的理解，也必将促进质量理念的拓展和提升。

参考文献

［1］韩福荣. 质量生态学［M］. 北京：科学出版社，2005.

［2］全国人民代表大会常务委员会. 中华人民共和国产品质量法（2000 年修订版）［Z］. 2000-07-08.

［3］晴正. 拒绝"过度包装"势在必行［EB/OL］. 中国法治网，2005-09-16.

［4］国家发改委张莉局长在"第十三届中国质量论坛"上的讲话［EB/OL］. http://live.news.sohu.com/news_broadcast1/file/news_1962005-11-01-10-53.html，2005-10-29.

［5］葛柱宇. GDP 中的 18% 来自环境"透支"［N］. 京华时报，2004-04-25（A05）.

［6］"增长方式转变"引发基金风格转变［N］. 北京现代商报，2005-10-25.

［7］中华人民共和国国家统计局. 中华人民共和国 2004 年国民经济和社会发展统计公报［EB/OL］. 2005-02-28.

［8］清华大学国情研究中心. 国情与发展［M］. 北京：清华大学出版

社，2005.

［9］冯立天．中国人口生活质量再研究［M］．北京：高等教育出版社，1996.

［10］柯炳生．提高农产品竞争力：理论、现状与政策建议［J］．农业经济问题，2003（2）．

［11］于猛．我国农产品质量安全水平大幅提高［N］．人民日报，2005-08-21.

［12］潘功胜．复苏中国银行业的资本意识［N］.21世纪经济报道，2005-05-19.

［13］王处辉．转型中高等教育的反思与构建［M］．合肥：合肥工业大学出版社，2003.

［14］本书编写组．《中共中央关于制定国民经济和社会发展第十一个五年规划的建议》辅导读本［M］．北京：人民出版社，2005.

［15］中国环境监督总站．中国生态环境质量评价研究［M］．北京：中国环境科学出版社，2004.

［16］解振华在国务院新闻办"六·五"世界环境日新闻发布会上指出以科学发展观为指导全面加强新时期环境保护［EB/OL］. https：//www. mee. gov. cn/gkml/sthjbgw/qt/200910/t20091023_ 179806. htm，2004-06-03.

［17］侯伟丽．中国经济增长与环境质量［M］．北京：科学出版社，2005.

［18］范鬼．2004年加工贸易呈现七大特点［N］．国际商报，2005-02-25.

［19］国家发展和改革委员会等．关于做好控制高耗能、高污染、资源性产品出口有关配套措施的通知［Z］.2005-07-28.

［20］赵晋平.2006年我国利用外资形势展望［N］.中国经济时报，2005-12-02.

构建新发展格局的科学内涵及理论逻辑

——基于非竞争型投入产出法的分析[*]

林卫斌　吴嘉仪　施发启[**]

一、引言与文献综述

在 2020 年 4 月 10 日召开的中央财经委员会第七次会议上，习近平同志提出要构建以国内大循环为主体、国内国际双循环相互促进的新发展格局。2020 年，党的十九届五中全会进一步强调构建新发展格局是事关全局的系统性、深层次变革，是立足当前、着眼长远的战略谋划。2021 年《中华人民共和国国民经济和社会发展第十四个五年规划和 2035 年远景目标纲要》以专门的篇章对构建新发展格局进行了全面的战略规划部署。构建新发展格局，是新发展阶段提升我国经济社会发展水平和塑造国际合作与竞争新优势的战略抉择。

围绕新发展格局的科学内涵、理论逻辑和政策举措，理论界开展了一系列讨论和研究，旨在回答三个问题：一是什么是新发展格局；二是为什么要构建新发展格局；三是如何构建新发展格局。对于第一个问题，新发展格局主要区别于改革开放以来特别是加入世界贸易组织以来我国作为国际大循环中"世界工厂"、市场和资源"两头在外"的局面。新发展格局主要依托国内市场，以创新驱动、高质量供给引领和创造需求，以国内大循环为主体、国内国际双循环相互促进保

　　[*] 原文发表在《统计研究》2022 年第 10 期，部分内容有删节。

　　[**] 作者简介：林卫斌，北京师范大学经济与资源管理研究院教授、博士研究生导师。吴嘉仪，北京师范大学经济与资源管理研究院博士研究生。施发启，首都科技发展战略研究院特约研究员，经济学博士，首席统计师，国家统计局核算司二级巡视员。

障国民经济良性循环和动态平衡。比如，刘志彪（2020）认为，新发展格局是把依靠低价要素投入的粗放发展，转化为依靠创新的转型升级发展，把过去的"基于出口导向的经济全球化"战略转换为"基于内需的经济全球化"战略，用国家的超大规模市场的磁场效应，吸引全球先进要素到本国进行创新创业，并依托于内需创造的规模经济和产品差异化，形成推动出口的强大内在力量。刘鹤（2020）强调国内大循环绝不是自我封闭、自给自足，也不是各地区的小循环，更不可能什么都自己做，放弃国际分工和合作。对于第二个问题，一是我国经济发展阶段发生变化，国内需求潜力不断释放，国内大循环活力日益强劲；二是国际环境发生变化，贸易保护主义抬头，经济全球化遭遇逆流，地缘政治风险上升，国际大循环动能明显减弱。构建新发展格局既符合经济发展的一般规律，也是应对错综复杂国际环境、实现我国经济更加强劲可持续发展的必然要求。江小涓和孟丽君（2021）指出，最近 10 年我国要素禀赋持续改变，劳动力净增长从缓慢到停滞再到下降，自然资源要素短缺日趋突出，资本成为最富裕要素。与此同时，全球产业链部分向发达国家回缩。受此影响，外循环在我国经济中的地位明显下降，无法带动大体量的内循环，内循环为主成为必然。黄群慧（2021）从经济现代化的理论视角认为，构建新发展格局是我国从工业化后期向后工业化过渡的发展阶段下，突破对发达国家先进技术、贸易和资本等方面的"依附性"，规避"后发劣势"，充分利用大国经济优势、创新经济现代化模式、迈向更高水平发展的必然要求。对于第三个问题，构建新发展格局的核心是三个战略重点：一是扩大内需，使生产、分配、流通、消费更多依托国内市场；二是提升供给体系的自主创新能力，解决各类"卡脖子"和瓶颈问题；三是提升对外开放的水平，更加有效地融入全球产业链、供应链和价值链。王一鸣（2020）认为，构建新发展格局应打通生产、分配、流通、消费的堵点和梗阻，生产环节重在畅通创新链、产业链和供应链，保障关键核心技术自主供给，分配环节重在解决居民收入分配和城乡收入差距问题，流通环节重在加强流通体系建设和畅通金融与实体经济循环，消费环节重在扩大居民消费和推动消费升级，并且分析了"十四五"时期推动形成新发展格局的主要路径。裴长洪和刘洪槐（2021）认为，实现新发展格局关键在于产业链的自主可控和安全可靠，"首先要构建自主安全可控的国内产业链，并借此缩小城乡区域收入差距以扩大国内消费市场，然后将国内产业链拓展成国际产业链"，立足于自主技术创新引领的以塑造产业及其区域供应链为核心的国际循环。黄群慧（2021）提出了构建新发展格局的"双协同"政策体系，即供给侧结构性改革与需求侧管理有效协同的宏观调控政策体系和竞争政策与产业政策有效协同的技术创新政策体系。

从已有的研究文献来看，对于新发展格局的内涵、构建新发展格局的必然性和政策举措等，理论界总体上是有共识的。但是，这种共识主要是在定性层面上的，定量上的分析则相对比较欠缺，这使对新发展格局的理解精准度有所不足，所提出的政策建议主要是原则性的、缺乏可操作性。比如，从需求的角度来看，近年来国际大循环动能减弱而国内大循环活力日益强劲，我国经济已经在向以国内大循环为主体转变，那么，国内经济增长中的内需和外需占比分别是多少？我国经济向以国内大循环为主体转变在定量上如何体现？从供给的角度来看，国民经济中各产业部门的对外依存度分别是多少？哪些产业存在"卡脖子"情况？构建新发展格局中增强自主创新能力、保障国家经济安全的重点领域有哪些？

对于第一类问题，相关分析中常见的是粗略地使用净出口占国内生产总值（GDP）的比重或出口总额占 GDP 的比重来衡量外需的贡献，但这无法准确衡量国内经济增长中内外需的真实贡献。在国民经济核算恒等式中，GDP 等于消费、投资与净出口（出口减去进口）之和，将所有进口都从出口中扣除而计算净出口占 GDP 的比重显然极大地低估了外需对国内经济增长的贡献，而高估了消费和投资对国内经济增长的贡献。因为有相当部分进口品是消费品或者投资品，而对进口品的消费或者资本形成直接拉动的是他国的经济增长。而用出口总额占 GDP 的比重衡量则会在一定程度上高估外需对国内经济增长的贡献，因为有一部分进口品用于生产出口品，即出口品的产值包含了部分进口品的产值而不完全是国内生产的产值。准确地衡量消费、投资、出口三大需求对经济增长的贡献需要对进口品进行细分，将进口品的产值从消费、投资和出口中分别扣除。对此，学者们提出了不同的方法，主要可以分为两类：一是将进口数据分门别类，如姚丽芳（2001）依据进口品流向将进口数据归为消费品、资本品和中间产品三类，再从消费、投资和出口总额中分别扣除。尹敬东（2007）按照贸易方式，将一般贸易进口从消费和投资之和中扣除，将进料加工贸易、来料加工装配贸易、保税仓库进出境货物和保税区仓储转口货物部分从出口总额中扣除。二是基于非竞争型投入产出模型进行计算，如沈利生和吴振宇（2003）利用非竞争型投入产出表测算了出口对我国经济增长的贡献，沈利生（2009）进一步测算了三大需求的拉动作用。第一类方法较为简便、可操作性强，但是没有完全分解进口数据，计算结果会存在一定的偏差。非竞争型投入产出法虽然对数据要求较高，但是由于区分了进口品流量和国内产品流量，可以精确计算不同需求对经济的贡献份额以及反映生产部门的进口品使用情况。

本文选用非竞争型投入产出模型作为分析工具，将国民经济运行的需求侧和供给侧两方面问题在统一的逻辑框架下进行投入产出的量化分析。一方面，精确衡量消费、投资和出口三大需求对国内经济增长的拉动作用及其变化趋势，为理解构建新发展格局的科学内涵和理论逻辑提供更为坚实的基础；另一方面，识别国民经济体系中哪些产业部门存在高对外依存度和可能出现的"卡脖子"问题，为构建新发展格局中增强自主创新能力提供具体可操作的政策建议。在研究方法上，本文使用的非竞争型投入产出法相较于国民经济核算法、进口分类分解法能够更精确地反映各种需求对经济增长的贡献。对于非竞争型投入产出表的编制，本文区别于沈利生（2009）基于同质性假设拆分竞争型投入产出表的做法，采取了异质性假设。本文余下内容安排如下：第二部分详细介绍本文使用的非竞争型投入产出模型和衡量方法推导；第三部分和第四部分基于测算结果分别从需求侧和供给侧解析新发展格局；第五部分总结研究结果并提出政策建议。

二、模型与方法

为准确反映进口品在经济循环中的流向和作用，精确测算内外需对经济增长的贡献以及国内各产业部门对国外供应链的依存度，本文采用非竞争型投入产出法。本部分首先介绍非竞争型投入产出的基本模型，然后推导衡量三大需求对经济增长贡献的方法和衡量产业对外依存度的表达式。

（一）非竞争型投入产出模型

一个国家或地区的投入产出表可以分为竞争型投入产出表和非竞争型投入产出表两种，二者的区别主要在于对进口数据的处理方式不同。竞争型投入产出表假设进口产品和国内产品是完全替代的，因此具有竞争性，在编制时对国内产品和进口产品的去向不作区分。非竞争型投入产出表假设进口产品和国内产品具有不完全替代性，即非竞争性的，在编制时需要在中间使用和最终使用象限将进口产品和国内产品区分开（梁优彩和郭斌斌，1990）。

本文采用的非竞争型投入产出表样式如表1所示。其中，各变量的上标 d 代表国内产品，上标 m 代表进口品。x_i 代表部门 i 的产出，m_i 代表部门 i 的进口。f_i 表示对部门 i 产品的最终需求，由最终消费（c_i）、投资（inv_i）和出口（ex_i）组成。z_{ij} 是部门 j 生产所需要的部门 i 产品投入，v_j 为部门 j 的增加值投入量，x_j 为部门 j 的总投入。

表 1 非竞争型投入产出表

	部门	中间使用	最终使用				总产出/进口
		1, 2, …, n	最终消费	投资	出口	合计	
中间投入 · 国内产品	1 2 ⋮ n	z_{ij}^d	c_i^d	inv_i^d	ex_i^d	f_i^d	x_i
进口产品	1 2 ⋮ n	z_{ij}^m	c_i^m	inv_i^m	ex_i^m	f_i^m	m_i
增加值		v_j					
总投入		x_j					

由于中间使用和最终使用象限被分为国内产品和进口产品两大部分，非竞争型投入产出表包含两个行平衡关系。国内产品的产出等于其中间使用和最终使用之和，进口产品的需求平衡关系同理，均衡方程式分别如下所示：

$$x_i = \sum_{j=1}^n z_{ij}^d + f_i^d \tag{1}$$

$$m_i = \sum_{j=1}^n z_{ij}^m + f_i^m \tag{2}$$

区分进口品去向的非竞争型投入产出表仍然只存在一个列平衡关系，即总投入等于国内产品中间投入、进口产品中间投入和增加值之和：

$$x_j = \sum_{i=1}^n z_{ij}^d + \sum_{i=1}^n z_{ij}^m + v_j \tag{3}$$

令 $A^d = [a_{ij}^d]$，矩阵元素 $a_{ij}^d = \dfrac{z_{ij}^d}{x_j}$，$A^d$ 为国内产品直接消耗系数矩阵。同理，$A^m = [a_{ij}^m]$，A^m 为进口品直接消耗系数矩阵。式（1）和式（2）可以写为如下矩阵形式：

$$x = A^d x + f^d \tag{4}$$

$$m = A^m x + f^m \tag{5}$$

由式（4）可得投入产出的基本计算公式：

$$x = (I - A^d)^{-1} f^d \tag{6}$$

$(I-A^d)^{-1}$ 为国内产品的列昂惕夫逆矩阵，又可以称为国内产品的完全需求系数矩阵，记作 $B^d = \left[b_{ij}^d\right]$，矩阵元素 b_{ij}^d 体现了 j 部门生产一单位国内最终产品对 i 部门产出的完全需求。

（二）三大需求对经济增长贡献衡量方法推导

由支出法国民收入核算恒等式可知，一国增加值等于其消费支出、投资支出和出口总额之和再扣除进口总额：

$$GDP = C+INV+EX-M \tag{7}$$

将一国或地区的进口额初步分成 4 个部分：进口消费品（C^m）、进口资本品（INV^m）、进口出口品（EX^m）和进口中间产品（$\tilde{M}$）。其中进口出口品可以理解为转口贸易部分。首先，将进口消费品、资本品和出口品分别从消费、投资和出口中扣除，因为对进口最终产品的支出并不会拉动本国或本地区的 GDP，式（7）变形为如下形式：

$$GDP = C^d+INV^d+EX^d-\tilde{M} \tag{8}$$

式（8）表明，一旦有进口品进入生产过程，消费、投资和出口需求拉动的增加值会小于三者的名义值之和，因此需要进一步将国内最终产品中的进口转移价值分别扣除，这样才能识别三大需求对 GDP 的真正贡献（沈利生，2009）。

根据投入产出表的总量平衡关系，生产部门的总产出等于总投入，由此可得：

$$\sum_{j=1}^{n} v_j = \sum_{i=1}^{n} f_i^d - \sum_{j=1}^{n}\sum_{i=1}^{n} z_{ij}^m \tag{9}$$

式（9）中的 $\sum_{j=1}^{n} v_j$、$\sum_{i=1}^{n} f_i^d$ 和 $\sum_{j=1}^{n}\sum_{i=1}^{n} z_{ij}^m$ 分别对应式（8）中的 GDP、$C^d+INV^d+EX^d$ 和 $\tilde{M}$。将式（9）改为矩阵形式：

$$y = \left\{ u'-u'A^m(I-A^d)^{-1} \right\} f^d \tag{10}$$

其中，y 代表 GDP，u' 为求和向量的转置（元素都为 1 的 n 维行向量）。$A^m(I-A^d)^{-1}$ 为进口产品的完全需求系数矩阵，记作 $B^m = \left[b_{ij}^m\right]$，矩阵元素 b_{ij}^m 体现了 j 部门生产一单位国内最终产品对 i 部门进口品的完全需求。由式（10）可见，如果没有进口品进入生产过程，那么 A^m 为零矩阵，一单位最终需求将拉动一单位国内生产总值，GDP 就等于国内最终产品的价值总和。$u'A^m(I-A^d)^{-1}$ 是进口产品完全需求系数矩阵的列和所组成的行向量，向量元素体现了生产一单位最终产品对所有部门进口品的完全需求，刘遵义等（2007）将该向量定义为完全进口额系数向量。

将表达非竞争型投入产出表列平衡的式（3）两边同时除以 x_j 可得：

$$\sum_{i=1}^{n} a_{ij}^d + \sum_{i=1}^{n} a_{ij}^m + av_j = 1 \tag{11}$$

其中，av_j 为产业部门 j 的增加值率。将式（11）改写成矩阵形式：

$$u'A^m + u'A^d + r' = u' \tag{12}$$

其中，r' 为增加值率行向量。

将式（12）两边同乘以国内产品的列昂惕夫逆矩阵：

$$u'A^m(I-A^d)^{-1} + u'A^d(I-A^d)^{-1} + r'(I-A^d)^{-1} = u'(I-A^d)^{-1} \tag{13}$$

再将 $u'A^d(I-A^d)^{-1}$ 挪到等式右边可以得到：

$$u'A^m(I-A^d)^{-1} + r'(I-A^d)^{-1} = u'(I-A^d)(I-A^d)^{-1} = u' \tag{14}$$

$r'(I-A^d)^{-1}$ 为各部门生产一单位最终产品拉动的所有部门增加值所组成的行向量，即完全国内增加值系数行向量。对于各产业部门而言，完全国内增加值系数与完全进口额系数之和等于 1。

将式（14）代入式（10）可得：

$$y = r'(I-A^d)^{-1}c^d + r'(I-A^d)^{-1}inv^d + r'(I-A^d)^{-1}ex^d \tag{15}$$

$r'(I-A^d)^{-1}c^d$、$r'(I-A^d)^{-1}inv^d$ 和 $r'(I-A^d)^{-1}ex^d$ 分别代表消费、投资和出口带动的国内生产总值的组成部分。完全国内增加值系数越大，最终需求对 GDP 的带动作用就越强；反之，最终需求对 GDP 的带动作用越弱。

基于式（15）可以计算消费、投资和出口三大需求对 GDP 的贡献份额，分别由式（16）、式（17）和式（18）表示：

$$\mu^c = \frac{r'(I-A^d)^{-1}c^d}{y} \tag{16}$$

$$\mu^{inv} = \frac{r'(I-A^d)^{-1}inv^d}{y} \tag{17}$$

$$\mu^{ex} = \frac{r'(I-A^d)^{-1}ex^d}{y} \tag{18}$$

为计算三大需求对 GDP 增长的贡献率，原则上需要采用三大需求不变价数据，但是由于数据难以获得，本文参考沈利生和吴振宇（2004）的方法，假设三大需求缩减指数变化率与 GDP 相同，则可以利用式（19）近似计算三大需求对经济增长的贡献率：

$$\sigma^i = \frac{\mu_t^i y_t - \mu_{t-1}^i y_{t-1}}{y_t - y_{t-1}} = \frac{\mu_t^i(1+g_t) - \mu_{t-1}^i}{g_t}, \quad i = c, \ inv, \ ex \tag{19}$$

其中，g_t 表示 t 年不变价 GDP 的增长率。

进一步地，为分析不同部门在新发展格局构建中国内国际循环的不同定位，需要细分各部门增加值中三大需求的构成。具体而言，参照式（15）的做法，将其中的增加值率行向量替换为各部门增加值率的对角矩阵（$\hat{R}$），就可以得到三大需求拉动的各部门增加值：

$$v^c = \hat{R}(I-A^d)^{-1}c^d \tag{20}$$

$$v^{inv} = \hat{R}(I-A^d)^{-1}inv^d \tag{21}$$

$$v^{ex} = \hat{R}(I-A^d)^{-1}ex^d \tag{22}$$

由式（20）~式（22），可以进一步计算各部门增加值中三大需求的构成：

$$s^{c'} = v^{c'}\hat{V}^{-1} \tag{23}$$

$$s^{inv'} = v^{inv'}\hat{V}^{-1} \tag{24}$$

$$s^{ex'} = v^{ex'}\hat{V}^{-1} \tag{25}$$

其中，$\hat{V}$为分部门增加值的对角化矩阵，$s^{c'}$、$s^{inv'}$和$s^{ex'}$分别为分部门增加值消费、投资和出口三大需求比重的行向量。

（三）各部门生产对外依存度衡量方法

从供给的角度来看，进口中间品的流向反映了国民经济生产体系中各产业部门对国外生产要素的使用情况，因此可以基于非竞争型投入产出表计算各产业部门对国外供应链的依存程度。对于产业部门j而言，进口品直接消耗系数矩阵A^m第j列元素之和$\sum_{i=1}^{n}a_{ij}^m$即为该部门生产一单位产品直接消耗的所有进口品，本文用这一指标衡量该部门生产的对外依存度，称之为生产对外依存度系数。各部门生产对外依存度可以通过下式得到：

$$p' = u'A^m \tag{26}$$

其中，p'为生产对外依存度系数行向量。

三、从需求侧解析新发展格局

运用第二部分的模型和方法，本部分从需求的角度解析以国内大循环为主体、国内国际双循环相互促进的新发展格局。一方面，准确测算内外需对经济增长的拉动作用及其变化趋势，为认识"以国内大循环为主体"的背景和含义提供定量分析基础；另一方面，具体测算内外需在各产业部门增加值中的构成，从分部门增加值内外需构成理解"国内国际双循环相互促进"。为此，首先需要编制非竞争型投入产出表。

（一）非竞争型投入产出表编制

非竞争型投入产出表的编制需要十分详细的进口品流向数据，但是这类数据通常难以获得。基于数据可得性，学者们采用了不同的编制方法。齐舒畅等（2008）通过商品流量法和专家咨询法以及参考投入产出调查资料确定进口品流向，编制了 2002 年中国非竞争型投入产出表。该做法对数据资料的要求过高，因而可参考性较低。沈利生和吴振宇（2003）假设进口品和国内产品具有同质性，依照竞争型投入产出表的比例对进口品进行拆分。沈利生（2009）对拆分方法做了进一步改进，将保税区货物出口作为进口出口品（转口），再将中间产品流量以及最终产品中的消费和资本形成按照同质性假设进行拆分，拆分比例为国内总产出扣除国内出口后与进口的比值。这一做法对数据要求不高，但是同质性假设与现实情况存在一定出入。近两年国家统计局公布了 2017 年和 2018 年的非竞争型投入产出表，这为本研究提供了良好的数据基础。本文依照 2017 年非竞争型投入产出表中各部门进口品在中间使用和最终使用象限的去向比例对 2010 年、2012 年和 2015 年的竞争型投入产出表进行了拆分，编制了 2010 年、2012 年和 2015 年的非竞争型投入产出表①。

（二）从内外需对经济增长的拉动理解"以国内大循环为主体"

根据本文所编制的非竞争型投入产出表，通过式（16）~式（19）可以分别计算出 2010~2018 年三大需求对我国 GDP 以及 GDP 增长的拉动作用。如图 1 所示，从国内经济增长的需求构成来看，2010 年外需带动的增加值占 GDP 的比重为 20.8%，之后逐步降低至 2018 年的 14.8%，而内需带动的增加值占 GDP 的比重则逐年攀升，由 2010 年的 79.2% 提高至 2018 年的 85.2%。内需在 GDP 中占比的显著提高主要源于消费占比的不断扩大。2010~2018 年投资带动增加值占 GDP 的比重较为稳定，保持在 37.0% 左右，而消费带动的增加值占 GDP 的比重则不断提升，由 2010 年的 41.7% 提高至 2018 年的 47.3%。从拉动经济增速的贡献率来看，2012 年我国经济增速为 7.9%，其中外需拉动 0.8 个百分点，内需拉

---

① 本文运用 2017 年比例拆分 2018 年的竞争型投入产出表，计算出消费、投资和出口的比重分别为 47.19%、38.02% 和 14.80%，与基于公布的 2018 年非竞争型投入产出表计算所得结果相比误差非常小。因此，本文认为这种方法是一种可行的近似方法。

动 7.1 个百分点，外需和内需对经济增速的贡献率分别为 10.4% 和 89.6%。2012 年后，外需对经济增长的贡献率趋于降低，而内需对经济增长的贡献率则趋于提高。2018 年我国经济增速为 6.7%，外需和内需分别拉动了 0.3 个和 6.4 个百分点，外需和内需对经济增速的贡献率分别为 4.2% 和 95.8%。本文测算结果反映了 2010 年以来外需对经济增长的拉动作用趋于减弱而内需拉动作用增强，通过定量分析验证了我国经济已经在向以国内大循环为主体转变。

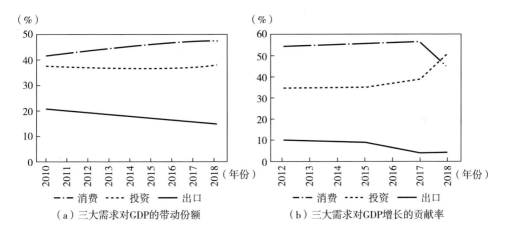

图1　三大需求对 GDP 及其增长的贡献

注：图中数据是笔者基于非竞争型投入产出表计算所得。

通过细分进口品，将进口的消费品、资本品和出口品分别从三大需求中扣除，并运用非竞争型投入产出法将进口中间品的价值按照其在不同产业部门生产中的投入比例分别从国内生产的消费品、资本品和出口品中扣除。这样，可以准确地衡量消费、投资和出口三大需求对国内生产总值的带动份额，避免了简单用净出口占 GDP 的比重或者出口总额占 GDP 的比重来衡量外需对国内生产的带动作用所产生的偏差。以 2018 年为例，净出口占 GDP 的比重和出口总额占 GDP 的比重分别为 0.8% 和 17.9%，如表 2 所示。实际上，将进口品价值进行分类扣除后，测算外需对 GDP 的带动份额为 14.8%。净出口占 GDP 的比重这一指标大大低估了外需对经济增长的带动作用，而出口总额占 GDP 的比重则在一定程度上高估了外需的作用。另外，按照姚丽芳（2001）、尹敬东（2007）的方法测算，2018 年国内生产总值中外需带动份额分别为 6.5%、11.8%，均低于本文所测算的 14.8%，主要是因为姚丽芳（2001）的方法将所有进口的中间品价值都从出口中扣除，尹敬东（2007）按贸易方式将来料加工装配、进料加工贸易、保税仓库进出境货物和保税区仓储转口货物价值都从出口中扣除，二者均低估了外需的作用。按照沈利生和吴振宇（2003）的方法测算①，2018 年国内生产总值中外需带动份额 14.2%，与本文所测算的 14.8% 接近，差异主要源于这一方法基于同质性假设编制非竞争型投入产出表，未能考虑进口品用于消费、投资、出口和中间投入等不同用途的比例与国内生产品的差异。

表 2　不同方法计算结果比较

测算方法	测算说明	测算结果（%）
国民经济核算法	2018 年净出口占 GDP 比重	0.8
	2018 年出口总额占 GDP 比重	17.9
进口分类分解法	基于姚丽芳（2001）的进口分类分解法和 2018 年数据	6.5
	基于尹敬东（2007）的进口分类分解法和 2018 年数据	11.8
非竞争型投入产出法	基于沈利生和吴振宇（2003）同质性假设编制的 2018 年非竞争型投入产出表	14.2
	基于本文方法编制的 2018 年的非竞争型投入产出表	14.8

注：表中数据是笔者运用表中方法计算所得。

进一步地，运用本文的方法测算美国、日本和德国 2018 年三大需求对 GDP 的带动份额，如图 2 所示。测算结果表明，美国和日本的经济发展都是以国内需求为主体，其内需对 GDP 的带动份额分别为 90.3% 和 85.4%，外需对 GDP 的带动份额分别为 9.7% 和 14.6%。而德国并未体现出这种特征，其外需对 GDP 的带动份额高达 30.9%，这主要源于欧盟经济一体化和统一市场内部贸易。另外，美国、日本和德国的内需结构都是以消费为主、投资为辅，其 2018 年消费与投资对 GDP 带动份额的比值分别为 4.5、3.6 和 3.4，而在中国这一比值仅为 1.2。这主要是由于中国与发达国家所处发展阶段不同，经济发展过程中城镇化、工业化进程引致了大量投资需求，使投资对经济增长的带动作用较强。未来随着中国步入后工业化时代以及城镇化速度趋于放缓，投资增速也将趋于减缓。而消费增长潜力巨大，当前中国拥有全球最大规模中等收入群体、接近 9 亿的劳动力和 14 亿人口，人均国内生产总值已经突破 1 万美元，是全球最大的消费市场，巨

---

① 由于 2018 年分部门的保税区货物出口（保税仓库进出境货物和保税区仓储转口货物）数据难以获得，本文无法复刻沈利生（2009）的方法。不过从理论上来说，保税区货物出口不只包含转口贸易，因此用保税区货物出口数据作为转口贸易数据，会高估 ex^m、低估 ex^d，从而低估外需对国内生产总值的带动份额。

大的消费潜力有待释放。在全球市场萎缩、世界经济低迷的外部环境下，保持中国经济长期持续健康发展必须牢牢把握扩大内需这一战略基点，而扩大内需的战略重点则在于扩大消费，让消费成为拉动经济增长的"有源之水"。

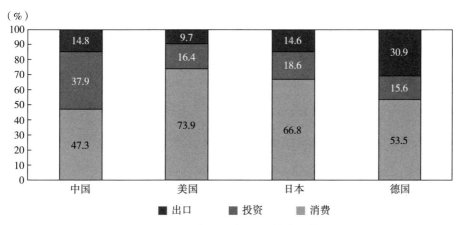

图 2 世界主要国家 GDP 构成比较

注：图中数据是笔者基于各国非竞争型投入产出表计算所得；美国、德国和日本的非竞争型投入产出表来自 OECD 数据库。

（三）从分部门增加值内外需构成理解"以国内大循环为主体、国内国际双循环相互促进"的新发展格局

对于各产业部门而言，外需对部门增加值增长的带动作用主要有两种途径。以纺织业为例，一是国际市场对纺织品的需求会直接带动纺织业增加值的增长；二是纺织业的部分产出通过国内部门间交易（作为其他产业部门的中间投入），其价值会附着在其他部门产品上，因此国际市场对其他产业部门产品的需求同时也会带动纺织业增加值的增长。基于式（25）可以计算出经济系统中外需对各部门增加值分别的带动份额。如图 3 所示，2018 年我国 40 个产业部门中有 36 个部门增加值中外需带动份额相较 2010 年有不同程度的降低。其中，仪器仪表制造业、纺织业两个传统外向型制造业部门及研究和试验发展服务业，租赁和商务服务业，文化、体育和娱乐业三个服务业部门外需对其增加值的带动份额下降幅度最显著，降幅分别为 29.0 个、10.4 个、20.1 个、17.6 个和 11.9 个百分点。外需对分部门增加值带动份额的普遍下降再次反映了我国经济系统中国际大循环动能日趋减弱、国内大循环活力日益强劲的客观事实。

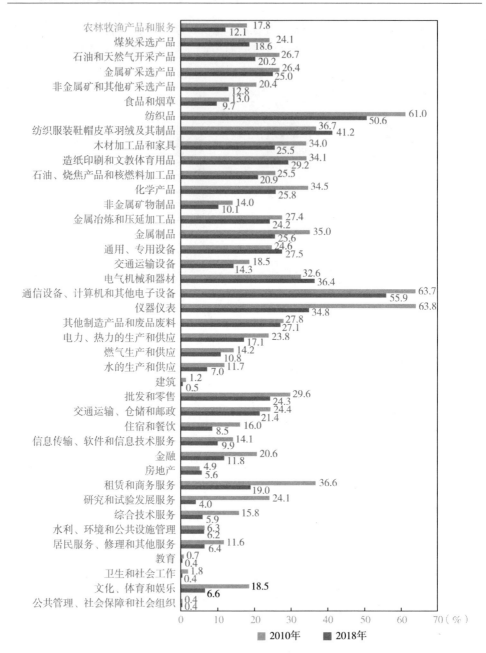

图 3　外需对分部门增加值的带动份额比较

注：图中数据是笔者基于非竞争型投入产出表计算所得；由于国家统计局公布的不同年份的投入产出表在部门分类上存在一些差异，为进行纵向比较，本文对差异部门进行合并处理。

当然，构建新发展格局并不意味着关起门来封闭运行。虽然外需对分部门增加值的带动份额存在普遍性下降，但是外需在国民经济体系中的作用仍然不可忽视。测算数据显示国际市场对于中国相当部分的产业部门发展而言仍然具有至关重要的作用，2018 年我国产业体系中仍有 17 个部门外需对其增加值的带动份额在 20% 以上。其中，外需对部门增加值带动份额最高的 5 个产业部门分别为通信设备、计算机和其他电子设备制造业，纺织业，纺织服装鞋帽皮革羽绒及其制品业，电气机械和器材制造业，仪器仪表制造业，外需带动份额分别高达 55.9%、50.6%、41.2%、36.4%、34.8%。另外，2018 年产业体系中还有 4 个部门外需对其增加值的带动作用相较 2010 年增强，分别为房地产业，通用、专用设备制造业，电气机械和器材制造业，纺织服装鞋帽皮革羽绒及其制品业，外需对部门增加值带动份额的增幅分别为 0.7 个、2.9 个、3.8 个和 4.5 个百分点。在整个经济系统国际循环动能不断减弱的大背景下，外需对这 4 个部门增加值带动份额的提高主要源于国际市场对该部门产品需求的增加。以纺织服装鞋帽皮革羽绒及其制品业为例，2010 年外需对该部门增加值带动份额的 82.0% 来自国际市场对该部门产品的直接需求，到 2018 年这一比例提高至 89.6%。

上述数据表明国际市场对于我国产业部门发展仍有着重要作用。构建新发展格局，国内循环和国际循环不可偏废，二者是相辅相成、相互促进的关系。新发展格局下应更好地利用国内和国际两个市场。一方面，产业部门出口创汇可以换回国内供给不足的优质产品、能源资源、先进技术和重要设备，满足国内生产需要，提升国内生产的效率和水平；另一方面，依托国内市场发展壮大的一些优势产业，如高铁、电力装备等，通过深度融入国际循环，成为全球产业链、供应链、价值链中的重要一环，可以拉紧国际市场对我国产业链供应链的依存关系，塑造国际竞争与合作新优势。

四、从供给侧解析新发展格局

从供给的角度来看，构建以国内大循环为主体、国内国际双循环相互促进新发展格局的核心是提升国内自主创新能力，解决国民经济生产体系中的"卡脖子"问题，保障国家经济安全和竞争力。在之前市场和资源"两头在外"的情况下，我国生产体系深度融入全球产业链，国外资源、技术等生产要素在国民经济生产体系中发挥着重要作用。2010 年生产体系总投入中 6.3% 来自进口，其中有两类产业部门生产对外依存度系数较高，一是石油、炼焦产品和核燃料加工业、金属冶炼和压延加工业、燃气生产和供应业等对进口能源和矿产资源需求较高的产业部门，生产对外依存度系数分别为25.5%、12.2%、34.5%（见表3）；二是通信设备、计算机和其他电子设备制造业、仪器仪表制造业等对国外关键技术、核心零部件进口依赖较强的高技术产业部门，生产对外依存度系数分别高达30.0%、18.5%。通过积极参与国际分工、有效利用国际资源、技术等生产要素，我国实现了生产体系的快速发展，建立起全球最完整、规模最大的工业体系。但是，2008年国际金融危机以来，全球政治经济环境发生深刻变化，地缘政治风险上升，单边主义和保护主义蔓延，世界经济不确定性不稳定性明显增强，外部环境变化和外部风险冲击使旧发展格局下形成的问题越发凸显。

表3　2010~2018年各部门生产对外依存度系数　　　　单位：%

部门名称	2010 年	2012 年	2015 年	2017 年	2018 年
农林牧渔产品和服务	0.3	0.3	0.3	0.4	0.4
煤炭采选产品	0.3	0.4	0.3	0.5	0.4
石油和天然气开采产品	1.6	1.9	2.2	2.1	1.0
金属矿采选产品	7.2	7.7	4.9	9.2	9.5
非金属矿和其他矿采选产品	1.0	1.1	0.8	1.2	0.9
食品和烟草	5.1	4.8	3.9	4.2	4.5
纺织品	2.4	2.4	2.2	2.9	3.1
纺织服装鞋帽皮革羽绒及其制品	3.2	2.8	2.6	3.1	3.4
木材加工品和家具	6.6	6.2	5.9	7.2	7.3
造纸印刷和文教体育用品	11.4	7.5	6.1	6.9	7.8
石油、炼焦产品和核燃料加工品	25.5	32.1	20.2	29.1	35.6
化学产品	9.8	8.2	6.1	8.7	8.4
非金属矿物制品	1.6	1.8	1.3	1.6	1.7
金属冶炼和压延加工品	12.2	11.8	8.8	11.8	11.9
金属制品	4.6	4.8	3.4	3.6	3.3
通用、专用设备	6.1	5.5	4.6	5.6	5.8
交通运输设备	9.0	8.9	7.3	7.7	7.7
电气机械和器材	8.4	9.4	7.5	8.9	8.5
通信设备、计算机和其他电子设备	30.0	33.2	27.9	27.2	27.4
仪器仪表	18.5	20.3	15.5	16.3	18.0

续表

部门名称	2010 年	2012 年	2015 年	2017 年	2018 年
其他制造产品和废品废料	3.9	2.4	2.6	3.1	1.4
电力、热力的生产和供应	3.2	3.7	1.9	3.1	3.0
燃气生产和供应	34.5	41.3	13.6	19.8	28.0
水的生产和供应	0.5	0.6	0.5	0.6	0.4
建筑	0.7	0.7	0.6	0.6	0.5
批发和零售	0.9	0.7	0.7	0.6	0.6
交通运输、仓储和邮政	1.6	1.7	1.7	1.3	0.9
住宿和餐饮	0.6	0.7	0.8	0.6	0.8
信息传输、软件和信息技术服务	1.4	1.6	1.7	1.3	1.2
金融	1.0	0.9	1.1	1.3	1.1
房地产	0.3	0.3	0.4	0.3	0.2
租赁和商务服务	4.2	4.0	4.3	3.4	4.4
科学研究和技术服务	6.0	2.7	3.2	2.3	3.2
水利、环境和公共设施管理	0.9	1.0	1.1	1.2	0.7
居民服务、修理和其他服务	1.2	1.0	1.2	0.9	0.8
教育	1.4	1.3	1.7	1.6	1.9
卫生和社会工作	5.2	3.2	2.0	2.3	2.8
文化、体育和娱乐	3.8	4.4	5.1	3.7	2.8
公共管理、社会保障和社会组织	1.8	2.1	3.2	2.9	2.3
平均值	6.3	6.1	4.6	5.0	5.1

注：表中数据是笔者基于非竞争型投入产出表计算所得；由于国家统计局公布的不同年份的投入产出表在部门分类上存在一些差异，为进行纵向比较，本文对差异部门进行合并处理。

一方面，如果生产体系过度依赖进口且国外供给主体通道单一，产业链供应链不稳定性将大幅增加，产业安全和国家安全将面临重大风险。比如，石油、炼焦产品和核燃料加工业与燃气生产和供应业的生产对外依存度系数自 2015 年以来不断攀升，2018 年生产对外依存度系数高达 35.6% 和 28.0%。这两个部门超过 90% 的进口中间投入为石油和天然气开采业产品，即进口油气。当前我国原油进口主要来自中东、非洲和亚太地区，俄罗斯是我国最大的原油供应国，2018 年占比在 15.5% 左右，其次是沙特阿拉伯、安哥拉和伊拉克，占比分别为 12.3%、10.3% 和 9.8%（见表 4）。原油进口来源看似多元化，但是超过 40% 的原油进口都来自中东地区。中东地区地缘政治风险等不稳定因素较多，由此增加了原油进口的不确定性。从运输方式来看，虽然我国建设了原油进口陆上运输通道，但仍有相当部分原油进口较为依赖关键性的海上通道（霍尔木兹海峡和马六甲海峡），一旦海上通道受阻，原油进口将被波及。从天然气进口来源地及比例来看，我国天然气进口来源较为集中，土库曼斯坦和澳大利亚两个国家的天然气进口量占总进口量的比例超过了 50%。从澳大利亚进口的天然气需要途经马六甲海峡，进一步增加了天然气进口的不确定性。进口油气供应的不稳定不确定性不仅可能影响生产体系的正常运行，还可能危及国家安全和社会稳定。再如，通信设备、计算机和其他电子设备制造业，仪器仪表制造业的生产对外依存度一直居高不下，2018 年生产对外依存度分别高达 27.4% 和 18.0%。这主要是由于生产所需的关键中间投入对国外供应链的依赖程度较高。根据 2018 年《科技日报》"亟待攻克的核心技术"系列报道，我国 35 项"卡脖子"技术近 50% 与通信设备、计算机和其他电子设备制造业，仪器仪表制造业有关，如仪器仪表制造业生产所需的触觉传感器、水下连接器、激光雷达等核心零部件以及通信设备、计算机和其他电子设备制造业生产需要的 EDA 工业软件、高端光刻机、光刻胶、高端电阻电容、ITO 靶材、芯片等。

表4　2018 年我国油气进口来源情况（前十）

原油进口来源地	比重（%）	天然气进口来源地	比重（%）
俄罗斯	15.5	土库曼斯坦	28.0
沙特阿拉伯	12.3	澳大利亚	26.0
安哥拉	10.3	卡塔尔	10.2
伊拉克	9.8	马来西亚	6.4
阿曼	7.1	印度尼西亚	5.4
巴西	6.8	乌兹别克斯坦	5.3
伊朗	6.3	哈萨克斯坦	4.7
科威特	5.0	巴布亚新几内亚	2.7
委内瑞拉	3.6	缅甸	2.5
刚果	2.7	美国	2.4
合计	79.4	合计	93.6

注：表中数据是笔者根据联合国贸易数据库（UN Comtrade）2018 年中国进口数据整理计算所得。

另一方面，自主创新能力薄弱、关键核心技术缺失等问题使我国制造业

"大而不强"，在全球价值链分工中处于中下游位置。2008年国际金融危机以来，虽然我国大多数行业在全球价值链中的位置开始逐步向中上游攀升，但是制造业整体附加值率仍然有待提高（黄群慧和倪红福，2020）。如图4所示，中国制造业整体的增加值率不仅低于世界平均水平，更是远低于美国、日本、德国等发达国家，2018年中国制造业增加值率为24.5%，美国、日本和德国的增加率分别高达38.4%、37.3%和37.4%。具体到高技术产业，中国与发达国家增加值率的差距更是进一步扩大，2018年中国计算机、电子产品和光学产品制造业①的增加值率为20.5%，而美国、日本和德国的增加值率分别高达67.6%、42.7%和47.1%。在对GDP的拉动作用方面，通常而言，高技术产业的生产活动对经济增长的带动作用会比较强，但是本文发现中国的情况却恰恰相反，由于生产消耗较多的进口中间投入，通信设备、计算机和其他电子设备制造业，仪器仪表制造业这两个高技术产业部门的生产活动对国内经济增长的带动作用反而明显弱于其他产业部门，2018年每生产一单位最终产品带动的国内增加值②分别为0.57元和0.69元，远低于全行业平均值（0.88元）。高端设备、核心零部件、关键技术

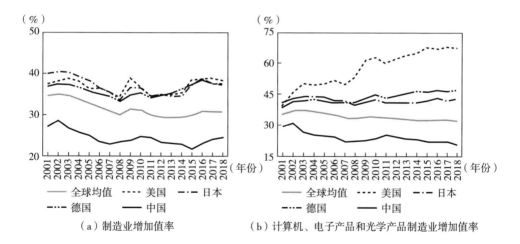

（a）制造业增加值率　　　　　　　（b）计算机、电子产品和光学产品制造业增加值率

图4　世界主要国家制造业与计算机、电子产品和光学产品制造业增加值率

注：数据来自TiVA数据库；TiVA数据库所采用的产业分类标准为《所有经济活动的国际标准行业分类》（ISIC Rev.4）。

---

①　根据《国民经济行业分类》与《所有经济活动的国际标准行业分类》对照表，计算机、电子产品和光学产品制造业与本文的通信设备、计算机和其他电子设备制造业、仪器仪表制造业基本对应。
②　各部门生产一单位最终产品所带动的增加值就等于其完全国内增加值系数。

等依赖进口，使中国高技术产业部门产品附加值低、对经济增长的带动作用不强，产业竞争力较弱，存在被发达国家钳制在价值链中低端的风险。以仪器仪表制造业为例，中国每年花费超过 1 亿美元采购的几百台扫描电镜中，国产扫描电镜的比例只占 5%~10%，绝大部分是从美国、日本、德国和捷克等国家进口①。2018 年美国《化学工程新闻》（C&EN）评选的全球排名前 20 的科学仪器公司中，8 家来自美国、7 家来自欧洲、5 家来自日本，没有中国企业的身影。这些都反映出中国仪器仪表制造业仍处在价值链中低端的不争事实。新发展格局下实现高质量发展，高技术产业是关键领域。如果无法摆脱中低端锁定，高技术产业不仅不能为经济增长提供新动能，反而可能成为国民经济循环的淤点堵点，变成经济发展的短板。

五、结论与建议

构建以国内大循环为主体、国内国际双循环相互促进的新发展格局是事关我国发展全局的重大战略任务。当前理论界对于新发展格局的探讨和研究多是在定性层面，数据支撑的相对缺乏使得已有研究对新发展格局的理解不够精准。为更加准确地理解新发展格局，本文运用非竞争型投入产出法，细分进口品在经济循环中的价值流向，进而准确衡量内外需对国内经济增长和分部门增加值的贡献以及国内生产体系对国外供应链的依赖程度，并在此基础上从需求和供给两个角度解析新发展格局。本文研究表明，其一，2010 年以来外需对国内生产总值的带动份额以及对经济增长的贡献率都趋于下降，由 2010 年的 20.8% 和 10.4% 分别降低至 2018 年的14.8% 和 4.2%，我国经济已经在向以国内大循环为主体转变，构建新发展格局符合我国经济发展的客观规律。其二，外需对各产业部门增加值的带动作用存在普遍性下降，国民经济 40 个产业部门中有 36 个部门的外需对其部门增加值带动份额有所降低，然而通信设备、计算机和其他电子设备制造业、纺织业等 17 个部门的外需对其部门增加值带动份额仍在 20% 以上，新发展格局下国际市场的重要性仍然不可忽视。其三，虽然我国内需占比已经提升至较高水平，但是在内需结构方面与世界主要发达国家仍有较大差距，消费需求占比较低，存在较大提升空间。其四，

---

① 数据来自《科技日报》2018 年 7 月 3 日题为《扫描电镜"弱视"，工业制造难以明察秋毫》的报道，https://mp.weixin.qq.com/s/Y_EiNihxPH2MdbEY_b4DUw。

生产体系中石油、炼焦产品和核燃料加工业，燃气生产和供应业、通信设备、计算机和其他电子设备制造业以及仪器仪表制造业 4 个产业部门生产对外依存度最高，其中石油、炼焦产品与核燃料加工业、燃气生产和供应业对进口油气较为依赖，通信设备、计算机和其他电子设备制造业，仪器仪表制造业两个高技术产业生产所需的关键材料、零部件和设备及核心技术等主要从发达国家进口，由此增加了生产体系的安全风险。其五，通信设备、计算机和其他电子设备制造业、仪器仪表制造业等高技术产业由于关键核心技术缺失、高端设备、核心零部件依赖进口，产品附加值低、对经济的带动作用不强，处于价值链的中低端，国际竞争力薄弱，亟待向价值链高端攀升。在此基础上，本文提出如下政策建议：

第一，合理调整内需结构，有效扩大消费需求占比。当前我国经济中内需的比重已处于较高水平，但是消费需求占比偏低，与其他以国内大循环为主体的发达经济体相比，我国消费需求对经济带动份额的提升空间可能在 20 个百分点以上，消费市场仍有巨大潜力有待释放，应通过加强教育、医疗、养老等民生领域的保障力度，加快收入分配制度改革等切实可行的政策措施以增加居民消费意愿、提高居民消费能力。

第二，提升对外开放水平。需求方面，要重点提高通信设备、计算机和其他电子设备制造业，纺织品业，纺织服装鞋帽皮革羽绒及其制品业等行业的国际市场风险防御能力，提高通用、专用设备制造业等行业的国际市场开拓能力。供给方面，要重点关注石油、炼焦产品和核燃料加工业，金属冶炼和压延加工业，燃气生产和供应业等行业的外部资源利用问题，保障供应链安全。

第三，加快解决通信设备、计算机和其他电子设备制造业以及仪器仪表制造业的"卡脖子"问题，通过深化科技体制改革，整合优化科技资源配置，加大基础研究投入，打破光刻胶、芯片等关键原材料，水下连接器、触觉传感器等基础零部件，光刻机、扫描电镜等核心设备和技术受制于人的局面，重塑自主可控、安全可靠的国内生产供应体系。

本文基于非竞争型投入产出模型建立了量化研究新发展格局的分析框架。为更全面探究新发展格局的重大问题，可以在本文的基础上进一步开展连续时间序列、可比价序列的研究。另外，运用行业细分程度更高的投入产出数据、深化产业链供应链相关问题研究也是未来的方向之一。

参考文献

［1］黄群慧．新发展格局的理论逻辑、战略内涵与政策体系：基于经济现代

化的视角［J］. 经济研究, 2021, 56 (4): 4-23.

［2］黄群慧, 倪红福. 基于价值链理论的产业基础能力与产业链水平提升研究［J］. 经济体制改革, 2020 (5): 11-21.

［3］江小涓, 孟丽君. 内循环为主、外循环赋能与更高水平双循环: 国际经验与中国实践［J］. 管理世界, 2021, 37 (1): 1-19.

［4］刘鹤. 加快构建以国内大循环为主体、国内国际双循环相互促进的新发展格局［N］. 人民日报, 2020-11-25 (006).

［5］梁优彩, 郭斌斌. 国际投入产出表简介［J］. 数量经济技术经济研究, 1990 (12): 60-66.

［6］刘志彪. 重塑中国经济内外循环的新逻辑［J］. 探索与争鸣, 2020 (7): 42-49, 157-158.

［7］刘遵义, 陈锡康, 杨翠红, 等. 非竞争型投入占用产出模型及其应用: 中美贸易顺差透视［J］. 中国社会科学, 2007 (5): 91-103, 206-207.

［8］裴长洪, 刘洪愧. 构建新发展格局科学内涵研究［J］. 中国工业经济, 2021 (6): 5-22.

［9］齐舒畅, 王飞, 张亚雄. 我国非竞争型投入产出表编制及其应用分析［J］. 统计研究, 2008, 25 (5): 79-83.

［10］沈利生, 吴振宇. 出口对中国 GDP 增长的贡献: 基于投入产出表的实证分析［J］. 经济研究, 2003 (11): 33-41, 70-92.

［11］沈利生, 吴振宇. 外贸对经济增长贡献的定量分析［J］. 吉林大学社会科学学报, 2004 (4): 67-78.

［12］沈利生. "三驾马车" 的拉动作用评估［J］. 数量经济技术经济研究, 2009, 26 (4): 139-151, 161.

［13］王一鸣. 百年大变局、高质量发展与构建新发展格局［J］. 管理世界, 2020, 36 (12): 1-13.

［14］尹敬东. 外贸对经济增长的贡献: 中国经济增长奇迹的需求解析［J］. 数量经济技术经济研究, 2007, 24 (10): 81-90.

［15］姚丽芳. 对外贸易对我国经济增长的贡献分析［J］. 统计研究, 2001, 18 (9): 20-22.

我国南北经济增速差距扩大的机理分析[*]

郑艳婷　杨慧丹　孟大虎[**]

一、问题提出

随着西部大开发、东北振兴、中部崛起等一系列区域发展战略的实施，东中西部地区发展不平衡状况得到了缓解。然而，近年来，我国经济增长中心南移、经济增速呈现出"南快北慢"的格局，南北[①]差距不断扩大。这一新的区域发展不平衡现象引发广泛关注。2000~2008年，北方经济年均增速比南方高0.63个百分点；2008~2019年，北方经济年均增速则比南方低1.03个百分点。尤其是我国经济进入新常态以来，南北差距加速扩大，2012~2019年，北方与南方增速差距扩大至1.49个百分点。经济增速由"北快南慢"向"南快北慢"转变，导致北方地区占全国经济比重持续下降。南北地区占全国GDP的比重差距在2008年达到最小值，为13.7%，到2019年这一差距扩大为29.2%。对于我国南北差距形成的可能原因，学者进行了分析探讨。在早期的文献中，陈钊（1999）认为，国家给予南方的优惠政策多于北方是导致南北差距扩大的主要原因；吴殿廷（2001）认为，南方的地缘优势、先进的营商理念及国家政策倾斜形成的外资和

* 原文发表在《经济纵横》2021年第3期，部分内容有删节。

** 作者简介：郑艳婷，北京师范大学经济与资源管理研究院副教授。杨慧丹，北京师范大学经济与资源管理研究院硕士研究生。孟大虎，《北京师范大学学报（社会科学版）》编辑部编审。

① 本文从传统地理视角对中国（不包括港、澳、台地区）进行南北划分，北方包括15个省区市，分别是北京、天津、河北、山西、内蒙古、黑龙江、吉林、辽宁、山东、河南、陕西、甘肃、青海、宁夏和新疆，其余16个省区市划为南方。

出口优势，是南方经济发展速度快于北方的主要原因。而在近期的研究中，年猛（2019）发现，北方发展相对落后主要是因为产业结构以重工业为主和所有制结构不合理。从逻辑上讲，北方地区虽然一直存在体制机制方面的固有问题，但是改革开放后，尤其是 21 世纪以来的很长一段时间里实现了对南方地区的追赶。追赶的势头在 2008 年国际金融危机爆发后发生了变化。那么，国际金融危机前后哪些因素和力量发生了根本性变化？由于制造业是国民经济的支柱产业和经济发展的发动机，对于我国这样仍处于工业化中后期进程中的经济体而言更是如此，因此制造业活力的变化可以反映出地区经济活力的变迁轨迹，地区经济差距的扩大最先可能体现为地区制造业活力的差异，然后才逐渐推演到服务业等其他产业。同时，也因为从制造业角度透视区域经济差距更具有直接关联性，所以为了比较南北经济增速差异，本文借鉴 Glaeser 等（1992）的方法，选用制造业新增企业数量作为被解释变量，通过多因素模型，定量比较南北地区新增制造业企业数量的影响因素，从而揭示制造业企业发展活力的差异，以识别我国南北差距不断扩大的内在机理。与既有文献相比，本文的贡献如下：第一，尝试从制造业新增企业数量差异的角度来探究区域经济发展差异。这样的研究设计有两点好处：一是企业选址是企业综合自身发展规划和地区要素条件作出的重大战略部署，相比工业产值和就业人数指标，地区新成立企业个数能够更准确地反映该地区对企业的吸引力；二是使用新增企业数量在某种程度上不仅避免了运用就业人数指标衡量企业规模产生的影响，而且规避了使用工业产值指标所导致的不同类型企业附加值差异的影响。第二，为深入分析南北差距扩大的原因，本文从南北对比的角度进行研究设计，突出比较两大地区之间制造业企业选址的影响因素。第三，本文以区县为基本研究单元。区县是我国社会、经济和文化联系最基本的地理单元，以区县为单元探讨企业区位选择影响因素，深化了以往在地级市层面上的研究。而且从统计学角度看，细化空间单元的划分可以扩大样本容量，有利于得到较为准确的估计结果。

二、分析框架和理论假设

2008 年后，国际金融危机的冲击首先造成了全球化参与度更高的南方省份需求下降，但南方市场化程度高、民营企业占比大、先进制造业发达，经济结构调整的速度快，因此，经济能快速恢复发展。而我国北方地区则因制造业竞争力下降、市场化程度低、企业发展的自生能力弱等因素，经济呈现下行趋势。因此，提出假设1。

假设1：面对国际金融危机时，工业基础好的地区更容易快速恢复发展，从而吸引更多新企业进驻，保持经济活力。

2000年以来，我国开始进入了资源消费的上升期，以汽车、家电等需求为主的消费增加，导致能源、资源类产品的需求不断攀升，价格日益高企。在这种趋势下，北方具备的资源优势得到了充分发挥，经济实现了高速增长，如2004年山西省GDP增速高达15.2%，2005年内蒙古自治区GDP增速高达23.8%。这一阶段，北方的资源优势为其经济增长注入活力，但同时，能源、资源类重工业的扩张也使地区经济对重工业的依赖进一步加深。我国北方地区国有企业比重高，制造业结构偏重，行业多位于产业链上游，在基础产业和重型制造业方面更多直接服务于南方企业。国际金融危机首先使我国南方的需求下降，进而通过产业链、供应链传导机制间接对北方经济活力造成影响。而北方既有的所有制结构和偏重的产业结构，以及民营制造企业更偏向为当地国有企业、大企业配套服务的特点，限制了北方的经济结构调整步伐，导致经济恢复发展缓慢。因此，提出假设2。

假设2：北方地区工业结构重型化对企业进入有明显的挤出效应，国际金融危机对产业链上游企业影响更大的特征使挤出效应凸显。

在能源、资源产业快速发展的时期，我国北方地区的地方政府补贴大量流向资源、能源消耗量大的重工业企业，以帮助其生产更多产品、满足市场需求，从而推动经济高速增长。国际金融危机导致的能源价格下跌使不少资源型省份在经济上陷入了困境。为应对危机，我国推行经济刺激计划，在促进经济增长的同时，也进一步固化了北方以资源能源和重工业为主的产业结构，产能严重过剩造成能源价格下跌，地区财力下降。在这种背景下，地方政府给予制造业企业的政策扶持难以起效，加上国内外产业环境的挑战加剧，使得地区经济活力受到极大影响。相比较而言，我国南方地区在国际金融危机前经济活力主要依赖市场力量。为应对国际金融危机的影响，市场活力旺盛的南方地区开始给予制造业企业补贴以助其渡过难关，并且增大招商引资力度，通过给予税收优惠、财政补贴等手段吸引制造业新企业落户，促进地区经济增长，政府的补贴及国有企业带动制造业发展以应对国际金融危机的效果得以显现。因此，提出假设3。

假设3：补贴政策可以用于缓解国际金融危机的影响，但高速发展依赖于补贴政策的地区，补贴政策在此时不再奏效。

三、研究方法

（一）模型设定

借鉴 List 等考察企业选址的方法，构建了地区 i 新增制造业企业数量的估计方程：

$$\ln N_{it} = \beta_0 + \beta_1 X_{1t} + \beta_2 X_{2t} + \cdots + \beta_i X_{it} + \varepsilon_i \tag{1}$$

其中，$\ln N_{it}$ 为新建制造业企业数的对数。

（二）变量选取

选取 1998~2007 年和 2008~2013 年各地的制造业企业新增数量为因变量。

目标变量为区位要素、产业结构和政府政策。首先，从工业基础、劳动力数量和非农化水平来刻画区位要素对制造业企业选址的吸引力，分别以 1998 年和 2008 年的制造业企业数量来表征两阶段的工业基础，以制造业就业人数来表示劳动力数量，以非农人口占总人口比重来反映非农化水平。其次，用重工业化程度来表征产业结构，采用重工业产值占工业总产值比重表示。由于缺乏区县的重工业比重数据，因此使用各区县所在省份重工业产值比重代替。最后，以政府的补贴和投资来反映政府政策对制造业企业选址的影响，具体采用补贴占企业主营业务收入的比重和国家资本占实收资本的比重两个指标。数据来源于 1999~2020 年《中国统计年鉴》和中国工业企业数据库（1998~2013 年）。

经济全球化是我国经济发展的重要推力，重塑了我国制造业格局。本文采用外商投资占实收资本的比重和出口货物值占工业销售值的比重两个指标衡量各地全球化水平。创新能带来新知识和新技术，产生知识技术外溢，从而吸引企业进入。本文采用新产品占工业总产值的比重、企业研发费用占工业销售产值的比重来衡量创新要素的重要性。区位通达性是制造业企业选址时要考虑的关键因素之一，本文选用与省会的距离和与地级市的距离来测度区位通达性。

此外，本文纳入了区位虚拟变量，将市区设值为 1，县设值为 0。本文采用滞后变量方法。除自变量基期制造业数量外，两阶段其余自变量均采用 2000 年和 2010 年的全国人口普查数据。

四、结果与讨论

（一）南北地区制造业的时序演变

2004～2019 年，南方地区制造业全社会固定资产投资额从 10 927 亿元增长到 146 067 亿元，增长了近 13 倍，占全国份额的比重由 55.79% 增长到 66.69%。而北方地区从 8658 亿元增长到 72 947 亿元，增长了近 8 倍，占全国份额的比重由 44.21% 下降到 33.31%。从增长速度来看，2012 年后，南方增速开始持续高于北方，此后增速差距逐年拉大。2005 年，南方固定资产投资增速低于北方 13 个百分点，而到 2019 年，南方固定资产投资增速则比北方高出 18 个百分点。

图 1 展示了南北地区规模以上工业企业数占比及其增速的变化。1998～2019 年，南方地区的规模以上工业企业数从 100506 家增长到 274284 家，增长了近 1.7 倍。北方地区从 64574 家增长到 103531 家，增长了近 0.6 倍。南北地区规模以上工业企业数之比由 1998 年的 3∶2 扩大至 2019 年的 5∶2。从增长速度来看，2012 年后，南方规模以上工业企业数量增长速度持续高于北方，并随着时间的推移差距逐渐拉大。进一步空间分析发现，2008 年前制造业企业向山东、江苏、

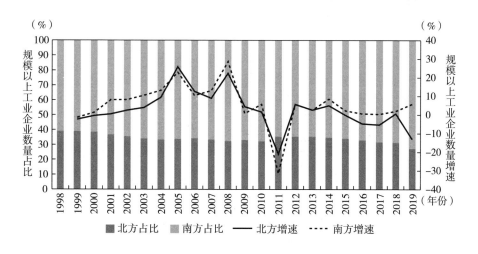

图 1 规模以上工业企业单位数

浙江、福建等沿海省份集聚明显，尤其是向长三角、珠三角地区高度集聚；2008年后以沿海省份的制造业向中部地区转移为特征，尤以位于中部的南方省份为主，如长江中游四省①。

(二) 实证分析结果

皮尔逊相关性检验显示，各变量间的相关性较弱。方差膨胀因子检验显示VIF值小于2.2，共线性检验通过。

首先，基期制造业企业数量的回归系数在两个阶段均显著为正，且在所有控制变量中，该变量的系数值最大。如表1所示，2008年后，这一回归系数值显著增加，从2.997扩大到3.005。这表明，2008年后，制造业基础发达的地区更容易吸引新企业进入，地区经济活力较强。究其原因，在2008年国际金融危机的冲击下，为应对不确定性及规避风险，企业在选址时可能更注重地区工业基础状况。当地较为发达的制造业基础可以为企业提供信息、技术及共享劳动力，建立上下游联系等。经过四十多年改革开放，我国南方地区的制造业基础明显优于北方，先后孕育出了珠江三角洲城市群、长江三角洲城市群及长江中游城市群等。国际金融危机发生后，新企业更偏好进入工业基础优越的南方地区，验证了假设1。

表1 1998~2013年全国回归结果

因变量\自变量	1998~2007年新增制造业企业数			2008~2013年新增制造业企业数		
	(1)	(2)	(3)	(4)	(5)	(6)
基期制造业企业数量	0.815***	0.738***	0.710***	2.997***	2.972***	3.005***
制造业就业人数	0.741***	0.818***	0.800***	−0.516	−0.617	−0.574
重工业比重	−0.146***	−0.117***	−0.137***	−0.497***	−0.491***	−0.489***
国有资本比重		−0.155***	−0.156***		0.010	0.014
补贴比重		0.068	0.165**		−0.153	−0.314
外资比重	0.143***	0.096***	0.090***	0.007	0.015	0.009
出口值比重	0.213***	0.172***	0.169***	−0.100*	−0.112**	−0.101*
研发费用比重	0.099***		0.087***	0.190***		0.189***
新产品比重	0.127***		0.127***	0.001		0.002

① 为控制篇幅，这里未呈现根据制造业企业落点所做的核密度图和局部空间自相关图，如有需要可向笔者索取。

自变量 \ 因变量	1998~2007 年新增制造业企业数			2008~2013 年新增制造业企业数		
	(1)	(2)	(3)	(4)	(5)	(6)
非农化水平	−0.159***	−0.080	−0.105**	0.340***	0.330***	0.339***
与省会的距离	−0.240***	−0.223***	−0.207***	−0.152***	−0.155***	−0.151***
与地级市的距离	−0.152**	−0.131**	−0.116*	−0.418***	−0.425***	−0.414***
是否为市区	−0.006	−0.001	−0.006	0.083***	0.087***	0.085***
常数	0.461***	0.552***	0.543***	0.537***	0.545***	0.540***
样本数	1762	1790	1762	1216	1249	1216
R^2	0.376	0.389	0.396	0.384	0.381	0.385

注：***、**、*分别表示在1%、5%、10%的水平下显著。

其次，重工业比重系数在两阶段均显著为负，表明重工业比重高的地区对新企业有一定挤出效应。这与2008年国际金融危机对产业链上游企业影响更显著的结论一致。对比南北地区各自的回归方程结果可以发现，我国北方地区重工业比重对新增制造业的影响更加明显（见表2和表3）。假设2得到验证。

表2　1998~2013 年南方地区回归结果

自变量 \ 因变量	1998~2007 年新增制造业企业数			2008~2013 年新增制造业企业数		
	(1)	(2)	(3)	(4)	(5)	(6)
基期制造业企业数量	0.758***	0.645***	0.639***	2.542***	2.712***	2.634***
制造业就业人数	0.618***	0.691***	0.669***	−0.872	−1.319	−1.027
重工业比重	−0.046	−0.006	−0.028	−0.337*	−0.273	−0.350*
国有资本比重		−0.224***	−0.224***		0.060	0.059
补贴比重		−0.435**	−0.228		0.148	−0.150
外资比重	0.080*	0.005	0.002	−0.036	−0.017	−0.029
出口值比重	0.207***	0.124***	0.127***	−0.022	−0.011	−0.021
研发费用比重	0.115***		0.100***	0.070		0.065
新产品比重	0.160***		0.149***	0.043		0.041
非农化水平	−0.199***	−0.079	−0.125*	0.416***	0.380***	0.391***
与省会的距离	−0.575***	−0.505***	−0.461***	−0.281***	−0.278***	−0.302**
与地级市的距离	−0.139	−0.129	−0.112	−0.616***	−0.693***	−0.631***
是否为市区	−0.011	−0.007	−0.013	0.078***	0.082***	0.078***

续表

自变量 \ 因变量	1998~2007 年新增制造业企业数			2008~2013 年新增制造业企业数		
	（1）	（2）	（3）	（4）	（5）	（6）
常数	0.490 ***	0.654 ***	0.632 ***	0.505 ***	0.472 ***	0.498 ***
样本数	972	986	972	607	627	607
R^2	0.463	0.496	0.502	0.370	0.370	0.372

注：***、**、*分别表示在 1%、5%、10%的水平下显著。

表3　1998~2013 年北方地区回归结果

自变量 \ 因变量	1998~2007 年新增制造业企业数			2008~2013 年新增制造业企业数		
	（1）	（2）	（3）	（4）	（5）	（6）
基期制造业企业数量	0.894 ***	0.862 ***	0.816 **	3.738 ***	3.792 ***	3.699 ***
制造业就业人数	1.541 ***	1.635 ***	1.647 ***	0.262	0.238	0.262
重工业比重	-0.585 ***	-0.580 ***	-0.573 ***	-0.624 ***	-0.570 ***	-0.603 ***
国有资本比重		-0.067 **	-0.077 ***		-0.012	-0.009
补贴比重		0.195 **	0.203 ***		-0.316	-0.341
外资比重	0.163 ***	0.146 ***	0.139 **	0.065	0.059	0.065
出口值比重	0.209 ***	0.203 ***	0.196 ***	-0.113	-0.169	-0.125
研发费用比重	-0.015		-0.021	0.326 ***		0.322 ***
新产品比重	0.072		0.075	-0.074		-0.073
非农化水平	-0.082	-0.062	-0.060	0.232 **	0.239 **	0.240 **
与省会的距离	-0.181 ***	-0.183 ***	-0.172 ***	-0.112 **	-0.114 **	-0.110 **
与地级市的距离	-0.127 *	-0.103	-0.105	-0.312 ***	-0.297 ***	-0.307 ***
是否为市区	-0.007	-0.010	-0.008	0.086 ***	0.087 ***	0.089 ***
常数	0.535 ***	0.567 ***	0.564 ***	0.564 ***	0.565 ***	0.570 ***
样本数	790	804	790	609	622	609
R^2	0.345	0.353	0.352	0.422	0.420	0.424

注：***、**、*分别表示在 1%、5%、10%的水平下显著。

　　2008 年前，国有资本比重回归系数显著为负，即国有资本比重越高的地区，新进入的企业数量越少，这基本符合挤出效应。但这一挤出效应在国际金融危机后逐渐被弱化。可能的原因在于，国有企业在融资、政府支持等方面的优势使其比民营企业更具抗风险能力，从而使所在地区在国际金融危机后保持活力。

　　此外，对于政府补贴而言，其回归系数在南北方之间存在明显差异。国际金融危机前南方地区补贴系数显著为负，即政府补贴对吸引新企业不具有显著作用，地区经济活力更多是受市场因素主导。然而对于北方而言，2008年前政府补贴的系数显著为正，说明国际金融危机前北方省份的地方政府积极实施补贴刺激，尤其是对于发展快的重化工业更是如此，因此北方新企业数量增加，维持了地区经济活力。但是，2008年后北方地区政府补贴对于促进新企业进入、提升经济活力方面的影响不再显著。其内在机理可能是，一方面，北方地区国有企业占比高、重工业比重大，长期依赖政府补贴，使这些企业缺少参与市场竞争和追求利润的激励，地区经济活力低、恢复速度缓慢；另一方面，在地方经济增速和财政收入增速均下降的情况下，补贴的溢出效应降低，因而，政府补贴不再成为继续吸引新增企业的重要因素。此外，对比两阶段可以发现，非农化水平回归系数由2008年前的显著为负转为显著为正，与地级市距离的回归系数的绝对值在2008年后显著提高，虚拟变量是否为市区也变为显著为正。这些实证结果都指向同一个结论，即受国际金融危机影响，新企业更加倾向于布局于地级市尤其是其市区周围，而非围绕省城高度集聚，以便在劳动力获取、技术及信息交流等方面获得优势，从而增强竞争力。这与之前的研究结论相符。值得注意的是，创新要素作用的发挥在地区间具有异质性：国际金融危机前，创新要素在南方地区已有显著作用，北方地区则在国际金融危机后创新要素的作用才逐渐凸显。这表明，国际金融危机前，我国南方地区已充分重视创新要素的重要作用，并实现了市场有效配置资源，从而使经济更具弹性。

五、结论与政策建议

（一）结论

第一，工业基础雄厚的区域更吸引企业入驻，2008年后更为突出。第二，重工业对于新企业入驻存在挤出效应，北方地区更为明显。第三，国际金融危机前，我国北方地区实现经济追赶。但国际金融危机爆发后，补贴难以发挥相应作用。制造业更多选择在地级市、中心城市周围集聚。南方地区制造业长期以来积极发挥市场作用，更加注重企业创新导向，使其应对国际金融危机时更具弹性。而北方地区资源优势更为明显。地方政府为推动经济增长，对重工业、国有企业进行大力扶持，这在一定程度上促进了地区经济发展。但国际金融危机对产业链上游的冲击尤为明显，北方地区经济活力减弱，政府补贴政策效应降低。

（二）政策建议

第一，夯实工业基础。利用北方地区现有的工业基础筑牢根基。加强先进产业的引入与落地，引进先进技术和管理经验。并通过工业基础的夯实，形成产业集聚与联动的正向反馈效应，带动工业产业链的整体发展。第二，协调发挥市场与政府的作用。充分发挥市场的主体作用，增强企业在市场中进行产品优化、参与公平竞争、实现创新的能力。同时，针对企业发展中遇到的困难，政府也要主动作为，对创新创业、产业转型升级等出台系列支持政策。第三，以创新为抓手实现工业结构的转型升级。创新要素未能发挥实质性作用使北方地区产业结构表现为重型化的特点。基于此，应积极鼓励企业开展创新活动，并注重当地创新、创业文化氛围的塑造；与此同时，政府要加大创新领域的资源投入，形成与企业创新活动的良性互动。在此基础上，实现制造业发展从要素投入驱动转向创新驱动，促进工业结构转型升级。

参考文献

［1］盛来运，郑鑫，周平，等．中国经济发展南北差距扩大的原因分析［J］．管理世界，2018（9）：16-24.

［2］陈龙．中国南北地区经济差距扩大化研究［J］．重庆商学院学报，2002（3）：6-9.

［3］陈钊．中国东、中部地区的南北发展差异［J］．地理研究，1999（1）：80-87.

［4］吴殿廷．试论中国经济增长的南北差异［J］．地理研究，2001（2）：238-246.

［5］年猛．中国南北经济差异的原因透视［J］．群言，2019（8）：13-15.

［6］李金华．中国现代制造业体系的构建［J］．财经问题研究，2010（4）：3-12.

［7］胡草，范红忠．高房价抑制新企业进入了吗？——来自于中国工业企业的经验证据［J］．华东师范大学学报（哲学社会科学版），2017（1）：146-153.

［8］叶素云，叶振宇．中国工业企业的区位选择：市场潜力、资源禀赋与税负水平［J］．南开经济研究，2012（5）：94-110.

［9］ Glaeser E. L. , Kallal H. D. , Scheinkman J. A. , et al. Growth in Cities ［J］. Journal of Political Economy, 1992 (6)：1126-1152.

［10］姚鹏, 张泽邦, 孙久文, 等 . 城市品牌促进了城市发展吗? ——基于 "全国文明城市" 的准自然实验研究［J］. 财经研究, 2021 (1)：32-46.

［11］郑艳婷, 王韶菲, 许婉婷 . 长江中游地区制造业分布为何呈分散态势?［J］. 北京师范大学学报 (社会科学版), 2018 (5)：135-147.

［12］房慧玲 . 广东 "双转移" 的重头戏：推动加工贸易转移——关于广东加工贸易转移研究［J］. 南方经济, 2010 (2)：74-82.

［13］贾中华 . 基于增长极理论的新常态下中小城市经济发展战略研究 ［J］. 中国发展, 2016 (4)：31-35.

［14］List J. A. , McHone W. W. Measuring the Effects of Air Quality Regulations on "Dirty" Firm Births：Evidence from the Neo-and Mature-Regulatory Periods ［J］. Papers in Regional Science, 2000 (2)：177-190.

关于当前宏观经济形势的思考*

张生玲　郝　宇**

2022 年，新冠病毒不断变异导致疫情反复，乌克兰危机爆发并引发了一系列波动，全球经济复苏进程受到阻碍。依据世界银行（WB）的统计数据，新冠疫情对全球经济的影响远超过 2008 年的全球金融危机。虽然中国经济整体运行平稳，但是，当前宏观经济面临的各种严峻性和复杂性前所未有，外有波云诡谲、风起云涌的国际政治经济形势的变化，内有绿色低碳、转型发展的现实考验，多重因素叠加出现，多元目标交互影响。迫切需要正确研判，做到"一叶知秋"，未雨绸缪，才能实现"危中见机"，稳住宏观经济大盘，稳中求进。

一、外部形势：复杂多变的国际环境

由于疫情还在全球蔓延，叠加乌克兰危机引发的国际能源与大宗商品价格大幅度波动，主要发达国家通货膨胀加剧、货币政策紧缩，全球供应链循环不畅，国际市场利益格局出现巨大变化，地缘政治危机升级，全球发展进程面临的不确定因素显著增加。

（一）病毒新变种导致全球疫情周期性暴发

2022 上半年，奥密克戎（Omicron）新变种 BA.5 的传播力比几个月前的主

---

　*　原文发表在《全球化》2022 年第 6 期，部分内容有删节。

　**　作者简介：张生玲，北京师范大学经济与资源管理研究院教授、博士研究生导师。郝宇，北京理工大学管理与经济学院教授、博士研究生导师。

流变种 BA. 2 高出 50% 左右，美国、英国、南非、日本、朝鲜等国都经历了大规模暴发，病毒对经济的冲击呈现一种周期性的状态，世界卫生组织（WHO）也警告疫情远未结束，部分国家疫情有抬头趋势，如图 1 所示。由于与疫情相关的扰动持续不断，全球供应链遭遇新的不确定性，商品物流和劳动力流动受阻，投资者和消费者的预期转弱。与此同时，国内疫情也不间断地多点散发，给民众的生活和出行带来各种不便，给企业的生产、进出口物流以及供应链大循环都带来不同程度的影响。

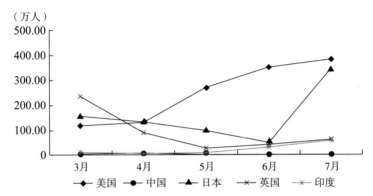

图 1　2022 年世界主要经济大国新冠疫情新增感染人数变化趋势
资料来源：根据各国政府和权威媒体公开数据整合。

（二）乌克兰危机长期化

乌克兰危机引发世界格局产生突变。第一，战争已经持续大半年，严重冲击了全球能源市场。自 2022 年 2 月下旬乌克兰危机爆发战争，国际局势急剧紧张，西方能源市场尤其是欧洲能源市场波动明显，原油、煤炭、天然气等化石能源价格在短时间内急剧攀升。此后，随着冲突愈演愈烈，美国、欧盟等不断加大对俄罗斯制裁，在美国、俄罗斯、欧盟和石油输出国组织（OPEC）等势力的激烈交锋中，世界能源价格震荡加剧（如图 2 所示）。其中，2022 年 2 月 24 日俄罗斯对乌克兰发动"特别军事行动"当天，荷兰 TTF 基准天然气价格一度跳涨 50%到 132.71 欧元/兆瓦时，是一年前的 7 倍多，并带动欧洲乃至世界范围内原油、煤炭期货的接连快速上涨，欧洲能源形势极度紧张。这场冲突在供给端导致煤炭、石油、天然气等化石能源价格的上升，体现为生产成本上升；在需求端体现为实际收入下降。近两年来，因应对疫情，多数国家选择了宽松货币政策，大量流动性资金涌入市场，已经引起物价大幅上涨的通货膨胀问题，乌克兰危机的爆发更是雪上加霜。第二，乌克兰危机造成乌克兰粮食出口受阻。军事冲突巨大的破坏性，影响了乌克兰的物资运输和春季播种，导致伊拉克、苏丹等粮食进口国粮价暴涨50%，引发严重的社会矛盾。第三，乌克兰危机使美元霸权地位受到挑战。美国虽然没有直接下场与俄罗斯对抗，但在经济战场上，美俄激烈交锋，制裁与反制裁轮番上演。鉴于俄罗斯在某些商品全球供应链中的权重较大，除了化石能源外，还有粮食、特殊金属和矿产品等，导致全球大宗商品价格大幅上涨。如果乌克兰危机久拖不结，引发全球地缘政治局势紧张，以美国为首的西方对俄罗斯制裁的经济影响将会阻碍全球经济复苏进程，使各国经济政策可能出现更多的不确定性，战争长期化的经济影响将更广泛而深远。

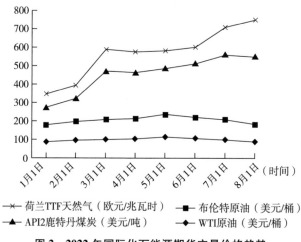

图2 2022年国际化石能源期货交易价格趋势

资料来源：https：//www.theice.com、https：//cn.investing.com。

（三）国际供应链循环不畅

当前疫情仍是影响全球供应链最大的不确定因素，国际物流环节也成为全球供应链最突出的矛盾。鉴于供应链是将产品生产出来并交付到消费者手中所需的一整套商业和运营网络，在这一链条上，原材料供应、零部件制造、劳动力供应、跨国越洋的货物运输等，环环相扣，结织成网。反映港口拥堵水平的克拉克森集装箱港口拥堵指数在2022年7月20日达到了37.9%的新高，远超2016~2019年31.5%的平均水平；波罗的海运价格指数（FBX）发布的全球集装箱货运指数（Global Container Index）显示，全球集装箱运费自2020年11月以来快速攀升，2021年9月10日最高值达11109美元，与疫情前相比几乎暴涨10倍，此后长期高位运行（如图3所示）。

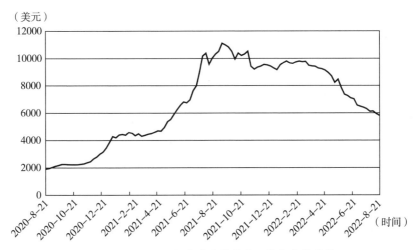

图3　2020~2022年全球集装箱货运指数变化趋势

资料来源：Freightos Baltic Index（FBX）。

据日本经济新闻统计，2022年3月底全球2349家上市制造业企业库存数与2021年底相比，增长了5.5%，创下2018年3月底（6.1%）以来新高；库存金额也增加了970亿美元左右，高达1.8696万亿美元，创过去10年最高纪录。国际货币基金组织（IMF）2022年7月更新的《世界经济展望》将其在2022年4月对世界货物和服务贸易量的预测进一步下调（如表1所示）。可以说，供应链循环不畅深刻影响着全球经济复苏。造成供应链循环不畅的原因主要有：第一，疫情不断反复，因防疫而导致国际物流受阻；第二，主要能源消费区的天然气、石油、煤炭库存低于平均水平，价格急剧上升，全球能源供给面临的挑战影响了制造业的生产活动；第三，能源价格上涨导致的运输成本上升。供应链风险在世界范围内更加凸显，对全球经济复苏进程造成冲击。

表1　IMF对世界贸易量（货物和服务）增长形势的预测　　　单位:%

	2020年	2021年	2022年7月预测		与2022年4月预测的差异	
			2022年	2023年	2022年	2023年
世界贸易量（货物和服务）	-7.9	10.1	4.1	3.2	-0.9	-1.2
发达经济体	-8.8	9.1	5.3	3.2	-0.3	-1.4
新兴市场和发展中经济体	-6.2	11.7	2.2	3.3	-1.8	-0.9

资料来源：IMF:《世界经济展望》（2022年7月）。

（四）全球货币紧缩风险加剧

新冠疫情暴发以来，全球主要经济体先后推出空前的纾困措施，量化宽松的货币政策进一步推高了通胀水平。WB 的数据显示，2022 年 4 月，全球通胀达到 7.8%，新兴市场与发展中经济体的通胀达到 9.4%。IMF 的报告也显示，全球有 112 个国家的通货膨胀率在 6% 以上。随着欧洲、美国等发达经济体通胀上行风险持续增加，通过收紧货币政策来抑制通胀已经成为部分国家的首要选项。进入 2022 年以来，欧美央行再度释放信号，均表示遏制通胀是现阶段的首要任务，不排除更大幅度的加息，引发了全球市场对欧美货币政策加速收紧导致经济衰退的担忧。美联储在 2022 年 3 月、5 月和 6 月、7 月和 9 月共进行了 5 次加息操作，共计 300 个基点，其中 6 月、7 月、9 月，美联储疯狂加息 75 个基点，这是美国自 1994 年以来力度最大的一轮加息。美联储是全世界最重要的中央银行，一旦美联储收紧货币政策，将对全球金融市场、资本流动性和各国汇率构成冲击，最终必然拖累经济和就业，对全球经济复苏产生较大影响。2022 年 7 月，IMF 对世界主要经济体 2022 年和 2023 年产出增长率的预测较 4 月预测值几乎全面下调，反映出世界经济复苏的暗淡前景（如表 2 所示）。

表 2　IMF 对世界经济增长形势的预测（部分）　　　单位：%

	年同比				第四季度同比	
	2022 年 7 月预测		与 2022 年 4 月预测的差异			
	2022 年	2023 年	2022 年	2023 年	2022 年	2023 年
世界产出	3.2	2.9	-0.4	-0.7	1.7	3.2
发达经济体	2.5	1.4	-0.8	-1.0	1.3	1.5
美国	2.3	1.0	-1.4	-1.3	1.0	0.6
欧元区	2.6	1.2	-0.2	-1.1	0.7	2.1
日本	1.7	1.7	-0.7	-0.6	2.4	0.6
英国	3.2	0.5	-0.5	-0.7	0.1	1.3
加拿大	3.4	1.8	-0.5	-1.0	2.5	1.7
其他发达经济体	2.9	2.7	-0.2	-0.3	2.0	2.8
新兴市场和发展中经济体	3.6	3.9	-0.2	-0.5	2.1	4.7
中国	3.3	4.6	-1.1	-0.5	4.1	3.2
印度	7.4	6.1	-0.8	-0.8	4.1	7.2

续表

| | 年同比 | | | | 第四季度同比 | |
| | 2022 年 7 月预测 | | 与 2022 年 4 月预测的差异 | | | |
	2022 年	2023 年	2022 年	2023 年	2022 年	2023 年
东盟五国	5.3	5.1	0.0	-0.8	3.4	6.1
俄罗斯	-6.0	-3.5	2.5	-1.2	-13.9	4.8

注：欧元区包括德国、法国、意大利和西班牙。新兴市场和发展中经济体除上述国家外，还包括拉丁美洲和加勒比地区以及中东和中亚部分国家，此处省略。东盟五国包括印度尼西亚、马来西亚、菲律宾、泰国和越南。

资料来源：IMF：《世界经济展望》（2022 年 7 月）。

（五）美国在亚太地区外交动作频繁

2022 年上半年，美国在亚太地区频繁进行外交活动。第一，东盟"特别峰会"于 2022 年 5 月 12 日在美国华盛顿召开，这是东盟历史上第一次在域外国家举行会议。东盟是东南亚 10 个国家的联盟，是亚洲第三、世界第六大经济体，经济具有活力，地理位置也很重要，一直是美国想拉拢的目标。第二，美日印澳"四方安全对话"峰会于 2022 年 5 月 24 日在东京举行，讨论了全球和地区议程，以及乌克兰局势，但峰会的重中之重是美国要拉拢其他三国共同对抗中国。第三，为了实施全面遏华战略，以美国为首正式宣布启动"印太经济框架"（IPEF），以遏制中国在该地区日益扩大的影响力。除美国外，首批成员国还包括澳大利亚、文莱、印度、印度尼西亚、日本、马来西亚、新西兰、菲律宾、新加坡、韩国、泰国和越南。此外，2022 年 8 月 2 日晚，美国国会议长佩洛西不顾中方强烈反对和严正交涉，窜访中国台湾地区，引发新一轮台海危机，对中美关系和两岸关系产生严重影响。美国的一系列外交操作向中国发出了强有力的信号，对中国而言，如何应对，极具挑战。

二、内部考验：坚持高质量发展的战略定位

不论外部形势如何复杂多变，立足自身条件和内部考验，转变经济发展思路，深化经济体制改革，探索符合中国实际、具有中国特色的社会主义经济社会发展道路始终是中国共产党长期执政的宝贵经验和中国屹立世界民族之林的立身

之本。面临新的社会主要矛盾和时代背景，为解决制约中国经济社会发展动力换挡升级、实现全面可持续发展的主客观障碍因素，党的十九大报告首次提出了"高质量发展"这一重要的时代课题，全面布局建立健全绿色低碳循环发展的经济体系。高质量发展为未来中国的发展指明了方向，即追求经济发展不能走发展初期粗放式增长的老路，必然要倒逼经济系统全面转型升级。

（一）双碳目标引领全面深化改革

中国经济体量已达到美国的 70%，稳居世界第二。作为负责任的大国，中国势必要积极参与全球治理，为世界发展作出更多、更大的贡献。面对当前全球气候变暖和极端天气事件频发的全球气候危机，叠加中国经济发展迈入中高速增长新常态和转换经济发展动能新时期，制定"双碳"目标是国家作出的重大战略决策。2020 年 9 月，习近平主席在第 75 届联合国大会一般性辩论上郑重宣布了中国将在 2030 年前实现碳达峰，2060 年前实现碳中和的"双碳"目标，为高质量发展明确了时间表、路线图和施工图，即未来中国经济社会发展要建立在资源高效利用和绿色低碳的基础之上，坚决摒弃不符合要求的高耗能、高排放项目。对中国而言，双碳目标是一场广泛而深刻的经济社会系统性变革，表现在低碳转型、经济转型、技术创新、供应链重构等方面实行一系列系统工程和彻底变革，其意义不亚于第三次工业革命，是中国改革开放以来最重要举措之一。值得关注的是，在乌克兰危机爆发之前，中国已经经历了一定程度的能源供应紧张局面，部分省市为了完成能耗双控目标，采取一刀切的"拉闸限电"，能源供求矛盾已凸显出来。因此，"双碳"目标的实现必然要兼顾能源保供和双碳行动的双重挑战，而国际地缘政治冲突使应对该挑战的难度进一步加大，迫切需要对能源体系和经济系统等改革的"深水区"进行深刻变革，通过"先立后破"，稳步推进双碳目标的实现。

（二）产业转型与升级势在必行

经历改革开放 40 多年，中国通过"干中学"，建立和发展了产业门类齐全的工业体系，发展成果举世瞩目。面对高质量发展的时代要求，必然要走创新引领的低碳绿色发展之路，产业转型的压力和困难很大。第一，减排约束大，特别是能源供给和生产过程等受到较大的约束。因为中国的火电、煤电占比较大，要实现低排放或净零排放，火电、煤电最终都要逐渐退出电力市场，产生较高退出成本。但是，现阶段仍然必须坚持分步走，充分发挥火电和煤电的蓄水池、稳定器和调节器作用，增加煤电机组的灵活性。第二，产业转型升级是以科技创新为核心，攻克技术瓶颈需要时间，也需要对创新提供更大力度的支持。因此，政府的绿色投入力度要进一步加大，还要有更多的制度激励和政策引导，激发民间创新和民营经济快速发展，加快制造业领域生产流程的数字化和智能化，尽快突破各种技术瓶颈，促进产业转型升级的步伐。第三，数字经济飞速发展，也对实体经济形成强烈的冲击。在加速产业数字化、绿色化、智慧化转型的同时，也要做大做强实体经济，避免经济结构脱实向虚，稳步推进传统产业改造升级，引导新兴产业加快发展，打造稳定可靠、自主可控的现代产业链和供应链。

（三）共享发展体现社会公平正义

在经济发展增速趋缓的背景下，做优存量、做大增量，同时改革分配机制，践行全民共享、全面共享、共建共享、渐进共享等理念，实现共享式发展是今后我国经济体制改革的重要领域，也是充分体现我国社会主义优越性的先进理念。共享发展因此成为新发展理念的重要内容，集中体现了逐步实现共同富裕的要求，体现了以人民为中心的发展思想。改革开放以来，通过经济建设，中国极大地解放和发展了社会生产力，为实现共同富裕创造了条件。现阶段，需要实现全体人民共同富裕的追求，调动社会各个方面的积极性，使社会各个阶层的利益共同体在参与市场经济的活动中得到应有的、符合自己期望的回报。这就是既要做出"蛋糕"、做大"蛋糕"，又要分好"蛋糕"，兼顾效率与公平，避免因分配不公出现两极分化，维护社会公平正义。具体来看，在继续解放和发展社会生产力的同时，不断调整收入分配格局，完善以税收、社会保障、转移支付等主要手段的再分配调节机制，解决好收入差距问题，使发展成果更多更公平地惠及全体人民，更好地维护社会公平与正义。

（四）人口与社会保障压力带来挑战

改革开放以来，中国依靠人口红利实现了国民经济的高速发展。然而随着人口红利逐渐褪去，第一代青年创业群体逐渐步入老年，人口红利日益向"老龄化"负担转变，政府社会保障压力与日俱增。2021年，中国人口自然增长率为0.34‰，接近于零增长，意味着中国即将进入人口负增长时代；同年65岁及以上人口的比例，即老龄化率达到14.2%。这些指标意味着：第一，随人口峰值和老龄化的到来，劳动人口加快减少，抚养比加速提高，劳动力供给、人力资本改善、资本回报率和劳动生产率进一步朝着不利方向变化，潜在增长率继续下降，实现预期增长速度的难度加大。第二，人口负增长带来新的挑战，也就是说由于人口总量、年龄结构和收入分配产生的抑制居民消费的效应，总需求不足成为常态化的增长制约因素。第三，社会保障支出伴随老龄化的进程而增加，全社会的负担加重。因此，为了稳定和扩大社会总需求，特别是居民消费，必须对人口变化做出全面回应，显著提高再分配力度，扩大社会保障支出。此外，全面深化社会保障改革，通过缩小收入和基本公共服务供给差距，创造刺激消费的效应，较好地抵消人口转折点带来的抑制消费的挑战。

三、主要目标：稳住宏观经济大盘

受新冠疫情、乌克兰危机、主要发达国家通胀高企、全球经济和金融风险持续累积等来自外部多重因素的影响，中国经济短期内面临需求收缩、供给冲击和预期转弱三重压力，长期面临产业转型升级、人口与社会保障压力。外部因素的多重冲击和内部考验的不断加码，国际经济发展秩序脱离稳态，国内经济下行压力持续加剧，经济面临的不确定性和风险不断孕育，迫切需要深入分析和研判当前宏观经济运行态势，巩固和拓展中国来之不易的良好发展势头，稳住宏观经济大盘。

（一）千方百计稳增长

面对世界疫情和百年变局交织的严峻形势，2022上半年中国部分地区经历短期困难，经济增长指标出现了一定程度的下滑，全国第二季度经济增长为0.4%，上半年增长为2.5%，与2022年全年预期增速目标差距较大，也加大了下半年实现经济增长目标的难度。为了兼顾和协调稳增长、稳就业与稳通胀的关系，党中央、国务院部署了稳增长、促发展的33项措施，从财政、金融、产业链供应、消费和投资、能源安全、基本民生六个方面高效统筹经济发展。从宏观政策到微观纾困，从供给端到需求端畅通循环，努力推动经济回归正轨。2022下半年将以执行、落地为主，比如新能源汽车下乡、绿色智能家电下乡和以旧换新，努力发挥"拉动消费带动生产"的作用；适度超前加强基础设施建设，发挥新基建的稳投资、扩内需、促升级、优结构的作用。2022年7月28日，中共中央政治局召开了会议，部署下半年经济工作重点，统筹和权衡疫情防控与经济发展之间的平衡，要求全面落实疫情要防住、经济要稳住、发展要安全，巩固经济回升向好趋势，着力稳就业稳物价，保持经济运行在合理区间，力争实现最好结果。回顾过去三年，疫情虽然是导致中国经济扰动的重要因素，但是，也要防止防疫中的形式主义和官僚主义"一刀切"所带来的后果，全面统筹疫情防控和经济社会发展，千方百计稳经济增长，切实做到把稳增长放在更加突出的位置。

（二）有效激发市场活力

自疫情暴发以来，各种不确定因素叠加，整体市场预期低迷，特别是旅游、餐饮、零售等服务行业因多次按下"暂停键"而导致收入下降，使最终消费下降的幅度增大。只有市场繁荣，才能稳就业、稳消费进而稳增长；而市场繁荣的前提是要有良好的营商环境，有效激发市场主体的投资和经营的积极性，才能使稳增长的各项政策精准着力，效果显现。具体来看，第一，营商环境是体制机制性因素和条件，良好的营商环境具有便利性、公平性、透明性、法治化和国际化等特征；第二，优化营商环境是激发市场主体活力的一个重要着力点，良好的营商环境可以降低市场主体的经营成本，增强市场主体的投资激励，激发市场主体的创新动力；第三，良好的市场生态是由信息传递畅通、外部反馈及时，以及企业策略互动所构成的信息循环系统，其重要特征是核心企业能够不断获得系统整合报酬，提高企业预期收益，增强潜在的投资者兴办企业的激励，最终达到激发市场主体活力的目的。

（三）发挥中国在全球供应链中的优势

在全球供应链体系中，中国的成本价格低、大规模生产等传统优势已经被削弱，但中国的产业配套完整、市场空间巨大、劳动生产效率较高等核心供应链竞争优势依然突出。第一，在数字化、品质化、绿色化转型中的优势大。如新能源汽车、太阳能光伏等一些数字化与绿色化交汇的产业，已经形成一定的国际竞争力，未来还有更大的发展空间，也是中国能真正实现后来居上的战略机遇。这是因为，数字化是加快产业转型升级、引领未来经济发展的新动能、新引擎；品质化是追求卓越、实现高质量发展的必由之路；绿色化是"双碳"背景下加快发展的必然选择。第二，中国拥有庞大的民营企业群体。亿万民营企业是吸纳就业、实现创新的生力军；民营企业更加注重运用互联网、大数据、人工智能等技术，推动品质化与绿色化转型，践行中国的高质量发展。第三，强大的制度优势。改革开放初期，中国政府的支持性产业政策充分发挥了资源禀赋的优势，使中国成功融入全球价值链体系。政府通过提供良好的基础设施，引导和鼓励企业投资，形成良好的市场竞争环境，"看不见的手"和"看得见的手"良性互动，有效克服了市场失灵，使中国发展成为全球制造业大国。

（四）配合内政的智慧外交

外交是内政的延伸，同时服务于内政。中国经历 40 余年的改革开放，精彩的外交实践争取到相对稳定的外部环境，为国内发展保驾护航，为"中国奇迹"贡献了智慧。当前，世界正处于"百年未有之大变局"，国与国的关系，尤其是大国之间的关系直接影响着复杂的世界政治局势。中美两国无疑是大国之中最具代表性的一对，但近年来两国关系紧张，频繁的贸易摩擦，不断的政治冲突，再加上突如其来的疫情蔓延，让所有人都嗅到了两国关系中浓浓的硝烟味。中国外交再次被时代赋予了使命，需要认真研判，深入研究，要有战略高度，讲究方式方法，张弛有度，要据理力争去争取中国的核心利益，使更多国家和民众了解并理解中国选择的社会制度和发展道路，维护国际秩序和国际体系，积极有为地为中国自身的发展服务，有效维护中国不断拓展的海外利益，建设性地参与国际与地区热点问题的解决。

四、破题之钥：恢复经济主体的信心与预期

2022 年上半年，疫情在全国多点散发，一些大城市和特大城市相继出现社区传染，为了避免疫情大规模外溢，不得已的防疫封控，使制造业和服务业等领域受到前所未有的打击，市场信心和预期再次承压。回顾 2008 年国际金融危机爆发时，中国政府及时提出了"信心比黄金重要"，推出一揽子应对计划，有效化解了风险，使经济快速恢复到正常轨道。当前重拾信心与预期依然非常重要，保住市场主体才能稳住经济大盘，恢复经济主体的信心和预期是稳住经济大盘的"先行之举"和"破题之钥"。

（一）让市场无形之手发挥更大作用

一般来说，政府有形之手在应对短期冲击和市场失灵方面具有优势，但过度依赖容易造成不同市场主体预期和信心的失落，不可预测的行政干预，可能导致市场主体的逐渐退出。2022 年，新冠疫情反复，又叠加了乌克兰危机、中美地缘政治竞争加剧、全球粮食和能源价格波动，以及美国加息可能引发的资本外流风险等，给全球经济带来不可控的悲观预期和经济衰退。如何应对疫情的不确定性？关键是要尊重科学，灵活调整防疫政策，最大限度地使生产和经营活动恢复

正常。此外，鉴于中国市场规模巨大，应有效发挥内循环的作用和优势，建立健全统一大市场，尽量减少人为干预和行政干预，给经济社会注入确定性，把不确定性转换为确定性，为经济增长打下一个"稳"的基础。

（二）高度关注各种经济风险产生的连锁反应

2022 年国内出现了一些群体事件，比如部分省市的烂尾楼业主断供事件，引发了一系列的连锁反应。如果断供风险进一步蔓延，不仅会影响开发商，也会影响银行、购房者以及房地产相关的行业和企业，很容易形成风险的循环、扩散与叠加。特别是在当前房地产新开工面积、住房销售面积、房地产投资增速下行的背景下，必须高度关注房地产领域的风险。这是因为房地产健康发展对中国经济至关重要，同时，房地产本质上也是民生问题，如何处置好这个问题？既要坚持"房住不炒"的基本方针，又要保证基本住房需要，尤其是居民的刚性需求、改善性需求，以及农民市民化过程中的住房需求。事实上，随着中国城市化率的进一步上升，房地产市场仍有很大发展潜力，但必须调整发展方式，避免引发由房地产带来的金融泡沫衍生。

（三）缓减过度竞争和行业内卷

内卷是近几年出现的一种经济现象。一是制造业内卷。中国是全球制造业大国，但以中低端制造为主，产品同质化、行业竞争日趋激烈。由于面临一系列"卡脖子"问题，企业乃至行业发展易受制于人，产业链掌控权和话语权较弱，不可避免地出现一定程度的产业内卷化倾向。规避产业内卷，是中国迈向制造强国必须解决的拦路虎，是制造业高质量发展必须正视和研究解决的重大问题。从产业发展角度来看，恶性低价竞争造成产业内卷情形，短期看会直接影响企业生产效益，长期看严重制约行业健康发展，阻碍整个制造业高质量发展。因此，迫切需要从体制机制入手，切实形成促进制造业转型与升级的制度环境，引导制造业高质量发展。二是互联网平台发展问题。平台经济是数字经济的重要组成部分，新冠疫情暴发后给平台经济新业态新模式提供了更大空间，但也可能带来无序扩张，存在不正当竞争行为，迫切需要处理好发展与规范、安全等方面的关系，减少法律和监管真空地带，引导平台经济茁壮成长。三是就业市场内卷。疫情之下，市场投资预期减弱，就业率下滑，增加了人才市场的内卷程度。中国未来的发展还要依靠人口红利和人才红利，如何激发年轻人的创新精神，分享经济发展成果？这一问题值得高度关注，防止就业市场内卷带来的躺平现象。

（四）以高水平改革开放促发展

改革开放 40 多年，巨大的制度红利产生了一批伟大的企业和值得尊敬的企业家。历史证明，中国是人口大国，只要往市场化迈开一小步，经济就能发展一大步；只要在思想上放开一点点，就能创造惊人的经济成果。一是优化营商环境，稳市场预期。中国经济长期向好的基本面没有改变，经济持续恢复态势没有改变，发展潜力大、韧性足、空间广的特点也没有改变，关键在于解决当前的市场预期转弱问题。疫情之下，更是要多措并举，从着力减负担、增信贷，助力企业爬坡过坎，到优环境、添动能，激发市场主体活力，这些举措短期是纾困，长期来看是增强市场主体应对困难的底气。二是重拾企业信心。企业信心全面转弱，不仅是当前中国经济全面下行最重要的原因，也可能是影响未来十年甚至几十年经济有效运行的最重要原因。企业有信心，才能有意愿进行投资与生产，才能保市场主体，让更多人有就业的机会。三是关注预期管理。预期管理一定要走在做出判断和采取行动的前面，改善预期要有完善的法律制度，在重点领域和行业设置红绿灯，让资本走入促进创新、协调、绿色、开放、共享的新发展理念的道路上。同时，对市场主体的诉求做到心中有数，及时高效解决市场关注的痛点问题，才能使市场主体形成一个清晰的预期，最终实现宏观经济管理的目的。

参考文献

［1］邢予青．中国出口之谜：解码"全球价值链"［M］．北京：生活·读书·新知三联书店，2022.

［2］林毅夫．新结构经济学［M］．北京：北京大学出版社，2012.

［3］蔡昉，贾朋．构建中国式福利国家的理论和实践依据［J］．比较，2022（3）.

［4］魏加宁，周毅，等．20 世纪 70 年代发达国家滞胀的回顾与启示［J］．比较，2022（3）.

［5］张生玲，贺易楠．中国宏观经济形势回顾与前瞻［J］．中国经济报告，2022（1）：35-44.

［6］张生玲，刘琨．面向绿色转型与高质量发展的新思考［J］．中国经济报告，2021（4）：157-159.

浅析数据要素市场化的五大难点[*]

宋　涛　张丹阳　王　雨[**]

2022 年 6 月，习近平主持召开中央全面深化改革委员会第二十六次会议，指出"要建立数据产权制度、建立合规高效的数据要素流通和交易制度、完善数据要素市场化配置机制"。数据作为一种全新的生产要素，具有极为重要的作用。可以说，数据是互联网的新石油和数字世界的新货币。

一、数据要素是国家推动数字经济的核心引擎

早在 2019 年 11 月，党的十九届四中全会就提出"健全劳动、资本、土地、知识、技术、管理、数据等生产要素由市场评价贡献、按贡献决定报酬的机制"，将数据纳入五大生产要素范畴，为数据参与收益分配奠定了基础。2020 年 4 月，中共中央、国务院印发了《关于构建更加完善的要素市场化配置体制机制的意见》，明确提出"要加快培育数据要素市场"。2020 年 5 月，中共中央、国务院发布了《关于新时代加快完善社会主义市场经济体制的意见》，指出"要加快培育发展数据要素市场，建立数据资源清单管理机制，完善数据权属界定、开发共享、交易流通等标准和措施，发挥社会数据资源价值"。2021 年 3 月，《中华人民共和国国民经济和社会发展第十四个五年规划和 2035 年远景目标纲要》明确提出，"迎接数字时代，激活数据要素潜能，推进网络强国建设"。2021 年

　＊　原文发表在《中国发展观察》2022 年第 7 期，部分内容有删节。

　＊＊　作者简介：宋涛，北京师范大学经济与资源管理研究院副教授。张丹阳，北京师范大学经济与资源管理研究院硕士研究生。王雨，北京师范大学经济与资源管理研究院硕士研究生。

11 月，工业和信息化部发布的《"十四五"大数据产业发展规划》提出，"要加快培育数据要素市场，发挥大数据特性优势"。2021 年 12 月，国务院印发的《"十四五"数字经济发展规划》中首次明晰了数字经济的概念，强调了数字经济是以数据资源为关键要素。该规划指出，数据要素是数字经济深化发展的核心引擎，要充分发挥数据要素的作用，并从数据要素的供给、市场化流通以及开发利用机制方面提出要求。2022 年 1 月，国务院办公厅印发的《要素市场化配置综合改革试点总体方案》指出，"要探索建立数据要素流通规则，进一步发挥要素协同配置效应"。2022 年 4 月颁布的《中共中央　国务院关于加快建设全国统一大市场的意见》提出，"加快培育数据要素市场，建立健全数据安全、权利保护、跨境传输管理、交易流通、开放共享、安全认证等基础制度和标准规范"。

国家文件近年来数次提到要推动数据要素交易市场的建设，可见从国家政策导向来看，培育数据要素市场是未来发展的一个重要趋势。数据要素市场化对数字经济具有以下重要意义：

第一，有利于赋能数字经济的发展。数据作为数字经济时代的核心要素，处于流通状态才会释放其本身的活力，创造更多的生产力。数据要素的高效流通需要依托资本市场进行交易，而证券是资本市场的核心部分，数据要素通过证券化产品的方式与资本市场深度融合，使数据要素转变为数据资本，进而创造更大的价值，推动数字经济迈向全面扩展期。

第二，有利于激发经济发展新动能。数字要素与证券化的结合有利于提高数据要素市场流通效率，并且发挥数字要素的乘数作用，带动资金流、人才流，将其与剩下的生产要素相结合。数字资产有利于释放一些原本无法流通交易的资源，不断地辐射到更多的领域，催生新产业与新业态模式，改变现有经济发展模式，通过数据市场的发展，激发经济活力，创造新的经济增长动力。在当前外部市场动荡不定的状态下，如何激发各类生产要素活力并依靠内需驱动经济发展具有重要意义，全面推进数据证券化有助于激发中国经济发展内在动力。

第三，有利于加快要素市场化流通。现今数据流通交易环境仍然处于发展初期，数据本身具有较大的价值，但要想使其发挥作用，必须使数字资源得到优化配置。数据资产若不能进一步证券化并使其在市场中流通，则很难释放数据本身带来的巨大红利。数据证券化有利于实现数据价值，加快要素市场化流通，释放数字要素带来的价值红利，创新数据要素开发利用机制。

第四，有利于促进中小企业发展。资金是初创期公司面临的最大问题，尤其是对于科技类型的公司而言，而数据要素证券化为中小企业带来了新的融资渠道与机会，帮助中小企业平稳度过生长期，增强企业的核心竞争力。

第五，有利于进一步丰富证券产品体系。将数字要素与证券结合，有助于丰富证券市场产品的多样性，数据资源配置与价值增值对于推动证券产品研发，降低运营成本，提高对证券市场乃至资本市场运行效率具有重要意义。

二、数据要素市场化亟须解决五大关键难点

数据是新时代重要的生产要素，是国家的重要战略资源，也是数字经济发展的核心力量，要想充分挖掘数据的深层价值，就要加快要素市场化配置，推动数据要素资本化，其主要手段是以价值化、证券化的数据资源为基础，实现数据要素的保值增值。在实现数据证券化的过程中，数据权属的确定、数据的交易机制、数据的安全性、数据的孤岛与垄断等问题制约了数据要素的流通。解决数据要素证券化难题，加强数据要素市场建设尤为迫切。本文主要针对数据要素交易市场中五大难点提出对应的解决方案，为促进数据要素的流通，挖掘数据深层价值，赋能数字经济提出相应的对策建议。

（一）怎样实现数据要素的三权分离

数据权属主要分为数据的所有权、经营权与使用权。数据要素与其他生产要素的不同点主要表现为：数据要素的所有权、使用权与经营权是需要进行合理分离的。数字要素交易市场的建设面临的一个重大问题就是如何实现数据的三权分离。一般来说，国家即国家中的人民是数据的提供者、所有者；而互联网企业则是数据的经营者和加工者；个人或者科研机构等客户是数据的使用者。通过分离数据的所有权、使用权与经营权，实现数据要素在不同主体之间的流动。数据权利分离不只是数据所有权的归属，也包括其对应主体利益分配等问题。清晰的产权界定是数据要素交易市场运行的前提。为解决数据要素三权分离问题，可以考虑以下举措：

第一，完善数据产权相关法律法规。从国家层面来讲，由于我国现行法律中对相关数据产权部分约束较少且存在漏洞，相关法律部门应将数据产权保护纳入法律保护范畴内，尽快明确数据的三权归属及其定义、内容等，从我国具体国情出发，制定符合我国数字经济市场的法律法规，形成相应的标准化规范，并就企业以及个人在数据所有权、经营权与使用权等方面作出具体规定，以免企业与个人之间发生的数据产权出现混淆以及倾轧现象。

第二，实现数据的分级分类管理。由于数据分类较为复杂，且不同行业之间数据差异化较为明显，对不同类别数据进行分级分类管理也是实现数据三权分离的一个有效措施。根据数据主体的不同，将数据分为私人数据、企业数据与公共数据，通过对不同数据的分类管理，实现要素的三权分离。

对于私人数据，包括用户的基本信息数据及在网络中各自行为产生的数据，具有明显的隐私性，数据所有权应归本人所有，但大量用户个人数据汇总在一起并进行数据分析计算等可能会产生较大的数据价值，唤醒数据活力。因此，个人可以有选择地将部分数据交给数据分析机构经营，即让渡部分个人数据经营权和使用权。当然，数据权利界定的背后离不开法律对各主体的约束，应依靠相关法律切实保障个人数据的隐私，规范数据经营方对数据的合法使用，在各方权利得到保护的情况下，双方共享获益。

对于企业数据，包括企业基本信息数据及在生产经营过程中与多方的关联数据，在相关主体知情且同意的情况下，可由企业代为分析挖掘数据的潜在价值。同样，应在法律允许的条件下进行数据分析，在不影响企业自身商业机密的同时，使最终创造的数据价值可以经双方协商共享收益。

对于公共数据，主要是指国家进行公开收集的各类数据，如政府公布的经济社会数据等。政府在公共财政的支持下统计相关数据，那么其最终成果从群众中来，最后应在不涉及国家隐私的情况下归社会公开享有公共数据，所有权归国家所有，用户享有使用权，部分企业在从事合法活动中享有经营权。

第三，完善数据信息中心与数据管理平台。针对不同主体的信息，个人用户可以通过在平台自主管理个人数据来实现数据的私密保护和有偿分享，公共数据由国家相关部门进行管理，企业数据也可以在平台中进行使用并发挥数据效用最大化，进而在维护数据的所有权和隐私权的基础上，实现数据三权分离。此外，要加快推动数据小范围试点工作。通过小范围试点，厘清数据要素的权力范围，形成标准化的流程并进行大范围推广，实现数据三权分离，促进数据要素的市场交易与流通。

（二）怎样实现可信数据的保护共享

数据不同于实物，其具有特殊的性质。数据的价值在于它的真实性，数据共享是其形成价值的途径。而数据由于其可复制性，它的共享又不能像普通物品一样随意公开，只能进行有限共享。这就形成了数据在真实性、保护性和共享性三者之间存在特殊的矛盾。未来的国家数据要素市场化，应当建立在可信任的数据网络技术基础上，以实现可验证的身份追溯与数据可信性。此外，具有可信任数据的互联网必须保护人们的隐私，确保公共、经济与国家的安全，并增强公众、个人与商业伙伴之间的纽带关系。在此基础上，尽量实现数据的高效而有限的共享。因此，在不危害个人隐私或国家安全的前提下，真正实现数据的可信任、可追溯与可共享应当是数据要素市场化的先决条件。为做到这一点，可以考虑以下举措：

第一，确保数据的安全可信。数据之所以具有价值，在于其能够真实地反映数字背后的经济社会规律，这要求数据必须是真实可信的。作为国家战略性资产的数据，必须具有抵抗威胁的能力，以保证其安全和可信。数据市场化过程中最大挑战是用户数据的所有权和隐私权之间的矛盾。网络数据分析技术的发展既要为数据所有者创造价值，又必须保护用户的隐私。数据不能被私人公司独自掌握，否则将不能对社会公共利益有所增进；同时，这些数据也不宜由某方力量所独揽，否则将会降低数据的透明度，损害公共利益。

各方的数据活动都需要在监管下进行，既要维护个人数据的隐私，又要保护国家的权益不受侵害。如果我们能够创建一个可信的数据互联网，为每个人提供安全、有保障的数据访问，就可产生巨大的社会效益。首先是使用可靠的数字身份。无论是个人还是组织，"身份"是通向其所拥有数据并实现数据共享的关键。数字身份不仅包含了唯一且不可伪造的证书，而且具备能力访问所有与个人身份相关的数据，及控制个人在不同情境下扮演的不同"角色"。每一个身份都拥有与现实情境相关联的数据访问权。国家需要通过建立可靠的数字身份，保障网络安全，实现通用的数据访问。其次是建立可信任的分布式网络管理系统。一般来说，中心化的管理系统是网络安全中相对薄弱的一环，内部人员和竞争对手均可利用其弱点一举摧毁整个系统。该问题最有效的解决办法是把权限分配给许多可信任的参与者。这样，即便其中一个甚至多个参与者实施危害性行动，也不会破坏整个系统的安全。例如，以区块链为基础构建的数据网络，可以有效确保数据的安全和可信。

第二，实现数据的有限共享。数据作为一种重要的资源与要素，由于其自身具有可复制性，不能像其他要素一样随意共享，只能是有限的共享，即数据不能被复制或直接浏览。这就需要以下几个关键步骤：首先是数据不能被复制或直接共享，而是把算法推送到现有数据库，在后端防火墙保护下进行安全运算，只有加密后的运算结果是被返回共享的，这意味着原始数据绝不会离开其存储库，且数据访问由存储库/数据所有者控制。其次是始终返回"安全答案"，而不是原始数据，即在执行查询时，数据存储库必须总是返回"安全答案"，而不能返回原始数据。

此外，数据始终处于加密状态，即全程（无论是静态驻留还是动态传输和计算中）都需要对数据进行加密。

（三）怎样打破数据孤岛和数据垄断

数据孤岛是指数据被分割、储存在不同的主体或部门，成为一个个单独的数据集，无法实现互联互通、相互分享和整合利用的一种状态，这种状态下的数据就好像海面上一座座相互孤立、无法沟通的小岛。与数据孤岛相关联的一个概念是数据垄断。关于数据垄断的概念，目前还存在比较大的争议。一部分学者认为，数据具有非竞争性、替代性和零边际成本，甚至具有非排他性，所以数据不会出现垄断问题，也就不存在"数据垄断"；另一部分学者认为，尽管数据具有非竞争性等特点，但是拥有市场支配地位的大企业可以利用大数据实施"数据垄断"行为。

结合现实经济生活中的案例，比如 Google/Double click 案、大众点评诉百度案、菜鸟裹裹与顺丰快递、新浪与今日头条、微信与华为的数据之争，我们有理由认为"数据垄断"是确实存在的。数据垄断并不是指单个企业拥有大量原始数据，或数据持有人基于产权制度对数据资产的排他性占有，而是指数据持有人在数据采集和开发利用中所实施的各种基于大数据的市场势力滥用行为。

针对数据垄断这一新型的垄断现象，不少学者就如何进行反垄断规制进行了探讨。一些学者认为，应该发挥以反垄断法为主的法律法规对数据垄断的规制作用。曾彩霞和尤建新（2017）基于已有文献的研究，提出要优先使用反垄断法规制大数据垄断，同时发挥隐私权和消费者权益保护相关法规对大数据垄断的规制作用。针对数据垄断的新特点，牛喜堃（2018）讨论了反垄断法应该如何应对。殷继国（2019）提出了大数据市场反垄断规制的内在逻辑和基本路径，强调采用以反垄断法为主、其他法律为辅的综合规制。还有一些学者从更丰富的视角提出了针对数据垄断的规制思路。詹馥静和王先林（2018）提出了大数据反垄断执法的调整思路，秉持谦抑、审慎的反垄断执法原则，提升反垄断执法的专业化水平和加强反垄断执法的国际合作与交流。刘戒骄（2022）认为，数据反垄断监管应当充分考虑数据兼具公共产品和私人产品的复杂特征，围绕数据保护、共享、移植、安全、算法和使用等环节的问题，在约束数据领域不当行为、探索数据公地建设、完善非歧视规则和鼓励数据去中心化存储等方面形成较为完善的制度。唐要家和唐春晖（2022）认为，反数据垄断政策应构建以反垄断法为核心的多法协同体制，合理权衡竞争、隐私和创新目标，将数据、算法、平台作为政策重点，实施分类治理并注重市场化数据共享机制的作用。反数据垄断政策的核心是确保原始数据的开放接入，为此可实施个人数据可携带权、鼓励消费者授权的批量数据接入、特定情况下的强制性数据接入、互操作性政策等反垄断监管政策。

归纳起来，可以考虑以下几个措施：一是制度和法律层面，完善数据隐私保护制度。一方面，构建数据分类共享制度；另一方面，引入数据隐私泄露评估制度，健全数据流通监管机制。具体来说，包括如下几个方面：坚持数据安全与数据共享相结合的监管理念，构建专门的数据监管机构，增强数据流通的事中和事后监管，完善数据监管的信息公开机制。需要发挥法律制度的规制作用，在大力推进人工智能时代数据共享、破除数据孤岛的同时，以保护公民的隐私权和数据安全作为数据共享的"底线"，严禁借助数据共享之名行侵犯公民隐私之实的行为，为数据共享划定必要的禁区和红线。二是技术层面，建立在区块链技术基础上，以数据所有权、使用权和经营权三权分离为突破口，以区块链中分布式计算存储、加密算法、共识机制和点对点传输等核心技术来平衡各参与主体之间的权责和利益关系，重构数据市场主体的相互关系。一方面，使数据生产者、数据垄断者和数据使用者三者从零和博弈走向互利合作；另一方面，打破数据割据和垄断形成的数据孤岛，提升数据流动性并充分激活数据价值。

（四）怎样将数据证券化并合理定价

数据证券化是以数据资产未来所产生的现金流为偿付支持，通过结构化设计进行信用增级，发行可出售流通的权力凭证，获得融资的过程。目前，我国数据要素交易、流通市场建设总体发展处于初步阶段，数据要素定价等无法确定，数据要素难以变成数据资产进而难以实现证券化进入要素市场进行流通与交易。如何抓住数字要素的证券化发展，对于我国数字经济发展、提升经济活力、中小企业融资及数据要素市场化发展等具有重要意义。

首先，明确数据证券化的标的物是什么。一个具有共识的观点是：数据证券化的标的物是数据资产的未来预期收益。比如，杜庆昊（2020）提出，数据资产证券化就是将数据作为基础资产，以数据资产预计产生的未来现金流为偿付来发行证券。也就是说，将数据资产的未来预期收益作为数据证券化的标的物。曹硕等（2021）认为，数据证券化标的物存在难以标准化的问题，提出可以将数据资产的未来预期收益作为证券化的标的物。

其次，明确数据证券化后的定价怎样决定。金融证券的价值从根本上取决于证券所持有的资产的价值，所以数据资产证券的定价机制可以借鉴数据资产本身的定价机制。从现有的研究来看，杜庆昊（2020）提出，要探索合理的数据定价机制，针对不同性质的数据应该采用不同的定价规则。具体来说，"数据包括原始数据和集成数据，数据性质不同，定价规则也不同。对原始数据来说，因为存在数据密度和质量不同、数据是否唯一、市场是否有需求等情况，无法采用标准化定价法，应根据数据资产的实际情况和市场预期，采用动态的综合定价法。对于集成数据，因为存在基础设施和人力资本的投入、算法的使用等因素，数据的价值较之原始数据实现倍增，采用成本定价法较为合理，实现对市场经营主体成本和合理利润的有效覆盖。"熊巧琴和汤珂（2021）总结了已有研究所提出的数据资产定价原则，包括价格可以真实地反映买家的效用、卖方收入最大化、收入公平分配给合作提供数据集的不同卖家、无套利、隐私保护和计算效率等；并且详细介绍了传统会计学定价法、"信息熵"定价法、数据资产价值的多维度定价法三种主要定价方法及其适用场景。此外，还有不少研究涉及数据资产的定价问题。张永忠和张宝山（2022）将数据分为开放数据和非开放数据，认为开放数据具有公共物品的性质，非开放数据具有私人物品的性质，两者数据资产应该采用不同的方式定价。中国资产评估协会发布的《资产评估专家指引第9号——数据资产评估》当中，提到以成本法、收益法和市场法测算数据资产价格。普华永道发布的《数据资产化前瞻性研究白皮书》提出，根据数据所处的不同阶段，应该使用不同的计价模型对数据资产价值进行评估，这些计价模型包括数据势能模型、实物期权模型、多因素修正后的增量效益折现模型、非核心资产因素剥离折线模型、神经网络模型等。

归纳起来，可以考虑以下几个措施：第一，按照数据的多重属性，根据数据资产的未来预期收益进行合理且有针对性的定价。一方面，引入数据交易第三方机构，经交易双方及数据交易第三方机构进行协商，并由数据交易第三方机构评估后制定初步参考价，确保多方权利与利益得到有效保护，实现效用最大化。国家对数据交易第三方机构给予一定的政策支持，加大对定价技术方面的资金投入，打造示范性数据交易第三方机构，形成日趋完善的定价机制，并在其他地方推广使用。另一方面，对于数据要素应用场景较为复杂的情况可以参考行业内部类似案例及知识产权证券化定价等方法。知识产权具有较强的价值依附性，在具有不同经营能力的公司手中所能创造的价值存在较大差异。数据资产也有类似性质，因此，从数据的生产方、加工方、经营方等多方主体分析对数据资产内在价值评估定价，补充与完善现有学者关于数据要素资产的定价方法，并在实际数据交易过程中，不断总结完善现行数据证券化交易的定价机制。第二，根据现有的不同计价方法，引入人工智能算法等技术进行数据资产评估。一方面，结合数据要素本身的属性，在数据发展的不同阶段以及数据的不同类别上，综合考虑数据成本、预期收益、市场价格等因素从而得出最优的、有针对性的系统定价，进而更好地促进数据资产证券化的发展；另一方面，结合 AI 算法等技术领域，引入相关会计及算法等方面的人才，借鉴金融资产等定价方法，根据数据信息质量及收益等综合评价体系，由人工智能算法等技术对数据资产进行估值分析，并在后期定价机制不断发展成熟后完善对于数据证券化产品的计算等。

（五）怎样建立统一的数据交易市场

市场在资源配置中起到决定性作用。数据作为一种新的要素，它的配置也需要充分发挥市场的作用。所以，建设高水平数据交易市场的需求也就应运而生。近年来，我国各地都在积极探索数据中心和数据市场建设，具体形式表现为各地方数据交易平台的争相涌现，比如贵阳大数据交易所、北京国际大数据交易所、天津北方大数据交易中心和上海数据交易所等。目前，我国现有的数据交易平台已经覆盖华北、华东、华南、华中、西南、西北、东北全国七大地理分区。这些积极探索取得了一定成效，但是目前的数据交易市场还存在地域分割、交易规范不统一、管理混乱的问题，限制了数据要素在全国范围内自由地流动。可以从交易平台、交易规范和管理体系三方面采取措施，以实现交易平台的统一、交易规范的统一、管理体系的统一，最终建设统一的数据交易市场。

第一，建立统一的数据交易平台。目前，全国范围内的数据交易平台都是区域性的，还没有一个全国性的数据交易平台，不利于数据要素在全国范围内实现充分的配置。另外，现有的数据交易平台经营状况参差不齐。相关调查发现，现存的 40 多家部分数据交易平台，有少部分经营状况较好、取得了不错的建设成果，但是大部分数据交易平台经营状况都远不及预期。

为了改变这种不利现状，可以考虑以下两个方面举措：一是建设国家级的高水平数据交易平台，形成全国性的数据交易市场。从发起主体和承办单位来看，目前我国的数据交易平台以地方政府筹办为主，以政企合办、企业独办为辅。地方政府或企业所发起的数据交易平台在统筹资源、规则设计、监督管理等方面都存在很大的局限性，所形成的数据交易市场也只是区域性的市场。所以，应该基于已有的数据交易平台的建设经验，建设国家层面的高水平数据交易平台，为数据要素在全国范围实现自由配置提供市场。当然，建设国家层面统一数据平台并不意味着要取消各地方政府发起的区域性数据交易平台，国家级交易平台和区域性交易平台可以互为补充，国家级平台为数据要素提供在全国范围内顺畅流通的市场条件，区域性平台可以积极大胆创新、先试先行，充当更高水平的国家级平台的试点和实验区。二是探索完善数据要素跨平台流通机制。统筹协调各个区域性的数据交易平台，加强平台间的合作，统一各自的数据准入门槛，逐步打破存在于各数据交易平台间的数据流通障碍。

第二，建立统一的数据交易规范。目前，我国数据交易市场在数据产权划分、定价机制、数据来源、交易规则等方面都缺少统一标准，严重阻碍了数据要素自由畅通的流动。为解决这一问题，未来可以考虑以下措施：

对于产权划分，出台针对数据所有权、经营权和使用权三权划分的全国性法律法规和政策制度，为数据要素的顺畅流通松绑，为数据要素收益的分配提供法律依据。借鉴专利、软件著作权等知识产权登记制度的成熟经验，结合数据要素的特点，构建数据资产登记制度。对于定价机制，积极探索数据要素定价机制，坚持以市场为导向，借鉴传统要素定价机制，引入第三方评估，形成统一的定价标准。对于数据来源，一方面，规范数据采集行为，对各种数据源分级分类对待，统筹兼顾隐私保护与数据共享；另一方面，严格把控数据质量，建立统一的数据清理、脱敏、评估体系。对于交易规则，首先，数据交易市场必须设置明确的交易规则，比如应明确介绍用户享有的权利和应该履行的义务、责任，以及交易过程如何具体实施。其次，交易规则的设置要有统一的标准和规范。

第三，建立统一的数据交易市场管理体系。目前，我国政府部门对数据交易市场的管理相对混乱。一方面，各级政府没有明确的主管部门，政出多门，导致数据交易市场建设的行政规划缺失、重复、混乱；另一方面，缺少顶层设计，各地方政府的数据交易市场建设单打独斗。

针对这两方面问题，可以考虑以下举措：首先，政府应该明确推进数据交易市场建设的主管部门，形成以主管部门为主、其他相关部门为辅的管理格局。其次，政府应该加强顶层设计，发布全国数据交易市场建设规划，统筹安排各地各级政府的数据交易市场建设。

参考文献

［1］杜庆昊．数据要素资本化的实现路径［J］．中国金融，2020（22）：34-36.

［2］宋宇，嵇正龙．论新经济中数据的资本化及其影响［J］．陕西师范大学学报（哲学社会科学版），2020，49（4）：123-131.

［3］王利，彭勇．推动数据要素市场化配置　充分激发数据要素价值［J］．产权导刊，2022（4）：18-22.

［4］王蒙燕．我国数据要素统一大市场构建的问题与对策［J］．西南金融，

2022（7）：80-90.

［5］张永忠，张宝山．构建数据要素市场背景下数据确权与制度回应［J］．上海政法学院学报（法治论丛），2022，37（4）：105-124.

［6］王伟玲，吴志刚，徐靖．加快数据要素市场培育的关键点与路径［J］．经济纵横，2021（3）：39-47.

［7］阿莱克斯·彭特兰．信任与数据：身份与数据共享的创新框架［M］．北京：经济科学出版社，2018.

［8］程啸．论大数据时代的个人数据权利［J］．中国社会科学，2018（3）：102-122+207-208.

［9］Duch-Brown N, Martens B, Mueller-Langer F. The Economics of Ownership, Access and Trade in Digital Data［J］. JRC Working Papers on Digital Economy，2017.

［10］Lambrecht A, Tucker C E. Can Big Data Protect a Firm From Competition？［J］. Social Science Electronic Publishing, Available at SSRN 2705530, 2015.

［11］曾雄．数据垄断相关问题的反垄断法分析思路［J］．竞争政策研究，2017（6）：40-52.

［12］唐要家，唐春晖．"数据垄断"的反垄断监管政策［J］．经济纵横，2022（5）：31-38.

［13］刘戒骄．数据垄断形成机制与监管分析［J］．北京工业大学学报（社会科学版），2022，23（1）：71-83.

［14］曾彩霞，尤建新．大数据垄断对相关市场竞争的挑战与规制：基于文献的研究［J］．中国价格监管与反垄断，2017（6）：8-15.

［15］牛喜堃．数据垄断的反垄断法规制［J］．经济法论丛，2018（2）：370-394.

［16］詹馥静，王先林．反垄断视角的大数据问题初探［J］．价格理论与实践，2018（9）：37-42.

［17］殷继国．大数据市场反垄断规制的理论逻辑与基本路径［J］．政治与法律，2019（10）：134-148.

［18］中国信息通信研究院．数据价值化与数据要素市场发展专题研究报告（2021）［R］．2021.

［19］曹硕，廖倡，朱扬勇．数据要素证券化路径研究——基于DAITs模式的探讨［J］．证券市场导报，2021（10）：44-51.

［20］熊巧琴，汤珂．数据要素的界权、交易和定价研究进展［J］．经济学

动态，2021（2）：143-158.

　　［21］中国资产评估协会．资产评估专家指引第 9 号——数据资产评估［EB/OL］．http：//sdicpa. org. cn/news/2020110/n27342725. html.

　　［22］数据资产化前瞻性研究白皮书［EB/OL］．https：//www. pwccn. com/zh/research-and-insights/white-paper-on-prospective-study-of-data-capitalization-nov2021. html，2021-11.

　　［23］刘吉超．我国数据要素市场培育的实践探索：成效、问题与应对建议［J］．价格理论与实践，2021（12）：18-22.

　　［24］王卫，张梦君，王晶．国内外大数据交易平台调研分析［J］．情报杂志，2019，38（2）：181-186+194.

　　［25］于施洋，王建冬，郭巧敏．我国构建数据新型要素市场体系面临的挑战与对策［J］．电子政务，2020（3）：2-12.

第二篇　乡村振兴

"十四五"时期我国巩固拓展脱贫攻坚成果推进策略[*]

张 琦 万 君[**]

脱贫摘帽不是终点，而是新生活、新奋斗的起点。巩固拓展脱贫成果是过渡期的重要工作，也是"十四五"时期农村工作重点任务。2020年以来，党中央多次部署相关工作。2020年中央农村工作会议明确了从脱贫之日起设定5年过渡期，用于巩固脱贫成果，实现由脱贫攻坚向全面推进乡村振兴平稳过渡。随后，中共中央、国务院印发了《关于实现巩固拓展脱贫攻坚成果同乡村振兴有效衔接的意见》，明确了巩固拓展脱贫攻坚成果的总体要求和重点工作部署。2021年中央农村工作会议召开前夕，中共中央政治局召开常委会会议专题研究"三农"工作，强调"乡村振兴的前提是巩固脱贫攻坚成果，要持续抓紧抓好，让脱贫群众生活更上一层楼。要持续推动同乡村振兴战略有机衔接，确保不发生规模性返贫，切实维护和巩固脱贫攻坚战的伟大成就"。随后，2021年中央农村工作会议提出了2022年"三农"工作的"两条底线"，其中一条底线是巩固脱贫成果，确保不发生规模性返贫。

学术界对于上述重大问题也有较多的研究成果。例如，一些学者从总体上分析了2020年后巩固脱贫成果的战略选择（张琦和孔梅，2019），分析了设置过渡期的政策指向和多重意蕴（黄承伟，2021），认为巩固和衔接需要处理好两者关系并形成长效机制（尹成杰，2022），需要认真细致地总结脱贫攻坚的成果和实践经验并巩固脱贫成果（杜鹰，2021）。认为巩固脱贫成果是"十四五"时期中国农村发展的核心问题之一（魏后凯，2020），要从基本公共服务、产业就

　＊　原文发表在《农业经济问题》2022年第6期，部分内容有删节。

　＊＊　作者简介：张琦，北京师范大学中国扶贫研究院院长，中国乡村振兴与发展研究中心主任，教授、博士研究生导师。万君，北京师范大学中国扶贫研究院副教授。

业、绿色发展、国家扶持与社会参与等方面巩固脱贫成果（孙久文等，2021），过渡期要强化扶贫资产管理（杜志雄和崔超，2022），社会保障、发展基础、产业升级等是巩固脱贫成果的关键环节（左停等，2021），化解风险作为主要视角是巩固脱贫成果的措施和方法（汪三贵等，2021），政策性农业保险（徐婷婷和孙蓉，2022）、"保险+期货"（徐媛媛等，2022）、农产品电子商务（宋瑛等，2022）等措施发挥了更大作用，继续坚持绿色发展的导向（冯丹萌和许天成，2021），继续发挥驻村帮扶、东西部协作等重点环节对巩固脱贫成果的制度支撑作用（王晓毅，2022）。也有学者分析了巩固脱贫成果开局之年的政策变动和政策效果，分析了巩固拓展和衔接的关系（林万龙等，2022）。但是，由于"巩固拓展脱贫成果与乡村振兴有效衔接"这一政策语境，巩固拓展脱贫成果的研究往往也与防止返贫、与乡村振兴有效衔接等问题混杂在一起，不利于厘清重大理论问题和指导实际工作。此外，就目前的研究来看，有关拓展脱贫攻坚成果研究不少，但仍然相对分散，尤其是对巩固拓展脱贫攻坚成果的策略方面研究并不多。

据此，我们聚焦巩固拓展脱贫攻坚成果策略，通过厘清脱贫攻坚成果，分析巩固拓展脱贫成果的总体策略，从而明确其目标、重点与路径，科学客观地回答巩固拓展脱贫攻坚成果的难点思路和策略等，这无论对总结中国特色反贫困理论和中国特色减贫道路的实践经验，还是对未来乡村振兴战略发展都有重要的意义和价值。

一、总结中国脱贫攻坚取得的历史性成果

要科学确定策略，首先必须对中国脱贫攻坚成果进行总结，这是巩固拓展脱贫攻坚成果策略的基点。关于脱贫攻坚成果，理论界和实践界都进行了很多方面的总结，归纳起来为以下三大类：

（一）脱贫攻坚取得了彪炳史册的直接成果

第一，减贫成果。9899万建档立卡人口脱贫，832个贫困县全部摘帽，12.8万个贫困村全部出列，区域性整体贫困问题得到解决，绝对贫困彻底被消除。第二，产业和就业成果。脱贫攻坚期间，90%以上的建档立卡人口得到了产业和就业帮扶，这方面的成果主要有脱贫攻坚期间建成的各类产业基地30万个，旅游

扶贫、光伏扶贫、电商扶贫等新业态，摘帽县形成的 2~3 个主导产业，投资建设的与农村产业发展有关的高标准农田 2.1 亿亩、农产品初加工设施 4.3 万座，培育的市级以上龙头企业 1.44 万家，发展农民合作社 71.9 万家，创建的各类扶贫产业园等①。开发、对接、服务的年均 2000 万人的就业机会，以及建设的各类扶贫车间 32688 个，培育的贫困村创业致富带头人 41 万多人等②。第三，基础设施成果。主要是水电路气房讯等基础设施，特别是农村危房改造工程、农村饮水安全和巩固提升工程、"四好农村路"、农村电网建设等长期、持续改善农村基础设施的国家级工程产生的各类成果。第四，基本公共服务成果。教育、医疗、文化、社会保障等基本公共服务领域的各类成果，例如改造的贫困地区义务教育薄弱学校 10.8 万所，基本全覆盖基层文化中心，基本全覆盖二级以上医院等。第五，集体经济和扶贫资产。2020 年底全国贫困村的村均集体经济收入超过 12 万元。脱贫攻坚期间，各级财政资金和社会扶贫资金还形成了巨量的扶贫资产，有基础设施性质的公益性资产，有产业基地、光伏电站等经营性扶贫资产，有资产收益扶贫项目形成的权益性资产，还有一些到户的扶贫资产。第六，易地扶贫搬迁成果。既有搬迁的安置点，也有围绕安置工作形成的扶贫车间、基础设施、产业园区、就业机会等。第七，脱贫地区和人口的内生发展动力。基础设施公共服务等条件的改善极大地增加了脱贫地区的内生发展动力。脱贫群众的精神风貌也焕然一新，致富热情高涨，主人翁意识显著提升，现代观念不断增强，文明新风广泛弘扬。

（二）逐步形成了中国特色社会主义减贫道路和中国特色反贫困理论的制度性成果

第一，精准扶贫历史性创新，即对贫困人口精准识别、精准管理的工作机制。脱贫攻坚期间通过建档立卡，实现了对所有建档立卡户的精准管理，"为精准扶贫扣好了第一颗扣子"，第一次实现了信息到村到户到人，第一次精确分析致贫原因和脱贫需求，第一次构建起全国大集中的信息平台。这种精确的工作机制以及形成的历史数据，也是脱贫成果中重要的一部分。第二，责任机制。主要是"五级书记一起抓"的工作机制。第三，覆盖全国贫困地区的驻村帮扶机制及其衍生成果。脱贫攻坚期间，驻村帮扶工作形成了系统、具体、精准的工作机制。经历过脱贫攻坚战的锤炼，全国累计选派的 25.5 万个驻村工作队、300 多

① 数据来源：国务院新闻办. 农业农村部：产业扶贫政策覆盖 98% 贫困户 人均纯收入年均增长 30.2% [EB/OL]. http：//www. scio. gov. cn/video/42600/42601/document/1694780/1694780. htm. 2020-12-16.

② 数据来源：国务院新闻办. 国务院新闻办发布会介绍就业扶贫实施有关工作情况和主要成效 [EB/OL]. http：//www. gov. cn/xinwen/2020-11/19/content_5562757. htm. 2020-11-19.

万名第一书记和驻村干部，也是脱贫攻坚产生的宝贵成果之一。第四，富有成效独具特色的东西部协作机制。脱贫攻坚期间汇聚了各方力量，东西部协作和对口支援起了重大的作用，东部9个省份帮扶中西部14个省份，东部343个县市区结对帮扶573个西部贫困县，累计投入帮扶资金1005亿元，互派干部13.1万人次，东部投资中西部累计1.1万亿元。第五，全面高效刚性的考核评估机制。脱贫攻坚期间实行最严格的考核评估机制，完善了第三方评估制度，为脱贫成果经得起实践和历史检验夯实了基础。

（三）脱贫攻坚取得了精神和文化思想价值成果

第一，伟大的脱贫攻坚精神。脱贫攻坚伟大斗争中锻造形成的"上下同心、尽锐出战、精准务实、开拓创新、攻坚克难、不负人民"的脱贫攻坚精神。第二，农村基层治理中数字化治理的技术应用。以往通常认为基层治理特别是农村治理情况复杂多变，数字化治理将面临很大的挑战，特别是一些需要发挥群众工作优势的领域。脱贫攻坚的一些数字化治理方式表明，数字化治理在基层治理和农村治理领域能发挥重大的作用。第三，资源资本和资产的高效率动员配置能力，即国家和社会的资源向落后地区持续投入的发展导向能力。脱贫攻坚期间，构建了强大而持续的资源支持和投入体系，各类资源持续向贫困地区、落后地区投入。各级财政不断加大投入力度，专项财政资金累计超过1.6万亿元，土地增减挂指标调剂和流转资金、小额扶贫信贷、东西部协作企业扶贫资金，各类涉农资金真正且持续地不断投入落后地区和贫困地区。第四，践行习近平生态文明思想的生态优先、绿色发展的高质量发展价值取向成功实现。习近平总书记"绿水青山就是金山银山"的生态环保理念指引大量贫困地区通过绿色发展实现减贫目标，为落后地区利用绿色资源实现后发追赶提供了理论支持和指引，实践也证明了"绿水青山就是金山银山"生态环保理念的正确和绿色发展的重要，这种生态优先绿色发展的价值取向，也是脱贫攻坚期间成功实践而形成的重要成果，更是中国特色社会主义思想在脱贫攻坚中的典型示范。

二、巩固拓展脱贫攻坚成果推进策略的总体目标和基本要求

巩固拓展脱贫攻坚成果是基于强烈现实需求和未来发展长远需要。脱贫攻坚

成果是在"总体动员+强力攻坚"模式下取得的成果,无论是减贫成果、制度成果还是精神和价值成果,都是在国家制度优势主导引领下实现的,这实际上反映了中国的社会主义制度和政治优势。"十四五"时期,关键任务是如何制定最优的策略,保持巩固拓展脱贫攻坚成果任务和农业农村现代化长期可持续发展总目标相结合。例如,扶贫产业普遍存在的农产品难卖的问题,需克服基础不足的问题,使其发挥稳定长效的作用。有些成果是投入了大量的资源才形成的,并且能够持续地服务乡村振兴、农业农村现代化、国家治理现代化等更加宏大的国家战略目标,比如扶贫资产等减贫成果,精准管理和考核评估等制度成果,仍需要在拓展方面进行谋划和全面提升等。因此,巩固拓展脱贫攻坚成果源于强烈的现实需求,巩固是为了让首次实现农村消除绝对贫困的伟大成就经得起历史的检验,拓展是为了让脱贫攻坚成果更好地服务国家治理的长远需求目标,为第二个百年目标开好局起好步,为农业农村现代化和乡村全面振兴奠定好坚实的基础。因此,巩固拓展脱贫攻坚成果策略的总体目标和基本要求主要体现在以下五个方面:

第一,以守住不发生规模性返贫为底线目标,是巩固拓展脱贫攻坚成果策略的根本前提和基点。尽管农村贫困人口达到了全部脱贫目标,但还存在不少脱贫户发展基础脆弱,收入增长的可持续性不强,就业不稳定等因素返贫的可能性风险。一些不稳定户、边缘户、突发严重困难户,因病因灾因意外事故返贫的可能性大。需要以这三类户为重点人群,以守住不发生规模性返贫为底线目标,以经得起历史检验的重大使命感持续巩固减贫成效,这是考验脱贫攻坚成果是否能经得起历史性检验的关键。

第二,以持续缩小居民收入差距、推动实现共同富裕为目标巩固拓展持续增收机制,这是我们制定巩固拓展脱贫攻坚成果策略的关键点。越来越多的证据表明,脱贫人口特别是较低收入的脱贫人口持续增收的压力较大,脱贫地区、脱贫人口的收入差距也开始出现分化。此外,从全国来看,农村居民收入差距严重,且呈现扩大趋势(杜鹰,2021)。例如,调查数据发现人均纯收入最低5%和10%的脱贫户政策性收入占比高,返贫风险大,并且脱贫农户之间出现明显分化(林万龙,2022)。农村居民可支配收入五等分数据显示农村居民20%收入最低组占20%最高收入组的比重持续下降(檀学文和谭清香,2021)。这种趋势不利于缩小收入差距,解决发展不平衡不充分问题,更不利于推动实现共同富裕。基于此,脱贫攻坚期间形成的农户持续增收机制既需要巩固也需要拓展。从巩固的角度来看,需要巩固脱贫人口,特别是收入较低人口的持续增收机制,确保他们收入持续增加并且与其他群体收入逐步缩小。从拓展的角度来看,需要拓展增收机制的范围和群体,促进欠发达农村地区经济的可持续发展和低收入人口收入的持续增长，以解决发展不平衡不充分问题，促进共同富裕目标的实现。当然，更加重要的是，脱贫攻坚期间形成的持续增收机制是产业、就业、集体经济、扶贫资产、社会保障、转移支付等多种手段共同作用的结果，在新形势下还面临很多挑战。例如，产业方面，有市场化不够、同质化严重、经营效益不高、经营主体和人才不足等问题。就业方面，有就业机会不稳定、就业层次偏低、劳动保障水平不足、就业培训效果不明显、公益性岗位福利化倾向严重等问题。集体经济对收入增长贡献小。扶贫资产管理、权属、运营、效益、分配各个环节还存在较多问题。转移支付和社会保障手段对收入增加有一定贡献，但财政压力越来越大，福利化倾向、可持续性不足等问题也依然存在，这些都是新时期尤其是以持续缩小居民收入差距、推动实现共同富裕为目标下需要重点考虑的关键点。

第三，以提升城乡公共服务均等化水平为目标巩固基础设施和公共服务成果，这是我们巩固拓展脱贫攻坚成果策略的基本和长远保障。脱贫地区的基础设施这几年有了长足的进步，存在的主要问题是重建设轻管护，还有一些地区和领域的基础设施建设水平较低。公共服务方面，脱贫地区和其他地区则存在系统性差距，提升公共服务均等化水平任重道远、道阻且长。特别是城镇化进程造成大量人才流失、特殊群体留守乡村的局面，给脱贫地区巩固拓展公共服务带来新的挑战。例如，老年人贫困问题，缺乏社会支持、公共服务、社会保障的老年人容易重新陷入贫困；农村教育问题，脱贫地区教育质量整体较差，目前还没有从本质上消除代际的不平等和差异，并且在一些地区和群体之间呈现扩大的趋势；因病返贫的问题，过渡期内医疗补贴政策的变动，会给脱贫户参保带来什么样的变化，会不会产生大规模的因病返贫，亟待评估和研究预案；贫困空间转移的问题，进城务工农民工如果子女教育、医疗、社会保障等公共服务方面问题不能得到及时解决，就会产生贫困从农村向城市的转移。

基于此，从巩固的角度来看，需要持续加强对脱贫攻坚期间形成的基础设施的管理和维护，逐步提升公共服务水平、质量，防止出现新的贫困和返贫，阻断贫困代际、群体、空间的传递和转移。从拓展的角度来看，需要建立以城乡统一的公共服务体系为目标，不断提升公共服务均等化水平。

第四，以提升县域发展和基层治理水平、接续推进乡村振兴为目标，这是巩固拓展脱贫攻坚制度成果策略实现的最优选择和新的长期驱动力。脱贫攻坚期间形成的一些好的工作机制，是巩固拓展脱贫成果、接续推进乡村振兴的宝贵财富。近两年由于机构调整、人员变动等原因，这些好的工作机制在基层有所松动，政策落实不如脱贫攻坚期间严格。例如，精准识别和管理方面，由于国家没有统一部署的脱贫后建档立卡户相关数据采集，脱贫后的建档立卡数据质量有了一定程度的下降。基于脱贫攻坚期间对防止返贫工作建立了监测系统,根据我们的调研,数据质量远不如脱贫攻坚期间的数据质量,一些基础信息存在大量错误,有的地方甚至从2020年后就再没有开展相关工作。责任机制也有松动,乡村振兴机构调整后,巩固拓展工作有边缘化倾向,领导体制、考核评价等主要措施也有放松的迹象。

基于此,从巩固拓展脱贫攻坚工作本身来说,脱贫攻坚期间的一些工作机制经过调整后继续在发挥作用,如精准管理机制、驻村帮扶机制、责任机制、东西部协作机制,这些机制基本延续了脱贫攻坚期间的内核,并且可以预见,它们既服务于巩固拓展也服务于接续推进乡村振兴,因此需加强和继续巩固。从拓展的角度来看,这些好的工作机制是提升基层治理水平乃至推动县域发展的抓手,一些机制可以拓展到乡村振兴和基层治理的其他领域。

第五,以创新改革为目标,把脱贫攻坚的精神和价值成果拓展到农村改革和国家治理领域,这是巩固拓展脱贫攻坚成果策略的新使命、新责任。一方面,这些精神和价值成果能够引领和支撑农村发展。脱贫攻坚期间形成的脱贫攻坚精神,探索的数字化治理、资源持续向落后地区倾斜、绿色发展等发展导向,对于巩固脱贫成果、发展乡村振兴具有重要意义,能够引领和支撑农村发展。另一方面,这些精神和价值成果背后蕴含的创新精神能够为深化农村改革和国家治理现代化提供强大的动力。近年来,国家进入日新月异的新时代,经济发展进入新常态,需要农村改革和国家治理创新,农村改革确实也进入了深水期。此外,一些新技术的治理理念,例如数字化治理、绿色发展等理念在脱贫攻坚期间得到了广泛的传播和应用。

基于此,脱贫攻坚的精神和价值成果需要在巩固期内不断地拓展和创新应用。从巩固的角度来看,脱贫攻坚精神、数字化治理、资源持续向落后地区倾斜、绿色发展这些发展导向还需要继续巩固和加强,让这些价值取向继续支撑农村发展。从拓展的角度来看,一方面要将这些价值取向拓展到农村发展和国家治理的其他领域;另一方面要以脱贫攻坚精神为引领,鼓励创新,特别是围绕农村改革、基层治理、国家治理等核心领域开展创新。

三、巩固拓展脱贫攻坚成果策略的总体思路

完成脱贫攻坚目标任务后,从现实需求和总体目标看,"十四五"时期,即

2020~2025 年，巩固拓展脱贫攻坚成果同乡村振兴有效衔接成为新时期中国面临的新使命，要完成这个目标，需要注重以下六大战略转型：

第一，从区域滚动到区域联动再到区域驱动的新转型。区域滚动是各个行政区域由于产业分工而形成的天然联系，可替代性较强，联系较为简单。脱贫攻坚期间，通过培育各类产业，贫困地区外界已经建立了这种联系。从国际国内经济发展态势和脱贫地区可持续发展的要求来看，一二三产业的产品复杂性提升速度很快，产业链条复杂性呈几何倍数增加，产业链条在空间上延展速度也很快。因此，多区域共同参与产业链条是必然趋势，需要更加强区域联动，把区域看作一个整体、一个经济系统，而不是割裂的行政区域。基于此，巩固拓展脱贫成果就需要实现从区域滚动到区域联动的转变，统筹脱贫地区重大产业功能区建设，构筑高质量发展的增长极。从更长远的趋势来看，还需要实现从区域联动到区域驱动的转变，根据不同区域禀赋，挖掘区域资源和发挥区域的比较优势，把区域本身打造成可持续发展的增长极，推动促进区域经济协同发展，彻底破解发展不平衡不充分的问题。

第二，从到村到户的精准脱贫到强化集体经济和县域经济的整体拉动新转变。集体经济和县域经济是脱贫群众持续增收和农村基层组织稳定的重要驱动力，是巩固脱贫成果的重要环节。脱贫攻坚期间通过六个精准实现了到村到户的精准脱贫，集体经济和县域经济有一定的发展，但从总体来看，村集体经济和县域经济发展有一些共性的不足，产业层次较低、市场竞争力不足、缺乏知名品牌，集体经济和县域经济的掌舵者经营水平较低、市场化意识较弱，带动群众增收的作用和可持续性不够强，与其他地区特别是与东部地区还有明显的差距。因此，巩固脱贫成果需要实现从到村到户精准脱贫向集体经济和县域经济整体拉动的转变，把集体经济和县域经济打造成脱贫地区持续发展的基石和动力，持续发挥带动脱贫群众增收的作用，实现巩固和拓展脱贫成果的双轮驱动。

第三，从外部强力推动向内在自我发展能力的培育和成长新转型。脱贫攻坚期间，我国扶贫开发机制的总体特征是外源巨力推动下内源发展，在对贫困地区的资金、人力和政策资源投入的基础上，通过科学严格的体制机制实现和放大脱贫效果。内源的自我发展能力有一定的提升，但脱贫攻坚的各类成果主要还是依靠外部强力推动实现和积累的（万君和张琦，2017）。这种外部强力推动的发展空间有限且边际成本越来越高，最终难以持续。因此，巩固拓展脱贫成果，需要实现从外部强力推动向内在动力自我发展能力的培育和成长转变。巩固脱贫攻坚期间逐步培养起来的内生动力，不断激发产业发展动力、市场因素和动力、教育动力、文化动力，拓展脱贫攻坚精神和好的农村工作机制，不断增强脱贫地区和脱贫群众的自我发展能力。通过自我发展能力的培育和成长，实现脱贫地区和脱贫群众的可持续发展和高质量发展。

第四，从农业农村的单向流出向构建双向平等流通的新型城乡关系新转型。由于国家发展战略、市场机制等因素，农业农村长期处于资源单向流出的状态，脱贫攻坚期间，这种流出有所减缓，城市资源有一定投入，但根本的趋势还没有改变。城乡之间只有形成资源、要素双向平等流动互通的格局，才能更好地促进城乡融合发展。需要推动城乡要素平等交换、双向流动，改变农村要素单向流出的格局，形成工农互助、城乡互补、协调发展、共同繁荣的新型城乡关系。这是一项长期任务，需要在巩固拓展脱贫成果工作中逐渐突破。需要通过延长产业链、发挥龙头企业和带头人作用、推动农业技术创新等手段，不断推动城乡产业深度融合。通过积极引进和吸引人才流入乡村、加强农民职业素质技能培训等手段促进城乡融合发展人才队伍。通过绿色发展和传播绿色理念，强化生态建设，促进城乡共同繁荣。通过保护与传承乡村优秀传统文化，开发旅游项目等手段，利用乡村资源打造特色乡村，拓展城乡融合发展的新平台。

第五，从物质规模数量向精神文化等综合素质及发展能力的全面提升新转型。脱贫攻坚的成果主要集中在有形的物质上，追求的是规模和数量，是经济社会特定发展时期和特定国家战略要求共同作用的结果，也是贫困地区发展必须要走的路。脱贫攻坚期间，通过追求这些物质规模和数量，实现了贫困人口增收、基础设施持续改善、公共服务覆盖范围提升、贫困人口生产生活条件改善的目的。打赢脱贫攻坚战以后，需要继续拓展提升，从追求物质规模和数量向全面提升脱贫地区脱贫人口发展能力方向转变。需要更加注重增强群众致富的积极性、主动性和创造性，激发群众内生动力，巩固培育自力更生的精神。加强基本公共文化培育，推动公共文化资源共享，促进精神力量发展，持续地提高脱贫人口的各类技能和能力素质。

第六，从重点解决国内减贫向开展全球减贫合作、推动"一带一路"等示范引领转型。从全人类减贫视角来看，中国脱贫攻坚为世界减贫做出了突出贡献，也为人类减贫探索出了新的路径方法，供世界各国分享。摆脱贫困一直是困扰全球发展和治理的突出难题，尤其是在全球贫困状况依然严峻、一些国家贫富分化加剧的背景下，我国提前10年实现了联合国《2030年可持续发展议程》减贫目标，为世界减贫注入了信心和力量，探索得到的中国经验和中国智慧能够为全球减贫合作提供示范引领。中国积极倡导构建没有贫困、共同发展的人类命运共同体。当今世界正处于百年未有之大变局，贫穷、饥饿、疾病侵蚀着人们追求美好生活的希望和信心，世界减贫事业亟须明确的方向和可持续的措施，因此脱贫攻坚成绩不仅属于中国，更属于世界。中国脱贫攻坚为世界减贫播下了希望的种子。开展国际减贫交流活动，有助于提升中国负责任大国形象，同时让世界更加全面和深刻地了解中国减贫实践，增强其他国家实现消除贫困和不平等、推进可持续发展目标的信心。

四、巩固拓展脱贫攻坚成果要坚持分阶段有序推进

我们认为，从时序上看，5 年过渡期内完全可以采取分阶段有序推进的策略。"十四五"时期，守底线是前提，全面巩固脱贫攻坚的各项成果。拓展和提升是关键，把工作任务从巩固成果逐步拓展到乡村振兴等其他领域。可以采取以下两步走策略：

第一，过渡期的前 2 年以巩固脱贫攻坚成果为主要任务，强基固本，提高能力，建立防止返贫和持续增收长效机制，尤其要注重补齐脱贫攻坚的短板，强化脱贫户"造血"能力，巩固提升脱贫质量，确保不发生返贫，守住不发生规模性返贫的底线，为乡村振兴打好坚实基础。第二，衔接期的后 3 年以乡村振兴为引领拓展脱贫攻坚成果，为巩固提升脱贫成果提供新要求、新动力和新保障。把巩固拓展脱贫成果纳入乡村振兴战略统筹布局、统一部署，推动乡村均衡发展，提升县域发展和基层治理水平，深化农村改革，探索国家治理创新水平。

（一）第一阶段（2021～2022 年），继续加强和落实防返贫监测和帮扶，坚决守住不发生规模性返贫底线

巩固拓展好脱贫攻坚成果，守住不发生规模性返贫是底线。脱贫攻坚战虽然取得全面胜利，但有些地方脱贫成果仍然脆弱，脱贫地区发展基础仍然薄弱，脱贫人口自我发展能力有待加强，一些扶贫产业刚刚起步，易地扶贫搬迁后续扶持任务更为繁重。5 年过渡期内，脱贫县因脱贫摘帽时间不同，推动脱贫攻坚同乡村振兴有效衔接的时间节点也会有所差异。2016 年，28 个贫困县摘帽；2017年，125 个贫困县摘帽；2018 年，283 个贫困县摘帽；2019 年，344 个贫困县摘帽；2020 年有 52 个贫困摘帽。2016 年、2017 年摘帽的脱贫县目前的整体发展水平已经较高，防止返贫的压力不大，那么到 2022 年可以根据地方实际情况拓展脱贫成果，逐步向全面推进乡村振兴迈进，而对于 2018 年、2019 年和 2020年的脱贫县来说，巩固拓展脱贫攻坚成果是首要任务。总体来说，各地应该根据

自身情况,在"十四五"时期的前2年内,重点做好脱贫攻坚成果的巩固工作。

从帮扶政策来看,过渡期内主要帮扶政策保持总体稳定。脱贫不脱政策、不脱帮扶、不脱责任、不脱监管,各种资源要素还要向脱贫地区和脱贫人口持续倾斜,资源投入、项目安排,有关政策不仅不能脱钩,还要加强。从防止返贫来看,要继续加强落实防止返贫监测和帮扶,对易返贫致贫人口实施常态化监测,继续精准施策精准帮扶。从社会舆论来看,要强化脱贫地区乡村振兴系统工作人员认识,不放松不懈怠,同时积极做好宣传,营造巩固拓展脱贫攻坚成果的良好氛围。

具体来看,重点是四项政策。第一,防止返贫类政策,严格"三户、三早、三用"。对脱贫不稳定户、边缘易致贫户和突发严重困难户三类户加强监测。在监测帮扶上关键要做到"早发现、早干预、早帮扶",其中"早发现"是前提,鼓励各地通过大数据和行业部门数据共享等方式方法提高返贫监测效率和及时性。要瞄准风险,对症下药,确保"管用够用"。要根据意愿能力,针对性施策,确保"能用有用"。坚持开发式帮扶方针,激发内生动力,确保"适用实用"。

第二,易地扶贫搬迁后续政策,重点在实现"安居、乐业"上。要持续提升完善公共服务"软件"和基础设施"硬件",完善搬迁社区治理体系,加强社区文化建设,助力搬迁群众重新塑造新的社会关系网络,帮助搬迁居民能够"住得稳"。同时,要拓宽外出就业、就地就近就业渠道,支持自主创业,加强技能培训,提高搬迁居民收入水平,解决后顾之忧。

第三,兜底保障类政策,重在织密扎牢基本民生兜底保障安全网。5年过渡期内,保持社会救助兜底政策的稳定性。针对脱贫人口中完全丧失劳动能力或部分丧失劳动能力且无法通过产业就业获得稳定收入的人口,按规定纳入农村低保或特困人员救助供养范围。针对农村低收入人口,开展动态监测,准确把握低收入人口动态监测的对象和范围,推进低收入人口动态监测信息平台拓展和应用,健全分层分类救助帮扶机制。

第四,教育、医疗、住房、饮水等基础设施和公共服务类政策,逐步实现公共服务常态化高质量供给。推动控辍保学动态清零向常态清零转变,逐步实现由集中资源支持的脱贫攻坚向统筹基本医保、大病保险、医疗救助三重制度常态化保障平稳过渡,进一步巩固提升农村供水水平,稳步推进农村饮水安全向农村供水保障转变。继续实施重点高校招收农村和脱贫地区学生专项计划,打造升级版"一村一名大学生计划"。对农村低保边缘家庭和未享受过农村住房保障政策支持且依靠自身力量无法解决住房安全问题的其他脱贫户给予支持,同时加快农房和村庄建设现代化。

（二）第二阶段（2023~2025年）：以乡村振兴为引领拓展脱贫攻坚成果

在做好巩固脱贫攻坚成果、防止返贫的基础上，过渡期的后3年内要做好脱贫攻坚成果的再拓展、再创新和再应用，以乡村振兴为引领，拓展脱贫攻坚成果，主要是拓展脱贫攻坚体制机制方面的成果，拓展脱贫攻坚精神，拓展脱贫攻坚以来形成的农业农村新发展理念。

第一，在体制上拓展脱贫攻坚成果。继续坚持完善中国共产党领导的国家治理体制，拓展脱贫攻坚期间"中央统筹、省负总责、市县抓落实"的工作机制到乡村振兴和农业其他领域。从中央到地方要不断优化目前乡村振兴和农业农村工作领导体制存在的责任不清、效率低下等问题。制定落实五级书记抓巩固拓展、乡村振兴、农村工作责任的实施细则，健全责任体系。要将现在对各地党委政府关于脱贫攻坚精力投入、责任落实等方面的约束性、可操作性、可量化的要求，能转到乡村振兴上来的要转过来，全面完成转制，层层压实责任，真正构建起责任清晰、各负其责、执行有力的乡村振兴和农业农村工作领导体制。

第二，在工作机制上拓展脱贫攻坚成果。过渡期内要完成三项机制的转型，包括社会动员机制从"超常规"向常态化转型，减贫治理机制实现特惠性与普惠性兼容，投入保障机制实现促进持续性与均衡性兼顾。脱贫攻坚期间，发挥重大作用的东西协作、定点帮扶机制要进一步完善，继续发挥作用。此外，要充分借鉴脱贫攻坚做法，不断强化考核评价机制。

第三，拓展脱贫攻坚精神和农业农村新发展理念。把"上下同心、尽锐出战、精准务实、开拓创新、攻坚克难、不负人民"的脱贫攻坚精神，拓展到巩固拓展工作、乡村振兴和农业农村工作中，指引农村工作更上一层楼。脱贫攻坚期形成的新的发展理念，例如绿色减贫、数字化治理等也要系统谋划、持续拓展，拓展到乡村振兴和农业农村工作中。

第四，将好的脱贫措施拓展到乡村振兴上。一是拓展到产业振兴。产业政策要在帮助贫困人口实现产业发展和稳定就业与实现乡村振兴产业做大做强方面找寻合理的平衡，在实现脱贫地区产业升级的过程中惠及更多的农村人口，避免乡村振兴的产业扶持政策只惠及龙头企业和能人大户，违背缓解相对贫困的乡村振兴目标。二是拓展到生态振兴。脱贫攻坚在兼顾减贫和生态保护方面进行了很多探索，比如易地扶贫搬迁政策对安置点的布局规划的探索和尝试。"十四五"时期要继续坚持习近平总书记多次强调的"绿水青山就是金山银山"的理念，借鉴脱贫攻坚的经验，延续和完善包括易地搬迁、乡村旅游等绿色减贫方面的政策，同时积极创新绿色手段，实现乡村绿色可持续振兴。三是拓展到文化振兴。文化振兴重在教育。脱贫攻坚与乡村振兴在教育政策方面的衔接，首先，可以考虑将脱贫攻坚期间对于贫困家庭的教育扶贫政策拓展到非贫困人口和非义务教育阶段。其次，逐步将政策重点转移到提高学前教育普及率和高中教育入学率上，条件较好的地区可将高中教育纳入义务教育阶段，实行 12 年义务教育。最后，创新性的政策和方式，解决农村优秀教师匮乏的问题，提升教育质量。此外，要借鉴脱贫攻坚期间各地"志智双扶"的政策和实践，不断提升乡风文明水平。四是拓展到人才振兴。脱贫攻坚与锻炼干部、人才培养的有机结合是我国特色扶贫的重要经验。在与乡村振兴衔接过程中，政府应继续发挥主动性，通过"内育"与"外引"相结合的政策，以"内育"培养乡土人才，以"外引"促进乡村人才的最优化配置，从而补足农村的人才短板。五是拓展到组织振兴。脱贫攻坚巨大成就的取得关键就在于强大的组织动员能力。在将脱贫攻坚的组织机制与乡村振兴衔接的过程中要继续优化驻村干部振兴、第一书记振兴、对口帮扶振兴等政策，提升乡村治理的领导能力。

五、巩固拓展脱贫攻坚成果要有空间推进策略

在空间上，衔接期内要坚持区域差异化战略稳步推动。由于基础不同、条件不同，不同地区巩固拓展脱贫成果的需求、基础、条件均有差异，衔接重点区域的脱贫地区发展条件、脱贫进度存在明显的差异，巩固拓展脱贫攻坚成果的难易程度也不相同，不同的条件需要不同的形式和路径，要求分别不同的地区、不同的重点内容采取区别对待的方式和时间表。因此，需要针对地区、乡村发展基础和阶段的差异性，因地制宜、分类推进巩固拓展脱贫攻坚成果。在实践中，鼓励地方根据实际情况和发展基础，探索适合本地区的路径，因地制宜地促进实际工作。巩固拓展脱贫成果，在空间区域上有三种类型：全国乡村振兴重点帮扶县、除重点帮扶县之外的脱贫摘帽县、其他有巩固拓展脱贫成果任务的地区。

（一）全国乡村振兴重点帮扶县

重点帮扶县是巩固拓展脱贫成果的重中之重，也是最需要补齐的短板。160个重点帮扶县绝大部分是原深度贫困县，大部分具有特殊的人文和地理属性，自然地理条件差、历史欠账多，主要存在以下三个方面的发展困境：防止返贫的任

务特别重，持续发展的基础比较弱，与此同时区域相对集中，困难交织叠加。为了更好地帮助乡村振兴重点帮扶县，实现这些"难中之难"地区巩固拓展脱贫攻坚成果与乡村振兴有效衔接，建议着重在以下几个方面下工夫：

第一，制度上赓续脱贫攻坚做法，健全党的全面领导的体制机制。首先，在中央统筹、省负总责、市县乡抓落实的农村工作领导体制基础上，营造良好的社会帮扶机制和帮扶氛围，加强干部人才支持。其次，搭建各层级规划的协调沟通落实机制。可考虑以国家乡村振兴局规划财务司为枢纽构建顺畅的协调沟通落实机制，发挥规划项目的引领作用。最后，构建严谨的监督考核评价机制。可考虑构建包括各级督查巡查和社会监督在内的监督体系，开展有效的考核评价。

第二，重点做好防返贫工作，做到"早发现、早干预、早帮扶"。在原发型积累性绝对贫困全面"清零"后，仍然有部分人群存在返贫致贫的风险，脱贫成果不太稳固，能力型贫困或冲击型风险导致的次生型返贫致贫，将成为重点帮扶县治理转型的主要问题所在，脱贫不稳定人口、边缘易致贫人口以及受冲击性风险重创滑入低收入边缘的突发严重困难户，都极可能成为面临返贫或致贫风险的重点监测对象，这就需要重点帮扶县建立健全科学全面的综合治理及预警机制，给予衔续解决。

第三，持续巩固拓展脱贫人口的可持续增收机制。巩固脱贫成果的基础是脱贫人口可持续增收，要进一步突出产业就业的增收作用，倾斜建设一批能够持续带动增收的市场主体，税费上给予支持，培养一批管用的农技人员，支持建设一些乡村旅游工程。持续加强稳岗就业工作，增强培训的实用性，加强就业务工服务，加大劳务协作的力度，优化和切实发挥公益性岗位的作用。发挥扶贫资产的作用，管好用好扶贫资产，逐步增加脱贫人口的财产性收入。

第四，抓重点和促拓展相结合，巩固和拓展基本公共服务的均等化和可及性供给。首先，在教育重点领域，通过查补弱项、扩大供给、优化分配和完善保障等方式，改善乡村振兴重点帮扶县教育服务的均等化供给。优化"中西部欠发达地区优秀教师定向培养计划"中的名额分配方式，建立当年分配名额与师资数量缺口挂钩的机制，引导乡村教师特岗计划、"国培计划"、大学毕业生支教计划名额向西南省份倾斜。其次，在医疗重点领域，通过查补弱院、加强建设、扩大供给和完善保障等方式，改善乡村振兴重点帮扶县医疗服务的均等化供给。以未达到二级甲等医院水平和没有远程诊疗能力的县医院为重点，大力开展医院结对帮扶并建立长效机制；进一步完善"县乡一体、乡村一体"的机制建设和大学毕业生支医计划，优化聘用机制，来提高乡村医疗专业人才队伍的供给规模。最后，适度拓展基本公共服务供给的惠及领域，向文化服务、生产生活服务、就业帮扶等方面延伸。

第五，拓展帮扶范围，多维度满足低收入人口发展需求。脱贫攻坚期内，尽管脱贫摘帽标准已从单纯的收入性贫困，拓展到了以"两不愁三保障"为重点的多维标准，但仍未能充分满足脱贫人口的多样化需求，尤其是对受能力贫困制约的发展需求关注不够。为此，重点帮扶县治理转型不仅要侧重于收入短缺、资源不足等经济层面的问题，更应进一步延伸到获取收入的能力受损或机会剥夺等领域，拓展到社会、人文和心理等综合维度，不仅要关注贫困对象的收入状况和生活质量，也要更加注重其地位尊严、公平权利、均等机会、能力素质、精神面貌和心理状态。

第六，总结前期脱贫经验，做好巩固拓展脱贫成果同乡村振兴有效衔接。一方面，要以重点帮扶县在产业、生态、组织、人才等领域取得的决定性成果和有益经验为基础，加大要素配置、产业发展等向农业农村倾斜的力度，推动乡村振兴稳步实施；另一方面，要充分考虑不同区域发展阶段和乡村差异性，梯次有序推进重点帮扶县的"两大战略"有效衔接，全面统筹解决好局部与整体、特惠与普惠、福利与效率的相互关系，形成各具特色的治理路径和发展模式。

（二）除重点帮扶县之外的脱贫摘帽县

经过脱贫攻坚期间的持续帮扶，这些摘帽县的发展面貌得到了很大的改善，很多已经形成了一定规模的产业发展基础，当地的居民收入、公共基础设施、公共服务水平等综合发展水平已经相对较好。但是，这些地区仍然是易返贫致贫人口最主要集中的地区，防止规模性返贫仍然是这些地区在过渡期主要的工作任务之一。此外，虽然在脱贫攻坚期间形成了一定的产业基础，但是这些摘帽县的扶贫产业大多是一些传统的低附加值种养殖产业，且没有形成一定的品牌效应，难以扩大地区产业，产业链短且面临着一定的"断链"风险。因此，重点帮扶县之外的脱贫摘帽县，在过渡期内要重点做好三个方面的重点工作来巩固拓展脱贫成果。

第一，防止发生规模性返贫。脱贫重在精准，防贫亦重在精准。一是完善返贫风险监测机制，把脱贫不稳定户、边缘易致贫户的生产经营、就业、股金分红等收入信息纳入返贫风险监测体系，借助大数据等现代信息技术处理手段，综合利用金融、医疗、教育、电子支付等收入支出信息，筛查出收入骤减、支出暴增的风险群体，对照上年收支情况，研判返贫风险。进一步优化完善"自下而上"的村、镇、县、市多层级信息传递机制，畅通自主申报渠道和快速研判机制。结合"自上而下"筛查机制和"自下而上"申报机制，及时全面地识别风险群体。

二是优化完善防返贫帮扶机制。针对风险户及其返贫致贫风险，精准施策，通过实施健康帮扶、教育帮扶、金融帮扶、就业帮扶、产业帮扶、社会救助、综合兜底保障等措施，对症下药消除返贫致贫风险。强化返贫风险分担机制，鼓励地方设立防贫基金，探索将产业经营风险、就业风险纳入防贫保险保障范围，着力降低因经营亏损、失业、重疾、突发灾害、重大事故等生活困难家庭返贫风险。

第二，提升产业发展现代化水平。产业现代化是新发展阶段地区获取产业竞争优势的关键抓手，也是脱贫地区发挥特色资源和制度优势，推进产业结构优化升级、提高经济核心竞争力的必然选择。一是提档升级基础设施，夯实产业发展根基。接续发挥财政支持和社会帮扶效用，强化脱贫地区农业农村基础设施"补短板""强弱项"工作。加快推进数字农业、互联网农业、物流网络等新兴技术和新型基础设施在脱贫地区农村的布局和融合应用，构筑产业高水平发展的坚实支撑。二是延链补链强链，提升产业效益。围绕特色优势产业产销融合发展链条，以龙头企业为核心布局产业链上下游配套产业，针对产业链短板和空白，靶向引进培强一批带动能力强、经济效益好、科技含量高的项目和经营主体。实施更大力度的消费扶贫和电商赋能行动，加大绿色、有机产品和地理标志认证力度，推进特色优势农业产品产销更好衔接。完善扶贫产业发展载体和平台，强化政策扶持和税费减免，推进人力、资本、科技等要素汇聚协同，从而更好地服务产业发展。创新完善产业链益贫机制，营造产业链、供应链、要素链、创新链、价值链、益贫链高效协同的产业链生态，推进扶贫产业向更高效益攀升。三是强化科技创新支撑，提升扶贫产业核心竞争力。推动龙头企业与科研单位组建创新联合体，围绕特色优势扶贫产业发展的核心技术需求和关键制约，加快实施一批重大科研攻关项目。推动脱贫地区围绕特色优势扶贫产业培育建立行业技术研发平台、公共技术服务平台等，打造科技、教育、产业、金融等紧密融合的创新体系，推进产学研用深度融合。抓紧制定出台特色优势农业生产技术、产品质量等标准体系，依托龙头企业、农业合作社、家庭农场等新型农业经营主体，推进特色优势农业标准化生产。

第三，大力推进乡村建设。把扩大内需战略同脱贫地区乡村建设行动有机结合起来，大力推进脱贫地区乡村建设，快速提升乡村宜居水平和居民获得感、幸福感、安全感。一是全面优化公共服务。实施脱贫地区公共服务提升工程，推动教育、医疗、养老、文化等公共资源向脱贫地区倾斜和流动。以乡镇所在地、中心村、易地搬迁集中安置区等为主阵地，全面推进各类基本公共服务及设施建设，快速实现基本公共服务城乡均等化供给。通过提高待遇、职级晋升倾斜、轮岗交流等手段引导优质服务资源向脱贫地区汇聚，优化提升乡村公共服务质量。

二是实施更大力度的乡村建设行动。对标对表美丽乡村建设标准，全面推进脱贫村水电路气信建设。以脱贫村为重点实施新一轮农村人居环境整治行动，继续抓好农村"三清三改三建三化"工作，打造更高质量的绿色宜居新农村。探索村民、群团组织、社会组织在社会治理中话语权和参与度双提升的制度化推进路径，健全完善共建共治共享的乡村基层社会治理制度，构建文明民主和谐的现代化乡村。

（三）其他有巩固拓展脱贫成果任务的地区

这类地区比前两类地区发展程度要高，面临更多的是新问题新挑战，既要巩固脱贫成果，又要拓展脱贫成果，重在拓展脱贫成果。总体来看，普遍存在四个方面的问题：一是资源的比较优势未被充分开发；二是财政自给能力低、"三保、三支"压力大；三是未来发展走"土地财政"路径；四是高效率企业资本流出和人才流出。鉴于此，建议采取以下三个策略：

第一，拓展脱贫成果，将产业振兴与生态振兴相统筹，系统性发展生态经济和绿色经济。部分地区自然环境资源丰富，但未能得到充分合理的发掘利用，建议未来通过创新机制，逐步实现生态产品的市场化、品牌化，将欠发达地区巨大的生态资源转化为可供地区持续发展的绿色资本，实现保护与发展的"双赢"。一方面，自然资源丰富、环境优美的地区可以因地制宜发展生态旅游、森林康养、中草药种植、生物制药、生态养殖等产业，形成支柱产业、特色产业，提高自身造血能力。另一方面，国家应该加大生态补偿力度，提高碳交易指标价格，在保护生态的同时兼顾民生。

第二，拓展公共服务成果，逐步推动基本公共服务均等化，共享发展成果。一是在硬件和软件上不断提升教育服务水平，在教育服务方面逐步实现城乡均等化。加大对低收入人口的培训力度，实现培训种类的多样性、培训人口的针对性、培训效果的持续性，帮助低收入人口更好地实现就业。二是着力提升公共卫生服务水平。逐步加强乡村医疗建设投入力度，改善乡村卫生站的医疗条件，定期组织乡村医生培训，提高低收入人口的医疗报销比例，推动实现医疗服务均等化水平。三是增加对低收入人口的社会保障力度，探索城乡统筹低收入人口的长效帮扶机制。不断扩大社会保障覆盖面，同时，逐步上调农村地区社会保障的金额。

第三，增强政策效应追踪，多手段评估政策效果，为其他地区巩固和拓展脱贫成果提供示范和借鉴。过渡期的各种帮扶是一个重要的政策干预，对农业农村各类资金使用效率和效果进行综合评估具有重要的政策研判价值，同时也是对外宣传社会主义特色道路科学价值的重要窗口。建议通过乡村振兴信息化建设、县域发展指标的监测等手段，形成区域间和区域内的跨期可比翔实数据共享平台。通过随机实验方法，选择试点进行3~5年的跟踪分析。通过现代先进研究方法，对农业农村发展进行政策评估研究。

参考文献

［1］徐婷婷，孙蓉．政策性农业保险能否缓解贫困脆弱性——基于典型村庄调研数据的分析［J］．农业技术经济，2022（2）：126-144.

［2］宋瑛，谢浩，王亚飞．农产品电子商务有助于贫困地区农户增收吗——兼论农户参与模式异质性的影响［J］．农业技术经济，2022（1）：65-80.

［3］尹成杰．巩固拓展脱贫攻坚成果同乡村振兴有效衔接的长效机制与政策研究［J］．华中师范大学学报（人文社会科学版），2022，61（1）：25-30.

［4］林万龙，梁琼莲，纪晓凯．巩固拓展脱贫成果开局之年的政策调整与政策评价［J］．华中师范大学学报（人文社会科学版），2022，61（1）：31-39.

［5］徐媛媛，李剑，王林洁．"保险+期货"服务地方优势特色农产品价格风险管理——运行机制、突出问题与政策融合空间［J］．农业经济问题，2022（1）：114-127.

［6］杜志雄，崔超．衔接过渡期扶贫资产差异化治理研究［J］．农业经济问题，2022（1）：40-51.

［7］王晓毅．实现脱贫攻坚成果与乡村振兴有效衔接［J］．人民论坛，2022（1）：10-17.

［8］檀学文，谭清香．面向2035年的中国反贫困战略研究［J］．农业经济问题，2021（12）：126-136.

［9］冯丹萌，许天成．中国农业绿色发展的历史回溯和逻辑演进［J］．农业经济问题，2021（10）：90-99.

［10］杜鹰．认真总结脱贫攻坚实践经验　切实巩固拓展脱贫攻坚成果［J］．宏观经济管理，2021（6）：4-9.

［11］汪三贵，郭建兵，胡骏．巩固拓展脱贫攻坚成果的若干思考［J］．西北师大学报（社会科学版），2021，58（3）：16-25.

［12］黄承伟．设立脱贫攻坚过渡期的政策指向和多重意蕴［J］．人民论

坛，2021（11）：49-52.

[13] 左停，李颖，李世雄．巩固拓展脱贫攻坚成果的机制与路径分析——基于全国117个案例的文本研究［J］．华中农业大学学报（社会科学版），2021（2）：4-12+174.

[14] 孙久文，林丽群，傅娟．"十四五"期间巩固拓展脱贫攻坚成果研究［J］．学术研究，2021（1）：83-89.

[15] 魏后凯．"十四五"时期中国农村发展若干重大问题［J］．经济研究参考，2020（8）：110-113.

[16] 张琦，孔梅．"十四五"时期我国的减贫目标及战略重点［J］．改革，2019（11）：117-125.

[17] 万君，张琦．"内外融合"：精准扶贫机制的发展转型与完善路径［J］．南京农业大学学报（社会科学版），2017，17（4）：9-20+156.

农民工的社会资本如何形成?

——基于社会网络的分析[*]

周晔馨　涂　勤　梁　斌　叶静怡[**]

一、引言

改革开放以来,中国进城务工农民的数量不断增加。2016 年农民工总量已达 2.82 亿,其中外出农民工数量为 1.69 亿。这个人类历史上规模最庞大的乡—城移民群体,对中国的劳动力配置优化、经济增长及城市化等都起着重要且深远的影响。在这个过程中,以"关系"为代表的社会资本无疑起到了促进信息流动、增加收入以及加快城市融入等多方面的作用(Zhang and Li,2003;叶静怡和周晔馨,2010;郭云南和姚洋,2013;Chen et al.,2014)。作为一个典型的"人情"社会(费孝通,1948;Gold et al.,2002),中国式的微观社会资本更多表现为关系[①],即具有中国文化特点的社会网络。近年来,社会资本在经济发展中的作用受到越来越多文献的关注(Woolcock,2010;Jackson,2014),中国的研究者难以回避它在经济转型和发展中的作用。

社会资本既然重要,那么其"源头"在哪里?农民工的个人社会资本即社

---

* 原文发表在《世界经济》2019 年第 2 期,部分内容有删节。

** 作者简介:周晔馨,北京师范大学经济与资源管理研究院教授、博士研究生导师。涂勤,北京师范大学经济与资源管理研究院教授、博士研究生导师。梁斌,内蒙古大学经济管理学院金融系副教授。叶静怡,北京大学经济学院教授,博士研究生导师。

① 微观层面的社会资本主要是指个人社会网络。国际上研究个人社会网络的文献常常用社会资本这一术语,是为了强调社会网络的社会资本属性。本文更多使用社会网络以突出具体形态,但也使用社会资本以强调在框架下的思考和分析。

会网络如何形成？在形成过程中有哪些重要的影响因素？研究社会资本的形成机制，不仅能部分回应关于社会资本缺乏概念性或分析性框架的质疑（Sobel，2002），而且有助于研究社会网络内生性等令经济学家头痛的难题（Jackson，2014），在应用方面还可以帮助提高社会资本水平和结构改进（Warner，2001）。此外，研究农民工个人社会资本的形成和影响因素，尤其是研究农民工进城后重新构建的社会关系网络即新增社会网络的形成机制①，对制定城市化相关政策也有重要的意义。

尽管现有文献更多是在探讨社会资本的"后果"，但近年来对微观社会资本形成的研究已渐渐成为学术前沿（DiPasquale and Gläser，1999；Yueh，2001；Gläser et al.，2002；Rupasingha et al.，2006；Kan，2007；Fafchamps and Gubert，2007；Feigenberg et al.，2010；Yamamura，2011；Valdivieso and Villena-Roldán，2014；Leeves and Herbert，2014；Nakazato and Lim，2016）。经济学的理性人假设和 Becker 的家庭时间分配、社会互动和人力资本理论，也为分析微观社会资本的形成提供了早期的理论基础和分析思路（Becker，1965a，1965b，1974）。

Gläser 等（2002）借鉴物质资本的分析框架并考虑社会资本的特性，引入折旧率、迁移概率等概念来构建个人社会资本的投资模型，具有开创性意义。其模型特点是将社会资本视为人力资本的社会部分，没有在模型中定义社会资本的生产方程。几乎同期的 Yueh（2001）模型则借鉴了人力资本投资理论，但未将社会资本自身的特点纳入模型，其社会资本积累方程也排除了人力资本在社会资本生产中的作用。Gläser 等（2002）和 Yueh（2001）的模型对我们研究社会资本的形成有很强的启发和借鉴意义。为了研究农民工社会网络的形成机制，本文基于他们的模型，考虑了社会资本的性质，体现了社会资本生产过程中的人力资本因素。

本文在尝试改进前人模型的基础上，研究农民工个人社会资本的形成机制，并利用北京市农民工调查数据对模型进行了初步验证。本文余下部分为：第二部分评述相关理论和经验研究；第三部分构建个人社会资本投资模型并得出 3 个待检验命题；第四部分利用北京市农民工调查数据估计社会网络投资的影响因素并检验相关命题；第五部分是结论总结。

---

① 新增社会资本指农民工进城后有意识或无意识重新构建的社会关系网络，特点是以业缘和比原来更大范围的地缘为基础。尽管赵延东和王奋宇（2002）、陈成文和王修晓（2004）以及叶静怡和周晔馨（2010）使用了新型社会资本的提法，但鉴于"新型"较难界定，在相关研究领域还未达成共识，因此本文使用新增社会资本这一表述，含义更清晰。在此特别感谢审稿人的意见。

二、文献评述

社会资本最初是一个社会学概念，但它在提出后很快就受到经济学和政治学领域的广泛关注，微观层面的社会资本更是成为经济学研究的前沿领域之一。从微观层面来看，个人的社会资本特别是社会网络，在经济发展的多个方面都发挥了不同的作用，比如帮助工作搜寻（Chen et al.，2014）、减少收入差距（Groot-aert，1999）、增进身心健康（D'Hombres et al.，2010）、促进金融发展（Guiso et al.，2004）、促进创新和经济增长（Knack and Keefer，1997；Akçomak and ter Weel，2009；严成樑，2012）、减轻贫困（Collier，2002）、促进人力资本形成（Coleman，1988）以及提供公共品（Anderson et al.，2004；周晔馨等，2014）等。在农村，农民的社会资本还起到促进农村非正式金融和创业的作用（杨汝岱等，2011；马光荣和杨恩艳，2011），甚至在农村金融正规化的过程中，以宗族网络为代表的社会资本仍然能嵌入正规金融中（周群力和丁骋骋，2013）。这些文献构成了发展经济学的一个新颖且重要的研究视角。

社会资本与劳动力市场密切相关。劳动经济学模型中早就研究了个人社会网络对就业和工资的影响，包括社会网络的信息传递、信誉担保、身份定位和筛选等机制的探讨（Montgomery，1991；Akerlof and Kranton，2000；Delattre and Sabatier，2007）。在中国经济转型过程中，社会网络对农民工的就业信息流动（Zhang and Li，2003）、就业与工作搜寻（Chen et al.，2014；陈斌开和陈思宇，2018）、收入增加（叶静怡和周晔馨，2010；王春超和周先波，2013；叶静怡和武玲蔚，2014）、就业担保和非正式保险（郭云南和姚洋，2013）等方面均有重要影响，从而影响城市化进程。这些研究都集中于经验研究，只关注社会网络的作用而不涉及其形成过程。

既然许多研究已经揭示了社会资本在个体层面上的众多功能，那么更进一步的问题是农民工的社会资本如何形成？其源头是哪里，如何积累？这些问题目前仍然缺乏系统的理论和经验研究。Bourdieu（1984）与 Bourdieu 和 Wacquant（1992）早就提出，人们将大量的时间、精力和金钱用于和他人交往会形成社会资本投资，其回报将会以物质或货币形式呈现。人们可以有目的地通过利益最大化来增加社会资本的流量和存量（Krishna，2000），因此，可以利用现代经济学的方法来研究农民工的社会资本形成机制。农民是理性的经济人（Schultz，

1964)，农民工的社会资本也可以被视作一种工具性的资产，对其投资遵循利润最大化原则。农民工在乡—城迁移过程中，需要付出巨大的心理、劳动和时间成本，他们必定会同时优化时间、财物和社会网络等资源，从而最大化一生的效用。他们不仅会投资人力资本，还会投资社会网络关系这种社会资本以利用蕴含在其中的资源，从而在人力资本、劳动时间和社会资本的均衡配置中得到更多的回报。农民工不仅拥有来自农村的原有社会资本，而且还有动力在流入地投资新的社会资本以获取各种信息和资源。

我们借鉴社会资本投资形成的理论和经验研究文献来研究农民工社会网络的形成。比如，借鉴人力资本和家庭时间分配等理论（Becker，1965a，1965b），考虑人力资本的作用，并充分体现社会资本特征，更深入地理解人力资本、折旧率以及迁移倾向等社会资本形成的影响因素，在此基础上，提炼待经验检验的假设。Gläser 等（2002）将社区居住概率、迁移折旧因子、集体社会资本等引入动态差分模型，对以个体为决策主体的社会资本投资模型做出了开创性贡献①，引发了 Rupasingha 等（2006）、Valdivieso 和 Villena-Roldán（2014）以及 Leeves 和 Herbert（2014）对家庭社会资本、社会活动以及社会资本性别差异等的研究。Gläser 等（2002）考虑了社会资本的特殊性，把社会资本定义为人力资本的社会部分，因此模型中只含有作为控制方程的社会资本积累方程，而没有社会资本的生产方程②。不过，基于大量文献的元分析（Meta-Analysis）表明，人力资本是社会资本生产的必要成分（Huang et al.，2009）。而且，社会资本是资本概念从物质资本到人力资本之后的进一步延伸（Lin，2001），它与物质资本和人力资本属于并列关系，在文献中也一直和人力资本相区别。因此，我们根据本文的研究目的对 Gläser 等（2002）的模型进行修改。Yueh（2001）与 Gläser 几乎同期提出社会资本投资模型③。她将时间和财物这两种投入品引入社会资本的生产函数，并以性别差异为分析重点建立了个人社会资本投资模型来研究女性在劳动力市场上的表现。但在其模型中未充分考虑个人社会资本的特点，而是直接套用人力资本投资模型。因此，我们要解释社会网络资本的形成，也需要在借鉴该模型的基础上进一步拓展。

---

① Gläser（2001）将社会资本回报分为市场回报和非市场回报，最早提出社会资本折旧和积累的动态方程，以及包含市场回报、非市场回报、社会资本折旧率、迁移倾向和时间偏好的私人边际成本等于边际回报的方程。

② Gläser 等（2002）定义了社会资本的增量，并规定其时间投入为递增的凸函数，考虑了时间机会成本，但没有考虑社会资本的生产过程。

③ 虽然 Gläser 等（2002）的影响更大，但其实是 Yueh（2001）理论的完善。因此，Yueh 和 Gläser 实际上是同一年提出社会资本投资模型。

关于社会资本形成的经验研究支持了相关的理论，也为进一步的理论研究奠定了基础。这些文献主要研究空间和居住（DiPasquale and Gläser，1999；Kan，2007；Fafchamps and Gubert，2007；Yamamura，2011）、教育（Huang et al.，2009）、社会互动（Sanyal，2009；Feigenberg et al.，2010），以及基于个体人口学变量如年龄、性别（Gläser et al.，2002；Rupasingha et al.，2006；Godoy et al.，2007）等影响社会资本的因素。值得一提的是，上述关于空间和居住的研究都控制了内生性，从而得到具有因果关系的分析结果。

　　对于农民工社会网络如何形成这一问题，现有文献还缺乏理论分析及相应的经验检验。农民工的社会网络除了受人力资本的影响，还会因为农民工就业具有较强的流动性而受到迁移概率、折旧率及社区专用性等因素的影响，而这些因素正是社会资本的特点。因此，我们有必要借鉴现有社会资本的相关理论模型，基于本文研究主题进行改进和拓展。本文不仅考虑了人力资本因素，更考虑了社会资本的主要特征，基于成本—收益决策发展出一个农民工社会网络投资的连续时间动态模型。这将有利于我们更深入和全面地了解社会资本形成的过程及影响因素。

　　我们还使用北京市农民工调查数据检验模型的相关命题。社会资本是一个多维概念，本文理论模型分析的社会网络也仅仅是微观个体层面的社会资本。鉴于社会资本的多维属性，我们将在经验分析中兼顾微观个体社会资本的流量和存量以及质和量[①]。由于农民工的新增社会资本比原有社会资本更能影响他们进城后的工作收入（叶静怡和周晔馨，2010），因此，本文研究了农民工进城后新增社会网络的流量和存量，这些新增的社会资本不包含亲戚网络。

　　现有农民工社会资本的研究集中在网络规模方面，网络质量没有得到足够的重视。为量化个人在社会结构中的位置，定位法（position generator）[②]一般使用职业声望得分（occupational prestige scores）来计算社会网络中的资源大小。我们结合职业声望得分，并基于 Lin（2001）开创性提出的达高性（upper reachability）、异质性（heterogeneity）和广泛性（extensity）3 个描述社会资本的维度，以及边燕杰（2004）针对中国社会环境提出的网络规模、网络差异、网络顶端指标、网络构成 4 项操作性指标，测量了农民工社会资本的网络规模、网络差异、网络顶端 3 个维度（见图 1），同时强调了社会网络的质和量。

---

　　① 从社会网络的视角看，个人社会资本包含两个要素：一是网络的规模（量）；二是网络中每个成员拥有各种资源的层次（质）。

　　② 定位法的核心特征是使用网络中的职业声望来测量个体社会资本。它不仅可以测量社会资本中的结构位置，也能够测量网络中的资源，是非常有效的社会资本测量工具。它是 Lin 和 Dumin（1986）针对定名法（name generator）存在网络边界不易确定，往往更多反映强联系而忽略弱关系等缺点提出的方法。

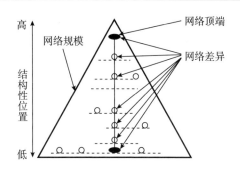

图1　网络社会资本测量

本文对现有文献的贡献主要是从理论和经验上研究了个人社会资本的形成机制：①在模型中引入了含有人力资本的社会资本生产方程，并充分体现了社会资本的机会成本、折旧和社区专用性等特点，使模型更具一般性和解释力。②对农民工的社会网络进行了包括存量—流量、规模—质量等在内的多维测量，对模型命题的故事机制进行了初步检验，并采用工具变量从因果推断意义上检验了人力资本的作用机制。结合稳健性检验，初步证明了模型的故事机制较为可靠。

三、理论模型

我们将构建基于个体效用最大化的社会资本投资决策动态模型来分析农民工的社会资本形成，主要研究非亲戚的社会资本。最早如 Brock（1974）与 Croushore（1993）强调时间和货币的可替代性，强调持有较多的货币可以帮助家庭节约用于生产交易服务的时间。在此基础上，Lucas Jr 和 Stokey（1987）与 Cooley 和 Hansen（1989）在模型中进一步引入劳动—闲暇决策，把投资和闲暇当作信用商品，把消费当作现金商品，即个人在时点 t 拥有可以创造收入的全部可支配时间（$\bar{L}$），并将其在劳动时间（W）和闲暇（L）之间分配，这构成了时间约束条件：

$W(t)+L(t)=\bar{L}$，其中 $W(t)\geqslant 0$，$L(t)\geqslant 0$ （1）

本文以该决策模型为基础进行扩展，加入个人的社会资本投资决策。投资社会资本需要时间和现金投入（含礼金、礼物）。将单位劳动的回报率标准化为 1[①]，个人的收入又可分为两部分：一部分为消费和储蓄（C），另一部分为社会资本投资的货币投入（I_s）：

$$W(t) = C(t) + I_s(t) \tag{2}$$

从时间投入来看，聚会、选购和赠送礼物的过程都会花费时间。有时礼物的本身价值不一定很贵重，但投入的精力和情感却很厚重，正如"千里送鹅毛，礼轻情义重"。为保持自己的生活水平，个人在投资社会资本时更多会挤占闲暇时间，而非工作时间。因此，闲暇可以进一步分为社会资本的时间投入（L_s）和社会资本投资后剩下的净闲暇（L_l）：

$$L(t) = L_s(t) + L_l(t)，\text{其中 } L_s(t) \geqslant 0，L_l(t) \geqslant 0 \tag{3}$$

因此社会资本投资可以表示为：

$$I(t) = L_S(t) + I_s(t) \tag{4}$$

故时间约束条件可以改写为：

$$C(t) + L_l(t) + I(t) = \overline{L} \tag{5}$$

个人的目标是在约束条件下最大化一生效用。假设效用函数为线性可加形式，由三部分组成：第一部分以消费和储蓄形式直接进入效用函数的 $C(t)$；第二部分为净闲暇（L_l）带来的效用；第三部分为社会资本存量（S）带来的效用，k 为单位社会资本带来的效用。社会资本的效用回报包括工具性和情感性的作用，前者主要是社会资本对人们获得资源、提高经济社会地位以及个人货币收入增加的作用（Bian，1997；Lin，2001），后者则主要是心理情感支持和健康方面的获益（Henderson and Whiteford，2003）。因此，效用函数可设为：

$$U(\cdot) = C(t) + L_l(t) + kS(t) \tag{6}$$

将式（5）代入式（6），得到：

$$U(\cdot) = \overline{L} - I(t) + kS(t) \tag{7}$$

这样便将效用函数简化为社会资本的投资（I）及存量（S）的函数。社会资本存量在 t 期的变化量由两部分决定：一是各种损耗，包括上一期存量的自然折旧和离开常驻地产生的折损；二是社会资本投资所生产的增量部分。假设社会资本增量（P）由人力资本（h）和社会资本投资（I）共同决定，其生产函数可设为：

---

① 乡—城移民不仅打工，也可能从事经营活动，因此本文没有使用工资率。由于收入还受社会网络的影响，Valdivieso 和 Villena-Roldán（2014）模型没有包含收入，本文将单位劳动的回报率设为 1 的思路和他们一致。

$$P(t) = hI(t)^\alpha, \quad 0 < \alpha < 1 \tag{8}$$

个人的人力资本通常用受教育水平来度量。一般来说，绝大部分农民工在开始工作前就完成了教育，但他们仍然可以在工作之后的不同阶段，通过投入时间和资金参加学习和培训来提升人力资本水平。为了聚焦于社会资本的形成机制和保持模型的简洁性，本文理论部分将人力资本设为外生变量，也不考察社会资本对人力资本的反向影响机制。我们假定 h 为常数，且不受社会资本投资（I）和存量（S）的影响。

如用连续时间模型，则社会资本的控制方程可写为：

$$\frac{dS(t)}{dt} = -[\theta\phi + (1-\theta)\delta]S(t) + hI(t)^\alpha \tag{9}$$

其中，θ 为农民工的迁移概率或迁移倾向，即移民离开其入驻社区的概率，$\theta > 0$。在转型期的中国，θ 主要由城乡收入差别、户籍制度分割和文化认同等因素外生决定。ϕ 为农民工离开入驻社区导致的社会资本折损率，也代表社区专用性。如果个人离开迁入的社区，则其在该社区中已经获得的社会资本价值会急剧下降，即 $\phi > 0$ 且较大。δ 为个人居住在原来社区的社会资本随时间的"自然"折旧率。如果不持续进行投资，关系这种社会资本会随时间的推移而折旧和减少，甚至消失，但其衰减速度相对较慢，即 $\delta > 0$ 但较小。根据以上分析，可以假定 $\phi > \delta > 0$，即个人离开社区造成的社会资本损失大于其自然折旧率。

个人需要通过选择社会资本的投资来实现一生效用最大化，即控制变量为 $I(t)$，状态变量为 $S(t)$。综上所述，设立动态控制系统如下：

$$\underset{I(t)}{\text{Max}} \int_{t=0}^{T} e^{-\rho t} [\bar{L} - I(t) + kS(t)] dt \tag{10}$$

$$\text{s.t.} \quad \frac{dS(t)}{dt} = -[\theta\varphi + (1-\theta)\delta]S(t) + hI(t)^\alpha \tag{11}$$

$$S(T) \geq 0, \quad \lambda(T) \geq 0, \quad S(T)\lambda(T) = 0 \tag{12}$$

其中，ρ 为个人的主观贴现率，$\rho > 0$，ρ 值越大表示个人对未来获得的效用评价越低；$\lambda(t)$ 为 Hamilton 乘子，表示在 t 时刻状态变量 $S(t)$ 增加一个单位所带来的最优值改变量，即状态变量的影子价格；T 为动态系统时间的终结点。

根据以上模型，设立 Hamilton 函数并令 $m(t) = e^{\rho t}\lambda(t)$，得现值 Hamilton 函数为：

$$H_c = [\bar{L} - I(t) + kS(t)] + m(t)\{-[\theta\varphi + (1-\theta)\delta]S(t) + hI(t)^\alpha\} \tag{13}$$

由最优性条件可以得到：

$$\frac{\partial H_c}{\partial I} = -1 + \alpha h m(t) I(t)^{\alpha-1} = 0 \tag{14}$$

$$m(t) = \frac{I(t)^{1-\alpha}}{\alpha h} \tag{15}$$

由式（15）得到：

$$\frac{\dot{m}(t)}{m(t)} = (1-\alpha)\frac{\dot{I}(t)}{I(t)} \tag{16}$$

又有

$$\dot{m}(t) = -\frac{\partial H_c}{\partial S} + \rho m(t) = \rho m(t) - k + [\theta\varphi + (1-\theta)\delta] m(t) \tag{17}$$

由式（16）和式（17）得

$$(1-\alpha)\frac{\dot{I}(t)}{I(t)} m(t) = \rho m(t) - k + [\theta\phi + (1-\theta)\delta] m(t)$$

有：

$$\dot{I}(t) = \frac{[\rho + \theta\phi + (1-\theta)\delta] I(t)}{(1-\alpha)} - \frac{kh\alpha I(t)^{\alpha}}{(1-\alpha)} \tag{18}$$

$$\dot{S}(t) = \frac{\partial H_C}{\partial m(t)} = -[\theta\phi + (1-\theta)\delta] S(t) + hI(t)^{\alpha} \tag{19}$$

二阶条件满足：

$$\frac{\partial^2 H_C}{\partial I^2} = \alpha(\alpha - 1)hm(t)I(t)^{\alpha-2} < 0 \tag{20}$$

动态方程（18）和式（19）给出了系统的动态特征。解得 $I^*(t)$ 和 $S^*(t)$ 如下：

$$I^*(t) = \left\{ \frac{kh\alpha}{[\rho + \theta\phi + (1-\theta)\delta]} \right\}^{\frac{1}{(1-\alpha)}} \tag{21}$$

$$S^*(t) = \frac{h^{\frac{1}{(1-\alpha)}} \left\{ \frac{k\alpha}{[\rho + \theta\phi + (1-\theta)\delta]} \right\}^{\frac{\alpha}{(1-\alpha)}}}{[\theta\phi + (1-\theta)\delta]} \tag{22}$$

现在讨论均衡点的稳定性。把动态方程（18）和式（19）在均衡点附近进行泰勒展开，得到对应的线性化系统：

$$\begin{bmatrix} \dfrac{dI(t)}{dt} \\ \dfrac{dS(t)}{dt} \end{bmatrix} = \begin{bmatrix} \dfrac{[\rho + \theta\varphi + (1-\theta)\delta]}{(1-\alpha)} - \dfrac{\alpha^2 hkI(t)^{\alpha-1}}{(1-\alpha)} & 0 \\ \alpha hI(t)^{\alpha-1} & -(\theta\varphi + (1-\theta)\delta) \end{bmatrix} \begin{bmatrix} I(t) - I^*(t) \\ S(t) - S^*(t) \end{bmatrix}$$

$$\tag{23}$$

由此可知，上面线性系统的两个特征根 μ_1 和 μ_2 满足：

$$\mu_1+\mu_2=\rho，\ \mu_1+\mu_2>0 \tag{24}$$

$$\mu_1\mu_2=-[\rho+\theta\varphi+(1-\theta)\delta][\theta\varphi+(1-\theta)\delta]，\ \mu_1\mu_2<0 \tag{25}$$

则特征根 μ_1 和 μ_2 是实根，且它们中必有一根为正，一根为负，因此 (S^*,I^*) 是系统鞍点稳定的均衡点。

在最优投资路径和最优社会资本存量路径上，分别对人力资本存量求导，可得 $\dfrac{\partial I^*(t)}{\partial h}>0,\ \dfrac{\partial S^*(t)}{\partial h}>0$。因此，我们可得如下命题：

命题 1：在最优投资路径上的每个时点，如果人力资本水平上升，则个人会增加社会资本的投资，使个人均衡状态下的最优社会资本存量增加。

在最优投资路径和最优社会资本存量路径上对迁移概率求导，有 $\dfrac{\partial I^*(t)}{\partial\theta}<0$，$\dfrac{\partial S^*(t)}{\partial\theta}<0$，本文得到如下命题：

命题 2：如果个人离开所在社区的概率上升，则会减少社会资本的投资，均衡状态下社会资本存量下降。

在最优投资路径和最优社会资本存量路径上对社区专用性求导，有 $\dfrac{\partial I^*(t)}{\partial\phi}<0$，$\dfrac{\partial S^*(t)}{\partial\phi}<0$，本文得到如下命题：

命题 3：社会资本社区专用性高的个人会降低在整个时间路径上的投资，均衡状态下其社会资本存量下降。

四、经验分析

为了检验命题 1 至命题 3，本文设置线性回归模型如下：

$$SC_i=\eta+Z'_i\beta+X'_i\gamma+\varepsilon_i \tag{26}$$

其中，SC_i 为个人 i 的社会资本流量或存量；Z'_i 是影响个人社会资本的人力资本、迁移倾向和社区专用性等；X'_i 是控制向量，包括年龄、性别、婚姻状况等人口学变量，以及入驻社区时间和月收入等。本文将上述 3 个命题作为待检验假设进行检验，并估计线性回归模型的参数。

因为个体的人力资本、迁移倾向、社区专用性等的变化需要较长时间才能观察到，所以要想全面讨论它们对社会资本形成的影响，尤其是检验上述模型的结论是否可靠，需要一个长期的面板数据。不过，目前还缺乏相应的微观面板数据，我们只能用不同个体之间的人力资本、迁移倾向等的差异来初步检验相关命题。

（一）数据来源、变量定义及描述统计

本文所用数据来自北京大学发展经济学课程主导的"在京进城务工人员经济和社会调查"，该调查于 2006～2014 年每年在北京市进行。该调查按地图抽样框分层次随机抽样，参与调查的北大学生分为 20 组，分别负责 20 个调查区域，分布在北京 10 个核心城区。在每个调查区域尽量调查上、中、下三个层次的受访者群体。由于每个调查区域都比较大，加之农民工的流动性很高，每年的农民工都不一样，极难进行追踪调查。因此，该数据集为连续多年的横截面数据，没有固定的访问对象。调查所涉及的进城务工人员来自全国各地，北京农民工有一定代表性。调查一般是 4 个学生为一组，组长带队，全组集体行动，互相监督和帮助提高调查质量，所有问题均由调查员当面访谈填写。因此采集的数据较为可靠，在学术界有较广泛的应用。我们将本调查 2009 年的数据与全国性调查数据RUMiCI2008[①] 在关键变量上对比后发现，本调查数据具有较好的质量与稳健性。本文的经验分析使用 2009 年、2010 年、2012 年和 2013 年数据，原因是相比其他年份，这 4 年的问卷设计更好地涵盖了本研究所需变量。这 4 年数据共有5788 份问卷，受访者的教育程度为小学文化以下占 2.9%，小学占 12.2%，初中占 47.3%，高中占 27.8%，大专占 6.7%，本科及以上占 3.1%[②]。

本文延续了 Lin（2001）和边燕杰（2004）的研究方法，利用问卷采用定位法测量农民工在北京的网络差异和网络顶端，它们初步代表社会资本的质。我们也度量了非亲属社会网络规模，该变量代表非亲属社会资本的量。需要说明的是，问卷调查中涉及的熟人都强调了这些人必须是能帮忙的，不是泛泛的熟人。我们使用农民工亲戚和能帮忙的熟人网络中拥有的最高职业声望得分来表示其网络顶端，声望得分标准和边燕杰（2004）保持一致。

本文还研究了农民工进城后新增社会网络的存量和流量。个人的社会资本存

---

① RUMiCI（Rural to Urban Migration in China and Indonesia project）是追踪调查数据，2008 年和 2009 年的调查各有约 5000 个农民工家户。2008 年的调查在中国农民工大省中随机抽取了 9 个省份，包括河南、江苏、四川、湖北、安徽、上海、浙江、广东和重庆。

② 其中的本科文凭一般是自考、网络教育或成人教育。

量可以用社会网络的规模和质量来衡量，流量可以用对社会网络的投资来测量，比如"过去一年中同来京后认识熟人间的餐饮消费""上次春节在京拜年支出"等。

亲戚是先天决定的，不是投资的结果。在我们的变量中，非亲属社会网络规模、新增社会网络的规模和新增社会网络的聚会支出并不含亲戚。剩下的 3 个变量，即网络顶端（达高性）、网络差异（广泛性）和上次春节在京拜年花费包含亲戚。尽管亲戚是先天形成的，但也是网络规模的一个组成部分，也是需要投资的社会资本。如果不来往，没有聚会、礼物等财务上的投资和时间上的投入，那么来京前就认识的熟人甚至亲戚，也不见得是能够动用的社会资本。因此，社会资本不仅是之前就认识的关系，还需要继续投资和维系。即使在剩下的 3 个含有亲戚因素的变量中，社会资本投资或其他影响因素也应该有解释力。

本文回归模型中的人力资本用受教育程度来衡量，迁移倾向用离开北京的可能性来表示。社区专用性用某种社会资本在个人离开社区后价值的衰减程度来度量，在问卷中尚没有完美的测量指标，本文使用进城目的是否为"积累回乡发展的资本和经验"作为代理变量。如果进城目的是为积累回乡发展的资本，那么个人不会长期在城里工作，在城里的社会资本有更强的社区专用性，离开城市后很快贬值；反之，专用性较弱。各变量的描述统计、所在年份和说明详见表 1。

表 1　变量含义和描述统计

变量	变量说明	观测值	均值	标准差
非亲属社会网络规模	在北京的熟人总数（含老乡/同事/朋友，存量）	5640	16.32	37.47
网络顶端（达高性）	亲戚和熟人的最高职业声望得分（存量）	5733	42.78	32.49
网络差异（广泛性）	亲戚和熟人的职业数量（存量）	5785	3.17	3.53
新增社会网络的规模	在北京新认识的熟人总数（含老乡/同事/朋友，存量）	5788	12.57	22.22
新增社会网络的聚会支出	过去一年新增（2013 年不变价，流量）	4369	889.40	3711
上次春节在京拜年支出	包含对亲戚/熟人的支出（2013 年不变价，流量）	4702	484.40	2849
个人受教育水平	受访者的受教育年限	5708	9.76	2.92
母亲受教育水平	受访者母亲的受教育年限	2719	7.07	3.86
兄弟姐妹数量	受访者的兄弟姐妹数量	3081	2.51	1.67
迁移倾向	离开北京的可能性#，从 1 到 5，数字越大越倾向离开	4694	3.98	1.30
社区专用性	进城为了"积累回乡发展资本和经验"，1＝是，0＝否	2528	0.13	0.34

续表

变量	变量说明	观测值	均值	标准差
月工资	单位为元，2013年不变价	5742	3112.23	4390.97
年龄	接受调查时的年龄	5770	31.22	11.42
在北京待的时间总长度	在北京待的时间总长度（年）	5788	4.85	5.18
是否男性	1＝男，0＝女	5767	0.62	0.48
是否已婚	1＝已婚（包括离异、丧偶），0＝未婚	5750	0.57	0.50
所在行业	1＝制造业，2＝运输/建筑，3＝住宿和餐饮，4＝营销、批发和零售，5＝其他服务业，6＝其他行业	5690	—	—

注：#离开北京的可能性在问卷中有两种问题：一是2009年和2010年数据的"未来打算"分5个等级；二是2012年和2013年数据中的"返乡打算"，去掉"没有明确打算"的，余下5类可以分为5个等级，经过处理后可以和2009年、2010年数据合并。

关于变量所在年份，新增社会网络的聚会支出是2009年、2012年和2013年数据，母亲受教育年限和兄弟姐妹数量是2012年和2013年数据，社区专用性是2010年和2013年数据，其余变量是2009年、2010年、2012年和2013年数据。

（二）OLS回归分析

因调查数据不是面板数据，本文采用多年的合并数据（pooled data）首先进行基准的OLS回归（见表2和表3）。

表2　OLS和Tobit回归：对社会网络3个维度的影响因素分析

被解释变量	对数非亲属网络规模			网络顶端（达高性）			网络差异（广泛性）		
回归方法	OLS	OLS	Tobit	OLS	OLS	OLS	OLS	OLS	Tobit
受教育水平	0.04***	0.04***	0.04***	1.28***	1.13***	1.71***	0.09***	0.13***	0.13***
	[0.01]	[0.01]	[0.01]	[0.15]	[0.17]	[0.26]	[0.02]	[0.03]	[0.03]
迁移倾向		-0.05**	-0.06**		-3.71***	-2.54***		-0.12**	-0.12**
		[0.02]	[0.03]		[0.36]	[0.56]		[0.05]	[0.06]
社区专用性		-0.09	-0.09			0.62		-0.27	-0.27
		[0.08]	[0.09]			[2.01]		[0.18]	[0.20]
对数月工资	0.08***	0.16***	0.20***	6.53***	6.46***	8.16***	0.65***	0.81***	0.94***
	[0.03]	[0.05]	[0.06]	[0.76]	[0.86]	[1.60]	[0.07]	[0.14]	[0.16]
在京时间	0.04***	0.03***	0.03***	0.69***	0.51***	0.57***	0.07***	0.06***	0.07***
	[0.00]	[0.01]	[0.01]	[0.09]	[0.10]	[0.15]	[0.01]	[0.02]	[0.02]

续表

被解释变量	对数非亲属网络规模			网络顶端（达高性）			网络差异（广泛性）		
回归方法	OLS	OLS	Tobit	OLS	OLS	OLS	OLS	OLS	Tobit
年龄	-0.02***	-0.02***	-0.02***	-0.35***	-0.28***	-0.25***	-0.02***	-0.01	-0.01
	[0.00]	[0.00]	[0.00]	[0.05]	[0.06]	[0.09]	[0.01]	[0.01]	[0.01]
是否男性	0.18***	0.15***	0.18***	0.80	1.83*	0.72	0.17*	0.13	0.14
	[0.04]	[0.06]	[0.07]	[0.92]	[1.01]	[1.48]	[0.10]	[0.13]	[0.15]
是否已婚	0.01	0.11	0.12	-1.76	-1.09	-0.27	-0.23*	-0.29	-0.31
	[0.05]	[0.08]	[0.09]	[1.16]	[1.27]	[1.96]	[0.12]	[0.19]	[0.20]
控制行业	控制	控制	控制	控制	控制	控制	控制	控制	控制
常数项	1.40***	0.94**	0.62	-1.95	14.00**	-10.90	-1.66***	-3.61***	-4.48***
	[0.25]	[0.42]	[0.52]	[6.34]	[7.13]	[12.50]	[0.63]	[1.13]	[1.30]
观测数	5411	1948	1948	5518	4540	1963	5515	1962	1962
归并观测值	—	—	326	—	—	—	—	—	211
R²（或伪 R²）	0.06	0.06	(0.02)	0.07	0.10	0.11	0.05	0.09	(0.02)

注：方括号中的值为标准误，表中所有回归均使用稳健标准误。*、**、***分别表示在10%、5%和1%的水平下显著。下表同。

表3　OLS 和 Tobit 回归：对新增社会网络及其投资流量的影响因素分析

被解释变量	对数新增网络规模（非亲属）			对数新增网络聚会支出（非亲属）			对数在京拜年花费		
回归方法	OLS	OLS	Tobit	OLS	OLS	Tobit	OLS	OLS	Tobit
受教育水平	0.04***	0.04***	0.06***	0.01***	0.11***	0.32***	0.09***	0.14***	0.31***
	[0.01]	[0.01]	[0.02]	[0.02]	[0.04]	[0.10]	[0.02]	[0.03]	[0.08]
迁移倾向		-0.05**	-0.07**		-0.20*	-0.43*		-0.77***	-1.66***
		[0.02]	[0.04]		[0.10]	[0.24]		[0.07]	[0.15]
社区专用性		-0.19**	-0.24*		-0.56	-1.36		0.43*	0.91*
		[0.08]	[0.12]		[0.35]	[0.86]		[0.25]	[0.55]
对数月工资	0.08***	0.12**	0.17**	0.95***	0.49*	1.10*	0.53***	0.04	0.07
	[0.03]	[0.06]	[0.08]	[0.01]	[0.26]	[0.67]	[0.08]	[0.13]	[0.32]
在京时间	0.05***	0.04***	0.05***	0.11***	0.10***	0.24***	0.11***	0.07***	0.18***
	[0.00]	[0.01]	[0.01]	[0.01]	[0.02]	[0.05]	[0.01]	[0.02]	[0.04]
年龄	-0.02***	-0.01***	-0.02***	-0.07***	-0.07***	-0.19***	-0.05***	-0.07***	-0.17***
	[0.00]	[0.00]	[0.01]	[0.01]	[0.01]	[0.03]	[0.01]	[0.01]	[0.03]

续表

被解释变量	对数新增网络规模（非亲属）			对数新增网络聚会支出（非亲属）			对数在京拜年花费		
回归方法	OLS	OLS	Tobit	OLS	OLS	Tobit	OLS	OLS	Tobit
是否男性	0.14***	0.09	0.12	0.69***	0.54**	1.22**	−0.01	0.14	0.21
	[0.04]	[0.06]	[0.09]	[0.11]	[0.25]	[0.58]	[0.01]	[0.19]	[0.41]
是否已婚	−0.02	0.03	0.01	−0.20	0.05	0.32	0.60***	1.25***	2.65***
	[0.05]	[0.08]	[0.12]	[0.14]	[0.35]	[0.75]	[0.13]	[0.24]	[0.51]
控制行业	控制	控制	控制	控制	控制	控制	控制	控制	控制
常数项	1.11***	0.98**	0.47	−3.68***	0.95	−4.08	−2.08***	6.13***	7.89***
	[0.25]	[0.46]	[0.66]	[0.85]	[2.32]	[6.01]	[0.67]	[1.24]	[2.80]
观测数	5518	1963	1963	4161	829	829	4482	1123	1123
归并观测值	—	—	646	—	—	472	—	—	497
R^2（或伪R^2）	0.05	0.05	(0.02)	0.14	0.14	(0.04)	0.09	0.22	(0.07)

　　表2回归结果显示，从社会网络的3个维度即网络规模（非亲属）、网络顶端和网络差异来看，人力资本对它们都有正向的显著影响，迁移倾向的影响均显著为负，社区专用性的影响未达到10%的显著性水平，但在网络规模和网络差异的估计中，符号符合预期且显著性水平接近10%。表2的回归结果从社会网络的质和量两方面基本支持了命题1至命题3的结论。从表3新增社会网络的存量和流量以及拜年花费来看，人力资本对它们均有显著的正向影响，而迁移倾向的影响显著为负。虽然社区专用性对新增社会网络的聚会支出没有显著影响，但对新增社会网络规模有显著的负向影响，这从新增社会网络的存量角度支持了命题3，但在京拜年花费系数不符合预期。总之，命题1至命题3在新增社会网络方面基本得到支持。

　　从表2和表3的控制变量来看，收入、在京时间长度对社会网络3个维度和新增社会网络的影响几乎都显著为正，这符合我们的直觉。男性在非亲属网络规模、新增社会网络规模和新增社会网络聚会支出上较为显著，这比较符合中国"男主外"的社会传统，因此男性拥有更多的社会资本。但男性对网络顶端、网络差异以及新增社会网络中的在京拜年花费都不太显著，说明男性的社会资本质量并不优于女性。已婚仅对在京拜年花费有显著的正向影响，这可能是成家立业的人更注重通过在京拜年来投资社会网络。年龄的估计系数在表2和表3中基本显著为负，这可能在一定程度上反映了"80前"和"80后"两代农民工在拓展社会资本的质和量方面存在显著差异，"80后"新生代更具有优势。

本文对月工资、拜年花费、聚会支出和网络规模进行对数处理。有的农民工在京时间短，报告的网络规模为 0 值，学徒工等的收入变量也为 0 值，因此本文为避免产生大量的缺失值而采用文献中常见的先加 1 再取对数的处理办法。这些零值加 1 再取对数后仍然为零，因此网络规模和网络支出及其对数化后均存在归并数据（censored data）问题。由此 OLS 估计量可能不一致，故本文还使用了 Tobit 方法回归（周华林和李雪松，2012）。不过，因为数据显示网络顶端并没有被截取，所以没有对其使用 Tobit 回归。表 2 和表 3 的结果显示，Tobit 方法对回归系数的改变并不大，并没有改变关键变量的系数显著性。

（三）内生性问题及其处理

1. 可能的内生性问题与工具变量选取

内生性问题是社会资本经验研究中的一个重点，也是一个难点。总的来说，现有文献更多关注社会资本对收入影响的内生性问题。而对社会资本形成因素的内生性问题，只有为数不多的研究，且主要集中在使用工具变量方法讨论业主效应（DiPasquale and Gläser, 1999; Gläser, 2001; Yamamura, 2011），或者使用实验方法来获得因果性结论方面，如社会互动对社会资本的影响（Feigenberg et al., 2010）。

受教育水平或年限是人力资本应用最广泛的测量指标，它是影响社会网络的非常重要的因素。尽管 Gläser（2001）、Gläser 等（2002）以及 Godoy 等（2007）研究了教育水平对社会资本的影响，但却都没有处理内生性问题。和劳动经济学中工资决定方程的情况类似，能力对个人社会资本的量和质的影响很大，也影响受教育水平，但一般作为遗漏变量进入了随机扰动项[1]，从而导致教育的系数估计量不一致。在工资方程中通常使用家庭背景作为教育的工具变量（IV），比如母亲的受教育水平和兄弟姐妹的数量[2]。母亲的受教育水平和兄弟姐妹的数量相对于个人的教育水平而言都是外生的，而且对农民工的受教育水平有更大的影响，同时满足工具变量的外生性和相关性要求。从逻辑上看，农民工母亲的受教育水平对下一代农民工社会网络的影响应该是间接的，对农民工在家乡之外工作地的社会网络影响更加间接。同理，兄弟姐妹的数量对农民工在外地社会网络的

---

[1] 即便用智商（IQ）作为能力的代理变量，也面临测量误差问题，因而 IQ 仍然具有内生性。而且，问卷调查一般不会测试被访者的智商，我们的问卷也是如此。

[2] 经检验，母亲的受教育水平和子女的受教育水平显著正相关，更多的兄弟姐妹数量则与较低的受教育水平相联系，而在农村出生和成长的孩子尤其如此。父亲的受教育水平对子女受教育水平的影响没有母亲大。

影响也是间接的。

迁移倾向（离开城市返乡）受到很多因素的影响，或许也受个人能力的影响，但城市劳动力市场分割、户籍歧视、在农村的父母妻儿、承包土地、家乡发展等很多外生因素都对离开城市返乡的倾向产生了较大的影响。社区专用性以进城目的是否为积累回乡发展的资本和经验作为代理变量，可以认为是进城之前就有的计划。不过，迁移倾向和社区专用性这两个变量更可能存在其他因素导致的内生性。比如，迁移倾向可能受双向因果和遗漏变量问题的影响。双向因果问题在于农民工可能由于缺少社会网络而更愿意离开所在城市，遗漏变量问题则可能由于存在未观察到的因素同时影响迁移倾向和社会网络。在一个模型中，同时用IV 解决 3 个以上变量的内生性几乎是不现实的，问卷中一般也不可能有这么多的备选 IV。另外，工具变量其实并不能完全消除内生性，而只能减少内生性。故本文经验分析部分的重点在于处理教育的内生性问题。

2. 工具变量回归检验和结果分析

我们对表 2 和表 3 中的 OLS 模型进行了对应的两阶段最小二乘法（2SLS）回归，并进行了检验，2SLS 第一阶段的回归结果见表 4①。第一阶段回归证明了母亲受教育水平和兄弟姐妹数量这两个工具变量对受访者的受教育水平有显著影响。如果进行名义显著性水平为 5% 的沃尔德检验，那么可以接受真实显著性水平不超过 10%，可以拒绝弱工具变量的原假设，因为最小特征值统计量为47.46，大大超过对应的临界值 19.93。

表 4　2SLS 的第一阶段回归结果

	系数	稳健标准误
母亲受教育水平	0.24 ***	[0.03]
兄弟姐妹数量	-0.18 ***	[0.07]
迁移倾向	0.07	[-0.88]
社区专用性	0.52 *	[0.28]
对数月工资	0.45 ***	[0.12]
在京时间	0.01	[0.02]
年龄	-0.01	[0.01]
是否男性	0.25	[0.20]

① 因为各个模型第一阶段回归的解释变量和被解释变量均相同，唯一不同可能在于观测值个数不同，从而引起略微的差异。限于篇幅，此处只列出第一个模型的第一阶段回归结果。

续表

	系数	稳健标准误
是否已婚	-0.74***	[0.27]
行业虚拟变量	控制	控制
常数项	5.35***	[1.32]
观测值	803	
调整后的 R^2	0.23	
Shea 调整偏 R^2	0.10	
F (14, 788)	18.12	
最小特征值统计量	47.46	

表 5 的 Sargan 检验还发现，在各个模型中 p 值都大于 0.10，故可以接受原假设，认为对所有模型中的被解释变量，不能拒绝所有工具变量都是外生的原假设，因此均使用两个工具变量。

我们对 2SLS 进行了 Hausman 检验（见表 5），发现除了对非亲属网络规模，教育水平对其余的网络测量指标均具有内生性。在不存在内生性的情况下，OLS 估计比 IV 估计更有效，尽管 IV 估计量仍然一致，但会增大估计量的方差。因此，对非亲属网络规模这个社会资本维度的影响因素，我们接受 OLS 回归结果。

表 5 工具变量检验

被解释变量	Sargan 检验	Hausman 检验
对数非亲属网络规模	0.51	0.49
网络顶端（达高性）	0.94	0.01
网络差异（广泛性）	0.52	0.02
对数新增网络规模	0.78	0.02
对数新增网络聚会支出	0.57	0.03
对数北京拜年花费	0.15	0.09

其余社会资本维度的 2SLS 回归结果见表 6。将表 6 的 2SLS 与表 2 和表 3 中对应的 OLS 回归结果对比发现，教育年限对网络顶端和新增网络规模的影响变得不显著，而对网络差异、新增网络聚会支出、在京拜年花费的影响符号和显著性是一样的，但系数被大大低估，分别从 0.13 增加到 0.31、从 0.11 增加到 0.30、从 0.14 增加到 0.30。

表6　对社会资本质量和新增社会资本的 2SLS 回归分析

	网络顶端	网络差异	对数新增网络规模	对数新增网络聚会支出	对数在京拜年花费
受教育水平	1.70	0.31***	0.06	0.30**	0.30**
	[1.17]	[0.12]	[0.05]	[0.14]	[0.14]
迁移倾向	-4.79***	-0.45***	0.00	-0.11	-0.38***
	[0.98]	[0.10]	[0.04]	[0.11]	[0.10]
社区专用性	2.16	-0.17	-0.37***	-0.77**	-0.19
	[3.25]	[0.33]	[0.13]	[0.37]	[0.32]
对数月工资	6.28***	0.54***	0.12	0.39	0.16
	[2.34]	[0.17]	[0.09]	[0.27]	[0.17]
在京时间	0.56***	0.04**	0.03***	0.10***	0.08***
	[0.21]	[0.02]	[0.01]	[0.02]	[0.02]
年龄	-0.34**	-0.01	-0.01*	-0.06***	-0.05***
	[0.14]	[0.01]	[0.01]	[0.02]	[0.02]
是否男性	2.16	0.27	0.04	0.42	0.45*
	[2.26]	[0.23]	[0.10]	[0.26]	[0.24]
是否已婚	1.26	0.00	0.12	0.18	1.48***
	[3.26]	[0.35]	[0.14]	[0.40]	[0.34]
控制行业	控制	控制	控制	控制	控制
常数项	13.10	-1.23	0.42	-0.81	0.62
	[20.90]	[1.81]	[0.84]	[2.35]	[1.89]
观测数	813	813	813	754	744
R^2	0.13	0.08	0.05	0.10	0.10

注：由于只有 2012 年和 2013 年数据包含需要的工具变量，而社区专用性只在 2010 年和 2013 年有数据，因此表 6 的回归只使用 2013 年调查数据。下表同。

迁移倾向对网络顶端、网络差异和在京拜年花费的影响仍然显著为负，但对新增网络规模和新增网络聚会支出的影响变得不显著。社区专用性对新增网络聚会支出的影响由接近显著变为显著，而在其余模型中的显著性和 OLS 模型一致。

（四）稳健性讨论

我们在工具变量回归中除了使用 2SLS，还使用了广义矩（GMM）和有限信息量最大似然法（LIML）工具变量回归，均得到比较一致的结论（见表 7）。总的来看，GMM 和 2SLS 的回归结果十分一致，印证了异方差对 IV 回归的影响不

表7 对社会资本质量和新增社会资本的 GMM/LIML 回归分析

被解释变量	网络顶端		网络差异		对数新增网络规模		对数新增网络聚会支出		对数在京拜年花费	
估计方法	GMM	LIML	GMM	LIML	GMM	LIML	GMM	LIML	GMM	LIML
受教育水平	1.69	1.70	0.30***	0.31***	0.06	0.06	0.30**	0.31**	0.30**	0.31**
	[1.17]	[1.17]	[0.12]	[0.12]	[0.05]	[0.05]	[0.14]	[0.14]	[0.14]	[0.14]
迁移倾向	-4.79***	-4.79***	-0.45***	-0.45***	0.00	0.00	-0.10	-0.11	-0.38***	-0.38***
	[0.98]	[0.98]	[0.10]	[0.10]	[0.04]	[0.04]	[0.11]	[0.11]	[0.10]	[0.10]
社区专用性	2.16	2.16	-0.16	-0.17	-0.37***	-0.37***	-0.81**	-0.77**	-0.20	-0.19
	[3.25]	[3.25]	[0.32]	[0.33]	[0.13]	[0.13]	[0.37]	[0.37]	[0.32]	[0.32]
对数月工资	6.28***	6.28***	0.54***	0.54***	0.12	0.12	0.43	0.39	0.16	0.15
	[2.33]	[2.34]	[0.17]	[0.17]	[0.09]	[0.09]	[0.28]	[0.27]	[0.17]	[0.17]
在京时间	0.56***	0.56***	0.04**	0.04**	0.03***	0.03***	0.10***	0.10***	0.08***	0.08***
	[0.21]	[0.21]	[0.02]	[0.02]	[0.01]	[0.01]	[0.02]	[0.02]	[0.02]	[0.02]
年龄	-0.34**	-0.34**	-0.01	-0.01	-0.01*	-0.01*	-0.06***	-0.06***	-0.05***	-0.05**
	[0.14]	[0.14]	[0.01]	[0.01]	[0.00]	[0.01]	[0.02]	[0.02]	[0.02]	[0.02]
是否男性	2.15	2.16	0.28	0.27	0.04	0.04	0.41	0.42	0.47*	0.44*
	[2.25]	[2.26]	[0.23]	[0.23]	[0.10]	[0.10]	[0.26]	[0.26]	[0.24]	[0.24]
是否已婚	1.26	1.26	-0.01	0.00	0.12	0.12	0.15	0.18	1.49***	1.49***
	[3.26]	[3.26]	[0.35]	[0.35]	[0.14]	[0.14]	[0.40]	[0.40]	[0.34]	[0.34]
控制行业	控制	控制	控制	控制	控制	控制	控制	控制	控制	控制
常数项	13.10	13.00	-1.25	-1.23	0.36	0.42	-1.10	-0.85	0.57	0.55
	[20.90]	[20.90]	[1.81]	[1.81]	[0.84]	[0.84]	[2.40]	[2.36]	[1.89]	[1.91]
观测数	813	813	813	813	813	813	754	754	744	744
R²	0.13	0.13	0.08	0.08	0.05	0.05	0.10	0.10	0.10	0.10

大。对弱工具变量更不敏感的 LIML 和 2SLS 的估计结果则比 GMM 更进一步，回归结果非常接近，甚至有的模型 LIML 和 2SLS 的回归结果几乎一样，这也印证了不存在弱工具变量。

本文对解释变量间的多重共线性进行了检验，发现关键变量和所有解释变量之间的相关性都很小，相关系数最大的是受教育水平（受教育等级）和年龄，但也仅为 0.33（0.35）。虽然控制变量之间有的相关系数较大，比如年龄和结婚的相关系数达到 0.67，但不是本文关心的关键变量，而且尚可接受，未引起严重的多重共线性问题。另外，对所有的 OLS 回归进行方差膨胀因子（VIF）检验，发现各模型的 VIF 平均值都不超过 1.40，而单个变量 VIF 的最大值仅为 2.05，远小于 10 的公认标准，因此对关键变量和控制变量均可排除多重共线性的影响。

最后需要强调的是，由于对模型 3 个命题的证明都在同一套数据内完成，因此本文的经验分析具有较强的内在一致性。

五、结论

本文发展并分析了农民工的社会网络投资模型，加深了我们对个人一生效用最大化下社会资本投资行为的理解。模型分析发现，个体在最优路径上的社会资本投资机制具有如下特征：个人的人力资本水平对社会资本投资有正向影响，人力资本投资增加会使均衡路径下个体的最优社会资本存量增加；如果个人离开所在社区的概率上升，或其社会资本的社区专用性强，那么个人就会减少社会资本投资，降低均衡状态下的社会资本存量。

经验研究基本支持本文模型的机制结论，但至少就本文数据调查中的乡—城移民而言，不同因素对以质或量度量的社会网络，以及对新增社会资本存量或流量的影响显著性也有区别。经验分析发现：①人力资本对非亲属网络规模和网络差异这些量和质都有显著的正向影响，对新增社会资本中聚会支出和在京拜年花费也有显著正影响，但对网络顶端和新增网络规模没有显著影响。②迁移倾向对非亲属网络规模、网络顶端、网络差异、在京拜年花费有显著负影响，但对新增网络规模及其聚会支出没有显著影响。③社区专用性对新增网络规模及其聚会支出均有显著的负向影响，但对其余维度的社会资本没有显著影响。

我们基于经济学分析框架，对现有模型进行了一定拓展。目前讨论社会资本形成的文献主要关注社区层面的干预，本文基于微观个体层面的研究不仅更能厘清个体社会资本的形成机制，而且对培育农民工社会资本的政策研究也较有新意。本文主要从人力资本层面检验了理论模型部分刻画的因果机制，并着重从人力资本对社会资本的几个维度进行了因果效应的推断，但对个体社会资本的其他形成机制的因果推断研究还不足。这需要专门设计问卷并收集数据，我们在未来的研究中将继续探讨这些课题。

参考文献

［1］陈斌开，陈思宇．流动的社会资本——传统宗族文化是否影响移民就业？［J］．经济研究，2018，53（3）：35-49.

［2］周晔馨，涂勤，胡必亮．惩罚、社会资本与条件合作——基于传统实验和人为田野实验的对比研究［J］．经济研究，2014，49（10）：125-138.

［3］叶静怡，武玲蔚．社会资本与进城务工人员工资水平——资源测量与因果识别［J］．经济学（季刊），2014，13（4）：1303-1322.

［4］王春超，周先波．社会资本能影响农民工收入吗？——基于有序响应收入模型的估计和检验［J］．管理世界，2013（9）：55-68+101+187.

［5］周群力，丁骋骋．姓氏与信用：农户信用评级中的宗族网络［J］．世界经济，2013，36（8）：125-144.

［6］郭云南，姚洋．宗族网络与农村劳动力流动［J］．管理世界，2013（3）：69-81，187-188.

［7］严成樑．社会资本、创新与长期经济增长［J］．经济研究，2012，47（11）：48-60.

［8］周华林，李雪松．Tobit 模型估计方法与应用［J］．经济学动态，2012（5）：105-119.

［9］杨汝岱，陈斌开，朱诗娥．基于社会网络视角的农户民间借贷需求行为研究［J］．经济研究，2011，46（11）：116-129.

［10］马光荣，杨恩艳．社会网络、非正规金融与创业［J］．经济研究，2011，46（3）：83-94.

［11］叶静怡，周晔馨．社会资本转换与农民工收入——来自北京农民工调查的证据［J］．管理世界，2010（10）：34-46.

［12］陈成文，王修晓．人力资本、社会资本对城市农民工就业的影响——来自长沙市的一项实证研究［J］．学海，2004（6）：70-75.

［13］边燕杰.城市居民社会资本的来源及作用：网络观点与调查发现 ［J］.中国社会科学，2004（3）：136-146+208.

［14］赵延东，王奋宇.城乡流动人口的经济地位获得及决定因素 ［J］.中国人口科学，2002（4）：10-17.

［15］费孝通.乡土中国 ［M］.上海：生活·读书·新知三联书店，2021.

［16］Lisa, R. Anderson, Jennifer M. Mellor, Jeffrey Milyo. Social Capital and Contributions in a Public-Goods Experiment ［J］. The American Economic Review, 2004, 94（2）：373-376.

［17］George, A. Akerlof, Rachel E. Kranton. Economics and Identity ［J］. The Quarterly Journal of Economics, 2000, 115（3）：715-753.

［18］Becker, G. S. A Theory of the Allocation of Time ［J］. The Economic Journal, 1965, 75（299）：493-517.

［19］İ. Semih Akçomak, Bas ter Weel. Social Capital, Innovation and Growth：Evidence from Europe ［J］. European Economic Review, 2008, 53（5）：544-567.

［20］Becker, G. S. Human Capital：A Theoretical and Empirical Analysis, With Special Reference to Education ［J］. National Bureau of Economic Research, distributed by Columbia University Press, 1965b：208-209.

［21］Bian, Y. Bringing Strong Ties Back in：Indirect Ties, Network Bridges, and Job Searches in China ［J］. American Sociological Review, 1997, 62（3）：366-385.

［22］Zhang, X. and Li, G. Does Guanxi Matter to Nonfarm Employment? ［J］. Journal of Comparative Economics, 2003, 31（2）：315-331.

［23］Bourdieu, P. Distinction：A Social Critique of the Judgement of Taste ［M］. Cambridge, Massachusetts：Harvard University Press, 1984.

［24］Bourdieu, P. and Wacquant, L. J. An Invitation to Reflexive Sociology ［M］. Chicago and London：University of Chicago Press, 1992.

［25］Brock, W. A. Money and Growth：The Case of Long Run Perfect Foresight ［J］. International Economic Review, 1974, 15（3）：750-777.

［26］Chen, M., Zhou, Y. and Ye, J. Self-Employment Choices of Rural Migrants in China：Distance and Social Network ［D］. Stockholm School of Economics, Asia Working Paper No. 2014-31, 2014.

［27］Coleman, J. S. Social Capital in the Creation of Human Capital ［J］.

American Journal of Sociology, 1988, 94, pp. S95-S120.

［28］ Yueh, L. An Investment Model of Social Capital with Empirical Application to Womens Labour Market Outcomes in Urban China ［D］. Department of Economics, Oxford University, Discussion paper Series 83, 2001.

［29］ Cooley, T. F. and Hansen, G. D. The Inflation Tax in a Real Business Cycle Model ［J］. The American Economic Review, 1989, 79 (4): 733-748.

［30］ Croushore, D. Money in the Utility Function: Functional Equivalence to a Shopping-Time Model ［J］. Journal of Macroeconomics, 1993, 15 (1): 175-182.

［31］ Delattre, E. and Sabatier, M. Social Capital and Wages: An Econometric Evaluation of Social Networking's Effects ［J］. Labour, 2007, 21 (2): 209-236.

［32］ D'Hombres, B., Rocco, L., Suhrcke, M. and McKee, M. Does Social Capital Determine Health? Evidence from Eight Transition Countries ［J］. Health Economics, 2010, 19: 56-74.

［33］ DiPasquale, D. and Gläser, E. L. Incentives and Social Capital: Are Homeowners Better Citizens? ［J］. Journal of Urban Economics, 1999, 45 (2): 354-384.

［34］ Fafchamps, M. and Gubert, F. Risk Sharing and Network Formation ［J］. The American Economic Review, 2007, 97 (2): 75-79.

［35］ Feigenberg, B., Field, E. M. and Pande, R. Building Social Capital Through Microfinance ［D］. NBER Working Papers No. 16018, 2010.

［36］ Gläser, E. L. The Formation of Social Capital ［J］. Canadian Journal of Policy Research, 2001, 2 (1): 34-40.

［37］ Gläser, E. L., Laibson, D. and Sacerdote, B. An Economic Approach to Social Capital ［J］. The Economic Journal, 2002, 112 (483): F437-F458.

［38］ Godoy, R., Re-García, V., Huanca, T., Leonard, W. R., Olvera, R. G., Bauchet, J., Ma, Z., John, J. S., Miodowski, M., Rios, O. Z., Vadez, V. and Seyfreid, C. The Role of Community and Individuals in the Formation of Social Capital ［J］. Human Ecology, 2007, 35 (6): 709-721.

［39］ Gold T., Guthrie, D. and Wank, D. Social Connections in China: Institutions, Culture, and the Changing Nature of Guanxi ［M］. Cambridge: Cambridge University Press, 2002.

［40］ Grootaert, C. Social Capital, Household Welfare and Poverty in Indonesia ［D］. Policy Research working paper 2148, World Bank, 1999.

［41］Guiso, L., Sapienza, P. and Zingales, L. The Role of Social Capital in Financial Development ［J］. The American Economic Review, 2004, 94（3）: 526–556.

［42］Henderson, S. and Whiteford, H. Social Capital and Mental Health ［J］. The Lancet, 2003, 362（9383）: 505–506.

［43］Huang, J. van ven Brink, H. M. and Groot, W. A Meta-Analysis of the Effect of Education on Social Capital ［J］. Economics of Education Review, 2009, 28 （4）: 454–464.

［44］Jackson, M. O. Networks in the Understanding of Economic Behaviors ［J］. The Journal of Economic Perspectives, 2014, 28（4）: 3–22.

［45］Kan, K. Residential Mobility and Social Capital ［J］. Journal of Urban Economics, 2007, 61（3）: 436–457.

［46］Knack, S. and Keefer, P. Does Social Capital Have an Economic Payoff? A Cross-Country Investigation ［J］. The Quarterly Journal of Economics, 1997, 112 （4）: 1251–1288.

［47］Krishna, A. Creating and Harnessing Social Capital ［M］. Washington, D. C.: The World Bank, 2000: 71–93.

［48］Leeves, G. D. and Herbert, R. Gender Differences in Social Capital Investment: Theory and Evidence ［J］. Economic Modelling, 2014（37）: 377–385.

［49］Lin, N. Social Capital: A Theory of Social Structure and Action ［M］. New York: Cambridge University Press, 2001.

［50］Lin, N. and Dumin, M. Access to Occupations through Social Ties ［J］. Social Networks, 1986, 8（4）: 365–385.

［51］Lucas Jr, R. E. and Stokey, N. L. Money and Interest in a Cash-in-Advance Economy ［J］. Econometrica, 1987, 491–513.

［52］Montgomery, J. D. Social Networks and Labor-Market Outcomes: Toward an Economic Analysis ［J］. The American Economic Review, 1991, 81（5）: 1408–1418.

［53］Nakazato, H. and Lim, S. Evolutionary Process of Social Capital Formation through Community Currency Organizations: The Japanese Case ［J］. VOLUNTAS: International Journal of Voluntary and Nonprofit Organizations, 2016, 27（3）: 1171–1194.

［54］Rupasingha, A., Goetz, S. J. and Freshwater, D. The Production of Social Capital in US Counties [J] . Journal of Socio-Economics, 2006, 35 (1): 83-101.

[55] Sanyal, P. From Credit to Collective Action: The Role of Microfinance in Promoting Women's Social Capital and Normative Influence [J] . American Sociological Review, 2009, 74 (4): 529-550.

[56] Schultz, T. W. Transforming Traditional Agriculture [M] . New Haven: Yale University Press, 1964.

[57] Sobel, J. Can We Trust Social Capital [J] . Journal of Economic Literature, 2002, 40 (1): 139-154.

[58] Valdivieso, P. and Villena-Roldán, B. Opening the Black Box of Social Capital Formation [J] . The American Political Science Review, 2014, 108 (1): 121-143.

[59] Warner, M. Building Social Capital: The Role of Local Government [J] . Journal of Socio-Economics, 2001, 30 (2): 187-192.

[60] Woolcock, M. The Rise and Routinization of Social Capital, 1988-2008 [J] . Annual Review of Political Science, 2010, 13 (1): 469-487.

[61] Yamamura, E. Comparison of the Effects of Homeownership by Individuals and Their Neighbors on Social Capital Formation: Evidence from Japanese General Social Surveys [J] . Journal of Socio-Economics, 2011, 40 (5): 637-644.

中国乡村振兴的测度、格局与逻辑[*]

万　君　李顺强　张　琦[**]

一、问题的提出与文献综述

党的十九大报告提出实施乡村振兴战略，要坚持农业农村优先发展，按照产业兴旺、生态宜居、乡风文明、治理有效、生活富裕的总要求，建立健全城乡融合发展体制机制和政策体系，加快推进农业农村现代化。为使乡村振兴 5 年目标更直观、可量化，便于考核和评估，《乡村振兴战略规划（2018—2022 年）》（以下简称"规划"）建立了乡村振兴指标体系，设置了 22 项具体指标。《中华人民共和国乡村振兴促进法》第六十九条指出，国务院和省、自治区、直辖市人民政府有关部门建立客观反映乡村振兴进展的指标和统计体系。

乡村振兴指标体系中的每个指标从不同侧面反映乡村振兴的进度和特征，而要从整体上评价和观察我国乡村发展的整体规律和地域差异，就必须构建乡村振兴指数进行综合评价。我国乡村发展规律与国家解决社会主要矛盾的战略思想息息相关，这决定了我国乡村发展的复杂性。改革开放初期，我国社会的主要矛盾是人民日益增长的物质文化需要同落后的社会生产之间的矛盾，经济发展效率是首要目标，战略思想是先富带后富。这一战略思想的提出开启了我国经济高速发展时期，但也拉大了我国东西部区域发展差距。进入新时代，中国社会主要矛盾转变为人民日益增长的美好生活需要和不平衡不充分的发展之间的矛盾，这种不

---

　　* 原文发表在《贵州社会科学》2022 年第 3 期，部分内容有删节。

　　** 作者简介：万君，北京师范大学经济与资源管理研究院副教授。李顺强，北京师范大学经济与资源管理研究院博士研究生。张琦，北京师范大学乡村振兴与发展研究中心主任，教授、博士研究生导师。

平衡不充分主要体现为城乡发展不平衡和农村发展不充分，部分原因就是先富带后富的战略思想。

综合评价乡村振兴需要抓住乡村的主要功能。在不同的历史阶段，人们对乡村的功能有不同的认识，但目前基本达成共识是乡村具有社会、经济、文化、生态、生活等多方面功能。在农业社会时代，乡村集合了农业社会的经济、文化、生产等各方面功能；但是到工业时代，尤其是进入 20 世纪以来，农村的主要功能被认为是为工业化提供人力和资本基础，文化、生态等功能被弱化。在后工业化时代，乡村的多重功能属性再次引起政界和学界的高度关注。英国、德国、日本、韩国等发达国家在 20 世纪 30~70 年代先后开启了乡村振兴战略，促进工业与农业的平衡。2021 年欧盟发布《欧盟农村地区的长期愿景》（*A long-term vision for the EU's rural areas*）提出，2040 年更加强大、互联、韧性、繁荣的乡村愿景涵盖了社会、经济、文化、生态、生活等各个方面目标。

与此同时，国外开展了一系列乡村发展综合评价研究。Michalek J 等（2012）应用移民偏好模型来确定指标权重，选择领土、社会经济、环境、基础设施和行政管理等方面的指标，对斯洛伐克和波兰农村地区乡村发展进行了实证分析，发现较发达地区向邻近较不发达地区存在溢出效应，但最高发达地区和最低发达地区之间的地区差距在不断扩大。Abreu I 和 Mesias F（2020）应用德尔菲法，从 88 个指标组中选择了 25 个指标，涵盖了农村发展的人口、经济、社会福利和环境四个维度，每个维度的权重分别为 28.4%、26.2%、24%、21.4%。

乡村振兴战略出台后，国内学者对乡村振兴综合评价的研究大量涌现。在乡村振兴指数一级指标方面，大多数学者按照乡村振兴二十字方针（产业兴旺、生态宜居、乡风文明、治理有效、生活富裕）构建，有些学者加入了农业农村优先发展或城乡融合程度一级指标。还有学者从某一方面做了深入研究，如人居环境整治、三产融合、乡村旅游等。在指标权重确定方面，主要有专家咨询法、熵权法和主客观综合方法，也有学者利用了均权法。从研究对象来看，主要在省级和村级。从指数结果分析方面来看，大多数学者在完成乡村振兴的综合评价定量研究后，在结果分析阶段或转入了定性研究，或只是简单的趋势性分析。也有部分学者采用了定量方法，如吕承超、崔悦（2021）利用基尼系数、极化指数和 Kernel 密度估计法对地区差距与空间极化研究发现中西部地区对东部地区存在追赶态势；陈秩分等（2018）利用 Pearson 相关系数研究发现乡村振兴水平与城镇化发展阶段、地方财政能力显著正相关，与资源禀赋、发展阶段的关系不显著。

综上所述，现有文献在乡村振兴指数构建方面进行了诸多有益研究，也应用指数结果对乡村发展规律进行了积极探索。但现有研究仍存在一些不足之处，比如大部分文献存在利用整体指标替代乡村指标的问题，造成构建的指标体系并不能较好地反映乡村差异，而更多的是体现区域间的差异；部分指数研究仅针对某一时期或某一地区，只适用于开展特殊数据采集的地区，缺乏对全国各地区乡村发展的长周期规律性研究；实证研究文献多利用测度得到的指数进行地区比较，未利用定量方法研究乡村振兴时间变迁和空间格局。鉴于此，本文在现有研究的基础上，采用2010~2019年我国31个省份的面板数据，构建了严格适用于乡村地区的乡村振兴指数，应用收敛系数法和莫兰指数研究我国乡村发展的整体演变规律，从而有针对性地提出乡村振兴整体战略思考建议。

二、乡村振兴指数构建原则和指标体系

（一）乡村振兴指数构建原则

第一，乡村振兴指数要遵循有利于促进乡村振兴实践的实效性原则。乡村振兴指数构建要紧密结合中国乡村振兴实践需要，要便于业务部门抓住振兴要点，为未来三十年的乡村振兴过程提供参考借鉴和指导作用。因此，对于乡村振兴的关键指标要赋予更大的权重，这样就有利于突出实务重点，比如乡村振兴中产业振兴是现阶段的关键，那么产业振兴指标需要更高赋权。这种赋权就需要借助专家的判断，所以本套指标体系一级指标权重采用了层次分析法。第二，乡村振兴指数构建要兼顾理论和政策实践。本套指标体系根据规划中二十字方针和城乡融合路径的关键内容设置，同时也考虑了乡村发展的理论基础，强调理论的前沿性和引导性。强调从资本、劳动力和科技进步的角度选择具体指标，尽可能选择在理论上能够促进经济社会发展的根本性指标。第三，乡村振兴指数构建要综合体现乡村振兴的各个方面。一方面，本文的指标体系按照乡村振兴的五大目标分列了5个一级指标，对一级指标按照振兴重点举措做了细化和再分类，形成了14个二级指标，这样就可涵盖乡村振兴的各个领域。另一方面，本指标体系并未"就乡村论乡村"，还引入了城乡融合发展指标，强调城乡均衡发展对农村的带动作用。第四，乡村振兴指数的指标选择要代表农村地区。这是构建乡村振兴指数的重点和难点，本文通过收集各类年鉴和统计年报数据，尽可能地选择专门针对农村的统计性指标。第五，乡村振兴指数构建还需要考虑指标数据的收集可行性。要通盘考虑数据获取的可靠性和收集成本，还要保证可以量化计算，这是乡村振兴指标体系构建的基础。若是选取的具体指标数据无法获得或者数据的精确性无法保证，那么指标体系也就缺乏可操作性。在有些情况下，虽然能够取得数据，但经过验证发现其可信程度较低，因此我们也尽量避免使用不可靠的数据。第六，乡村振兴指数构建要能够实现指数的纵向和横向比较。不同时间同一区域、同一时间不同区域间乡村振兴发展程度存在差异。因此，所编制的乡村振兴指数应该可以同时进行横向（跨地域）比较和纵向（跨年度）比较。根据我国区域发展不均衡特点，同一年份不同区域的乡村发展水平存在很大差异。随着经济的发展，同一省份在不同年份的乡村振兴程度也会有所变化，同时因为禀赋和发展路径不同，不同省份的农村发展速度也有所不同。因此，为较好测度发展差异，乡村振兴指数设计既要保证同一省份或地区的乡村振兴程度在不同年份上的纵向可比，也要保证同一时点上不同省份或地区的横向可比。

（二）乡村振兴指数指标体系

乡村振兴指数按照"产业兴旺、生态宜居、乡风文明、治理有效、生活富裕"的二十字方针和城乡融合战略构建6个一级指标、14个二级指标和36个三级指标（见表1）。一是产业兴旺。规划将产业兴旺分为夯实农业生产能力基础、加快农业转型升级、建立现代农业经营体系、强化农业科技支撑、完善农业支持保护制度、推动农村产业深度融合、完善紧密型利益联结机制、激发农村创新创业活力八个方面。综合数据可得性原则，本文选择农业生产能力、农业转型升级和农业经营体系建设三个方面的二级指标。二是生态宜居。规划将生态宜居分为农业绿色发展、改善农村人居环境、加强乡村生态保护与修复三个方面。本文构建了农业绿色发展和人居环境改善两个二级指标。三级指标中森林覆盖率、乡村绿化率在一定程度上也反映了乡村生态保护与修复。三是乡风文明。规划将乡风文明分为加强农村思想道德建设、弘扬中华优秀传统文化、丰富乡村文化生活三个方面。根据可获得的数据，本文构建了乡村文化生活、文化服务设施两个二级指标，用于度量农民参与文化活动的可能性和实现度。四是治理有效。实现治理有效需要健全现代乡村治理体系，具体分为加强农村基层党组织对乡村振兴的全面领导、促进自治法治德治有机结合、夯实基层政权三个方面。按照组织机构和农民两个主体维度，本文构建了基层组织力量和农民政治意识两个二级指标。五是生活富裕。为保障和改善农村民生，提高农村美好生活保障水平，应从加强农村基础设施建设、提升农村劳动力就业质量、增加农村公共服务供给三个方面着手。本文从这三个方面出发，构建了农村基础设施、劳动力就业、农村公共服务三个二级指标。六是城乡融合。前面五个指标只是从"三农"角度出发测度农村发展水平，但城市是农村发展的外源力量，城市发展水平决定了农村发展的外部环境，要完整的测度农村发展程度，就需要测度城乡融合发展程度。本文构建了人口流动、互联互通二级指标测度城乡人口流动程度和流动可能性。因规划设置的指标体系中大部分只公布全国数据，未公布省级数据，所以我们自主选择了三级指标。整体来看，本文构建的指标体系基本能够覆盖规划要求的乡村振兴各个方面。

表 1 指标体系和权重

一级指标	权重（%）	二级指标	权重（%）	三级指标	权重（%）	单位	指标属性
产业兴旺	25.90	农业生产能力	7.400	高标准农田占比	3.700	%	正向
				人均机械动力	3.700	千瓦/人	正向
		农业转型升级	7.400	农林水事务支出占财政支出比例	3.700	%	正向
				林牧渔业中间消耗占比	3.700	%	负向
		经营体系构建	11.100	加入农民合作社成员占比	3.700	%	正向
				专业大户和家庭农场成员数占比	3.700	%	正向
				耕地流转率	3.700	%	正向
生态宜居	13.58	农业绿色发展	5.820	单位耕地化肥使用量	1.940	吨/公顷	负向
				单位耕地农药使用量	1.940	吨/万公顷	负向
				森林覆盖率	1.940	%	正向
		人居环境改善	7.760	对生活污水进行处理的乡镇比例	1.940	%	正向
				农村卫生厕所普及率	1.940	%	正向
				村内道路硬化率	1.940	%	正向
				乡镇建成区绿化率	1.940	%	正向
乡风文明	13.58	乡村文化生活	10.185	人均乡镇文化站举办展览参观次数	3.395	次	正向
				人均乡镇艺术表演团体国内演出参观次数	3.395	次	正向
				农村人均教育文化娱乐消费支出占比	3.395	%	正向
		文化服务设施	3.395	乡镇平均文化站数量	3.395	个	正向
治理有效	7.50	基层组织力量	6.000	村委会平均成员数	1.500	人	正向
				村民委员会职工大学专科以上平均人数	1.500	人	正向
				主任中共党员村委会占比	1.500	%	正向
				主任、书记"一肩挑"村委会占比	1.500	%	正向
		农民政治意识	1.500	基层民主选举投票率	1.500	%	正向

一级指标	权重（%）	二级指标	权重（%）	三级指标	权重（%）	单位	指标属性
生活富裕	25.84	农村基础设施	9.690	乡道、村道铺装道路占比	3.230	%	正向
				村庄燃气普及率	3.230	%	正向
				农村人均用电量	3.230	万千瓦时	正向
		劳动力就业	6.460	农村工资性收入占比	3.230	%	正向
				农业兼业户占比	3.230	%	正向
		农村公共服务	9.690	乡镇村幼儿园在园儿童人均图书量	3.230	册/人	正向
				每千人农村执业（助理）医师	3.230	位	正向
				集中供水的行政村其占行政村总数的比例	3.230	%	正向
城乡融合	13.60	人口流动	8.160	城镇化率	2.720	%	正向
				城乡人均可支配收入比	2.720	%	负向
				农户非农化比例	2.720	%	正向
		互联互通	5.440	城乡拥有家用汽车量比	2.720	%	负向
				农民交通通信支出比例	2.720	%	正向

三、乡村振兴指数测算方法与结果

（一）数据收集与清理

本文数据主要来源于权威机构发布的统计年鉴和统计年报，如《中国统计年鉴》《中国环境统计年鉴》《中国教育统计年鉴》《中国科技统计年鉴》《中国民政统计年鉴》《中国农村统计年鉴》《中国城乡建设统计年鉴》。加入农民合作社成员、专业大户和家庭农场成员数、耕地流转率、农户非农化比例等指标采集自《全国农村经济情况统计资料》《中国农村经营管理统计年报》《2019年中国农村政策与改革统计年报》。本文选取的部分指标在一些年度存在缺失，主要是由于部分指标开始或者结束统计的年份与指数构建的年份不完全一致，为进行指数的纵向和横向比较，我们并未删除该类指标，而是将缺失数据插入了最近一期有统计的年份数据。这样可能会造成部分地区指数偏低或偏高，但由于宏观统计数据具有相当高的稳定性，所以由插值造成的偏差极小。

（二）指标无纲量化方法

为了消除异常值对评价结果的影响，我们对异常值指定 5% 分位数和 95% 分位数进行缩尾处理，如某年某地区指标数小于各地区实际值的 5% 分位数或大于 95% 分位数，则取该年度该地区的指标值为该指标所在年度内的 5% 分位数或 95% 分位数。

乡村振兴指数是乡村发展不同维度的综合，每个指标代表了乡村振兴的一个方面，每个基础指标也具有不同的单位度和性质，在指数合成之前，必须对不同指标进行无量纲化处理。为实现乡村振兴指数的纵向时间比较，采取了定基极值法。考虑到乡村振兴战略自 2018 年起实施，为便于直观便捷地反映乡村振兴实施效果，以 2018 年为基准，具体公式如下：

$$d = \frac{X_{tj} - X_{2018j}^{L}}{X_{2018j}^{H} - X_{2018j}^{L}} \tag{1}$$

上式中，X_{tj} 表示第 j 个具体指标在 t 年度的数值，X_{2018j}^{L} 表示第 j 个具体指标在 2018 年所有地区中的下限值，X_{2018j}^{H} 表示第 j 个具体指标在 2018 年所有地区中的上限值。对于正向指标，取 X_{2018j}^{H} 为第 j 个具体指标在 2018 年所有地区中的最大值，取 X_{2018j}^{L} 为第 j 个具体指标在 2018 年所有地区中的最小值。对于负向指标，笔者进行同向化处理，取 X_{2018j}^{H} 为第 j 个具体指标在 2018 年所有地区中的最小值，取 X_{2018j}^{L} 为第 j 个具体指标在 2018 年所有地区中的最大值。

（三）权重计算方法

首先，我们对一级指标权重采用了层次分析法，其主要特点是通过建立递阶层次结构，把主观判断转化为因素间的重要性比较。经过多名专家讨论，确定了判断矩阵，最终确定的一级权重为：产业兴旺 25.90%，生态宜居 13.58%，乡风文明 13.58%，治理有效 7.50%，生活富裕 25.84%，城乡融合 13.60%（具体见表1）。三级指标是对一级指标的再细化，相邻指标的重要性很难区分，而且三级指标是一级指标的不同方面，其代表的政策目标互为补充，同时三级指标对于一级指标的重要程度基本相同，因此三级指标权重设置为一级指标的平均值。对于二级指标，我们采用了一级指标的简单相加。

（四）指数合成方法和结果

通过线性加权方法获得了我国 31 个省份 2010~2019 年的乡村振兴指数和六个维度的一级指数。结果显示，2019 年我国乡村振兴综合指数（见表2）的平均

表2 2019年我国乡村振兴指数及排名

省份	乡村振兴指数		六个维度											
			产业兴旺		生态宜居		乡风文明		治理有效		生活富裕		城乡融合	
省份	指数	排名	指标值	排名	指标值	排名	指标值	排名	指标值	排名	指标值	排名	指标值	排名
江苏	0.6893	1	0.1914	1	0.0961	3	0.0420	18	0.0364	12	0.2278	1	0.0955	5
浙江	0.6086	2	0.1026	16	0.0976	2	0.0799	1	0.0287	20	0.2021	3	0.0977	4
上海	0.5790	3	0.0736	29	0.0930	6	0.0452	17	0.0412	6	0.2103	2	0.1156	2
北京	0.5785	4	0.0577	31	0.1131	1	0.0465	14	0.0454	4	0.1975	4	0.1183	1
天津	0.5307	5	0.0908	20	0.0844	13	0.0209	30	0.0372	10	0.1896	5	0.1078	3
山东	0.5197	6	0.1176	12	0.0944	4	0.0375	24	0.0411	7	0.1465	9	0.0826	7
重庆	0.5140	7	0.1547	2	0.0886	9	0.0535	7	0.0251	25	0.1183	14	0.0739	16
安徽	0.5019	8	0.1370	4	0.0791	17	0.0458	16	0.0460	3	0.1255	13	0.0685	18
湖北	0.4966	9	0.1293	9	0.0804	16	0.0510	10	0.0496	1	0.1093	17	0.0770	13
陕西	0.4876	10	0.1298	8	0.0768	22	0.0579	3	0.0318	17	0.1357	10	0.0556	27
河北	0.4858	11	0.1095	14	0.0713	26	0.0388	21	0.0412	5	0.1474	8	0.0776	10
湖南	0.4754	12	0.1321	7	0.0805	15	0.0656	2	0.0370	11	0.1068	20	0.0534	29
内蒙古	0.4668	13	0.1390	3	0.0766	23	0.0572	5	0.0234	27	0.0946	22	0.0760	14
福建	0.4634	14	0.0860	26	0.0935	5	0.0465	13	0.0190	31	0.1487	7	0.0697	17
广东	0.4622	15	0.0759	28	0.0731	24	0.0385	22	0.0489	2	0.1513	6	0.0745	15
江西	0.4568	16	0.1180	11	0.0881	10	0.0466	12	0.0279	21	0.1104	15	0.0658	21

续表

省份	乡村振兴指数		六个维度											
			产业兴旺		生态宜居		乡风文明		治理有效		生活富裕		城乡融合	
省份	指数	排名	指标值	排名	指标值	排名	指标值	排名	指标值	排名	指标值	排名	指标值	排名
黑龙江	0.4564	17	0.1339	5	0.0774	20	0.0390	20	0.0407	8	0.0826	29	0.0827	6
宁夏	0.4480	18	0.0961	19	0.0868	11	0.0463	15	0.0300	18	0.1102	16	0.0785	8
吉林	0.4297	19	0.1240	10	0.0779	18	0.0379	23	0.0262	24	0.0861	25	0.0775	11
四川	0.4285	20	0.1034	15	0.0894	8	0.0289	28	0.0323	15	0.1087	18	0.0658	22
河南	0.4261	21	0.0982	18	0.0594	30	0.0574	4	0.0392	9	0.1050	21	0.0671	19
山西	0.4144	22	0.0732	30	0.0768	21	0.0519	8	0.0290	19	0.1297	12	0.0537	28
海南	0.4096	23	0.0886	21	0.0637	28	0.0373	25	0.0349	13	0.1329	11	0.0523	30
广西	0.4075	24	0.0862	24	0.0908	7	0.0349	27	0.0274	22	0.1068	19	0.0614	23
青海	0.4041	25	0.1338	6	0.0655	27	0.0232	29	0.0194	30	0.0849	26	0.0773	12
贵州	0.3961	26	0.0871	22	0.0861	12	0.0551	6	0.0229	29	0.0843	27	0.0607	24
辽宁	0.3952	27	0.0829	27	0.0817	14	0.0359	26	0.0273	23	0.0894	24	0.0781	9
甘肃	0.3806	28	0.1013	17	0.0723	25	0.0500	11	0.0231	28	0.0837	28	0.0502	31
新疆	0.3795	29	0.0862	25	0.0605	29	0.0513	9	0.0330	14	0.0894	23	0.0591	25
云南	0.3695	30	0.0862	23	0.0778	19	0.0408	19	0.0319	16	0.0740	30	0.0588	26
西藏	0.3044	31	0.1168	13	0.0414	31	0.0141	31	0.0235	26	0.0420	31	0.0666	20

值为 0.4634，最高的江苏为 0.6893，最低的西藏为 0.3044。整体来看，东部沿海地区乡村振兴指数排名比较靠前，排名前六的全部在东部地区，分别是江苏、浙江、上海、北京、天津、山东。西部地区指数排名较为靠后，广西、青海、贵州、甘肃、新疆、云南、西藏七个西部省份排在了最后。可以看出，乡村振兴指数与生活富裕指标和城乡融合指标的排名重合度较高，前五名完全一致，而在产业兴旺、生态宜居、乡风文明、治理有效四个维度，排名格局较为复杂。

四、乡村振兴时空格局分析

（一）时空总体发展趋势

在时间趋势上，中国乡村振兴程度持续提高。2010~2019 年中国乡村振兴指数上升了近 50%，2010 年的平均得分为 0.3177，2019 年的平均得分为 0.4568。治理有效指数在 2016 年大幅度下降震荡，主要是因为 2016 年统计数据中村委会职工大专以上学历人数较 2015 年度减少了 2/3，由于综合评价的稳定性，整体来看对乡村振兴指数影响不大。产业兴旺、生态宜居、乡风文明、治理有效、城乡融合五个维度的一级指数均保持了持续上升（见图 1）。

在空间趋势上，乡村振兴呈东西向梯度发展趋势。乡村振兴指数呈现从沿海地区向内陆地区的递延增长态势，胡焕庸线两侧地域呈现显著不同的乡村振兴指数水平。可以发现，乡村振兴指数有三个梯队，最高梯队在东部平原地区，第二梯队为丘陵地带和黄土高原山地地带，第三梯队是高原地带和盆地地带，这三个梯队在 2010 年较为明显，2019 年，第二梯队中的丘陵地貌和高原地貌地带有融入同一梯队的趋势。

（二）时间上乡村振兴的地区收敛

中西部地区受地理区位因素限制，经济发展较为滞后，其乡村振兴水平明显落后于东部地区。党的十七届三中全会指出，要坚持工业反哺农业、城市支持农村和多予少取放活方针，提出要大幅度增加对中西部地区农村公益性建设项目的投入。党的十九大提出乡村振兴战略，走城乡融合发展道路。下文主要使用 σ 收敛和 β 收敛对近十年来我国乡村振兴的收敛趋势进行验证。

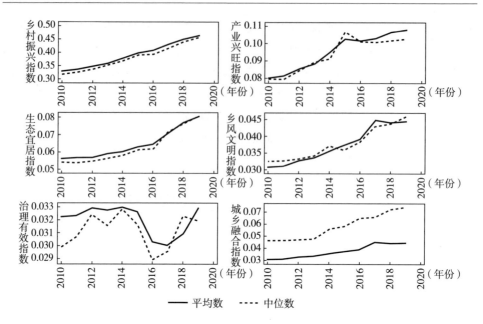

图1 2010~2019年中国乡村振兴指数即各维度指数变化趋势

1. σ 收敛模型

σ 收敛是指不同地区乡村振兴偏离整体平均水平的差异以及这种差异随着时间的推移而不断降低的态势。具体而言，σ 收敛公式如下：

$$\sigma_t = \sqrt[2]{\sum_{i=1}^{N} \frac{(\log(RDI_{tj}) - \log(\overline{RDI_t}))^2}{N}} \tag{2}$$

上式中，RDI_{tj} 表示第 i 个空间样本在 t 时刻的乡村振兴指数，$\overline{RDI_t}$ 为 N 个空间样本在 t 时刻的乡村振兴指数平均值，σ_t 即 N 个空间样本之间乡村振兴对数值的标准差。若在时刻（$t+T$）满足 $\sigma_{t+T} < \sigma_t$ 时，则称 N 个空间样本具有 T 阶 σ 收敛。σ 收敛指数测算结果显示（见图2），中国乡村振兴指数呈现明显的地区收敛趋势，从 2010 年的 0.227 下降至 2019 年的 0.164，说明自 2010 年以来，地区间乡村振兴差异化水平正在逐渐递减。

2. 绝对 β 收敛

绝对 β 收敛是指在不受其他条件限制的情况下，乡村振兴落后地区追赶发达地区的趋势。绝对 β 收敛模型形式可以表示为：

$$\log\left(\frac{RDI_{jt+1}}{RDI_{jt}}\right) = \alpha + \beta\log(RDI_{jt}) + \varphi_{jt} \tag{3}$$

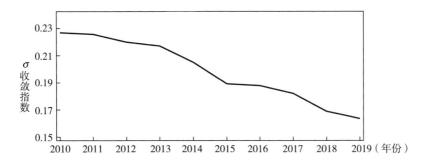

图2　2010~2019年中国乡村振兴 σ 收敛指数

式中，β 为收敛系数，如果 β 小于0，则说明各地区乡村振兴存在绝对收敛；如果 β 大于0，则说明各地区乡村振兴差异发散。回归结果显示（见表3），绝对收敛系数 β 显著小于0，说明各地区间乡村振兴差异存在绝对 β 收敛，乡村振兴指数较低的地区有更高的增长速度。乡村振兴的地区收敛性对于乡村振兴规划和政策具有重要意义，说明近十年来支持中西部地区乡村建设的政策发挥了实际作用。

表3　中国乡村振兴绝对 β 收敛

	指数增长率
log（RDI_{jt}）	−0.038***
	(0.008)
常数项	0.003
	(0.008)
N	248

注：括号内为标准差，$*p<0.1$，$**p<0.05$，$***p<0.01$。

综上所述，西部欠发达地区的追赶说明乡村振兴战略在发挥重要作用，但"东高西低"的空间格局并未改变，西部地区似乎陷入了一种资本和人才东流的陷阱。可能的原因是，西部多属于生态功能区，而中部和东北地区属于粮食主产区，这两类区划的功能极大地限制了欠发达地区的农村发展，可以发现中国乡村振兴指数较低的省份，如青海、新疆、西藏、贵州、甘肃位于青藏高原生态功能区、黄河重点生态区和长江重点生态区，其乡村振兴的指数排在最后10名里面。粮食主产区的13个省份中除江苏以外，其他省份的乡村振兴指数排名在中间段，而北京、天津、上海、浙江四个粮食主销区却排在最前面，可以看出，农业生产并未给欠发达地区农村带来发展。

（三）空间上乡村振兴的地域聚集

从前文分析可知，中国乡村振兴总体上存在地区收敛性，根据 Tobler 地理学第一定律可知，任何事物都存在空间相关性，距离越近的事物空间相关性越大。那么在空间结构上乡村振兴存在哪些特性？地域之间是否互相关联？从指数排名来看，东部地区乡村振兴程度较高，而西部地区较低，一定程度上说明了乡村振兴的地域聚集性。为更加准确的度量地域聚集性，下面我们通过莫兰指数进行定量分析。本文选取地理距离矩阵，即取两地区距离的倒数，经过标准化之后构成的空间权重矩阵。

全局 Moran's I 是用来反映对于所有空间单元来说是否存在空间依赖性的量化指标。

$$I = \frac{n}{\sum_i \sum_j w_{ij}} \frac{\sum_i \sum_j w_{ij}(x_i - \overline{x})(x_j - \overline{x})}{\sum_i (x_i - \overline{x})^2} \tag{4}$$

式中，n 为样本数量，w_{ij} 为空间权重矩阵 W 的 (i, j) 元素，x_i 和 x_j 分别是空间单元 i 和 j 的观测值，$\overline{x}$ 是观测值的平均值。I 的取值范围介于 $-1 \sim 1$ 之间，若取值大于 0，表示某一个空间单元周围的值高则该空间单元的值高，周围的值低则该空间单元的值低；若 I 取值小于 0，表示某一个空间单元周围的值高则该空间单元的值低，周围的值低则该空间单元的值高；I 取值为 0 时，表示空间单元的值高低与周围空间单元的值没有关系。

全局莫兰指数显示（见表 4），Moran's I 在 2010~2019 年均大于 0 且在统计上显著，说明乡村振兴表现出显著的空间正自相关，即相邻地区间乡村振兴具有空间依赖性，乡村振兴程度高的地区集聚在一起，乡村振兴程度低的地区集聚在一起。取值越大说明空间分布正自相关性越强，集聚的强度越高。可以发现，近年来这种聚集程度在下降，全局 Moran's I 从 2010 年的 0.1540 下降至 2019 年的 0.1400。

表4　中国乡村振兴空间自相关莫兰指数

年份	Moran's I	E (I)	VAR (I)	Z	P 值
2010	0.1540	−0.0330	0.0320	5.8270	0.0000
2011	0.1470	−0.0330	0.0320	5.6220	0.0000
2012	0.1490	−0.0330	0.0320	5.7110	0.0000

年份	Moran's I	E（I）	VAR（I）	Z	P 值
2013	0.1460	−0.0330	0.0320	5.6240	0.0000
2014	0.1530	−0.0330	0.0320	5.8450	0.0000
2015	0.1510	−0.0330	0.0320	5.7850	0.0000
2016	0.1410	−0.0330	0.0320	5.4920	0.0000
2017	0.1400	−0.0330	0.0320	5.4540	0.0000
2018	0.1440	−0.0330	0.0320	5.5950	0.0000
2019	0.1400	−0.0330	0.0320	5.4760	0.0000

与全局 Moran's I 相对应的是局部 Moran's I：

$$I_i = \frac{n(x_i - \overline{x}) \sum_{j \neq i} w_{ij}(x_j - \overline{x})}{\sum_j (x_i - \overline{x})^2} \tag{5}$$

局部 Moran's I 反映了一个空间单元的空间依赖性，即某一个空间单元与其邻近的空间单元之间的相关关系。本文通过在二维平面上绘制局域莫兰指数散点图，将各区域乡村振兴指数分为四象限集群模式，识别一个地区与邻近地区的空间关系。莫兰散点图第一象限为高—高集聚，第二象限为低—高集聚，第三象限分别为低—低集聚，第四象限为高—低集聚。第一象限、第三象限表明地域乡村振兴存在空间正相关，第二象限、第四象限则为空间负相关。

2010 年和 2019 年中国乡村振兴局部莫兰散点图（见图 3 和图 4）显示，2010 年

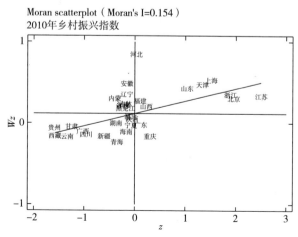

图 3　2010 年中国乡村振兴省域莫兰散点图

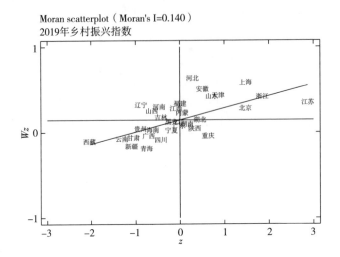

图 4   2019 年中国乡村振兴省域莫兰散点图

和 2019 年全国乡村振兴均呈现高—高集聚和低—低集聚态势，其中，江苏、浙江、上海、山东、北京、天津落入高—高集聚区域，而云南、甘肃、青海、四川、新疆、贵州落入低—低聚集区域。这种空间格局与我国区域经济发展战略的侧重点息息相关。理论上区域经济发展的基本规律是从集聚到扩散的过程，这一过程需要有交通、网络等基础设施的连接和传播作用。相较于京津冀、长三角、粤港澳等发达经济区域，成渝地区、关中平原等欠发达地区交通等基础设施的区域关联度不强，无法形成城市间强依存关系和区域经济联系的纽带作用，由此弱化了城市对农村的辐射带动作用。

五、结论与建议

首先，在空间演变规律上发现：乡村振兴具有地域聚集性，京津冀、长三角等东部地区乡村振兴指数呈现高—高集聚的空间正相关，而西部地区呈现低—低集聚的空间正相关。这种空间格局与我国发达地区和欠发达地区的交通网络等基础设施息息相关。鉴于此，我们认为乡村振兴战略需要与新型城镇化战略深度融合，加快推进中西部地区新型城镇化建设，实现欠发达地区经济发展极点"串点成线""以线带面"，形成连通城市、强化沿线、带动边缘的区域经济发展格局，从而在根本上解决乡村建设动力不足的问题。

一是要着力打通西部地区县域"断头路"，实现县域间资源互补，强化县域间"腰部"力量。我国县域之间存在各自为政、互不协调的问题，导致相邻市、县、镇、村之间因行政区域不同而不能通路。打通县域"断头路"是补齐西部地区交通短板的重大举措。省市两级要从大局出发，统一规划、统一部署、加强协调，督促县级政府切实承担起农村公路主体责任，彻底解决交通"最后一公里"问题。

二是要将西部地区城市基础设施和公共服务设施延伸到农村居民点。推进小而精、辐射村庄能力强、服务农民生活能力强的小城镇建设，让乡村生活更加便捷，实现城市和农村具有同等生活品质的格局。充分发挥乡村绿色、养生、安逸、舒适的特色和优势，提升乡村吸引力，促进城乡要素资源协调互动，着眼长远，激励未来城市人口返乡，减缓城市对乡村人口的虹吸效应。

三是要降低农村公共交通成本，调动乡村居民流动积极性。由于政府对农村公共交通补贴不足和农村公交运营成本较高，导致乡村便捷交通缺位。农村地区交通服务要充分提升信息化水平，扩大网络预约制公交在乡村的覆盖面，根据农忙季节、外出打工季节等农村出行特点，提高农村临时交通资源配置，切实降低交易成本，为城乡人力资本流动疏通交通网络。

其次，在时间演变规律上发现：乡村振兴水平在稳步提升，而且区域之间呈现收敛趋势，但"东高西低"的空间格局并未改变。中西部地区肩负着生态安全和粮食安全的重要使命，是确保中华民族不断绵延的保障，乡村振兴和区域规划中要更加深刻地认识到生态安全区和粮食主产区保护在欠发达地区农村发展上的抑制作用。鉴于此，我们认为乡村振兴战略要与区域发展战略相融合，重点关注生态保护区、粮食主产区等特殊区域，进一步加强对生态功能区和粮食主产区的转移支付，提升欠发达地区劳动力吸引能力，防止劳动力外流对粮食生产和生态保护造成不良影响。

一是要将乡村振兴战略纳入生态补偿机制和粮食生产利益补偿机制，进一步提升生态补偿和粮食补偿对欠发达地区农村发展的支撑作用。要进一步以经济手段调节相关者利益关系，调动生态保护和种粮积极性，完善各种规则、激励和协调的制度安排。

二是将乡村振兴纳入区域协调发展体制机制建设目标。进一步促进发达地区和欠发达地区互联互通，打破省际政治、地理、文化、公共服务等限制。将边缘地带和行政相邻地区列入区域统一规划重点，利用国家十八个重点开发区域的极点带动作用，突破区域发展短板和弱点，逐步实现区域间带状布局和均等化发展。

三是要借助"一带一路""两横三纵",发挥轴承作用,联动城市发展,加强城市相邻地区的乡村振兴。要充分发挥重要交通枢纽的转承作用,将乡村地区发展纳入枢纽辐射重要考虑范围,促进国际国内开放、区域板块融合发展过程中对乡村地区的带动作用。

参考文献

［1］Michalek J, Zarnekow N. Application of the Rural Development Index to Analysis of Rural Regions in Poland and Slovakia ［J］. Social Indicators Research, 2012, 105（1）: 1-37.

［2］Abreu I, Mesias F. The Assessment of Rural Development: Identification of an Applicable Set of Indicators Through a Delphi Approach ［J］. Journal of Rural Studies, 2020（80）: 578-585.

［3］陈秧分,黄修杰,王丽娟. 多功能理论视角下的中国乡村振兴与评估［J］. 中国农业资源与区划, 2018, 39（6）: 201-209.

［4］张挺,李闽榕,徐艳梅. 乡村振兴评价指标体系构建与实证研究［J］. 管理世界, 2018, 34（8）: 99-105.

［5］浙江省统计局课题组,方腾高,王兆雄. 浙江乡村振兴评价指标体系研究［J］. 统计科学与实践, 2019, 411（1）: 8-11.

［6］韦家华,连漪. 乡村振兴评价指标体系研究［J］. 价格理论与实践, 2018, 411（9）: 82-85.

［7］吕承超,崔悦. 乡村振兴发展:指标评价体系、地区差距与空间极化［J］. 农业经济问题, 2021, 497（5）: 20-32.

［8］贾晋,李雪峰,申云. 乡村振兴战略的指标体系构建与实证分析［J］. 财经科学, 2018, 368（11）: 70-82.

［9］毛锦凰. 乡村振兴评价指标体系构建方法的改进及其实证研究［J］. 兰州大学学报（社会科学版）, 2021, 49（3）: 47-58.

［10］郭翔宇,胡月. 乡村振兴水平评价指标体系构建［J］. 农业经济与管理, 2020, 63（5）: 5-15.

［11］韩磊,王术坤,刘长全. 中国农村发展进程及地区比较——基于2011~2017年中国农村发展指数的研究［J］. 中国农村经济, 2019, 415（7）: 2-20.

［12］杜岩，李世泰，秦伟山，等．基于乡村振兴战略的乡村人居环境质量评价与优化研究［J］．中国农业资源与区划，2021，42（1）：248-255.

［13］陈盛伟，冯叶．基于熵值法和 TOPSIS 法的农村三产融合发展综合评价研究——以山东省为例［J］．东岳论丛，2020，41（5）：78-86.

［14］刘栋子．乡村振兴战略的全域旅游：一个分析框架［J］．改革，2017，286（12）：80-92.

［15］毛锦凰，王林涛．乡村振兴评价指标体系的构建——基于省域层面的实证［J］．统计与决策，2020，36（19）：181-184.

［16］郑兴明．基于分类推进的乡村振兴潜力评价指标体系研究——来自福建省 3 县市 6 个村庄的调查数据［J］．社会科学，2019，466（6）：36-47.

［17］韩欣宇，闫凤英．乡村振兴背景下乡村发展综合评价及类型识别研究［J］．中国人口·资源与环境，2019，29（9）：156-165.

推进农民工进城落户政策实施概况、问题及政策建议[*]

张江雪^{**}

有序推进农民工进城落户，是推进城镇化的重要举措和内在要求。党的十八大以来，党中央、国务院针对农民工进城落户做出总体安排和周密部署，有关部委密集出台支撑政策，各地方因地制宜、积极探索，共同推动农民工进城落户，为我国经济发展的结构优化和动力转换赢取必要的时间和空间。这为有力促进社会公平正义与和谐稳定，奠定了高质量发展的基础。

一、农民工进城落户政策总体部署

从国家层面来看，农民工进城落户政策跟户籍制度改革的部署是一致的。2014 年 7 月 24 日，国务院印发《关于进一步推进户籍制度改革的意见》，部署了进一步推进户籍制度改革的要求，是实施农民工进城落户改革的起点。2016年，国务院印发《推动 1 亿非户籍人口在城市落户方案》，明确提出改革目标，包括进一步拓宽落户通道、制定实施配套政策和强化监测检查。

按照国务院部署，各职能部委密集出台一系列配套政策，建立健全有关落户的人口管理、发展规划、医疗、教育、住房、农村土地制度等方面政策体系。在户籍制度改革层面，公安部对加快落实户籍制度改革政策措施作出了新的部署，并建设国家人口基础数据库，以提供技术和数据支撑。在公共服务领域，国务院

---

　　* 原文发表在《"三农"决策要参》2019 年第 25 期，部分内容有删节。

　　** 作者简介：张江雪，北京师范大学经济与资源管理研究院教授，博士研究生导师。

出台《"十三五"推进基本公共服务均等化规划》，明确城镇基本公共服务常住人口全覆盖的政策要求；人力资源和社会保障部在提供"社保"证明、城乡养老保险衔接、促进农民工在城镇稳定就业、改善农民工住房和医疗等多个方面，推动农民工成为"新市民"；教育部通过推进"以输入地区政府管理为主、以全日制公办中小学为主"的"两为主"政策，"将随迁子女纳入区域教育发展规划和财政保障范围"的"两纳入"政策，建立了农民工随迁子女教育法规政策体系；住房和城乡建设部出台《公共租赁住房管理办法》等，完善公租房和住房公积金政策措施；财政部建立健全中央财政支持农业转移人口市民化制度体系，建立与户籍制度改革相配套的"人地钱"挂钩制度。

二、农民工进城落户政策落实情况

（一）农民工进城落户政策实施的主要成果

围绕农业转移人口市民化这一新型城镇化建设重要任务，各地区积极推进户籍制度改革，顶层设计和政策框架基本完成，城乡一体化的户口登记制度全面建立，户籍人口城镇化率稳步上升，2018 年户籍人口城镇化率达 43.37%，比 2017 年末提高 1.02 个百分点①，户改效应正在加快显现和释放。所有城市和县均已实施居住证制度，居住证发放量稳步增加，2016 年至 2018 年 10 月累计发放居住证 7500 余万张。社会保险、医疗互助、义务教育等市民化待遇日益提高，基本公共服务不断完善，农业转移人口权益覆盖范围不断扩大，"人地钱"挂钩配套政策逐步实施，户籍制度与居住证制度并轨工作取得新的突破，农民工落户积极性显著提高。总体来看，全国各地在推进进城农民工落户改革过程中，呈现分城施策、逐步过渡的特征，除北京市、上海市等极少数超大城市没有明显放宽落户限制外，其他城市都积极探索，逐步降低落户门槛，努力扩大公共服务供给。

（二）各地降低或取消落户限制的主要做法

超大城市和特大城市由于存在严格的人口上限压力与各自对应的城市职能定位，户籍政策体现出了"分类落户"的特征，具体政策措施表现为两方面：一

---

① 数据来源：《2018 年国民经济和社会发展统计公报》。

是积分落户制度，如北京市、上海市等超大型城市执行总量从严控制，积分落户，对高端人才则给予落户优惠。二是在同一城市的主城、区县与乡镇设立各自的落户门槛，如重庆市人民政府于2010年10月发布了《关于统筹城乡户籍制度改革的意见》和《重庆市户籍制度改革配套方案》，梯度放开主城区、区县城、乡镇落户条件，哈尔滨实施"双轨制"落户政策，四个主城区人口进行适当控制，非主城区适当放宽落户条件。

中小城市全面推行落户政策"零门槛"，实行以合法固定住所（含租赁）、合法稳定职业为基本准入条件的落户政策，以"城中村"改造、征地等行政区域规划方式实现农民工市民身份转变，提供与市民身份相应的基本公共服务和保障。少数仅通过行政区划实现市民身份转变的地区也在积极解决问题。云南省除昆明市以外的其他市、县对房屋条件及就业状况无具体要求，具有稳定住房（含租赁）即可申请落户。黑龙江省更是全面放开牡丹江市、佳木斯市、鸡西市、鹤岗市、双鸭山市、伊春市、七台河市、绥化市、黑河市9个城市的落户限制。

（三）各地扩大公共服务的主要做法

各省市不断扩大以居住证为载体的基本公共服务和便利范围，逐步实现了公共服务均等化。各级城市充分规划利用自身资源，给予持证农民工与市民相等的服务，保障农业转移人口及其他常住人口随迁子女平等享有受教育权利，将农业转移人口及其他常住人口纳入社区卫生和计划生育服务体系，加快构建统一的就业失业登记管理制度、城镇社会保障体系、城乡居民基本养老保险制度、社会养老服务体系、社会救助体系和城镇住房保障体系，多方位保障农业转移人口的各种需求。

各地配套政策逐步落实，农民工权益得到保障。尽管"人地钱"挂钩、"三权"维护和自愿有偿退出机制等尚处在初步形成阶段，但各级城市都已经着手开展工作，相关政策逐步落实，明确规定"现阶段不得以退出土地承包经营权、宅基地使用权、集体收益分配权作为农民进城落户的条件"，切实保障了农民工的基本权益。各级城市妥善解决农村"三权"问题，明确界定"三权"涉及各方的责任和义务，保证农民户口变动与"三权"脱钩，建立农村产权交易的市场化机制，打造产权流转平台，保障农民工进城落户后与农地相关的权益分配。积极探索"人地钱"挂钩政策，建立市民化成本分担与激励机制，提高农民工进城落户意愿。

三、典型地区落实农民工进城落户的创新性实践

在加快户籍制度改革的大背景下，全国各地方积极贯彻落实户籍制度改革意见，结合自身实际情况，形成了具备鲜明特色的地方改革经验，对进一步推进农民工进城落户工作富有重要启示意义。同时也为其他地区尽快落实户籍制度改革提供了参考借鉴。通过调研农民工流入大省广东省、农民工流出大省四川省、中部地区典型代表湖北省，以及第一批国家新型城镇化综合试点福建晋江市的实践，初步得出如下经验：

第一，各地方根据实际情况分城施策，逐步降低落户门槛。综合来看，广东省、四川省、湖北省等地均根据实际情况，逐步降低门槛，分批分类分城制定差别化政策，引导农民工有序落户。广东省早在 2006 年就建立了城乡统一的户口登记制度，取消了农业、非农业及其他所有户口性质划分，统一为广东省居民户口。但在落户政策上，首先放宽农村学生升学将户口迁入学校、农村青年参军退伍等重点人群落户，其次根据城市承载能力和农民工落户需求，广州市、深圳市等大城市落户门槛明显高于其他地市，提出合法稳定就业和合法稳定住所（含租赁）等前置条件落户，甚至在同一城市中还区分了主城区、郊区等，采取不同的落户政策。湖北省、四川省则根据省内城市的特点采取差异化的落户政策。湖北省武汉市落户门槛显著高于其他城市。四川省由于城镇化率相对较低，除成都市外，全面放开了城市落户限制。

第二，稳步推进落户配套的改革，重点探索建立农民工落户成本分担机制。户籍制度改革的顺利推进，基础是相关配套改革能够同步推进，核心是建立可持续的落户成本分担机制。广东省探索建立财政转移支付同农业转移人口市民化挂钩机制，对涉及常住人口的一般性转移支付和专项转移支付资金，在分配方案中均考虑各市县农业转移人口情况，并适当挂钩，同时研究建立了省以下农业转移人口市民化奖励机制。比如东莞市对农业转移人口市民化人均成本进行测算，将下级政府核定的基本公共服务刚性支出超出公共预算的部分，由市财政提供补助，并逐步建立完善的补助机制，有效分担农业转移人口市民化成本。湖北省逐步明确市民化成本承担主体、分担责任和比例，仙桃市确立"政府主导、企业主体、家庭主力"的分担机制，合理界定农民市民化成本类别，测算成本数量，同时对政府、企业、家庭分担比例进行动态调整。加快产业发展以增强财政实

力，从而增强政府分担能力；推进"企业成长工程"，增加企业对市民化成本的支付能力；增加务工经商收入及农民财产性收入，增强个人分担市民化成本的能力。

第三，借助产城融合发展契机吸引农民工进城落户。探索产城融合发展新模式，有效吸纳农民工返乡进城落户，带动了城镇化快速发展。湖北省仙桃市以彭场镇、毛嘴镇为代表，实施"工业带动+返乡创业、就地城镇化的双轮驱动"模式，打造无纺布制品加工及出口基地、服装加工业产业基地，吸引大量企业落户小城镇，在吸引返乡农民工就业创业方面形成了规模气候，加快农民工进城落户的步伐。四川省不断完善城市体系，全面增强城市承载能力，加强城市治理，确保农业转移人口享有充分居住空间，加快发展现代制造业及现代服务业，为大量农民工创造就业市场。四川省泸州市推进产城融合，发挥沿江聚集人口和产业优势，推进重大城区向城市综合功能区转移，同时做优特色小城镇，在全市 104 个镇中，培育 26 个重点小城镇，扶持发展中心重点镇、生态魅力镇等，提升城市对农业转移人口吸引力。

第四，落实居住证制度，扩大公共服务覆盖面。居住证制度的推行，核心是由此带来的住房、教育、医疗等相关公共均等服务的到位，配套服务为农民工进城落户提供了有力保障。截至 2017 年 10 月底，广东省累计发放居住证 6602 万张，基本实现了居住证制度全覆盖，并且在逐步完善居住证的"一证通制度"同时，积极推进基本公共服务均等化、社会保障和服务城乡一体化，2017 年全省 21 个地级以上市实施了统一的城乡居民医保制度。四川省通过进一步规范居住证工作，有效解决流动人口管理措施的落实问题。不断完善配套机制，加大政府公共服务投入力度，有效推进教育、就业、卫生医疗及社会保障等方面的均等化，同时出台税收减免、工商免费、财政支持、小额贷款及创业用地优惠等扶持政策，为其他地区吸引农业转移人口省内就近转移提供了经验。

四、农民工进城落户政策落实中存在的问题

尽管全国各地农民工市民化的制度体系进一步完善，户籍制度改革已经取得一定进展，但在推进农民工进城落户的过程中还存在很多问题，具体表现为：

第一，超大城市落户政策容纳有限。超大城市吸引大量人口集聚，综合承载

能力受到挑战。大量流入的农民工渴望实现市民化，巨大的人口压力给超大城市自身发展带来了一系列问题。一方面，超大城市公共资源面临巨大需求缺口，为确保自身发展不受约束，落户门槛高且难以迅速降低，农民工较难满足超大城市的落户条件。另一方面，居住证管理及配套基本公共服务供给给地方财政和现有资源带来了巨大的压力，政府推动落实阻力大。超大城市推进户籍制度改革、实现农民工落户的过程必将是艰巨的，协调城市发展与农民工市民化成为其面临的主要问题。

第二，特大城市落户政策结构性失衡。《国家新型城镇化规划》指出要实行差别落户制度，要在特大城市设置阶梯式落户通道来妥善调控落户规模和节奏，借以严格控制我国超大及特大城市的人口规模，因此，户籍供给和农民工落户需求存在严重的结构性失衡。不同城市之间存在较大差异。一方面，落户限制多，农民工进城落户面临来自政府动力不足和农民工落户意愿不强的双向阻力；另一方面，户籍制度改革的配套机制还不健全，特大城市的"人地钱"挂钩机制、"三权"管理机制等还需进一步落实。

第三，大城市落户政策全面放开压力大。大城市经济社会发展水平略滞后于超大城市、特大城市，但由于工业化与信息化的发展，大城市的经济也保持较高速增长，是农民工流入地的重要选项。但还存在一些问题亟待解决，首先是落户政策全面放开受到有限资源和财政的限制，同时，大城市居住证提供给农民工的基本公共服务及便利范围需不断扩大。但是，居民化成本分担机制、"人地钱"挂钩机制仍不健全，土地问题复杂，农民工更倾向于保留土地来保障自己的权益。

第四，中小城市落户政策吸引力不足。中小城市流入人口较少，城市人口还没有达到饱和，但中小城市对农民工的吸引力不强。一方面，中小城市自身发展程度不高，基础设施不完善，基本公共服务和福利水平低于大城市；另一方面，户籍制度改革进程缓慢，在中小城市落户的收益不足以吸引农民工放弃与农村户口相挂钩的利益，农民工在中小城市的落户意愿不大。

第五，部分城市过度依赖区划调整实现市民化。在推进农民工市民化的过程中，部分城市地方政府户籍制度改革动力不足，仅追求市民化数量而忽视市民化质量，少数地区存在"存量改革进展明显、增量改革动力不足"的现象，城市过分依赖通过区划调整来实现原有村民身份的市民化转变，但其实本质上并没有任何变化。

五、工作重点与政策建议

新时期推进农民工进城落户要稳步推进户籍制度改革，同时妥善解决农民工自身在实现市民化过程中存在的问题，破除妨碍劳动力流动的机制弊端，建立健全促进户籍制度改革进程的机制和体系。推进农民工进城落户涉及多方利益的协调，各级政府间、城市与农民工间、农民工和农村土地间等的利益关系错综复杂，要把户籍制度改革作为社会体制改革的核心内容，理顺纵横交错的内在联系，推进农民工进城落户政策实施进程。

第一，强化顶层设计，统筹各地区各部门改革工作。农民工进城落户政策实施是户籍制度改革的重要方面，户籍制度改革是我国全面深化改革的重要内容，改革过程中牵连政治、经济、文化、社会等各个方面，涉及多方利益关系，比如农民工与城市市民的关系、流入地与流出地的关系、中央和地方的关系、城市与农村的关系、各部门之间的关系等。户籍制度改革需要国家不同部门同时开展工作，中央和地方同时用力，协调好各方利益，稳步推进农民工落户政策制定落实。

第二，完善相关法律、法规，为户籍制度改革提供依据保障。各地区应紧紧围绕中央政策的思想，制定、完善户籍制度改革政策以及相关配套政策，为各地区推进户籍制度改革、推进农民工进城落户提供法律保障。国家相关部门应制定、完善相关配套政策，如市民化成本分摊政策、"人地钱"挂钩政策等，为户籍制度改革涉及的各方面问题提供法律层面的解决思路。各地区应该在中央政策的指导下开展工作，制定户籍制度改革政策，明确包括农民工在内的外来流动人口的进城落户条件、各部门及各级政府的责任与义务等，为顺利推进户籍制度改革、加速农民工进城落户创造法制条件。

第三，进一步调整完善落户政策，因地制宜地放开落户限制。不同规模城市之间各方面差异巨大，各地应该结合自身发展特点与能力，妥善解决与农民工进城落户相关的问题。超大城市和特大城市、大城市结合自身需求，逐步放开对各类落户群体的限制，由吸引人才逐步扩大到实现农民工群体落户，实行积分落户制度的城市明确指标分值，先保证有能力落户的群体有途径落户，之后逐渐放宽落户政策，提高农民工群体的落户能力。中等城市要进一步降低落户门槛，使更多的农民工达到落户条件。小城市和建制镇要全面放开落户限制，同时发展当地特色产业、优势产业，发展自身经济的同时增加就业机会，吸引更多的农民工进城落户。

第四，进一步落实居住证制度，扩大基本公共服务供给范围。2016 年 1 月 1 日《居住证暂行条例》正式施行，明确规定了居住证申领条件、持证人享受的基本公共服务及便利、持证人的落户条件等，为各地区制定、推进居住证提供了参考。各地区应加快居住证制度的落实工作，大城市降低居住证的申领门槛，小城市完全放开居住证申领条件，完善居住证的申领和颁发机制。中央和地方政府、各级政府之间明确责任划分，由中央提供财政支持，推进教育、就业、社会保障等具有最低生活保障性质的基本公共服务的供给，各地区各级政府合理配置资源，扩大公共服务供给范围，实现持证农民工基本公共服务均等化。

第五，建立市民化成本分担与激励机制，提高地方积极性。户籍制度改革与推进农民工市民化给各级政府形成巨大的财政压力，农民工市民化成本分担机制不健全，地方推进农民工进城落户的积极性不高。因此，中央需要出台相关政策明确中央和地方成本承担责任，统筹基本公共服务资源供给与分配，划分中央与地方政府财政支出的范围。在此基础上，合理划分各级政府责任与权力，相应承担市民化成本。建立激励与惩罚机制，对工作进展情况进行评估检验，给予相应的奖励与惩罚，提高地方政府的工作积极性。

第六，建立健全"三权"机制，提高农民工进城落户意愿。中央应尽快出台相关土地管理法规，建立"三权"维护和资源有偿退出机制，维护农民工权益，为农民工完全退出农村提供完整有效的途径，从而提高农民工进城落户的意愿。在农村"三权"确权颁证工作完成后，各地政府应积极探索建立农村产权交易市场机制，打造农村产权交易流转平台，健全农地流转价格形成机制、土地流转中介机制、收益分配机制等，支持引导农民依法自愿有偿转让土地承包权。尽快完成农村社会保障体系与城市社会保障体系的对接，将所有农民纳入社会保障体系，让农民工在转让土地后没有后顾之忧。将市场机制引入土地权益问题处理体系中，转让土地承包权后也可以获得等值的补偿，维护农民工的土地权益。

中国农业绿色发展的历史回溯和逻辑演进[*]

冯丹萌　许天成[**]

在长期的农业生产中，人们一直在探索人类行为、经济与生态环境的平衡关系，不断规范着人类在自然中的经济和社会行为，推进着自然环境在经济社会发展中的磨合、调适与融合，农业绿色发展理念应运而生。纵观历史长河，农业绿色发展理念一直镶嵌在不同阶段的农业思想甚至治国思想中，为当今时代的农业农村现代化奠定了历史理论根基。

一、农业绿色发展思想的历史渊源

生态保护、绿色可持续发展是工业革命以后，尤其是 20 世纪 60 年代后产生并且成熟较晚的新概念。在人类从渔猎、采集社会转向定居社会后长期的农业生产实践中，对绿色可持续发展逐渐产生了一些感性认识，并上升为理性规律的总结。在中国漫长的古代历史时期，这些总结有多种多样的表现形式，包括但不限于国家律令、哲学思想、学术主张等，它们至今仍然在塑造并影响我们对人类社会、自然界及自然界中人类农业活动的认识。

（一）"三才论"下和谐统一历史观念的形成

"三才论"主要体现在战国时期诸子百家的学术争鸣中，与周礼有一定的联

---

* 原文发表在《农业经济问题》2021 年第 10 期，部分内容有删节。

** 作者简介：冯丹萌，农业农村部农村经济研究中心副研究员。许天成，清华大学社会科学学院经济学研究所博士后。

系。《礼记·月令》中关于农事活动要遵循天时、追求人与自然和谐相处的内容，在西汉末年王莽颁布《四时月令五十条》之后真正上升为法律。故将汉以前的《礼记·月令》和以《管子》《孟子》《吕氏春秋》为代表的其他一些哲学、学术思辨放在一起考察。

《礼记》提出砍树和猎杀野兽要"以时"。《孟子·梁惠王上》专门谈到"不违农时""数罟不入洿池""斧斤以时入山林"等观点，并且提出这样可以使"谷不可胜食""鱼鳖不可胜食""材木不可胜用"，在自然资源得到休养生息之后，能够给人以更多回报，满足人类社会"养生丧死"的需求，这是"王道之始也"。《管子·禁藏》在"顺应天时"的基础上又提出新观点，如"顺天之时，约地之宜，忠人之和，故风雨时，五谷实"，已经开始考虑天时、地利、人和相互配合的问题。《吕氏春秋》中包含了"任地""辨土""审时"等专门论述，分别论证了土地利用类型辨别和决策、耕种和田间管理制度、自然节律和动植物生长规律相关性等问题。这些文献集中表明了先秦时期追求天、地、人和谐共处，保护和提高农业资源蓄积量和产量的"三才论"农业思想。

（二）系统论

在比较抽象的哲学和学术思辨外，中国古代不乏对农业生产的经验总结。中国流传存世的古代农学专著大约有600多种，其中集大成者有4种，分别是《齐民要术》《农桑辑要》《东鲁王氏农书》和《农政全书》。《齐民要术》记载了豆科作物与其他作物套种、间作、轮作，保持和恢复地力的问题；《农桑辑要》把衣料获取和粮食种植加以平衡；《东鲁王氏农书》不仅把农业生产从播种到收获全过程作为一个整体，还融入了农产品加工、运输、销售的内容；《农政全书》把农学与水利工程建设结合起来，尤其注意中西方水利技术对大田耕种的积极影响，这些都是农业生产"系统论"的具体体现。在实践方面，比较成功的是珠三角地区自明代以来兴起并延续至今的桑基鱼塘。位于广东佛山顺德的桑园围，宋代开始出现挖土为塘、堆土为基的基围体系；到明代，桑园围开始出现基上种植果树、塘中养殖鱼虾的果基鱼塘；明中期至清代，中国东南沿海的丝绸出口带动蚕桑、缫丝产业发展，逐渐形成"桑基鱼塘"这种农业土地循环利用的经济模式。

（三）用养结合论

由于大规模人口产生的高需求国情，中国农业的主要类型为种植业，且种植品种虽然可以取得高单产，但地力损耗大，如南方主要以水田耕作的水稻为主，北方前期为旱作的粟，后期是同样旱作的麦。由于受中国人口众多的现实条件限制，土地大面积撂荒和休耕的情况只持续了较短的历史时期；西周时，中国北方的农业已经采用垄作；战国到西汉期间开始挖沟起垄、垄上种植，在垄与沟之间进行轮换，恢复和保持地力，称为"代田法"；到贾思勰著述《齐民要术》的东魏时，中耕技术规范已经非常绵密。战国时期，无论是在《礼记》还是在睡虎地秦简中，都有禁止人民在草木滋长的仲夏时节烧制草木灰的记载。这表明，古人在想方设法恢复地力的同时，并没有忘记保护林草资源。生态保护与农业发展的权衡思想在中国历史中早已存在。

二、农业绿色发展的历史演变

纵观历史，农业绿色发展理念始终贯穿于各个时期的经济、社会、文化、治理当中，虽然体现出的形式有所不同，但其核心都是人、自然与生态三者关系的平衡协调。

（一）传统时期的生态保护"无意识"思维到存在

1. 战国、秦汉（初期）的法家律令体系

西周时期，在管理国家农业、土地等职务中，除了最高官员"司徒"外，还有闾师、山虞、川衡、林衡、泽虞、卝人、角人等官职；而且在"虞""衡""人"等执行体系末端的职位中，既有开发农业资源、为"国用"而搜求的职责，也有劝谕人民保护环境、对破坏者施加惩罚的职责。战国中后期，随着封建土地所有制开始取代原始土地公有（国有）制，法家成为塑造国政律令体系的重要学派，其中包括大量保护农业生产所依赖的环境基础、强调对自然资源利用的适度性等内容，集中表现在湖北云梦出土的睡虎地秦简《田律》第四简到第七简的法律条文中。汉承秦制，在《二年律令·田律》第二百四十九简上，同样记载了春夏不得砍树、壅塞水流、烧草木灰使用、取禽类所产之卵、猎杀不足重量限制的野兽、毒鱼等内容。

2. 从"律"到"令"的退缩

在"汉承秦制"的同时，汉朝初期推崇与民休息的黄老无为学说。到汉武帝任用张汤改法修律之后，法律条文又有较大变化，形成"律令凡三百五十九章，大辟四百九十条，千八百八十二事，死罪决事比万三千四百七十二事，文书

盈于几阁，典者不能遍睹"的局面，《月令》、《（秦）田律》、萧何《九章律》等先前律法中强调农业可持续性的内容并未得到继承。到西汉末，这些内容已经退出国家法律体系，改为由皇帝下诏令偶尔进行强调，如西汉阳朔二年"诏顺四时月令"、东汉元和二年"禁十一月以后报囚诏"和元初四年"霖雨伤稼诏"等。造成这种转变的原因主要有两点：其一，汉武帝锐意进取，推行扩张性的战略加强国家财政的汲取能力，以便"外事四夷"，而遵从缓慢自然节律的农业开发策略和配套法律，显然无法适应这种要求。其二，西汉和东汉鼎盛期的人口均突破了 5000 万，人类活动干扰和改造自然的烈度不断升温。因此在价值取向上，中国传统社会逐渐由天时合一向满足人的生存发展所需转变。

3. 唐宋变革期（及以后）对农业可持续性关注度降低

两汉法律体系主要由"律""令""科""比"构成，此阶段农业环保和可持续发展的内容虽然从国家根本大法的律退缩到令的层面，但总体还存留在国家法典体系中。到隋唐时期，这些内容在国家的成文法典中已完全消失，在唐《永徽律》中，唯一存留农业生产环境保护的内容见于《杂律》："诸失火及非时烧田野者，笞五十。"到了宋代，士人、庶民、良人、贱籍的身份等级制崩坏，按照等级原则演绎出来的中古法典体系解体。自此以后，农业绿色可持续发展的思想和具体技术主要依靠指导农业生产的各类农书，而这些农书除了极少数是由国家官修之外，绝大部分是私人刊刻印行。

4. 小结与思考

可以看出，生态环境保护思想虽然在此阶段萌生，但是在较高人口压力与紧迫的生产发展需求上，并未得到主动延续。此阶段的环境保护思想更多是基于道义、宗教、文化等精神指引，并未得到系统性发展。不过，不可否认的是，这种绿色发展的不自觉思维也恰恰是后期形成主动性、系统性绿色理念的逻辑基点和行动源头。

（二）建党后生态环境保护思想的萌芽

在封建社会的长期压迫和农民反抗中，中国共产党成立后开启了以人民为核心的社会结构调整，在马克思结构性理论思想的影响下，农业和生态环境之间的逻辑关系得到重塑。在中国共产党成立初期，由于战争、经济、社会等多维因素的交织影响，中国面临森林植被破坏严重、自然灾害频发等问题。此阶段，依靠生态环境保护促进可持续发展的理念开始萌生，并且作为一项重要内容被提上日程。同时，农业发展与生态环境保护相辅相成的观念也开始萌芽。

1. "绿化祖国" 运动

新中国成立初期,生态环境保护主要以林业为主,主要因为林业既能产生较大经济价值,还可以减缓自然灾害发生,提升农业生产持续力。1950 年在首届全国林业会议上,林垦部部长梁希提出,依据苏联减缓天灾的森林面积比例为 30% 的经验来看,我国森林面积比例仅占 5%,远远达不到标准,林业防护任务迫在眉睫。1950 年 3 月,林垦部发布《关于春季造林的指示》。1955 年 3 月,教育部和青年团中央联名发布《在全国中、小学中开展种植活动的通知》,同年 10 月,青年团中央发布《关于召开陕西、甘肃、山西、内蒙古、河南 5 省(自治区)青年造林大会的决议》。1955 年,毛泽东向全国人民发出在 12 年内绿化祖国的号召,并于 1956 年 1 月,中央提出的《一九五六年到一九六七年全国农业发展纲要(草案)》规定:"从 1956 年开始,在 12 年内,绿化一切可能绿化的荒地、荒山",将生态环境保护作为当时的重要内容。但是,由于养护管理没有实时跟进,整个植树运动前紧后松,导致存活率低,植树造林运动在实践上并未达到预期效果。

2. 农业绿色科技支撑体系的初步搭建

新中国成立初期,我国对农牧渔业的可持续发展比较关注,以土壤肥力、牧业、渔业等技术提升为核心相继出台了一系列支持政策,为后期的农业可持续发展树立良性的发展理念。

在土壤肥力保护方面,1950 年农业部在全国土壤肥料会议中制定了关于土壤改良的实施方案,从土壤调查研究、荒地的合理利用、水土保持以及绿肥推广和轮栽等方面进行推进。1951 年农业部在关于渔业生产的指示中提出 "注意内地湖塘养殖,禁止密网捕鱼,以保生产"。《关于 1952 年水产工作的指示》强调养殖与农田水利的合作发展,并对渔业发展的设施技术提出了新要求。在化学农药使用方面,逐渐对剧毒农药提高使用警惕,开始对一些国内环保类农药加大提倡力度。1953 年,农业部、全国合作总社印发的《一六零五农药使用和推销通知》中对对此类农药加以推广,并对集中使用单位进行筛选和限制。

3. 禁止毁林开荒,制定保护性政策

由于新中国成立初期木材量需求大,造成很多乱砍滥伐的现象,严重影响生态植被的恢复。为了有序规范林业发展,新中国成立初期先后发布了《关于禁止盲目开荒及乱伐山林的指示》《关于严防森林火灾的指示》《关于护林防火的指示》等政策,对护林工作进行保护。此阶段,在农业生产与生态环境保护同等迫切的情况下,党中央仍坚持生态可持续发展理念,通过一系列的护林政策为发展留出了空间,为后期树立农业绿色发展理念奠定了核心力量。

4. 建设大规模水利工程，为农业发展提供基础条件

新中国成立以来，水利建设作为一项重大工程很早就开始规划。一是针对淮河流域和黄河流域进行统筹规划，针对 1950 年的淮河流域水灾等现象制定了一系列治理举措，发布了《政务院关于治理淮河的决定》，系统性地提出根治方法，从建立工程到治理机构，再到经费支撑等方面布局安排。同时针对黄河流域治理也召开治黄工作会议，从防洪、土地灌溉、电力供应、航运等方面提出具体方案。二是设立组织机构，提升治理领导能力。针对防汛和水利建设，先后专门成立了黄河水利委员会、治淮机构委员会、中南区防汛指挥部等机构，通过整合相关资源，提升专业化的领导和管理能力。

5. 小结与思考

总的来说，新中国成立初期虽已形成初步的农业绿色发展理念，但是实践效果并不乐观。主要有以下几方面原因：一是并没有形成系统性的生态理论架构，对环境保护的认识没有达到一定深度，导致政策制定和实施具有一定的滞后性。二是受整体宏观经济条件的限制，我国钢、水泥产量较少，因此对木材的工业使用量较大，林木砍伐严重，对生态环境造成了不可逆的影响。此外，必须强调的是，由于宏观经济制约和主观生活习惯的影响，民众使用能源的方式还未得到转变，木材作为日常生活燃料给生态环境及农业生产带来了极大压力；农药、薄膜等化学投入品的生产方式并未引起注意，民众的绿色发展理念并未成形。同时，各种短期性、碎片化的农业发展实践已经开始损害农业可持续发展的基础，农业生产方式亟待改善。

但不可置疑的是，这一时期存在一些同生态环境相关的政策，对我的的环境保护事业产生了积极影响。同时，鉴于我国是农业大国的基础背景，此阶段的生态环境保护主要围绕农林业、水利和水土流失防御等方面推进，为我国农业绿色发展理念的形成和完善奠定了基础。

（三）农业绿色发展的初步"探水"

改革开放以来，我国呈现出经济规模大、平均增速高、经济波动减缓的高速平稳式发展。以家庭联产承包责任制为代表的一系列农业经营管理体制创新极大地调动了农业主体的生产积极性，提升了生产效率。旧的人民公社体制在前期探索性改革形成经验之后于 1984 年被结束，城市中的经济改革继之而起。到 1993 年，中国正式转向建设社会主义市场经济体制，也进一步推进国家对农业绿色发展的重新定位。需要指出的是，之所以将研究时段进行如此划分，主要是考虑到中央关于农业绿色发展的相关政策、意见和技术实践在改革开放后的连续性。从

工农业关系来看,这也是工业和农业发展结构出现调整的关键阶段。由于经济发展的强大需求和快速步伐,造成了水资源、耕地资源、森林资源等被破坏和被污染问题,给农业绿色发展进程造成制约。但是站在历史视角来看,我国农业绿色发展理念并未断层,而是在经济发展的大背景下作出一定妥协和让步。纵向来看,随着生产技术的提升、发展理念的完善,工业生产对于森林资源消耗压力的放缓,生态环境保护、农业生产方式等不断得到更新改善,农业绿色发展的模式也在不断成熟,并且在改革开放后期得到实践。

1. 农业绿色发展的法律政策支撑体系初步构建

改革开放后,农业生态环境改善成为一项重要任务。1973年我国第一部环保法规《关于保护和改善环境的若干规定(试行草案)》出台;1982年中央1号文件对农业发展路线定下绿色基调,提出要重视利用农家肥等有机肥料,调节土壤化学物理性能,强调农业发展应走对生态环境有利的路线;1984年国务院发布《关于环境保护工作的决定》,提出生态农业发展思路;1989年出台《中华人民共和国环境保护法》,提出农业环境概念,将农业环境保护的内容法律化,增强农业绿色发展工作推进的法律约束力。"十一五"时期,我国明确将绿色发展思路融入规划中,绿色发展相关指标被列为约束性指标;"十二五"时期,在规划中又提出了绿色发展的激励机制和约束机制,农业绿色发展在大的法律法规和政策支撑下得到有效规范。

2. 农业绿色发展的科学技术水平不断增强

改革开放以来,我国科技水平的提升也为农业绿色发展带来红利。一是栽培饲养技术的改进,减轻了生态压力。通过配方施肥、平衡施肥等新技术,化肥利用率提高10%以上;通过渠道防渗等灌溉技术的改进,水利率提高30%以上;通过集约化的配套饲养技术普及,提升了资源环境的保护利用率。二是重大病虫害和动物疫病的防治技术提升,降低了种养殖业自然灾害的发生率。通过大力推广开发高效低毒残留农药品种,增强科研机构对动物病毒疫苗的创新研发,降低种养殖业对生态环境的污染程度。

3. 农业绿色发展的工作机制初步形成

在一系列法律法规政策的支持下,农业绿色发展工作逐渐规范化、系统化。在这个阶段,我国采取了试点推进等方式由点及面差异化探索农业绿色发展的创新模式。一是工作研究体系的构建。1981年成立了环境保护协会和科技情报站,1991年成立了县级农业环境保护网;同时农业绿色发展的科研力量得到加强,部分农业院校纷纷设立了农业绿色发展相关专业,为农业生态领域培养一批专业技术和研究人员。二是生态农业试点工作的实践推进。1993年,农业部、国家计委、科技部、财政部、水利部、国家环保总局、国家林业局 7 部委局成立了全国生态农业试点县建设领导小组，根据全国不同生态类型选取 51 个县作为生态农业试点县。试点主要通过生态农业的创新实践探索，达到农业总产值、农民纯收入、水土流失治理、森林覆盖率、秸秆还田等多指标综合改善。通过 51 个试点 5 年推进，生态农业取得显著成效，农业总产值和农民纯收入均提升两倍，生态环境显著改善，森林覆盖率提高 3.7%，秸秆还田率达到 49%，水土流失治理率达到 73.4%，农业绿色发展得到规范快速发展。同时，1995 年以来，全国先后建立了 154 个省、地、县级规模的生态示范区建设试点，探索多样化的现代生态经济模式，实现社会、经济和环境的多重效益。

4. 小结与思考

在此阶段，农业绿色发展理念得到突出体现，法律制度和政策体系的搭建也初步完成，政策体系的衔接更加紧密，实施节奏也较为紧凑，使农业绿色发展政策得到充分落地。根据第 8 次全国森林资源清查数据，1999～2013 年全国森林覆盖率达到 21.63%，比改革开放初期高了近 9 个百分点。总结这一阶段发展历程的主要规律和经验，有以下几点：

一是总体经济水平的提升和发展优化是宏观之基。经济的快速增长让农产品需求结构发生变化，导致农业绿色发展的导向逐渐凸显；经济要素的提升带动农业投入的强度，为农业绿色发展奠定条件基础。二是法律政策保障是规范之源。农业绿色发展到一定程度，离不开法律和政策的保障。通过结合地方发展需求和地方经验，及时制定宏观和多领域兼顾的法律政策体系，有效规范了农业绿色实践，在整个进程中起到不可或缺的关键作用。三是试点先行、创新探索是实践之宝。这个阶段通过大力组织开展试点建设，让各地根据自身发展优势，积极探索生态农业模式和经验积累，促进地方和民众对生态环境和农业发展传统观念的转变。

在这一时期，中国农业生产力得到快速提升，农业已经能够在一定质量水平上满足群众所需。但是，农业绿色发展仍存在一些需要完善的地方：一是理论方面的研究仍旧相对滞后，纵深发展能力欠缺；二是粮食安全与农业技术的发展矛盾导致化肥、农药等化学投入品出现大幅度增长，对土地等资源保护造成了威胁；三是市场调节能力较弱，大多停留在生产环节的改进，与市场的利益联结程度不深，导致民众对于农业绿色发展的利益驱动力不足，农业、绿色、农户的发展闭环仍未完全形成。

（四）"量""质"并重的调整转变期

21 世纪以来，我国整体经济发展成效凸显，居民需求消费结构不断转型，人民群众在衣食无忧的基础上有条件去关心和追求农业产品的质量和安全问题，这为农业绿色发展带来了机遇。同时，随着中国加入 WTO，西方发达国家高效率、注重环境友好和消费体验的农业发展要求给我国农业提出了新的探索课题。在农业高质量发展、提升国际竞争力目标的推进下，农业绿色发展成为中国新的发展基调。2007 年党的十七大报告提出"建设生态文明，基本形成节约能源资源和保护生态环境的产业结构、增长方式、消费模式"，为我国生态保护与经济发展协同推进提出了发展思路。

1. 完善农产品质量监督管理的法律保障

随着国际市场的打开，中国农业绿色发展目标导向更加强烈，以农产品质量提升为核心的监督管理体系逐渐形成。原农业部于 2001 年开始实施"无公害食品行动计划"，2002 年相继出台了《无公害农产品管理办法》《动物免疫标识管理办法》《农药限制使用管理规定》等一系列法律法规，对农产品质量安全进行严格把控，为提升中国农业在国际市场的竞争力消除绿色壁垒。随后几年又围绕农产品质量安全出台相关法律，如针对畜禽产品的饲养、运输、检疫等环节做出严格规定和要求。在此阶段，农业绿色发展在监管层面得到有力补充和完善，同时以农产品质量为核心的理念也将农业绿色发展与农民增收的关系逐渐拉近。

2. 加强低碳生产新模式的探索

随着 2003 年英国"低碳经济"概念的首次提出，我国农业绿色发展迎来新契机。2003 年以来，我国开始探索低碳循环农业生产方式，通过优化农业生产方式和农民生活习惯，达到农业提质增效和生态可持续发展的双重效应。2009年我国对二氧化碳排放量提出限制目标，到 2020 年单位国内生产总值二氧化碳排放量比 2005 年下降 40% 至 45%，同时采取多项农业生态环境保护项目全面推进。

3. 推进农业绿色发展的财政、项目支持政策不断落地

2000 年以来，我国农业补贴和生态补偿力度得到不断加强。2005 年《国务院关于落实科学发展观加强环境保护的决定》提出构建生态补偿机制，我国开始了全面系统性地实施生态补偿策略，对森林、流域、矿产以及重点区域进行补偿。2011 年财政部印发《国家重点生态功能区转移支付办法》，根据各地发展差异，开展生态补偿地方实践模式，探索差异化的补偿机制，引导地方政府加强生态环境保护。此外，这段时期颁布了《中华人民共和国可再生能源法（2005）》《中华人民共和国节约能源法（2007）》《中华人民共和国水法》《中华人民共和国固体废弃物污染环境防治法》等，从多个领域进行法律保障，为推进生态文明建设、促进农业高质量发展提供支撑。

4. 小结与思考

这段时期是农业绿色发展的重大转折期。从理论层面看，生态保护与经济发展的内部耦合性不断凸显，低碳生产等模式为绿色发展理念的完善提供创新思路。从实践来看，借助国际市场的影响和冲击，使农业绿色发展从单边的生态保护转型为经济价值与生态资源可持续发展的兼顾式发展，以农业高质量为核心的绿色农产品逐渐在市场上找到立足之地，为农民增收拓宽渠道，可持续与发展得到内在统一。

（五）党的十八大以来农业绿色发展新理念的创新突破

党的十八大以来，我国进入了全面建设小康社会的关键期，在整体经济实力和社会文化进步的推动下，我国迎来了经济发展方式转变的新时期。在深刻总结我国发展规律基础上，习近平总书记提出将生态文明建设纳入我国"五位一体"总体布局和"四个全面"战略布局，为农业绿色发展奠定了总基调。同时，随着经济实力的增强，我国主要社会矛盾逐渐转化为人民日益增长的美好生活需要和不平衡不充分的发展之间的矛盾。消费需求与农业供给之间形成新的矛盾，优质、绿色、健康的高质量农产品需求不断提高，农业绿色发展理念在"三农"实践上发挥的作用越来越大，推进农业绿色发展既是我国农业发展的本色，也是我国整体发展观的重大变革。

1. "五位一体"总体布局中的农业生态文明建设

"五位一体"总体布局是党的十八大以来的重要战略格局，其中生态文明建设以"突出位置"融入发展全过程并具有较强的宏观指导作用，不仅为生态系统的保护和修复提供了保障，而且对经济活动和生态资源的协同推进提供了规范引导，保护与发展融合的共识逐步落地，从外在活动到主观意识都起到极大的"净化"作用。

一是制定一系列严格保护制度，推进生态文明建设落地生根。为了从根本上解决和填补生态环境在经济活动中被忽略的"阴影"部分，以守住生态保护红线为原则，国家制定了一系列的法律政策，如《关于加快推进生态文明建设的意见》《生态文明体制改革总体方案》等，为生态文明制度体系的构建提供政策保障，也为构建现代化国家治理体系提供绿色制度支撑。同时，针对水、大气等方面制定污染防治行动计划，让政策在地方进一步延伸奏效。二是在各地绩效考核中，我国调整了"唯 GDP 论"传统操作标准。2013 年底，中组部印发《关于改进地方党政领导班子和领导干部政绩考核工作的通知》，强调增加资源环境保护利用的维度，从目标导向入手，增强各地落实绿色发展的积极性和主动性。三是充分调动社会资源，树立全民绿色发展新理念。在生态文明建设和中央八项规定的引导下，全国发起了"光盘行动"的热潮，健康、环保的新生活理念备受推崇。同时，随着新能源汽车、共享单车等一系列环保创举的推行，人们对绿色出行的接受度逐渐提升，形成了由内而外的主动性发展理念。

2. "绿水青山就是金山银山"理论下农业绿色发展的新腾飞

在生态文明思想基础上，习近平总书记提出"我们既要绿水青山，也要金山银山。宁要绿水青山，不要金山银山，而且绿水青山就是金山银山"的重要理论，这是对绿色发展理念的逻辑传承，更是从生态和经济的双重角度阐述了两者之间的辩证关系，让农业绿色发展从理念、机制和方法上都有了质的提升。

首先，"绿水青山就是金山银山"理论平衡了环境资源与经济价值的发展关系，从三个层次不断深入，将绿色资源作为农业经济活动的重要投入要素进行辩证分析，为农业绿色发展提供新的理论遵循。"绿水青山就是金山银山"理论从根本上打破资源补给式的不对等定位，给决策者和执行者都提供了新的探索角度和实践空间。其次，从方法操作来看，抛出了一条挖掘生态资源经济价值的新路子，激发各地摸索出有机农业、循环农业、"农业+生态"、"农业+旅游"等重叠互促式农业绿色发展模式，改变了传统的农业经营理念，开拓了绿色资源的多元化发展路径。最后，在运作机制上，"绿水青山就是金山银山"理论的提出推动了农业产业在投资、生产、加工、销售、服务等多环节的绿色"清洗"，通过绿色指标体系的监测，达到全产业链的循环式动态机制形成，从原来被动式的生态环境补偿到主动式的价值驱动式投入，彻底带活了农业绿色发展的内在运行机制。

3. 乡村振兴下新发展理念的绿色驱动

为了适应新时期我国整体发展格局，党的十八届五中全会提出创新、协调、绿色、开放、共享的新发展理念，基于宏观、中观和微观多层面的综合考量，构建稳定整体的核心框架。其中绿色作为关键主题，围绕人、经济和生态的话题进行协调改善，最终实现绿色发展方式和生活方式，推进绿色理念内生化。

一是顺应农业发展规律的绿色传承。在农业农村现代化发展道路上，习近平总书记强调，要遵循规律、科学发展，其核心就是需要尊重农业本身的自然属性，处理好与自然之间的协调关系。绿色发展理念从源头上讲是对中国农耕文明的一种传承，从尊重自然、顺应发展规律的角度达到农业的可持续发展。二是新结构调整下的绿色潜能激发。随着我国主要社会矛盾的变化，人们对农产品的质量需求逐渐提高，同时对休闲、养生、文化、精神等深层次内容的兴趣也大大增加，这也为绿色发展理念在"三农"领域找到了可以发挥的天地。在生态资源、农业资源、文化资源极其丰富的农村，绿色理念的代入为其打通市场找到了合适的载体，如废弃很久的宅院被打造为文化休闲广场，搬迁后的旧村被开发为特色民宿体验村，原本只作为农业产业的樱桃园被"装扮"成吸引游客打卡的休闲胜地，绿色理念的融入让农村挖掘出新的内生发展潜能。

4. 小结与思考

党的十八大以来，我国农业发展从理念到实践都得到了重大突破，农业资源环境保护成效显现，生态农业创新格局形成，农业绿色发展的融入度不断提升，具有经济、生态和社会价值为一体的农业绿色发展体系成为新时期引领农业发展的主流思想，也让农业发展回归最本质的底色。

三、新发展格局下的农业绿色发展的突破重点和建议

随着消除绝对贫困，实现全面建成小康社会目标后，我国迈向了全面建设社会主义现代化国家的新征程。2021 年中央一号文件提出"推进农业绿色发展"，从生产环境保护、绿色农产品打造、农业空间调整等多方面作出部署，为农业农村现代化指明方向。绿色发展理念作为我国农业农村发展的核心思想，未来既要做好安全屏障保护作用，也要承接资源价值内部转化的催化作用，要从目标导向转化为过程导向，进一步增强在农业农村内在发展动能中的渗透和延续。

（一）继续推进新发展格局下的绿色产业转型升级

随着农业农村供给侧结构性改革的推进，绿色产业逐渐成为市场青睐的新生军，循环、高质量的发展趋向为农业绿色发展提出突破信号。如何守住绿色发展的基本底线，同时接轨绿色产业集群、绿色产业链等新要求，是现阶段需突破的核心点。

一是绿色发展基本防线的坚守与巩固。新时期面对国内国际复杂多变的形势，要发挥农业绿色发展的根本性功能。要以粮食安全为底线持续巩固生产环境的可持续性，加强对黑土地和重污染土壤等的保护力度，牢牢把住粮食主产区的核心功能，提升耕地的长效能力；同时，要继续优化种养业结构，根据生态资源禀赋完善差异化种养格局，促进种养循环持续发展。要充分利用现代化技术制定全面、精准、动态的环境监督体系，进行多层次、多方式、多措施、多元化的管理监督评测，保障农业生产的绿色"底板"。

二是农业绿色发展理念的价值凸显。在保证粮食安全的基础上，要进一步凸

显农业高质量发展导向。国内国际双循环格局的构建对我国农业发展提出了更高要求，要以绿色发展理念为突破口，构建营养与健康等多目标食物系统，在生产、经营、加工、销售、服务等多个环节贯穿绿色理念，因地制宜，打造区域化绿色农业、生态农业、有机农业、品牌农业等中高消费农产品，增强价值效应，激活要素在国内国际市场的发展潜能。同时，要培育专业合作社、家庭农场、农村集体经济组织等新型主体的带动引领作用，通过组织协调小农户统一经营，提升生产效益，缓解传统农业"高耗"与"高污"等问题，为高质量农业发展开辟可行创新路径。

三是农业绿色发展理念的外延化。多元化的市场发展格局为绿色发展理念开拓了更为宽松和具有弹性的外延空间，多元产业融合的新型农业发展模式让农业绿色发展具备更丰富的内涵。近年来，各地根据自身资源特点探索出多种形式的农业绿色发展路径，如利用林地资源发展林下种植、养殖等，达到保护林业和农民增收同步推进；利用当地丰富的自然景观，发展休闲农业，形成新型的互动式绿色农业发展模式等。在市场需求与农村产业结构内在转型的共同推动下，农业绿色发展为农民应对多重生产性风险开辟了更为综合、平衡、长效的路径，为农村内生动力的培育挖掘出新的探索视角。

（二）加快构建可信赖、可追溯的绿色农产品流通体系

农民生产和市民消费的稳定连接是关乎市场稳定和农民增收的关键链，《创新体制机制推进农业绿色发展的意见》提出建立低碳、低耗、循环、高效的加工流通体系。在绿色导向的结构调整下，构建高质量的流通体系是现阶段农业绿色发展的核心环节。

一是完善升级农产品的物流体系。近年来，随着国家综合生产力和居民消费力的整体提升，市场对农产品物流总量的需求快速增加。构建绿色、高效、现代化的可信赖物流体系是关键中枢，尤其是要尽快补足仓储保险冷链物流的短板。对于很多价格高、质量好的绿色农产品，仓储等设备的建立可以大大降低农产品的损耗和物流成本，有效保证农产品品质。要充分利用组织合作功能，通过专业合作社、当地企业等主体，构建现代化的物流体系，让农产品保质保量顺利出村、进入市场。同时，在互联网、5G等现代信息技术支撑下，完善线上线下互促相融发展的流通机制，为长期农业高质量发展提供链条保障。

二是农业绿色市场互通化。习近平总书记在中央农村工作会议指出，加快发展乡村产业，顺应产业发展规律，立足当地特色资源，推动乡村产业发展壮大。随着农业产业结构的不断优化和完善，国内市场对于绿色中高端农产品的需求量增大。但是从生产端来看，市场信号的传导相对滞后，农民对农业绿色生产的结构性调整存在信息偏差；同时各市场间也往往存在信息盲区和双向不对称、不完全情况，未来需要进一步拉近农业绿色生产端与消费端等各环节的信息连接。要建立数据共享机制，以"订单农业""按销定产"等模式提升优质绿色农业的发展主动性，促进生产端与消费端的信息对称，降低各环节间的信息沟通成本。要充分借助电子商务的渗透属性，通过参与技术多环节更新让农民在市场上具有平等话语权和公平竞争力，激发农业绿色发展的内在动力，提升农民积极性。要抓住农村集体经济组织等主体的联结和组织优势，通过"公司+合作社/家庭农场/龙头企业/集体经济组织/带头人+农户"等模式，改变"单打独斗"式的生产流通方式，降低农户参与生产经营的风险；同时通过市场互通创造出更多的就业机会、拓展农民参与渠道，为农村留住更多的产业环节，让农民在市场互动中分享到更多潜在红利。

三是构建绿色、透明的农产品流通监控体系。在农业高质量发展新阶段，要推进农产品流通监控平台的构建和完善，尤其针对冷链流通的监控，可利用数据共享、地理空间等技术增强农产品流通信息的可追溯性，提高农产品流通的信息化、标准化、集约化水平。同时，可以构建智能化的生产端、加工端和消费端等实现信息共享，通过设置远程实时监控装置，对农产品的生产、仓储、运输、销售等多个环节进行监督管理，确保农产品流通体系在阳光下运行。

（三）协同增效，提升绿色发展理念的多角度嵌入

在进入第二个百年奋斗目标的新阶段，农业绿色发展不仅是资源环境与经济发展不断调试中和的产物，更是我国经济社会对农业发展定位的重塑。在城乡资源双向流动的驱动下，农业绿色发展面临更高、更活、更多元的功能要求，如何打破地域区域、资源属性、消费群体等界限，构建更加宏观、长效、动态的立体式农业绿色发展价值体系，是现阶段面临的重点和难点。

一是在科技创新上增强农业绿色技术的升级。中央农村工作会议指出，要在绿色投入品等方面加强布局建设，突破一批关键核心和"卡脖子"技术。因此，未来要以"质量兴农、绿色兴农"为核心，在重点领域、重点环节解决核心问题，通过加强企业对技术科技人才的投入，增强绿色农业的数字化转型；要把技术攻关作为突破口，探索出绿色高产高效的创新体系。

二是在城乡要素流动中提升农业绿色发展分量。要在城乡融合的大格局下推动农业绿色发展，要以县域为单位，发展育种、化肥、农药、栽培等行业的对接，推进县域农业绿色发展道路。同时，要加强城市向农村的农业绿色人才、科

研、技术等方面的流入和合作，不断优化城乡农业要素配置，推进现代化农业绿色发展新方向。

三是在生活方式中渗入农业绿色发展的全民化参与理念。要注重绿色发展的多元化带动效应。要将从由上而下的任务式执行变为主动参与的发展式模式，从生产行为、生活方式、发展思维等方面构建一种全民绿色政治共识，形成社区、农户、消费群体共同参与、共同监督的绿色行为规范体系；农业绿色发展要继续朝着普及化、复制化的方向发展，通过大量科研机构的介入、专业技术人员的培训、地方多样经验的传递，让农民自觉加入农业绿色发展的轨道。提升城市消费群体对绿色农业的价值引导和宣传度，构建良性、健康的绿色消费观念。

参考文献

［1］陈业新．儒家生态意识与中国古代环境保护研究［M］．上海：上海交通大学出版社，2012.

［2］方铭，阮显忠．中国古代散文选析［M］．安徽：安徽教育出版社，2018.

［3］管仲．管子［M］．上海：上海古籍出版社，2015.

［4］吕不韦．吕氏春秋［M］．南京：凤凰出版社，2013.

［5］卢浩能．为什么是桑园围［N］．南方日报，2020-12-16.

［6］陈业新．儒家生态意识与中国古代环境保护研究［M］．上海：上海交通大学出版社，2012.

［7］睡虎地秦简整理小组．睡虎地秦墓竹简［M］．北京：文物出版社，1990.

［8］彭浩，陈伟，工藤元男．二年律令与奏谳书（张家山247号墓出土法律文献释读）［M］．上海：上海古籍出版社，2007.

［9］班固．汉书·刑法志［M］．北京：法律出版社，1983.

［10］长孙无忌．唐律疏议［M］．北京：中华书局出版社，1983.

［11］梁希．农业部召开土壤肥料会议拟定具体计划改良土壤增产粮棉［N］．人民日报，1950-04-27.

［12］中央人民政府法制委员会编．中央人民政府法令汇编［M］．北京：人民出版社，1953.

［13］中央农业部、全国合作总社联合通知"一六〇五"农药要集中使用停止一般推销［N］．人民日报，1953-05-26.

［14］梁希．梁希文集［M］．北京：中国林业出版社，1983.

［15］胡鞍钢，沈若萌．生态文明建设先行者：中国森林建设之路（1949—2013）［J］．清华大学学报（哲学社会科学版），2014（4）：63-72.

［16］吕闯．建国初期我国生态环境相关政策研究［D］．海口：海南师范大学，2014.

［17］冯丹萌，陈伟伟．基于"'两山'理论"的绿色减贫理论创新与实践探索［J］．安徽农业科学，2018（11）：208-212+218.

［18］李文华．中国的生态农业与生态农业县（村）建设［J］．水土保持研究，2001，8（4）：17-20.

［19］章家恩，骆世明．现阶段中国生态农业可持续发展面临的实践和理论问题探讨［J］．生态学杂志，2005，24（11）：1365-1370.

［20］魏琦，张斌，金书秦．中国农业绿色发展指数构建及区域比较研究［J］．农业经济问题，2018（11）：11-20.

［21］樊胜根．从国际视野看中国农业经济研究［J］．农业经济问题，2020，490（10）：6-10.

［22］漆雁斌，韩绍，邓鑫．中国绿色农业发展：生产水平测度，空间差异及收敛性分析［J］．农业技术经济，2020，300（4）：53-67.

［23］郇庆治．绿色转型战略需要更明确的路径选择［J］．人民论坛，2016（32）：26-27.

［24］于艳丽，李桦．社区监督、风险认知与农户绿色生产行为——来自茶农施药环节的实证分析［J］．农业技术经济，2020（12）：109-121.

以农业农村现代化建设中国特色社会主义乡村振兴道路[*]

沈扬扬^{**}

2021 年是我国现代化建设进程中的重要年份，这一年既是我国实施"十四五"规划、开启全面建设社会主义现代化国家新征程的元年，也是我国消除农村地区绝对贫困，全面建成小康社会的首个年份。立足新发展阶段，探讨如何做好农业、农村工作具有特殊意义。

农业农村现代化的发展道路是我国农业、农村地区发展的目标和基础，是实现乡村持久振兴的内生动力，也是我国全面建设现代化国家的重要支撑。2021 年《中华人民共和国国民经济和社会发展第十四个五年规划和 2035 年远景目标纲要》在第七篇的篇首指出，要"走中国特色社会主义乡村振兴道路，全面实施乡村振兴战略，强化以工补农、以城带乡，推动形成工农互促、城乡互补、协调发展、共同繁荣的新型工农城乡关系，加快农业农村现代化"。如何在乡村振兴战略中有效推动与农业农村现代化有机衔接，是我国新发展阶段下的全新命题。近年来，国内学者对上述命题进行了一些探索，但还没有完全破题，有关乡村发展战略的路径规划需要得到进一步的论证与研究。本文将从农业农村现代化视角，对乡村振兴战略下的农村发展路径进行探索。

　＊　原文发表在《兰州大学学报（社会科学版）》2021 年第 3 期，部分内容有删节。
　＊＊　作者简介：沈扬扬，北京师范大学经济与资源管理研究院副教授。

一、农业农村现代化及其在中国的发展进程

农业农村现代化是由传统农业向现代农业转化的过程，是劳动力转移和工业化发展的必然趋势。广义的农业现代化概念中还包括农村现代化的内容，其表征了现代农业的动态发展过程，是工业化、物流、农业育种技术以及技术进步等要素进步的综合性结果，对推动农业地区的工业化发展和产业结构变迁具有关键作用。

农业现代化被认为是国家现代化的基础。尤其是对于我国而言，作为农业大国，如果缺少农业现代化，农民的温饱与贫困问题就难以解决，国家在其他领域的现代化发展也就无从谈起。我国政府长期致力于农业现代化的建设。1954年，在第一届全国人民代表大会第一次会议上，《政府工作报告》提出了建设"现代化的农业"的发展目标。改革开放以来，国家历次颁布的涉农"一号文件"都强调农业是"一切工作的重中之重"。但在不同的发展时期，我国农业现代化的内涵也有所不同。20世纪五六十年代，化学化、机械化、水利化和电气化是当时农业现代化的目标任务。农业现代化的内涵得到延展，涉及农业经营管理、生态、经济、生物等多学科领域。对应不同发展阶段的农业农村现代化发展目标，学者构建了不同时期的农业现代化指标来测度我国农业现代化水平，并研究了农业现代化与其他"三化""四化"同步率的问题。尽管这些文献中测算出的农业现代化率在数值上不具有跨期可比性，但均得到了一个共性结论，即我国农业现代化水平不断提高、内涵不断丰富。

2013年，党的十八大报告中提出"四化"同步发展思想，要求现代化农业能够对工业发展起到支持作用，与信息技术等新生产力要素融合，走资本密集型和知识密集型的农业发展道路。2017年，党的十九大提出乡村振兴发展战略，对开展"三农"工作给出了更高规格的规划方案，明确了农村现代化与农业现代化相融合的发展方向。2018年，中共中央、国务院印发的《乡村振兴战略规划（2018—2022年）》明确提出了"加快推进乡村治理体系和治理能力现代化，加快推进农业农村现代化，走中国特色社会主义乡村振兴道路，让农业成为有奔头的产业，让农民成为有吸引力的职业，让农村成为安居乐业的美丽家园"等一系列奋斗目标，为我国以农业农村现代化推动乡村振兴的实践路径提供了指引。2021年，中央"一号文件"对新发展阶段优先发展农业农村、全面推进乡

村振兴作出总体部署，为做好当前和今后一段时期"三农"工作指明了方向，并提出启动实施农业农村现代化规划，目标是到 2025 年农业农村现代化取得重要进展。同年，《中华人民共和国国民经济和社会发展第十四个五年规划和 2035 年远景目标纲要》对加快农业农村现代化提出了一系列具体的政策安排，包括以农业经济发展和农业质量提升的方式带动农业现代化，以实施乡村建设推动农村基础设施、公共服务和乡村治理发展的方式提升带动农村现代化，以及深化推进农业农村现代化与乡村振兴的机制体制改革与创新。可以说，随着农业农村改革的深化和乡村振兴战略的推进，我国农业现代化的内涵在不断丰富和拓展，由仅注重农业现代化发展，过渡到融合了农业现代化和农村现代化（农业农村现代化）的互联互通发展路径。

通过梳理农业农村现代化内涵、发展目标和政策导向的历史演进脉络，可以看出国家对优先发展农业农村的重视，体现出走乡村振兴和农业农村现代化道路对我国经济社会发展的重要意义。在新发展阶段下，探索以农业农村现代化建设乡村振兴发展的科学路径，将在解决不平衡和不充分问题上发挥更大的效用，为我国的现代化建设和实现"共同富裕"目标作出更大的贡献。

二、农业农村现代化与乡村振兴的关系

厘清乡村振兴和农业农村现代化两大战略之间的关系，实现以农业农村现代化促进中国特色社会主义乡村振兴道路建设，是新发展阶段下摆在乡村振兴发展道路面前的重要课题。对此，本文从以下视角进行解读。

现阶段，我国面临着城乡二元结构突出、城乡发展差异较大的问题。在探讨城乡发展与经济增长之间关系的研究文献中，最为经典的是以刘易斯二元经济增长模型为代表的理论框架。该模型以二元经济结构论证了工业化、城镇化优先发展战略对一国早期阶段经济发展的重要价值。这种倡导工业和城市优先发展的战略，在一段时期内对包括我国在内的发展中国家产生了深远影响。然而，刘易斯的二元经济结构模型缺乏对经济发展更高阶段的适应，加之越来越多实证研究发现，单纯的城市化、工业化发展，无法改变农村凋敝与贫困滋生的问题，因此，讨论农村发展路径需要有新的思考。

对此，部分发展经济学者提出了有关农村发展与现代化路径实施的新纲领。一些来自我国经济学者的理论分析为乡村振兴核心发展战略提供了有益思路。有别于传统的二元经济结构模型，以胡景北和林毅夫等为代表的国内学者结合中国经济发展的实际情况，提出了我国要实现真正意义上的农村发展、农业兴旺，就必须走索罗模型收敛路径的基本观点。其中，胡景北提出了赶超型农业增长模型，该模型指出，要迈向缩小城乡差距、共同富裕的收敛路径，就必须满足两项发展特征：一是农业劳动产量弹性的提高；二是农业劳动生产力比现代部门（第二、第三产业）劳动力的边际生产率提高速度更快。前者对应了农业产业（或广义概念下的农村产业）现代化，后者对应了农村地区劳动力人力资本禀赋的提升①。该模型从理论上提供了农业农村现代化发展的路径指导，并从政策层面呼应了乡村振兴战略中农业、农村两个现代化同步发展的政策目标导向。林毅夫在其新结构经济学中也表达了类似观点。他提出只有农业部门的发展模式迈向索罗增长路径，城乡趋同的发展目标才能够更大概率得以实现。而要顺利迈向索罗增长路径，在农村地区实现三种要素升级十分关键，分别包括生产要素的升级、人力资本的升级以及产业结构的升级。这意味着农业产业要不断从劳动力（或自然资源）密集型产业转向资本密集型产业，要在农业产业中持续引入更新技术和更优技术，同时要求政府加强对农业农村现代化的政策干预和支持（如加强农村基础设施建设、增加农业生产补贴和农业保护、农业劳动力培训等），实现农业农村现代化的快速发展。

上述思路恰好对应了《乡村振兴战略规划（2018—2022年）》和《中华人民共和国国民经济和社会发展第十四个五年规划和2035年远景目标纲要》等政策文件中的政策导向和发展目标。具体来看，农业现代化对应了乡村振兴中的"产业兴旺"内核，是乡村振兴得以顺利实施的前提和基础；农村现代化对应了"生态宜居、乡风文明、治理有效、生活富裕"等其他维度的发展。由此可见，实现农业农村现代化是国家实现社会主义现代化的基本前提，乡村振兴与农业农村现代化二者之间具有互联互通、互相促进的关系。

三、农业农村现代化促进乡村发展的国际经验

随着工业化与城镇化的发展，多数国家在不同时期遇到了不同程度的乡村衰

---

① 值得强调的是，上述两条路径与舒尔茨20世60年代提出的"教育和投资两股力量对农业由传统农业向现代农业跨越的有效力量"观点十分契合。

败问题。乡村地区逐步衰败的路径可以归纳为如下过程：一是二元结构的形成。工业化、城镇化的加速发展令资本（及其他资源）迅速向工业领域和城镇地区聚集，从而形成了对劳动力的大量需求，且城镇地区工业部门的工资率更高，促使大量农村劳动力涌向城镇地区。二是二元结构导致两极分化。二元结构发展模式在一定时期内（中短）可以加速城镇发展，进而通过"涓滴效应"带动经济的整体性发展。但从中长期来看，在对农业部门不做干预的前提下，二元结构极易造成农村部门与工业部门、城镇地区和农村地区的两极分化，从而导致农村的衰落。三是农村发展停滞，贫困滋生。表现为农业产业人才流失、耕地抛荒，农村老龄化、空心化现象严重。

由于原有制度不利于整体经济发展（尤其是农村地区的发展），促使国家必须对制度做调整，通过实行乡村振兴发展战略，达到刺激乡村发展、缓解贫困，恢复经济活力的目标。发达国家经验显示，农业农村现代化不仅有助于农业的快速发展，还有助于实现农民、农村的发展。上述经验为我国提供了如下启示。

（一）以提高农村生产效率为优先

梳理发达国家的农村发展路径会发现，提高农业生产效率是各国乡村振兴的共性特征。例如，法国通过施行"一体化农业+领土整治"政策[1]，仅用 20 年的时间就实现了农业农村现代化建设，令城市和农村发展速度和经济水平趋于平衡；日本通过村町合并的方式，在农村发展工业，吸引中小企业入驻，并建设小规模城市，以此提高农业生产效率，形成"以工代农"的现代化发展模式。产业兴农战略的国际经验证明了"乡村振兴，产业兴旺是重点"[2] 实践路径的正确性。未来乡村振兴发展中，要以产业振兴为基础内核，构建现代农业产业体系，吸引城市和工业生产要素，构造现代化要素向农村合理有序流动的良性格局。

（二）因地制宜、顺势而为

由于发展基础和基本国情不同，各国在开展乡村振兴上的工作手段和思路不尽相同。因地制宜地制定农村发展路径是各国乡村振兴过程中的两个共性特征。例如，韩国开展的"新村运动"，首要目标是解决"汉江奇迹"后期国家面临的

---

① 所谓"农业一体化"是指由工商业资本家与农场主通过控股或缔结合同等形式，利用现代科学技术和现代企业方式，将农业与其相关的产业链条融合起来（如工业、商业、运输、信贷等），以非农业部门的资金与技术带动农业现代化建设；所谓"领土整治"是指国家出台相应法律法规支持欠发达农村地区的发展，以此加快农业现代化与乡村现代化建设。

② 参见《乡村振兴战略规划（2018—2022 年）》。

工农业之间、城乡之间、区域之间的发展失衡问题，扭转农村地区的文化沦落问题。美国大力发展机械技术、生物工程和卫星遥感技术，充分发挥大农场的规模效应，是为了顺应美国乡村地区土地资源丰富但劳动力稀缺的特征。对欧洲多数国家而言，其在乡村发展中面临的首要矛盾是人多地少、土地分散问题，如法国、德国、荷兰等国优先采取的是集中土地的整治措施。上述经验对我国的启示在于，我国区域间发展差异较大，各地区农业农村现代化发展路径以及乡村振兴的发展进程并不需要整齐划一，而是要结合区域内的发展短板与核心优势，逐步形成富有地方特色的良性发展模式。

（三）注重农村、农业两个现代化与乡村振兴之间的互联互通发展

在新发展格局下，国家乡村振兴战略倡导构建"产业兴旺、生态宜居、乡风文明、治理有效、生活富裕"的系统性发展路径，要求更加注重农村、农业两个现代化的有效衔接。对应乡村振兴核心发展目标，国际经验可以在以下方面为我国提供借鉴：

第一，在"生态宜居"方面，各国均十分重视本国乡村的生态保护。例如，法国建设了大量的生态保护区；日本在"造村运动"过程中注重保护环境生态、乡村旅游资源；瑞士的乡村振兴发展过程强调了乡村社会的生态价值、文化价值、休闲价值、旅游价值和经济价值五大价值的有机结合。上述生态环境友好型的发展模式，对应了我国打造"绿水青山就是金山银山"的发展需求。对我国的启示在于，可以在生态环境适宜的农村地区打造生态旅游、珍稀物种保护等项目，融合农村现代化发展路径开展乡村振兴工作。

第二，在"乡风文明"和"治理有效"方面，一是要重视政府引导作用。我们发现在乡村振兴过程中，各国政府无一例外地采取了政府干预的治理模式（如加拿大的"农村协作伙伴计划"、法国的 30 年"领土整治"均衡化政策）。从国际经验来看，政府引导有利于应对乡村发展建设过程中可能产生的市场失灵困境，弥补落后地区发展理念不足和自身发展能力不足等方面的问题。二是可以借鉴发达国家在乡村发展过程中对立法和制度建设的重视（如德国颁布《土地整理法》，日本颁布《北海道开发法》，英国颁布《城乡规划法》《济贫法》《慈善法》）。建立和完善法律和制度有利于形成具有约束力的行为规范，令政策实施有法可依、有章可循，保障乡村振兴的顺利进行。三是从国际经验看，"乡风文明"可以被看作各国开展"一揽子"乡村振兴工程下的一项重要成果。例如，法国兴建农业基础设施，动员农民共同建设"安乐窝"改善乡村居住条件，从生活条件的维度上改善了乡村的居住文明；韩国在"新村运动"中，通过赋予

地方"自下而上"的社区自治权限，从社区治理维度上提升了乡村的治理文明；德国通过开展农民职业教育培训，在提升农民现代化生产能力的基础上，从教育维度上改善了乡村的文化文明。

第三，在"生活富裕"方面，一项重要的国际启示是农业保护政策。从概念上看，农业保护政策是指政府介入农产品或生产资料市场，将农产品价格提高到市场均价以上，或降低农户的生产资料使用成本，甚至以直接支付的方式提高农业生产者收益的政策。例如，日本政府提高农产品收购价格，采用差额补贴方式增加农业补贴并完善农业保险；瑞士联邦宪法第104条规定，联邦政府必须保持农业的可持续生产能力。上述政策为农户提供了获取务农收入和抵御风险方面的底线保障，也为农村居民的富裕生活打下了坚实基础。

（四）警惕发达国家后现代农业发展中的新型贫困

新型贫困问题的出现，主要源自新自由主义意识形态，缺乏对弱势群体的关注。在农村地区会导致单个农户在应对农业市场化的过程中处于明显的弱势地位；相应地，在城镇地区会产生所谓的"工作贫困"现象[①]。由此可见，农业农村现代化并不必然带来农村的发展，农村的发展不必然带来贫困的消除。为规避可能出现的恶性循环，在乡村振兴与农业农村现代化发展的进程中，要以人民的根本利益为出发点，在"两个一百年"奋斗目标的战略指引下，精心布局农业农村现代化发展与乡村振兴的有效对接与互联互通模式。

四、结论和建议

本文回顾了我国农业农村现代化的发展进程，讨论了农业农村现代化与乡村振兴的关系，总结了发达国家乡村振兴经验。主要结论包括：其一，农业农村现代化与乡村振兴存在互相促进的关系，新发展阶段下要注重农村、农业两个现代化的连接与互通。其二，应尽快终结刘易斯二元结构模型促增长的时代，走索罗收敛路径。该路径下，农村产业结构调整、产业技术升级和人力资本提高是乡村

---

① 工作贫困，是指个体处于工作状态、领取劳动报酬，但收入低于当地贫困标准的现象。工作贫困的成因主要包括：一是个体从事岗位工资过低；二是个体从事临时就业，或由于各种原因失业风险较高，收入来源不稳定；三是由于家庭中劳动力就业不充分，其他家庭成员"稀释"掉了主劳动力的收入，导致家庭人均可支配收入低于当地贫困标准。

振兴最为优先的逻辑前提。其三，发达国家以农业农村现代化促进乡村发展路径对我国的借鉴之处表现为：政策导向明晰，以工促农；提高农业生产产业化水平，产业兴农；提高农业从业人员的综合人力资本素质，人才振兴；构建制度化规范化治理体系，依法立规；遵循生态可持续道路，绿色发展；做好本国农产品保护，以农富农。

因此，结合我国实际情况，在建设以农业农村现代化促进中国特色社会主义乡村振兴道路的进程中，还应注意如下问题：其一，以农业农村现代化促乡村振兴的发展思路不能局限在农村地区，还要结合我国城镇化发展进程做全局布局。具体来看：要进一步为农民工流入城镇安家落户创造有利条件，拓展农民转移就业机会、丰富农村居民增收渠道。其二，大力推进东西发展协作和定点帮扶，助力西部农业农村现代化。要进一步发挥东部地区、中央有关单位、中央企业在农业科技、农业技术领域的长期深厚积淀，向西部农村提供先进的农业科技、农机农具以及管理技术，帮助西部地区种植高收益的经济作物，发掘有特色的手工艺品，打造一批有比较优势的农业产业，建立一套系统性农村发展治理体系。其三，特别关注边远村落和特殊群体，采取具有针对性的发展策略。面对"空心村"现象和自然村落的消亡，一方面，要继续以易地搬迁等手段为特殊区域的困难群体提供更好的人居发展条件；另一方面，要做好前瞻性规划，做好传统民居和古村落保护工作。在巩固脱贫成果与乡村振兴有效衔接的基础上，尽快实现扶贫理念从绝对贫困向相对贫困、多维贫困的思路转变。

参考文献

［1］王春光．迈向共同富裕——农业农村现代化实践行动和路径的社会学思考［J］．社会学研究，2021，36（2）：29-45+226.

［2］韩士元．农业现代化的内涵及评价标准［J］．天津社会科学，1999（5）：68-70.

［3］Hayami, Y. , V. W. Ruttan, Agricultural Development：An International Perspective［M］．Baltimore：John Hopkins Press, 1971.

［4］黄宗晔，游宇．农业技术发展与经济结构变迁［J］．经济研究，2018，53（2）：65-79.

［5］张挺，李闽榕，徐艳梅．乡村振兴评价指标体系构建与实证研究［J］．管理世界，2018，34（8）：99-105.

［6］刘晓越．中国农业现代化进程研究与实证分析［J］．统计研究，2004

（2）：10-16.

[7] 徐维祥，舒季君，唐根年．中国工业化、信息化、城镇化和农业现代化协调发展的时空格局与动态演进［J］．经济学动态，2015（1）：76-85.

[8] 杜宇能，潘驰宇，宋淑芳．中国分地区农业现代化发展程度评价——基于各省份农业统计数据［J］．农业技术经济，2018（3）：79-89.

[9] 田野，黄进，安敏．乡村振兴战略下农业现代化发展效率评价——基于超效率 DEA 与综合熵值法的联合分析［J］．农业经济问题，2021（3）：100-113.

[10] 王国敏，周庆元．我国农业现代化测评体系的构建与应用［J］．经济纵横，2012（2）：69-74.

[11] 周迪，程慧平．中国农业现代化发展水平时空格局及趋同演变［J］．华南农业大学学报（社会科学版），2015，14（1）：25-35.

[12] 丁志伟，张改素，王发曾，等．中国工业化、城镇化、农业现代化、信息化、绿色化"五化"协调定量评价的进展与反思［J］．地理科学进展，2016，35（1）：4-13.

[13] 洪银兴．新时代社会主义现代化的新视角——新型工业化、信息化、城镇化、农业现代化的同步发展［J］．南京大学学报（哲学·人文科学·社会科学），2018，55（2）：5-11+157.

[14] 蒋永穆，卢洋，张晓磊．新中国成立 70 年来中国特色农业现代化内涵演进特征探析［J］．当代经济研究，2019（8）：9-18+113.

[15] 张晖．乡村振兴战略的政治经济学阐释［J］．求索，2020（1）：141-148.

[16] 叶兴庆．新时代中国乡村振兴战略论纲［J］．改革，2018，287（1）：65-73.

[17] 王春光．迈向共同富裕——农业农村现代化实践行动和路径的社会学思考［J］．社会学研究，2021，36（2）：29-45+226.

[18] Gollin, D., D. Lagakos, and M. E. Waugh. The Agricultural Productivity Gap［J］. Quarterly Journal of Economics, 2014, 129（2）：939-993.

[19] 胡景北．刘易斯经济发展理论：成就、问题和发展前景［J］．社会科学，2015（12）：40-49.

[20] Bourguignon F. and S. R. Chakravarty. The Measurement of Multidimensional Poverty［J］. Journal of Economic Inequality, 2003, 1（1）：25-49.

[21] Ravallion M.. Can High Inequality Developing Countries Escape Absolute

Poverty［J］. Economics Letters, 1997（56）：51-57.

［22］Wan, G., Wang, C., and Zhang, X.. The Poverty-Growth-Inequality Triangle：Asia 1960s to 2010s［J］. Social Indicators Research, 2020（153）：795-822.

［23］胡景北. 对经济发展过程的若干逻辑观察［J］. 上海金融学院学报, 2008（2）：5-12.

［24］林毅夫. 新结构经济学——重构发展经济学的框架［J］. 经济学（季刊）, 2011, 10（1）：1-32.

［25］Lin, J. Y.. New Structural Economics：A Framework for Rethinking Development and Policy［M］. Washington, DC：World Bank, 2012.

［26］Lin, Justin Yifu. Rural Reforms and Agricultural Growth in China［J］. The American Economic Review, 1992, 82（1）：34-51.

［27］邱海洋, 胡振虎. 绿色农业创业与乡村振兴——基于互联网普及门槛效应的视角［J］. 西安财经学院学报, 2019, 32（3）：68-75.

［28］文丰安. 乡村振兴战略与农业现代化治理融合发展：价值、内容及展望［J］. 西南大学学报（社会科学版）, 2020, 46（4）：38-46+193.

［29］陈志钢, 周云逸, 樊胜根. 全球视角下的乡村振兴思考［J］. 农业经济问题, 2020（2）：87-96.

［30］胡月, 田志宏. 如何实现乡村的振兴？——基于美国乡村发展政策演变的经验借鉴［J］. 中国农村经济, 2019（3）：128-144.

［31］邓汉慧, 邓璇. 发达国家农业现代化经验对我国农业发展的启示［J］. 农业经济问题, 2007（9）：106-109.

［32］叶前林, 何伦志. 美国推进农业现代化发展的做法及启示［J］. 经济纵横, 2014（4）：105-108.

［33］吕剑平, 马亚飞. 小农户与现代农业发展有机衔接：文献综述［J］. 重庆工商大学学报（社会科学版）, 2020, 37（5）：1-8.

［34］Sen A.. Choice, Welfare, and Measurement［M］. Oxford：Basil Blackwell, 1983.

第三篇　绿色低碳发展

国内外绿色金融研究进展与趋势[*]

——基于 CiteSpace 的可视化对比分析

张生玲　王　瑶[**]

18 世纪以来，工业文明的推进在给我们带来极大物质财富的同时，也引发了气候变化、资源耗竭、环境污染、生态破坏等日益严重的问题。为解决环境问题和适应气候变化，一些政府部门、国际组织和学术机构开始倡导绿色文明，在政策支持和舆论引导上向绿色产业和低碳经济倾斜，以实现经济、社会的可持续发展。作为现代经济发展的重要一环，金融是改变资源配置激励机制的重要手段，是促进经济发展的关键因素，如何将绿色理念贯穿于金融发展，逐渐成为研究者与政策制定者的关注焦点。绿色金融的研究可以追溯到 20 世纪 80 年代，在气候变化与环境问题持续恶化的背景下，经济发展的绿色投资渠道不畅与动力不足催生了绿色金融理念，该理念也被称为环境金融或碳金融。从国外研究来看，Salazar（1998）首次提出环境金融的概念，旨在推动环保产业与金融业的联结以促进环保产业等行业融资需求的实现。Labatt 和 White（2003）进一步指出绿色金融发展以市场需求为前提，是提高环境质量、转移环境风险的有效金融工具。2010 年，在《联合国气候变化框架公约》第十六次缔约方大会上成立了绿色气候基金，旨在向发展中国家提供资金支持，以减少温室气体排放。此后，"绿色金融"一词频繁出现在国际组织和各国政府的报告中。从国内来看，于永达和郭培源（2003）较早指出金融业与可持续发展关系重大。熊学萍（2004）提出发展绿色金融可弥补传统金融的缺陷，是促进人类可持续发展的必然选择。随着国家环境整治力度的加大，2007 年出台的绿色信贷政策使我国在绿色金融发展

* 原文发表在《学习与探索》2021 年第 2 期，部分内容有删节。

** 作者简介：张生玲，北京师范大学经济与资源管理研究院教授，博士研究生导师。王瑶，北京师范大学经济与资源管理研究院博士研究生，现为中国农业银行总行博士后。

方面快速起步。2015 年，中共中央、国务院发布了《生态文明体制改革整体方案》，首次明确提出"建立中国的绿色金融体系"。

综合国内外绿色金融研究，发现仍存在以下问题：其一，国内外学者和机构对绿色金融的研究虽然已取得了一定成果，但由于该领域研究兴起时间较短，尚未形成完善的研究体系，而仅依靠传统方法梳理文献难以客观全面分析该领域的热点变化和发展趋势；其二，虽然中国绿色金融研究起步较早，但已有综述性研究主要涉及绿色金融内涵、作用意义、国外经验介绍、体系构建和政策建议等内容，鲜有涉及对国内外绿色金融问题研究方法、研究内容与研究视角和范围的归纳对比。本文采用文献计量方法，以 SSCI 和 CSSCI 引文数据库为数据检索源，借助 CiteSpace 软件对 2004～2019 年国内外绿色金融的相关研究进行可视化分析，通过文献时空分布和研究机构分布探析国内外绿色金融研究的整体态势，在此基础上综合文献共被引分析和关键词演进，全面对比国内外绿色金融的研究特征与差异，旨在揭示国内外该领域的热点问题和发展趋势，发现国内绿色金融研究有待深化的问题，为进一步开展绿色金融研究提供借鉴与参考。

一、文献来源和特征分析

本文运用文献计量方法和科学知识图谱工具对绿色金融领域的文献进行计量分析。有关文献图谱的软件众多，而 CiteSpace 是目前应用最广泛的工具之一，是一个动态、分时、多元的引文可视化分析软件。该软件将文献科学计量方法、信息可视化方法和数据挖掘算法集成起来，把科学前沿研究领域的海量文献数据信息转化为可视化的图谱形象，以知识图谱形式呈现某一领域研究的关键文献、分布情况、发展脉络和研究热点。本文借助最新版本 CiteSpace 5.6. R3 软件对 2004～2019 年国内外绿色金融文献的时空分布、研究机构分布、知识基础和发展趋势进行了定量的比较分析。

为探究国内外绿色金融研究的进展与趋势，本文对 2004～2019 年，近 20 年的文献进行了计量分析，每一条文献数据包括作者、题目、摘要、关键词和参考文献等信息，检索时间为 2020 年 3 月 8 日。虽然"绿色金融"的概念最早始于 1980 年美国的《超级基金法案》，但是学术界对绿色金融的研究起步较晚，2004 年之前基本没有相关研究出现在期刊文献中。因此，将文献检索的时间范围限定在 2004～2019 年，能够较为完整地反映绿色金融学术研究的发展进程。为了筛选国内外有关绿色金融研究的高质量文献，本文基于覆盖全球社会科学核心期刊的 SSCI 数据库和代表中国人文社科最高科研水平的 CSSCI 数据库选择文献分析样本。由于绿色金融尚未形成完全统一的概念且存在多种相关术语，经过对文献数据的比较阅读，并参考 Zhang 等（2019）对 SSCI 数据库中绿色金融文献设定的检索条件，以"green finance"或"environmental finance"或"carbon finance"或"climate finance"为主题检索词以增加相关文献的覆盖范围。国内文献数据来源于 CSSCI 引文索引数据库，以"绿色金融"为检索条件。

二、研究概况

（一）文献时空分布

经检索，在筛选和剔除重复文献后本文统计了 2004～2019 年关于绿色金融研究的国内外文献 424 篇，包括 SSCI 英文文献 316 篇，CSSCI 中文文献 108 篇。2004～2019 年绿色金融研究领域的国内外文献数量总体上逐年递增且呈指数增长趋势。从数量上看，国外文献数量显著多于国内，且增长速度较快，指数增长趋势明显，而国内文献增速较缓。从时间上看，国内外文献出现爆发性增长的时间节点不同，国内开始重视绿色金融领域的研究晚于国外。其中，2010 年之后的国外相关领域文献增长趋势明显高于 2010 年之前，具体表现为 2011～2019 年的增长率是 2004～2010 年的 9.75 倍。国内相关研究以 2016 年为关键节点，直到该年份之后绿色金融领域的研究才开始迅速增长。相比较而言，国内学术界对绿色金融研究的关注度虽呈上升趋势但仍处于较低水平，这与国际上较早关注并重视绿色金融研究的态势存在差距，中国在绿色金融领域的研究还有很大成长空间。

绿色金融研究在世界范围内进展迅速，但是其空间分布存在较大差异。对 SSCI 样本文献进行可视化分析，图 1 展示了绿色金融研究的主要国家分布及国家间合作情况。其中，欧洲（英国、德国、法国、瑞士、瑞典、意大利）、北美洲（美国和加拿大）、亚洲和大洋洲（澳大利亚）是绿色金融研究的集中地域，而非洲与南美洲地区研究人员较少。据文献统计信息可知，美国与英国发文量分别占据世界前两位，二者文献数量之和占全球文献总数的 37.27%，明显领先于其他国家，德国、中国分别位列第三和第四，中国发文量约为美国的 45.8%，由此可见，包括中国在内的各个国家与美国、英国在绿色金融领域的研究存在较大差距。从国家间合作来看，图1右图中瑞士的节点中心度最大（节点中心度测量的是在整个网络中节点连接作用的大小，中心度大的节点往往是网络中的关键节点），其次是瑞典、加拿大，而发文量位居第一位和第二位的美国与英国分别居于第四位和第七位，中国的节点中心度较低，仅为0.03。这表明美国与英国虽然在绿色金融领域发文量位居世界前列，但是其影响力却弱于瑞士和瑞典。类似地，中国虽然发文量位居世界第四位，但实际上在此领域的研究中占据非常次要的位置，由稀疏的共现网络连线可知，中国缺乏与其他国家的合作。因此，未来中国在加大绿色金融领域研究力度的同时，应该积极寻求国际合作，提升中国在该领域的学术影响力。

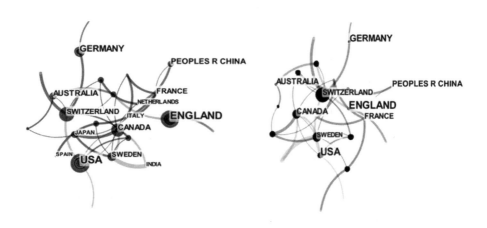

图1　主要国家文献分布网络图谱

注：左图按节点频次显示，右图按节点中心度显示。

（二）研究机构分布

本文选取了发文量前10名的国外研究机构，通过分析发文量及其占比、文献发表最早年份、总被引频次及文献最高被引频次，评估其在绿色金融研究领域的影响力。由表1可知，牛津大学和苏黎世大学发表的文献总量分别居第一位、第二位，总体来看，绿色金融研究的机构集中度较低。从被引频次来看，牛津大学、利兹大学、英属哥伦比亚大学和爱丁堡大学均超过200次，值得注意的是，英属哥伦比亚大学与爱丁堡大学虽然发文量并非最多，但被引频次和文献的最高被引频次分别居第一位、第二位，表明这两所研究机构在绿色金融研究领域具有较高的影响力。从最早发表年份来看，最早开始研究的机构包括牛津大学和苏黎世大学,说明欧洲国家介入此领域研究的时间较早。从所属国家角度来看,在发文量前 10 位的研究机构中,英国拥有 4 个,美国与瑞典各自占据 2 席,可以看出英国、美国和瑞典等发达国家的研究机构具备平台优势,在绿色金融研究领域具有一定的影响力,这与前文中文献时空分布的特征也基本吻合。

表 1   国外主要研究机构分布及指标

机构	发文量	占比（%）	最早年份	总被引频次	最高被引频次
牛津大学	14	3.93	2007	204	51
苏黎世大学	10	2.81	2007	130	31
布朗大学	9	2.53	2011	114	27
斯德哥尔摩环境研究所	9	2.53	2011	104	40
利兹大学	8	2.25	2012	212	55
昆士兰大学	8	2.25	2013	123	36
波士顿大学	7	1.97	2017	19	6
墨卡托全球公域与气候变化研究所	7	1.97	2015	86	29
英属哥伦比亚大学	7	1.97	2008	257	127
爱丁堡大学	7	1.97	2009	264	99

就发文量前 10 名的国内研究机构而言,绿色金融研究中,高等院校与研究院所占绝大多数。其中,发文数较多的机构有中国社会科学院金融研究所、山东大学经济研究院、中国科学技术发展战略研究院和南开大学。但是机构间相互合作少,较为分散。

三、知识基础和趋势分析

（一）知识基础：文献共被引分析

本文以被引文献为知识基础,在此基础上挖掘引文空间中的关键性节点文献,探究其在该领域研究中所起的决定性作用。在 CiteSpace 中,节点类型（Node Types）设置为引用文献（Reference）,时间范围（Time Slicing）选定为 2004~2019 年,其中时间切片（Year Per Slice）设为 1 年,阈值设定为（2,2,

20）（3，2，20）（2，2，20），网络剪裁方式为"Pathfinder"和"Pruning the Merged Network"，分别将 CSSCI 和 SSCI 数据库中绿色金融相关文献导入。软件运行后得到国内外共被引网络知识图谱，其中，国外图谱 Q 值为 0.8089（>0.3），S 值为 0.4401（>0.4）；国内图谱 Q 值为 0.5476（>0.3），S 值为 0.5162（>0.4），均表明图谱结构显著且可信度较高。另外，图谱中节点大小代表了文献的共被引频次，共被引频次排名前 10 位的关键节点文献如表 2 所示。关键性节点通过连接不同聚类实现不同网络间的关联，它们的被引频次和中心度通常相对较高，学术影响力突出，为之后的研究提供了理论或方法指导。

表 2   国内外绿色金融研究关键节点文献

序号	SSCI 收录（国外）			CSSCI 收录（国内）		
	频次	中心度	共被引文献	频次	中心度	共被引文献
1	14	0.1	Michaelowa（2011）	13	0.81	马骏（2015）
2	12	0.36	Bowen（2011）	7	0.16	马骏（2016）
3	10	0.04	Pickering（2015）	7	0	国务院发展研究中心"绿化中国金融体系"课题组（2016）
4	10	0.05	Ciplet（2013）	5	0.21	西南财经大学发展研究院（2015）
5	9	0.04	OECD（2015）	4	0.06	中国工商银行绿色金融课题组（2017）
6	9	0.1	Stadelmann（2013）	4	0	马骏（2016）
7	8	0.04	Buchner（2014）	3	0.78	翁智雄（2015）
8	8	0.04	Buchner（2015）	2	0.73	蔡海静（2013）
9	8	0.05	Buchner（2011）	2	0.56	詹小颖（2016）
10	8	0.06	Campiglio（2016）	2	0	张雪兰（2010）

　　结合聚类图谱，梳理国内外绿色金融研究的经典文献，从研究方法、研究内容和研究视角三个方面比较国内外关键性节点文献的异同。在研究方法上，国内外绿色金融研究均以定性研究和理论研究为主，部分文献近年来出现定量研究和实证研究。例如，国外关键性节点文献中中心度最高的 Bowen，以描述性方法探讨了为发展中国家的气候行动筹集资金的指导原则；而 Pickering 在利用各国排放量和收入数据的基础上，应用几种定量情景探讨了不同程度的国际协调对全球气候融资公平性的影响。国内研究集中于应用定性方法探讨绿色金融体系与逻辑框架构建、发展与前景阐述等；而蔡海静通过收集上市公司数据，采用实证方法检验了我国绿色信贷政策的实施效果。

在研究内容上，国内外关于绿色金融的研究不断丰富，既包括概念内涵、驱动主体等理论研究，也包括绿色金融产品、政策制定、体系建设等实践研究。第一，概念内涵存在差异。国内外研究均未形成公认的、一致的绿色金融概念。国内外文献对绿色金融定义的关键区别在于，前者更加关注环境风险与环境改善，后者主要聚焦于气候变化。在国外关键性节点文献中，绿色金融多指气候金融，是该领域研究形成的重要知识基础。在国内，国务院发展研究中心"绿化中国金融体系"课题组指出绿色金融广义上指整个金融系统和经济可持续发展，是对环境风险进行高效的资本分配，狭义上则侧重于通过评估环境状况确定绿色金融支持的具体行业与技术。第二，驱动主体的研究既存在相似性又存在差异性。相似性方面：①政府与市场的关系在绿色金融研究中引起国内外学者的共同关注。国外研究中，Campiglio在研究碳定价问题时，发现环境作为公共物品被排除在市场价格体系之外，存在市场失灵问题，指出政府政策和宏观审慎的金融监管十分必要。国内研究中，韩立岩提出政府引导市场的绿色金融创新的有效激励理论。②政策性银行与商业银行日渐成为绿色金融的主要推动者。Buchner与中国工商银行绿色金融课题组分别从各国国家开发银行和商业银行角度指出二者在扩大低碳发展的融资规模和风险防控方面发挥了重要作用。差异性方面：国外学者强调市场机制与私人部门在绿色金融发展过程中的作用，而国内学者更加重视政府职责与监管责任。第三，绿色金融产品研究存在差异。一方面，在经典文献中，国内存在较多绿色金融产品的相关文献，国外则鲜有此类研究。例如，马骏、翁志雄详细介绍了绿色信贷、绿色基金、绿色债券、绿色保险和碳金融等产品，并展开了国内外绿色金融产品的对比研究。另一方面，国内外对"绿色"的认定标准存在差异。Campiglio在研究碳定价时，提出应加大对低碳行业的投资力度，降低对化石燃料能源产能的投资，实现该种要求的投资才能被称为绿色投资；而蔡海静在探究绿色信贷政策效果时认为只要报告中包含污染控制、环境恢复、节约能源等环境披露信息的都可认定为满足绿色信贷政策。这种差异一定程度上是由研究者所在国家的发展阶段不同导致的。已经完成工业化的国家对"绿色"的认证标准要求更高，而处于工业化进程中的国家将能够减轻污染的投资行为都认定为"绿色"。

在研究视角上，一方面，国外高被引文献多囊括发达国家与发展中国家，Bowen和Ciplet都强调发达国家为发展中国家提供资金以适应气候变化的影响，而国内高被引文献立足于本国实践性体系建设与政策设计。另一方面，国外文献更关注绿色金融的公平性问题，而国内文献对此少有研究。Ciplet指出资金不足加剧了发展中国家的紧张关系，他赞同阿玛蒂亚·森的实践导向性观点，提出增加透明度及扩大气候变化援助资金等公平提供资金的建议；Pickering 明确提到气候融资的公平性既包括发达国家与发展中国家对全球贡献的努力共享，还涉及受援国之间的资金公平分配问题。

这些高被引文献揭示了绿色金融领域的主要研究方法、研究内容与研究视角，为之后的研究提供了思路，从而为更好地探究绿色金融奠定了基础。

（二）研究趋势：关键词演进

关键词是学术文章研究主题的概括性表达，其关联性可揭示各主题间的内在联系。关键词共现分析，即通过分析某一领域文献中关键词共同出现的次数，发掘该研究领域的热点问题。研究趋势是指某领域中研究热点的动态演进过程。本文通过关键词演进分析把握国内外绿色金融研究的趋势与前沿。近 15 年国内外绿色金融研究各阶段出现的高频关键词分布如图 2 所示。在 SSCI 和 CSSCI 收录的文献中，国外与国内绿色金融研究根据高频关键词特征分别分为三个阶段和两个阶段，其中国内研究未经历研究拓展阶段。

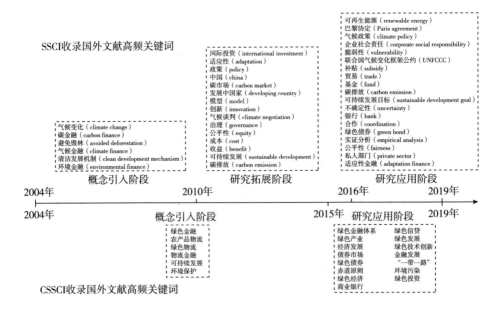

图 2　国内外绿色金融研究热点演进

概念引入阶段主要研究绿色金融的基本概念，明确其研究范围。"绿色金融"一词在 2010 年《联合国气候变化框架公约》第十六次缔约方大会后才频繁出现，但是在此之前很多国外学者已对同绿色金融类似的概念展开研究，如碳金融、气候金融和环境金融。绿色金融的研究多从森林退化、空气污染和气候变化等资源环境问题出发。国内对绿色金融的研究起步不晚于国外，但较长时间处于概念引入阶段，发展进程相对缓慢。国内学者熊学萍（2004）基于对经济增长与可持续发展之间矛盾的理解，提出通过将资金引入环保节能产业的绿色金融方式改善环境污染和生态破坏，随后国内学者开始纷纷关注绿色金融，可以看出国内绿色金融研究范围相较国外更加集中。在此阶段，部分学者提出绿色物流金融等概念，但该部分内容并未引起持续关注。

研究拓展阶段中，绿色金融研究紧密结合实践进程，注重研究方法的完善及理论机制的深化。在碳金融、气候金融等概念出现后，出现了建立碳市场以实现温室气体减排的方案研究。因为发达国家与发展中国家对碳减排问题的不同立场而产生了气候谈判，Winkler 等（2009）认为减排与融资是谈判达成协议的核心问题。气候谈判达成的协议为国际投资提供了参考标准，故针对气候变化出现的国际投资研究成为绿色金融研究的重要内容。国际投资中通常会引用联合国气候变化框架公约中保护气候系统"共同但有区别的责任和各自的能力"的原则，所以公平性问题成为绿色金融研究的又一热点。针对以上热点问题，Sullivan 等（2013）采用成本收益法分析推行绿色金融带来的福利和损失；Böhringer 等（2015）通过构建模型模拟气候变化等外生冲击可能产生的环境与经济影响，为政策制定提供理论依据。该阶段的研究贡献一方面填补了绿色金融在碳市场、国际投资及公平性和可持续发展等方面的研究空白，推动了理论机制研究深化进程；另一方面出现了成本收益分析、建模分析等定量研究方法，丰富了绿色金融的评估和预测手段。在此阶段，国内外研究的明显区别在于国内研究跨越了拓展阶段直接迈入应用阶段，因此在研究方法、理论机制及国际性问题研究方面较为薄弱。

研究应用阶段在继续完善研究方法的同时，开始注重绿色金融在不同领域的具体应用及其涉及的政策与协议研究。随着数据可得性的提高及对绿色金融关注度的提升，国外学者开始采用实证方法将绿色金融与其他问题联系起来，如 Campagnolo 和 Davide（2019）将实证分析与建模方法相结合，估计了在参考情境和气候缓解政策下，各国贫困发生率和不平等性的未来趋势。在产品层面，绿色债券、绿色信贷等绿色金融产品成为该阶段的研究热点。在此阶段，国内绿色金融产品研究也成果丰富，何凌云等（2018）采用 GMM 方法分析了商业银行绿色信贷与其竞争力的关系，陈淡泞（2018）运用事件剖析法考察绿色债券发行与上市公司股价波动间的关联性。在企业层面，绿色金融作为企业社会责任研究的一个细分领域，对社会责任研究具有重要意义。在政策及协议层面，国外研究较多涉及"巴黎协定""联合国气候变化框架公约"和"气候政策"等关键词，表明绿色金融的研究热点向国际政策与协议的实施靠拢。在此阶段，国内研究开始与国际接轨，引入赤道原则并开展建立绿色金融体系的相关政策研究。此外，国内学者着手推进"一带一路"投融资绿色化研究，这为绿色金融研究开拓了新领域，有助于国内和国际绿色金融发展。

四、国内绿色金融研究不足

在对现有文献深入梳理的基础上，本文基于国内外绿色金融研究知识基础和研究趋势的对比分析，归纳了目前绿色金融的研究框架（见图3），我们发现学术界对绿色金融展开了一系列理论探讨与实证分析，并取得众多优秀研究成果，但国内研究在以下方面有待深化，仍有进一步提升的空间。

（一）理论深度研究有待加强

第一，尚未形成公认且统一的概念内涵。一方面体现在绿色金融定义存在广义与狭义之分，广义上指整个金融系统、环境和经济可持续发展，而狭义上仅指资金支持环保的具体行业与技术；另一方面体现在绿色金融在不同地区认定标准不同，发展中国家将能够实现节约能源、减少减排、降低能耗的投资都视为绿色金融范畴，而发达国家标准更为严格，强调对低碳行业和非化石能源的投资。绿色金融的定义范围和定义区域不同导致了目前研究中难免出现概念误用、理解偏差等现象，概念模糊和一致性术语的缺乏在一定程度上掣肘了绿色金融理论的发展，同时也增加了绿色金融实践中诸如绿色项目界定等问题的解决难度。第二，发展机制研究有待深化。仅依靠企业社会责任推行绿色金融的作用有限，当前研究中不乏对自上而下的政府主导和自下而上的市场引导的机制研究，然而从目前的实践来看，推动绿色金融发展依然以财政政策等行政手段为主，没有形成市场内在可持续发展的动力。如何在推动政府制定指导方针和监管政策的同时，发挥市场机制引导资金流向清洁领域的作用，厘清并设计出充分发挥政府与市场效能的发展机制是今后研究中需重点探讨的问题。

（二）研究区域范围、方法和测度的适用性及优化有待提升

在研究区域范围方面，我国多数学者对绿色金融的研究区域范围聚焦于国内，

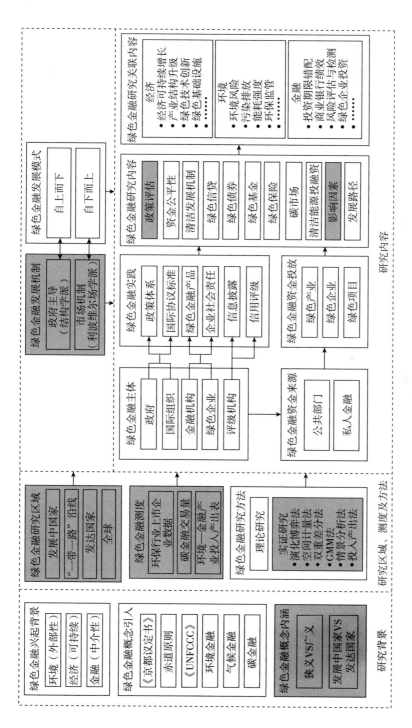

图 3　绿色金融研究框架

注：图中阴影为国内绿色金融研究有待深化部分。

忽视了发达国家与其他发展中国家的绿色金融问题，而发达国家侧重研究的气候金融是全球性问题，涉及发达国家与发展中国家实现碳减排、环境保护、可持续发展目标的资金融通与分配，包含了减排任务分配等公平性问题，直接影响国际绿色金融规则的制定。这需要国内学者将研究区域从国内扩展到国际，为发展中国家争取更多合作机会。在研究方法方面，目前国内研究成果中，规范研究是绿色金融研究的主要手段，且多数研究局限于绿色金融实践案例与体系构建的介绍，有学者通过演化博弈法等分析了不同主体的行为选择，而利用数据展开的实证研究成果较少，研究结论缺乏经验数据的支撑。在绿色金融研究测度方面，由于统计机构公布数据信息的滞后与金融机构披露信息的缺失，绿色金融分地区、分行业、分产品的微观测度数据相对难以获取，已有研究不得不选择环保行业上市企业数据、碳金融交易量或多指标合成的绿色金融指数等作为代理数据，因此，完善一手数据的挖掘与二手数据的统计也是研究中亟待解决的问题，绿色金融的测度方法需要进一步构建。

（三）影响因素及政策评估研究有待强化

目前相关研究多聚焦于绿色金融发展现状的评估和绿色金融产生的经济、环境和金融影响，而对其驱动因素的研究相对薄弱，尤其缺乏如政策实施、市场化程度、企业创新和公众意识等包含经验数据支撑的影响因素研究，因此，综合资源禀赋、经济增长、产业结构、技术进步、污染排放等变量，分析探究绿色金融发展的主要驱动力量也是当前研究应予以深化的内容。此外，我国以绿色金融政策为研究对象的文献逐年增加，可归纳为探讨政策发展阶段、通过借鉴国外经验指导国内政策制定和针对环境问题提出政策建议三类，然而这三类研究均难以反映出政策实施的效果，绿色金融政策的效应评估研究已落后于绿色金融政策的发展，一定程度上制约了政策的改进，可能会导致在政策指导实践中产生偏差。因此，政策评估研究应予以重视。

五、未来研究展望

本文基于文献计量方法和知识图谱工具，对 SSCI 和 CSSCI 引文数据库中2004~2019 年国内外绿色金融研究的相关文献进行可视化分析，基于当前绿色金融的研究进展与趋势，展望未来，国内绿色金融研究应关注以下四个方面：

第一，继续深化具有中国特色的绿色金融理论机制与理论体系研究。在我国经济由高速增长阶段迈向高质量发展阶段的背景下，根据中国绿色金融理论和实践发展情况明晰绿色金融概念，深入研究绿色金融背后的理论机制，厘清政府、市场与企业在绿色金融发展中发挥的作用，探究绿色金融发展的主要驱动因素，提炼总结绿色金融的案例经验并完善绿色金融理论体系建设是未来研究的主要方向。此外，随着绿色金融市场规模的发展壮大，有关绿色金融产品和绿色投资行为等的环境信息鉴别与金融风险评估问题应运而生，完善环境信息披露和绿色金融监管体系建设成为值得进一步研究的方向。

第二，丰富绿色金融测度方式，基于统计数据应用恰当的研究方法。囿于数据可得性及方法局限性，早期国内研究以定性研究居多，而建模分析与实证研究相对薄弱。虽然最近几年定量分析开始增加，但相关研究大多采用精度较低的代理数据，研究结果可能存在偏差。随着大数据时代的来临，在利用大数据技术挖掘一手数据的同时，多渠道收集整理二手统计数据是推动绿色金融研究发展的重要基础。同时，近年来少部分学者开始采用基于经验数据的实证分析，但多数采用一般回归分析方法，该类方法对因果关系的解释力不足，也无法预测外生冲击带来的潜在影响。所以，采用双重差分法、自然实验法等方法深入剖析影响绿色金融的驱动因素，探究与绿色金融相关的如经济可持续增长、能耗强度与商业银行绩效等问题，以及采用投入产出法、情景分析法模拟预测绿色金融政策的经济、环境与金融影响等问题也是值得研究的方向。

第三，结合国家战略，拓展绿色金融问题的研究范围。以往国内绿色金融研究的区域多局限于本国整体，在"一带一路"倡议、"走出去"等国际合作战略背景下，如何在研究中囊括发达国家与其他发展中国家，参与全球性绿色金融规则的制定，促进全球绿色金融资金的公平性分配；在京津冀地区、长江经济带、粤港澳大湾区等国内重大国家战略发展区域，如何有针对性地探讨绿色金融的异质性发展，都需要学术界从绿色投资、绿色标准和可持续发展等多角度提供理论支撑与综合评估。此外，国外研究应用阶段中出现的可再生能源、气候政策、不确定性、适应性金融等热点问题也是国内研究值得关注的方向。

第四，重视绿色金融政策评估研究。目前，我国绿色金融以政策主导型发展模式为主，逐步建立起以绿色信贷、绿色债券和绿色保险政策为主体，多种其他绿色金融政策为补充的绿色金融政策体系。每一项绿色金融政策的实施都会对经济、环境与金融等产生直接影响，因此，未来需要结合中国绿色金融政策实施情况，评估绿色金融政策的综合效应，为继续指导实践与未来政策改进提供全新思路。

参考文献

［1］陈淡泞. 中国上市公司绿色债券发行的股价效应［J］. 山西财经大学学报，2018，40（S2）：35-38.

［2］何凌云，吴晨，钟章奇，祝婧然. 绿色信贷、内外部政策及商业银行竞争力——基于9家上市商业银行的实证研究［J］. 金融经济学研究，2018，33（1）：91-103.

［3］熊学萍. 传统金融向绿色金融转变的若干思考［J］. 生态经济，2004（11）：60-62.

［4］于永达，郭沛源. 金融业促进可持续发展的研究与实践［J］. 环境保护，2003（12）：50-53.

［5］Salazar J. Environmental finance：linking two world［J］. Presented at a Workshop on Financial Innovations for Biodiversity Bratislava，1998（1）：2-18.

［6］Labatt S，White R. Environmental Finance：a Guide to Environmental Risk Assessment and Financial Products［M］. New York：John Wiley and Sons，2003：1-32.

［7］Zhang D，Zhang Z，Managi S. A Bibliometric Analysis on Green Finance：Current status，Development and Future Directions［J］. Finance Research Letters，2019（29）：425-430.

［8］Ebeling J，Yasué M. Generating Carbon Finance Through Avoided Deforestation and its Potential to Create Climatic，Conservation and Human Development Benefits［J］. Philosophical Transactions of the Royal Society B：Biological Sciences，2008，361（1498）：1917-1924.

［9］Brody M，Caldwell J，Golub A. Developing risk-based Priorities for Reducing Air Pollution in Urban Settings in Ukraine［J］. Journal of Toxicology and Environmental Health，part A，2007，70（3-4）：352-358.

［10］Koteyko N，Thelwall M，Nerlich B. From Carbon Markets to Carbon Morality：Creative Compounds as Framing Devices in Online Discourses on Climate Change Mitigation［J］. Science Communication，2010，32（1）：25-54.

［11］Winkler H，Vorster S，Marquard A. Who Picks up the Remainder? Mitigation in Developed and Developing Countries［J］. Climate Policy，2009，9（16）：634-651.

［12］Sullivan R，Gouldson A，Webber P. Funding Low Carbon Cities：Local

Perspectives on Opportunities and Risks〔J〕. Climate Policy, 2013, 13 (4): 514-529.

〔13〕Böhringer C, Rutherford T F, Springmann M. Clean-development Invest-ments: An Incentive-compatible CGE Modelling Framework〔J〕. Environmental and resource economics, 2015, 60 (4): 633-651.

〔14〕Campagnolo L, Davide M. Can the Paris deal boost SDGs Achievement? An Assessment of Climate Mitigation Co-benefits or side-effects on Poverty and Inequality〔J〕. World Development, 2019 (122): 96-109.

数字经济赋能低碳发展：
理论逻辑与实践路径

一、引言

当前，中国已经全面建成小康社会，正开启全面建设社会主义现代化国家、实现中华民族伟大复兴的新征程。应对气候变化是可持续发展的应有之义，既关乎人民群众对美好生活的期待，也关系到世界各国人民的福祉。应该看到，中国碳排放总量占全球碳排放总量的1/3，排放量是美国的2倍、欧盟的3倍。从碳达峰到碳中和的时间，中国仅30年左右，而美国是43年，欧盟是71年。中国面临着比发达国家时间更紧、任务更重的减排压力，这无疑需要我们付出艰苦卓绝的努力，进行广泛而深刻的经济社会系统性变革。

数字经济是中国经济转型的"低碳密码"。一方面，数字经济已经成为驱动全球经济发展的新动能、新引擎（Niebel T，2018）。中国数字经济增加值规模由2005年的2.6万亿元增长到2020年的39.2万亿元，数字经济占GDP比重从2005年的14.2%提升至2020年的39.6%（见图1）。2020年中国数字经济保持9.7%的增速，高于同期GDP名义增速约6.7个百分点（见图2）。另一方面，数字经济的发展也给碳减排提供了切实有效的新思路（Wang et al.，2021；Li and Wang，2022）。已有研究指出，数字部门有可能在2030年前直接减少全球15%

* 原文发表在《经济社会体制比较》2022年第2期，部分内容有删节。
** 作者简介：韩晶，北京师范大学经济与资源管理研究院教授、博士研究生导师。

的由化石燃料燃烧所产生的碳排放，并通过影响消费者、商业决策以及系统转型等方式，间接支持碳排放进一步降低35%（Falk J et al.，2019）。

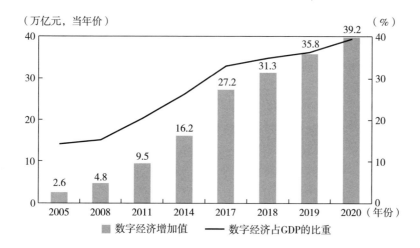

图1　中国数字经济增加值规模及占比

资料来源：中国信息通信研究院①。

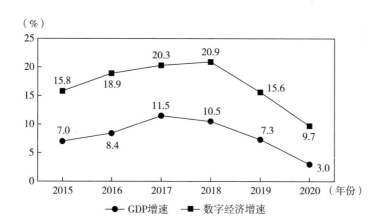

图2　中国 GDP 增速与数字经济增速

资料来源：中国信息通信研究院。

　　由此可见，数字经济已经成为推动中国经济平稳健康可持续发展的关键力

---

　　①　资料来源：中国信息通信研究院《中国数字经济发展白皮书（2021）》，网址：http：//www. ca-ict. ac. cn/kxyj/qwfb/bps/202104/P020210424737615413306.pdf，下图同。

量，也将是中国低碳发展进程中不可或缺的重要动力。综观已有研究，有关数字经济赋能低碳发展的研究稍显不足，且少有学者对数字经济赋能低碳发展的机理脉络进行详细梳理与实证检验。本文可能的贡献在于：第一，深度剖析了中国数字经济赋能低碳发展的理论逻辑，并对数字经济影响低碳发展的作用路径进行了实证检验；第二，基于理论阐述与实证分析，提出了中国数字经济赋能低碳发展的实践路径，为中国从数字经济入手助力"双碳"目标实现提供了政策启迪。

二、数字经济赋能低碳发展的文献回顾

数字经济是指以使用数字化的知识和信息作为关键生产要素、以现代信息网络作为重要载体、以信息通信技术的有效使用作为效率提升和经济结构优化的重要推动力的一系列经济活动①。自 Don Tapscott（1996）提出"数字经济"的概念以来，已有很多学者对数字经济的理论内涵、本质特征等进行了深入阐述（OECD，2014；Van Ark，2016；张鹏，2019；陈晓红等，2022），近年来，不少学者开始尝试对数字经济的规模进行衡量与测算（Barefoot et al.，2018；许宪春和张美慧，2020；蔡跃洲和牛新星，2021）。

低碳发展理念与模式是在全球因温室气体排放所导致的气候变化问题日益严峻，同时经济社会发展问题仍十分紧迫的背景下产生的（邬彩霞，2021）。低碳发展强调"低碳"，更强调"发展"，与"高碳发展"这一粗放型的发展模式相对，低碳发展模式坚决抵制以资源的高消耗、污染物的高排放和对环境的高污染来换取经济的高产出，强调通过低碳技术创新和低碳制度创新等方式，以低能耗、低污染、低排放、高效能、高效率、高效益（三低三高）的生产模式实现经济的高质量增长和社会的持续进步（DTI，2003；鲍健强等，2008；厉以宁等，2017）。

目前，已有诸多学者对数字经济发展的经济效应进行了深入的探讨。在企业层面，数字经济引发了企业组织结构、营销模式、生产模式、产品设计、研发模式、用工模式等方面的变革（戚聿东和肖旭，2020），提升了企业的资源配置效率（韦庄禹，2022）与治理水平（祁怀锦等，2020），给企业的业绩提升带来了

---

① 资料来源：二十国集团（G20）《二十国集团数字经济发展与合作倡议》，网址：http://www. g20chn. org/hywj/dncgwj/201609/t20160920_3474. html。

积极影响（何帆和刘红霞，2019）。在产业层面，新兴数字化产业的成长以及数字技术与传统产业的深度融合均有效带动了产业结构的优化升级（Ranta et al.，2021；陈晓东和杨晓霞，2021；田秀娟和李睿，2022）。在宏观层面，已有研究表明，数字经济能够通过提高地区创新能力（金环和于立宏，2021）、提升地区全要素生产率水平（杨慧梅和江璐，2021；Pan et al.，2022）、激发地区大众创业（赵涛等，2020；何宗樾和宋旭光，2020）、优化就业质量与社会分工（Acemoglu et al.，2016；戚聿东等，2020；田鸽和张勋，2022）等途径，促进经济社会的转型升级（戚聿东和褚席，2021），推动高质量发展（荆文君和孙宝文，2019）。

此外，一些学者对数字经济发展的环境效应进行了研究。一部分学者针对数字经济与污染物、温室气体排放之间的关系进行了探讨。邓荣荣和张翱祥（2022）研究发现，数字经济能够显著降低工业二氧化硫、工业废水、工业烟尘和PM2.5等环境污染物的排放。郭炳南等（2022）以国家级大数据综合试验区的设立为准自然实验，实证检验发现数字经济能够有效改善城市空气质量。Lu（2018）选取12个亚洲国家的数据研究发现，ICT技术对碳减排具有正向作用，而Atsu等（2021）基于南非的数据则得出了相反的结论。Li等（2021）研究发现，随着数字经济的发展，以煤为主的能源结构对碳排放的驱动作用将逐渐减小。还有一部分学者研究了数字经济对环境效率、环境全要素生产率的影响。何维达等（2022）研究发现数字经济对中国的生态效率提升具有显著的正向促进作用，刘强等（2022）则研究了数字经济对中国绿色经济效率的影响，得出了相似的结论。周晓辉等（2021）指出，数字经济能够通过优化资本配置扭曲提升中国城市层面的绿色全要素生产率，Han等（2022）研究发现，数字经济对中国的碳全要素生产率同样具有促进作用。此外，还有学者探讨了数字经济对绿色发展、低碳发展的影响。许宪春等（2019）指出，大数据可以通过高效整合资源、建立公共服务平台与数据库、完善环境监管体系等途径为中国的绿色发展提供有力支持。韩晶和陈曦（2022）结合理论阐述与实证分析深入探讨了数字经济赋能绿色发展的内在机制，研究发现数字经济能够通过加强技术创新、助力企业成长、推动产业优化三条路径赋能绿色发展。Wang等（2022）研究发现，推进数字经济能够有效促进中国城市层面的低碳可持续发展，创新要素流动是二者之间关键的传播渠道。

综观现有文献，目前针对数字经济的经济效应方面的研究已经较为全面，且已有不少研究关注了数字经济的环境效应，但结合"双碳"目标背景探讨数字经济与低碳发展之间关系的文章还稍显匮乏，且少有学者对数字经济赋能低碳发展的机理脉络进行详细梳理与实证检验。鉴于此，本文首先对数字经济赋能低碳发展的理论逻辑进行了深度剖析；其次利用中国 212 个地级及以上城市 2011~2019 年的数据对数字经济影响低碳发展的作用路径进行了实证检验；最后基于理论分析与实证结果，提出了数字经济赋能低碳发展的实践路径。

三、数字经济赋能低碳发展的理论逻辑

（一）数字经济精准匹配与低碳发展建构机理

建构低碳发展是一项多维度、立体化、全方位的系统性工程，涉及经济社会发展的各领域与全过程。低碳生产、低碳流通和低碳消费是低碳发展的重要环节，只有打通各环节堵点，消除梗阻，低碳发展才能顺利推进。目前，中国在生产环节面临的供给约束依旧较大，供需错配问题突出（徐朝阳等，2020）；流通环节现代化程度不高，高能耗、高碳排的特征较为显著（韩晶和蓝庆新，2022）；消费环节现有产品的种类与质量无法充分满足消费者个性化、多样化的需求（孟炯，2021）。为解决上述问题，畅通低碳发展的生产、流通和消费环节，需要依靠数字经济实现各环节的精准匹配，从而优化资源配置，推动经济社会领域节能降耗与增质提效。在低碳生产环节，大数据与数字技术能够有效改善供需双方之间信息不对称的问题，通过精准整合匹配供求信息，大幅提升供需双方的匹配程度，从而促使生产者转变过去标准化产品大规模生产的刚性思维，逐步转向大规模定制模式（韩江波，2017），在一定程度上改善原有供需错配的问题，既有利于生产者降低生产成本，提高产品的附加价值，同时还能够有效提升资源利用效率，缓解无效供给引发的资源浪费与环境污染问题。在低碳流通环节，互联网、物联网的广泛应用能够优化生产要素和产品的流通渠道，实现运力资源的精准匹配，大幅提升流通效率，提高流通体系对生产要素和产品的有效集散与高效配置能力；与此同时，大数据、人工智能、云计算等数字技术还能够赋能交通领域"治堵"与"节能"，从而有效降低流通环节的碳排放水平。在低碳消费环节，数字经济引发了消费端长尾效应（韩晶等，2020），网络平台的出现为消费者提供了更丰富、更多元的消费选择，能够实现供需之间的跨时空精准匹配，从而降低消费者的搜寻成本并满足其个性化、多样化的需求，社会资源得到更好的优化整合，人民日益增长的美好生活需要也不断得到满足。基于以上分析，本文提出如下研究假设：

假设 1：数字经济能够赋能中国低碳发展。

（二）数字经济赋能低碳发展的机制路径

1. 要素升级：数据融合与生产率提升

数字经济时代，数据成为极为关键的生产要素。一方面，数据要素的易复制、零边际成本、无限增长与供给等特征使其能够有效突破传统生产要素有限供给所引致的增长极限，为经济可持续增长提供可能；另一方面，数据要素还具有高渗透性、高协同性等特征，能够与劳动力、资本、土地、资源等传统生产要素深度融合，从而发挥倍增效应，提高传统要素的价值创造能力，带动生产率的提升。数据要素与劳动力要素融合催生出智能机器人等"新劳动力"。在生产活动领域，智能机器人承担了低端、简单且重复性高的工作，使得劳动者能够更加专注于无法实现自动化的高附加值的工作（Autor et al.，2003），从而带动生产率水平的提升。数据要素与资本要素融合催生出数字金融等"新资本"。基于大数据风险控制系统和物联网、区块链、人工智能等数字技术，数字金融机构能够更好地对信贷主体与信贷项目进行甄别，通过对信贷主体和信贷项目的绿色低碳大数据进行分析，有效引导资本流向节能减排、污染防治、清洁能源、应对气候变化等"真绿"项目中，剔除"假绿""染绿"项目，切实推动经济社会绿色化低碳化转型。数据要素与土地要素融合催生出数字孪生等"新土地"。数字孪生借助数字化的手段在虚拟车间中实现了从产品设计环节到生产环节再到维护环节全生命周期的模拟，从而有效优化生产策略、提高生产效率、避免不必要的资源浪费并削减污染物与二氧化碳的排放量。数据要素与能源要素融合催生出能源互联网等"新能源"。能源互联网通过整合并分析处理气象、电网、电力市场、运行等多方数据，实现能源供需双方的实时动态匹配，大幅提高能源生产端与消费端的运作效率，提升能源的利用水平，并有效解决可再生能源发电不稳定等问题，实现可再生能源的有效利用，切实推动能源系统的低碳发展。

一方面，要素融合能够引发资源配置方式的变革，有效缓解资源错配问题，提高资源的配置效率，进而带动全社会生产率水平的提升（王开科等，2020）；另一方面，要素融合还能够优化传统要素的投入、组合以及使用方式，使生产活动能以更少的劳动力、资本、土地和资源等要素投入获得更大的产出，在提高生产率与资源能源利用率的同时尽可能地减少生产过程中的资源浪费与环境污染。当前，中国的经济发展受到人口红利减弱（柏培文和张云，2021）、投资边际报酬递减、资源环境约束趋紧等问题所引致的负面影响冲击，兼顾要素投入端的生产率和污染排放端的生产率是破解上述困境，实现经济绿色、低碳、可持续发展的重要途径。基于以上分析，本文提出如下研究假设：

假设 2：数字经济能够通过提高生产率水平赋能低碳发展。

2. 动力升级：数字技术与低碳创新

技术创新是在资源能源短缺形势日益严峻，气候变化等环境问题对经济发展的约束日益趋紧的背景下实现低碳发展的根本出路。1942 年，熊彼特提出"创造性破坏"思想并指出创新是实现经济发展的不竭源泉（Schumpeter，1942）。Aghion 和 Howitt（1998）在熊彼特创新模型的基础上引入资源与环境约束时发现，尽管存在资源和环境约束，但若是能使得技术创新、智力资本积累的生产率大于时间贴现率，就仍然存在一条能够同时实现经济持续增长与资源环境状况改善的最优增长路径。因此，要想真正实现低碳发展、彻底改变经济社会发展高度依赖化石能源的碳锁定现状，必须要突出关键核心技术突破和前沿技术创新的重要作用，特别是与清洁生产、新能源利用、清洁煤利用、碳捕获与碳封存等相关的一系列绿色低碳技术的创新。

数字经济时代，数字技术作为最为关键的核心技术，其对经济社会发展的引领带动作用日益突出。华为和牛津经济研究院研究显示，在适当政策和投资组合的推动下，数字技术可使 2025 年全球 GDP 增加 1.7 万亿美元①。与此同时，数字技术将成为数字经济赋能低碳发展的核心推动力。中国信息通信研究院在《数字碳中和白皮书（2021）》中指出，数字技术在助力全球应对气候变化中承担着重要作用②。全球移动通信系统协会（GSMA）与碳信托（Carbon Trust）联合研究发现，2018 年，移动互联网等数字技术的使用使全球温室气体排放量减少了大约 21.35 亿吨，此减排量几乎是移动互联网行业自身碳足迹的 10 倍③。数字技术能够助推低碳发展的原因主要可归纳为以下几方面：首先，数字技术具有极强的通用目的技术属性，是推动全社会创新水平提升的关键共性技术。数字技术可以被广泛应用于各种场景与各个领域，具有极强的溢出效益和技术提升潜能，是各类技术创新的基础，能够持续地为各领域后续的创新提供可能，从而有效提升全社会的技术创新水平。其次，数字技术能够引发创新模式与创新环境的

---

① 资料来源：华为和牛津经济研究院《数字溢出：衡量数字经济的真正影响力》，网址：https://www.doc88.com/p-1877820943648.html。

② 资料来源：中国信息通信研究院《数字碳中和白皮书（2021）》，网址：http://www.caict.ac.cn/kxyj/qwfb/bps/202112/P020211220632111694171.pdf。

③ 资料来源：GSMA 和 Carbon Trust："The Enablement Effect：The impact of mobile communications technologies on carbon emission reduction"，网址：https://www.gsma.com/betterfuture/wp-content/uploads/2019/12/GSMA_Enablement_Effect.pdf。

变革。绿色低碳技术创新具有投入大、周期长、不确定性高等特征，需要充足的人力与物力支持。一方面，数字技术能够对创新主体的创新模式进行改造，促使传统的封闭式、闭源式创新模式向开放式、开源式转化（戚聿东和肖旭，2020），使创新主体能够从外部渠道获取源源不断的人才、知识与技术等创新资源支持，从而有效降低创新主体低碳技术创新过程的成本与风险。另一方面，数字技术也能有效缓解由于信息不对称所引发的融资约束，从而拓宽创新主体的融资渠道，为低碳技术创新提供充足的资金支持。最后，数字技术具有较强的绿色低碳属性，在帮助企业降低成本、提升产量、提高能效的同时，还能够有效抑制污染物和二氧化碳等温室气体的排放。例如，先进过程控制（APC）技术融合了人工智能、机器学习、深度学习等多项数字技术，能够实时监控并优化企业的生产装置与生产过程，从而有效提高生产效率、降低要素损耗并提高企业的利润水平；区块链技术具有数据透明、可追溯、无篡改以及供应链管理等天然优势，能够全面提升产业链各环节的生产效率与资源利用水平，充分激活低碳、零碳相关产业的市场竞争力，而且区块链与分布式数据存储、共识机制和智能合约等多种数字技术联合，还能有效助力碳交易市场建设，通过减少虚假交易与数据造假、保障用户隐私安全、降低交易时间成本以及方便市场监管者查验等多条途径推动碳交易市场公平安全高效运行。基于以上分析，本文提出如下研究假设：

假设3：数字经济能够通过提高绿色低碳技术创新水平赋能低碳发展。

3. 产业升级：数字转型与结构优化

在数字经济时代，依托大数据与数字技术，加速传统产业的数字化融合，推动全产业链上下游的数字化转型、升级与再造，能够有效驱动产业结构优化升级。首先，数字化转型带来精准农业、智慧农业。在农产品生产阶段，物联网、云计算、5G、人工智能等数字技术与遥感、地理信息系统、传感、自动化等技术的有机结合，能够实现对农产品生产全过程的实时监测，通过收集与分析农产品的生长阶段、生长状态与生长环境数据，智能模拟出最优的生长条件，并实现对农业资源的精准控制与合理利用，从而有效地减少化肥与农药的使用，降低生产成本以及污染物与二氧化碳排放，在实现农产品产量与质量提升目的的同时，降低农业活动对生态环境的影响（阮俊虎等，2020）。在农产品销售阶段，"数字+产销"的运作模式能够精准对接农产品产销双方，实现供需之间的精准匹配，有效化解农产品销售难题，提高农产品市场的运行效率。其次，数字化转型推动工业柔性生产与个性化定制。数字经济时代，消费者个性化、多元化的需求逐渐替代供给占据了供求关系中的主导地位（戚聿东等，2020）。供求关系的转变给工业企业传统的单一化、批量化生产模式带来了巨大冲击，促使企业对自身的运作方式、管理模式、营销手段等方面进行全方位、系统性的改革，逐步转向柔性化、定制化的生产模式，以提高自身对消费者需求的即时响应能力。借助数字技术对数据要素进行充分挖掘与分析，企业能够以趋零的成本处理客户的个性化需求信息（何帆和刘红霞，2019），从而有效化解信息不对称问题，提高交易的匹配效率，破除低端无效供给，杜绝无效浪费。与此同时，"企业上云"成为工业数字化转型的重要突破口。以虚拟集聚为特征的柔性化"云工厂"平台能够有效盘活"云上"企业的闲置资源与闲置设备，在助力企业创造额外经济价值的同时，能有效地避免产业地理集聚可能引发的污染物与二氧化碳排放等环境问题。最后，数字化转型引发服务业业态模式推陈出新。数字经济时代，服务业与数字化融合催生出众多新产业、新模式和新业态，更好地满足了消费者日益多元的消费需求。具体来说，以闲置交易、共享交通等为代表的共享经济能够有效打破供需信息不对称屏障，推动社会闲置资源的交流共享，从而降低资源的使用成本，提高资源的循环再利用率；精准匹配的数字营销方式颠覆了传统的海投式粗放型营销模式，能够精准对接消费者的实际需求，有效摆脱无效营销困境，降低营销成本并驱动营销效率提升；而电子商务、移动支付、线上教育、智慧医疗、智慧物流等服务业新业态新模式更是能够极大地改善服务效率，全方位地提升消费者的服务体验，降低全社会的运行成本。

产业是经济增长的核心动能之一。产业结构的变化调整决定了经济增长的水平与经济发展的方式。也就是说，保障经济绿色低碳可持续发展必须匹配绿色低碳的现代产业体系。因此，加速淘汰落后的"三高"产能，大力培育高附加值的绿色低碳产业，持续推动产业结构优化升级并提高产业体系的"含绿量""含金量"，对中国的低碳发展具有十分重要的现实意义。在数字时代背景下，中国各产业的数字化融合发展正不断向深层次演进。根据中国信息通信研究院的数据，2020 年中国农业、工业和服务业数字经济渗透率分别达到 8.9%、21.0% 和 40.7%，相较 2016 年分别提高了 2.7 个、4.2 个和 11.1 个百分点①。通过数字化转型，产业部门间与产业部门内的要素错配问题得以纠正，资源要素流向生产率相对较高的产业，产业重心逐步由劳动、资本密集型产业向技术、数字密集型产业转移，产业结构逐步向高效率、高附加值、低污染、低能耗、低碳排过渡。传统产业的数字化融合引发产业结构的优化升级，能够有效加速绿色低碳现代产业体系的建成，推动经济体系的绿色低碳可持续化发展。基于以上分析，本文提出

---

① 资料来源：中国信息通信研究院《中国数字经济发展白皮书（2021）》，网址：http://www.ca-ict.ac.cn/kxyj/qwfb/bps/202104/P020210424737615413306.pdf。

如下研究假设：

假设4：数字经济能够通过推动产业结构优化升级赋能低碳发展。

四、数字经济赋能低碳发展的实证检验

（一）模型构建

为对本文提出的研究假设进行检验，首先针对数字经济赋能低碳发展的直接作用机制构建如下的基准模型：

$$\ln lcd_{it} = \alpha_0 + \alpha_1 \ln de_{it} + \alpha_2 Z_{it} + \mu_i + \lambda_t + \varepsilon_{it} \tag{1}$$

式（1）中，i代表城市，t代表时间；$\ln lcd_{it}$代表城市i在时间t的低碳发展水平，$\ln de_{it}$代表城市i在时间t的数字经济水平，向量Z_{it}代表一系列控制变量；μ_i代表城市固定效应，λ_t代表时间固定效应，ε_{it}代表随机扰动项。

除式（1）所表达的直接效应外，为进一步检验本文所提出的数字经济赋能低碳发展的三条路径是否成立，在此使用中介效应模型（温忠麟和叶宝娟，2014）进行验证。

$$M_{it} = \beta_0 + \beta_1 \ln de_{it} + \beta_2 Z_{it} + \mu_i + \lambda_t + \varepsilon_{it} \tag{2}$$

$$\ln lcd_{it} = \gamma_0 + \gamma_1 \ln de_{it} + \gamma_2 M_{it} + \gamma_3 Z_{it} + \mu_i + \lambda_t + \varepsilon_{it} \tag{3}$$

式（2）和式（3）中，M_{it}代表中介变量，共包括生产率水平、绿色低碳技术创新水平和产业结构优化水平。为检验某条传导路径是否存在，需结合β_1、γ_1和γ_2等系数的显著性来判断。

（二）变量选取

1. 低碳发展水平的测度

虽然目前已有诸多文献通过将碳排放水平引入全要素生产率测算的方式来衡量低碳发展水平，但受限于全要素生产率测算的波动性与维度的单一性，将其作为衡量低碳发展的唯一评价指标将无法实现对低碳发展的多维度测度。考虑到城市层面数据的可得性，并参考厉以宁等（2017）、邬彩霞等（2021）对低碳发展理论内涵的阐释，本文从"低碳"和"发展"两方面出发，共设计了"资源流""能源流""经济水平提高"和"社会福祉改善"4个二级指标，具体选取了12个三级指标来测度中国城市层面的低碳发展水平。

本文参考陈景华等（2020）的做法，采取熵权法对各城市的低碳发展综合指数进行测度与评价，记为 lch。熵权法有效避免了指标赋权时主观人为因素的干扰，使测算结果更加客观有效。具体测算步骤如下：

（1）运用极差法对各单项指标 x_{ij} 进行标准化处理以消除各单项指标在数量级和量纲方面的不一致性。

$$正向指标： x_{ij}^s = \frac{x_{ij} - \min(x_{ij})}{\max(x_{ij}) - \min(x_{ij})} \tag{4}$$

$$负向指标： x_{ij}^s = \frac{\max(x_{ij}) - x_{ij}}{\max(x_{ij}) - \min(x_{ij})} \tag{5}$$

式（4）与式（5）中，x_{ij}^s 为各个单项指标的标准值，x_{ij} 为各个单项指标的原始值，$\max(x_{ij})$ 为第 j 个指标在全部样本城市中每年的最大值，$\min(x_{ij})$ 为第 j 个指标在全部样本城市中每年的最小值。

（2）计算各单项指标 x_{ij}^s 的信息熵 E_j。

$$E_j = -\frac{1}{\ln(n)} \sum_{i=1}^{n} \left[(x_{ij}^s / \sum_{i=1}^{n} x_{ij}^s) \ln(x_{ij}^s / \sum_{i=1}^{n} x_{ij}^s) \right]) \tag{6}$$

其中，共有 n 个测度对象，且当 $x_{ij}^s / \sum_{i=1}^{n} x_{ij}^s = 0$ 时，令式（6）中的 $(x_{ij}^s / \sum_{i=1}^{n} x_{ij}^s)$ $\ln(x_{ij}^s / \sum_{i=1}^{n} x_{ij}^s) = 0$。

（3）计算各单项指标 x_{ij}^s 的权重 W_j。

$$W_j = (1 - E_j) / \sum_{j=1}^{m} (1 - E_j) \tag{7}$$

式（7）中，m 代表单项指标的数量，且 $0 \leqslant W_j \leqslant 1$，$\sum_{j=1}^{m} W_j = 1$。

（4）计算综合指数。

$$C_i = \sum_{j=1}^{m} W_j x_{ij}^s \tag{8}$$

式（8）中，$0 \leqslant C_i \leqslant 1$，$C_i$ 值越大表明城市 i 的低碳发展水平越高；反之，城市 i 的低碳发展水平越低。

2. 数字经济水平的测度

赵涛等（2020）借鉴黄慧群等（2019）的方法，从"互联网普及率""互联网相关从业人员数""互联网相关产出"和"移动互联网用户数"四个方面对互联网发展水平进行了评价，同时引入"数字金融普惠发展"指标来衡量数字金融发展水平（郭峰等，2020），从上述两方面对城市层面的数字经济水平进行了测度。本文参考赵涛等（2020）的做法，设计了数字经济水平综合指标体系，其中包含 2 个一级指标、5 个二级指标和 5 个三级指标（见表 1），同样采取熵权法对各城市的数字经济综合指数进行测度与评价，记为 de。

表 1　中国城市低碳发展水平和数字经济水平综合指标体系

目标层	一级指标	二级指标	三级指标	指标属性
低碳发展综合指数	低碳	资源流	建成区绿化覆盖率	正向
			工业固体废弃物综合利用率	正向
			人均日生活用水量	负向
		能源流	能源强度	负向
			碳排放强度	负向
			PM2.5 年平均浓度	负向
	发展	经济水平提高	人均地区生产总值	正向
			地区生产总值增速	正向
			第三产业增加值比重	正向
		社会福祉改善	城镇人均可支配收入	正向
			人均教育支出	正向
			人均医院床位数	正向
数字经济综合指数	互联网发展水平	互联网普及率	百人中互联网宽带接入用户数	正向
		互联网相关从业人员数	人均电信业务总量	正向
		互联网相关产出	百人中移动电话用户数	正向
		移动互联网用户数	计算机服务和软件业从业人员占城镇单位从业人员比重	正向
	数字金融发展水平	数字金融普惠发展	数字普惠金融指数	正向

3. 控制变量

为更全面地分析数字经济在城市低碳发展过程中的赋能效应，并尽可能减小模型的误差，本文还在模型中纳入了以下控制变量：①经济发展水平（$\ln GDP$），用各城市人均地区生产总值的对数值来衡量。②外商投资水平（FDI），用各城市当年实际使用外资金额比地区生产总值来衡量。③人力资本水平（$\ln hum$），用每万人在校大学生数的对数值来衡量。④政府干预水平（gov），用各城市地方财政一般预算内支出比地区生产总值来衡量。⑤环境规制水平（$\ln er$），参考韩晶等（2019）的方法，构建环境规制强度指数，并用其对数值来衡量，环境规制强度指数的计算方法如下：

$$EI_{ij}^t = \frac{p_{ij}^t}{Y_i^t} \tag{9}$$

$$EI_j^t = \frac{p_j^t}{Y^t} = \frac{\sum\limits_{i=1}^{n} p_{ij}^t}{\sum\limits_{i=1}^{n} Y_i^t} \tag{10}$$

$$REI_{ij}^t = \frac{EI_{ij}^t}{EI_j^t} \tag{11}$$

$$REI_i^t = \frac{\sum\limits_{j=1}^{m} REI_{ij}^t}{m} \tag{12}$$

$$ER_i^t = \frac{1}{REI_i^t} \tag{13}$$

在有 n 个测度对象，m 种污染物指标，时间长度为 T 的评价体系中，p_{ij}^t 表示第 i 个城市第 t 期第 j 种污染物的排放量，Y_i^t 表示第 i 个城市第 t 期的地区生产总值。故第 i 个城市第 t 期第 j 种污染物的排放强度 EI_{ij}^t 由式（9）表示，第 t 期第 j 种污染物的全国排放强度 EI_j^t 由式（10）表示，那么第 i 个城市第 t 期第 j 种污染物的相对排放强度 REI_{ij}^t 由式（11）表示。将 m 种污染物的相对排放强度求算术平均，得到第 i 个城市第 t 期的污染物排放综合指数 REI_i^t，由式（12）表示。本文共选取了 3 种污染物排放指标，分别为工业废水排放量、工业二氧化硫排放量和工业烟（粉）尘排放量。对污染物排放综合指数 REI_i^t 采取逆处理，得到环境规制强度指数 ER_i^t，由式（13）表示。环境规制强度指数 ER_i^t 越大，环境规制水平越强；反之，环境规制水平越弱。

4. 中介变量

（1）生产率水平（lneff）：低碳发展的主要任务是实现经济社会发展与降污减碳的双赢，故本文选取各城市碳生产率的对数值作为生产率水平的正向代理变量。碳生产率由单位二氧化碳的 GDP 产出水平来衡量。

（2）绿色低碳技术创新水平（lninn）：相比传统技术创新，绿色低碳技术创新能够更有效地改善生产与生活活动带给环境的负外部性影响，从而推动社会的低碳发展进程，故本文在此选择各城市绿色专利申请量的对数值作为绿色低碳技术创新水平的正向代理变量。

（3）产业结构优化水平（lniso）：产业结构优化主要表现为产业结构合理化

和产业结构高级化两方面。产业结构合理化反映了产业间的聚合质量，不仅体现了产业间的调整与协调程度，还体现了资源的有效利用程度（杨骞和秦文晋，2018）。产业结构高级化是指在经济增长过程中，产业结构发生相应的规律性变化，从三次产业占比的角度来看，表现为比重沿第一、第二、第三产业的顺序不断增加（付凌晖，2010）。参考干春晖等（2011）的方法，以重新定义的泰尔指数对产业结构合理化水平进行衡量：

$$SR = \sum_{i=1}^{3} \left(\frac{Y_i}{Y} \right) \ln \left(\frac{Y_i}{L_i} \bigg/ \frac{Y}{L} \right) \tag{14}$$

其中，Y 代表产值，L 代表就业，$i=1$，2，3 代表具体产业。根据古典经济学假设，经济最终将发展到均衡状态，各产业部门的生产率水平相同。根据定义，Y/L 即代表生产率，因此当经济达到均衡状态时，$Y_i/L_i = Y/L$，此时 SR 值为0。SR 为逆向指标，故对其取倒数得到产业结构合理化指标。SR 值越大，表示经济越偏离均衡状态，产业结构合理化水平越低。参考汪伟等（2015）的方法，以产业结构层次系数作为产业结构高级化水平的测度指标：

$$SU = \sum_{i=1}^{3} i \times \left(\frac{Y_i}{Y} \right) \tag{15}$$

其中，SU 值反映了三次产业之间的升级状况，SU 值越大，就表示产业结构的"工业化""服务化"水平越高，产业结构在升级。在此基础上，将产业结构合理化和产业结构高级化作为产业结构优化的二级指标，采取熵权法计算产业结构优化综合指数，并将该指数的对数值作为各城市产业结构优化的正向代理变量。

（三）数据来源

本文以 2011~2019 年中国 212 个地级及以上城市为研究对象，所需数据来源于对应年份的《中国城市统计年鉴》、《中国城乡建设统计年鉴》、各地市的统计年鉴和统计公报以及 eps 数据库、Wind 资讯数据库、CEADs 数据库、北京大学数字金融研究中心和国家知识产权局等，部分缺失数据采用插值法等拟合补齐，凡涉及价格的变量均按 2011 年不变价计算，涉及外币的变量按照当年平均汇率进行折算。本文主要变量的描述性统计如表 2 所示。

表 2　主要变量的描述性统计

	变量	观测数	均值	标准差	最小值	最大值
被解释变量	ln*lch*	1908	−1.1604	0.2913	−1.9006	−0.1351

	变量	观测数	均值	标准差	最小值	最大值
核心解释变量	lnde	1908	−2.0926	0.5681	−3.9170	−0.1431
控制变量	lnGDP	1908	10.5753	0.5263	9.0912	11.9550
	FDI	1908	0.0189	0.0182	1.7700	0.1988
	lnhum	1908	4.9035	1.0135	1.9945	7.1787
	gov	1908	0.1801	0.0770	0.0439	0.6750
	lner	1908	−0.1009	0.7902	−3.9509	3.4586
中介变量	lneff	1908	−0.5514	0.4877	−2.4812	1.3167
	lninn	1908	5.4783	1.6515	0.0000	10.5072
	lniso	1908	−3.3614	0.9551	−5.5904	0.0000

(四) 基准回归结果

本文首先对全样本进行基准回归，估计回归结果如表3模型（1）和模型（2）所示。未加入控制变量时，数字经济（lnde）的系数在1%的水平下显著为正；加入控制变量后，数字经济的系数依旧在1%的水平下显著，表明数字经济发展能够有效赋能中国的低碳发展，假设1得到验证。

控制变量方面：各地区的经济发展水平（lnGDP）与低碳发展之间在1%的水平下存在显著的正相关关系，表明中国在实现经济增长的同时也实现了低碳发展水平的提升。外商投资水平（FDI）的系数为正，但在10%的水平下仍不显著，意味着外商投资可能存在"污染光环效应"，外来资本投资可以通过技术外溢、知识扩散等方式带动当地低碳发展进程的推进，但就本文回归结果来看该效应并不显著。人力资本水平（lnhum）的系数在5%的水平下显著为正，表明人力资本作为知识和技术的重要载体，是生产工艺、低碳技术应用与革新的主体与原动力，人力资本水平的提升有效提高了资源利用效率与经济产出水平，改善了低碳发展的质量。政府干预水平（gov）的系数在5%的水平下显著为正，表明政府干预能够促进城市的低碳发展，因此在推动低碳发展的过程中，不仅要充分注重碳税、碳排放权交易等市场化手段的探索与实践，同时还应积极寻求市场机制与政府宏观调控的最优结合点。环境规制水平（lner）的系数为负，但未通过10%的显著性检验，意味着目前中国的环境规制政策尚未越过"波特拐点"，相关环境政策在降低污染物排放水平时，未能有效促进城市层面的低碳发展，但就本文回归结果来看该不利影响并不显著。

（五）内生性检验

考虑到可能存在的内生性问题，本文为核心解释变量选取了合适的工具变量。首先，参考黄群慧等（2019）的做法，本文选择了各城市1984年的固定电话普及率作为数字经济发展水平的工具变量。一方面，数字技术作为传统通信技术的延伸与发展，其应用与普及必然会受到当地历史电信基础设施水平的影响，满足相关性；另一方面，随着固定电话等传统电信工具使用频率的下跌，当前阶段的低碳发展水平已几乎不受其影响，满足外生性。其次，参考张勋等（2020）的做法，本文选择各城市与北京、杭州和深圳三大核心城市[①]的平均球面距离作为数字经济发展水平的工具变量。一方面，三大核心城市数字经济产业的发展相对较早，因此可以预期，与三大核心城市的地理距离越近，数字经济的发展水平越高，满足相关性；另一方面，与三大核心城市的距离远近并不直接影响低碳发展水平的高低，满足外生性。此外，由于上述工具变量均不随时间变化，无法直接用于本文的面板数据模型，故引入随时间变化的变量来构造面板工具变量。具体而言，本文将1984年的固定电话普及率和上一年全国层面互联网用户数进行交互，将与三大核心城市的平均球面距离和全国层面（除本市）数字经济综合指数的均值进行交互，并采用交互后变量的对数值（lnteleiv 和 lndisiv）作为新的具有时间效应的工具变量。

表3的模型（3）和模型（5）显示，两个工具变量的系数均在1%的水平下显著，且符号符合预期。表3的模型（4）和模型（6）显示，在考虑了内生性问题之后，数字经济对低碳发展的促进作用在1%的显著性水平下仍然显著，本文的结论稳健。

表3 基准模型与工具变量回归结果

变量	（1）	（2）	（3）	（4）	（5）	（6）
	lnlch	lnlch	lnde	lnlch	lnde	lnlch
lnde	0.0362 ***	0.0339 ***		0.5592 ***		0.0558 ***
	(2.89)	(2.77)		(5.07)		(4.58)

---

① 之所以选择北京，因为北京既是中国的首都，也是中国数字经济的"领头羊"；之所以选择杭州没有选择上海，一方面是因为以支付宝为代表的数字经济产业起源于杭州，另一方面是因为上海距离杭州较近，加进上海将使平均球面距离整体偏向华东地区；之所以选择深圳没有选择广州，一方面是腾讯集团的总部在深圳，另一方面是因为广州离深圳较近。

续表

变量	(1) lnlch	(2) lnlch	(3) lnde	(4) lnlch	(5) lnde	(6) lnlch
ln*teleiv*			0.4291*** (5.25)			
ln*disiv*					−133.2624*** (−18.30)	
ln*GDP*		1.1728*** (3.41)	1.8736** (2.58)	0.4078 (0.85)	0.0635 (0.12)	1.1409*** (4.71)
FDI		0.2131 (1.57)	1.3828*** (5.33)	−0.4715** (−2.16)	0.5196*** (3.89)	0.1846 (1.60)
ln*hum*		0.0336** (2.53)	−0.0084 (−0.34)	0.0176 (1.28)	0.0201 (1.33)	0.0329*** (4.24)
gov		0.1362** (2.28)	−0.5853*** (−4.41)	0.3923*** (4.02)	0.0079 (0.11)	0.1469*** (3.40)
ln*er*		−0.0005 (−0.09)	−0.0104 (−1.08)	0.0028 (0.43)	−0.0052 (−0.97)	−0.0003 (−0.09)
常数项	−1.1096*** (−38.62)	−13.6047*** (−3.76)				
个体固定效应	Yes	Yes	Yes	Yes	Yes	Yes
时间固定效应	Yes	Yes	Yes	Yes	Yes	Yes
Kleibergen-Paap LM 统计量			16.27 [0.0001]		142.76 [0.0000]	
Kleibergen-Paap Wald rk F 统计量			27.53 {16.38}		334.83 {16.38}	
F-test 统计量	175.71 [0.0000]	122.76 [0.0000]	27.53 [0.0000]	44.64 [0.0000]	334.83 [0.0000]	140.19 [0.0000]
观测数	1908	1908	1908	1908	1908	1908
组内 R^2	0.5519	0.5687				

注：小括号内为 z 统计量，中括号内为 p 值，大括号内为 Stock-Yogo 弱识别检验 10% 水平上的临界值，*、**、*** 分别表示在 10%、5%、1% 水平下显著。

此外，在工具变量不可识别的检验中，Kleibergen-Paap LM 统计量的 p 值表明两个工具变量均显著，拒绝"工具变量不可识别"的原假设；在工具变量弱

识别的检验中，Kleibergen-Paap Wald rk F 统计量均大于 Stock-Yogo 弱识别检验
10%水平上的临界值。综上可知，本文选择的工具变量满足有效性。

（六）异质性分析

由于不同地区、不同城市在资源禀赋、发展阶段等方面均存在一定差异，从
而导致低碳发展水平和数字经济水平也存在明显的区域异质性。那么，数字经济
对低碳发展的影响也极有可能在地区、城市规模等方面存在异质性，有必要进行
深入的探讨。为此，本文将 212 个地级及以上城市划分成东部地区、中部地区、
西部地区和东北地区四个样本①以及大城市、中小城市两个样本②来对数字经济
赋能低碳发展的区域异质性进行考察。首先，对不同区域、不同规模城市的低碳
发展水平和数字经济水平进行描述性统计分析，结果如表 4 和表 5 所示。

表4　分样本的低碳发展水平与数字经济水平差异

低碳发展水平					
分类	观测数	均值	中位数	标准差	极差
东部地区	621	0.3872	0.3543	0.1328	0.6946
中部地区	603	0.2743	0.2626	0.0598	0.3277
西部地区	432	0.3154	0.2908	0.0937	0.5693
东北地区	252	0.3311	0.3202	0.0667	0.3215
大城市	1206	0.3474	0.3135	0.1195	0.7073
中小城市	702	0.2943	0.2876	0.0710	0.5811
数字经济水平					
分类	观测数	均值	中位数	标准差	极差
东部地区	621	0.2042	0.1638	0.1369	0.8224
中部地区	603	0.1053	0.0939	0.0523	0.3500
西部地区	432	0.1305	0.1073	0.0785	0.4140
东北地区	252	0.1326	0.1193	0.0543	0.3476
大城市	1206	0.1659	0.1302	0.1180	0.8398
中小城市	702	0.1139	0.1056	0.0524	0.4920

① 东部地区包括北京、天津、河北、上海、江苏、浙江、福建、山东、广东和海南10个省份的地
级市；中部地区包括山西、安徽、江西、河南、湖北和湖南6个省份的地级市；西部地区包括内蒙古、广
西、重庆、四川、贵州、云南、陕西、甘肃、青海、宁夏和新疆11个省份的地级市；东北地区包括辽宁、
吉林和黑龙江3个省份的地级市。
② 本文将市辖区年末户籍人口100万以上的地级市划分为大城市，市辖区年末户籍人口100万以下
的地级市划分为中小城市。

表5　异质性回归结果

变量	(1)	(2)	(3)	(4)	(5)	(6)
	东部地区	中部地区	西部地区	东北地区	大城市	中小城市
ln*de*	0.0467*	0.0442*	0.0239	−0.0053	0.0488***	0.0201
	(1.88)	(1.67)	(1.30)	(−0.15)	(2.97)	(1.19)
控制变量	Yes	Yes	Yes	Yes	Yes	Yes
个体固定效应	Yes	Yes	Yes	Yes	Yes	Yes
时间固定效应	Yes	Yes	Yes	Yes	Yes	Yes
观测数	621	603	432	252	1206	702
组内 R^2	0.5960	0.6044	0.6371	0.6245	0.5525	0.6360

注：括号内为 z 统计量，*、**、***分别表示在10%、5%、1%水平下显著。

　　从地区分布来看，由表4可知，东部地区无论是在低碳发展水平还是数字经济水平方面均显示出较大优势。进一步由表5的回归结果可知，东部地区数字经济对低碳发展的正向影响最强，其次是中部地区，且均在10%的水平下显著；西部地区的促进效应较弱，东北地区则存在微弱的抑制效应，且均在10%的水平下仍不显著。产生这一结果的可能原因在于：受经济发展水平的影响，中国不同地区之间普遍存在"数字鸿沟"问题。东部地区有充足的资金和人力资本来支持数字经济的发展，与其他地区相比，东部地区的数字经济水平具有较大优势；而西部、东北等欠发达地区尚不具备大力发展数字经济的物质条件，在资金、数字技术水平、数字专业人才等方面与发达地区相比存在较大差距，因而无法充分享受数字经济红利。在数字经济发展初期，相关的数字基础设施建设和数字技术创新具有周期长、成本高、风险大等特征，这些不确定性因素不仅会导致数字经济无法有效赋能低碳发展，甚至可能在一定程度上抑制低碳发展水平的提升。

　　从城市规模来看，由表4可知，大城市在低碳发展水平和数字经济水平两方面均具有"先发优势"。进一步由表5的回归结果可知，数字经济水平对低碳发展水平的促进作用随城市规模的缩小而递减。大城市的促进效应较强，且在1%的水平下显著；而中小城市的促进效应相对较弱，且在10%的水平下仍不显著。究其原因，可能在于：数字经济具有显著的网络外部性特征。根据"梅特卡夫定律"，网络的价值以用户数量的平方速度增长，当网络用户数量超过特定临界点后，网络价值将呈现爆发式增长（裴长洪等，2018）。规模较大的城市在网络用户数量上具有明显优势，能够更好地发挥数字经济的网络外部性效应，进而带动规模经济的实现并驱动低碳发展进程的推进。

（七）机制分析

由上述检验结果可知，数字经济能够赋能低碳发展。在此基础上，本文对数字经济赋能低碳发展的三条路径进行检验，回归结果如表6所示。由表6模型（1）、模型（3）和模型（5）可知，数字经济对生产率水平、绿色低碳技术创新水平和产业结构优化水平等中介变量的正向影响分别在1%、10%、5%的水平下显著。进一步由表6模型（2）、模型（4）和模型（6）可知，将中介变量与核心解释变量共同引入模型后，数字经济的系数分别在5%、1%、1%的水平下显著为正，中介变量分别在5%、10%、1%的水平下显著为正，支持了前述中介机制的存在性。因此，数字经济能够通过提高生产率水平、增强绿色低碳技术创新能力、促进产业结构持续优化三种中介机制来有效促进中国城市层面的低碳发展，本文前述的假设2至假设4均成立。

表6 中介模型回归结果

变量	（1）	（2）	（3）	（4）	（5）	（6）
	lneff	lnlch	lninn	lnlch	lniso	lnlch
lnde	0.0461***	0.0311**	0.1431*	0.0326***	0.1532**	0.0307***
	(2.81)	(2.53)	(1.89)	(2.68)	(2.09)	(2.60)
lneff		0.0596**				
		(2.46)				
lninn				0.0087*		
				(1.89)		
lniso						0.0208***
						(4.30)
控制变量	Yes	Yes	Yes	Yes	Yes	Yes
个体固定效应	Yes	Yes	Yes	Yes	Yes	Yes
时间固定效应	Yes	Yes	Yes	Yes	Yes	Yes
观测数	1908	1908	1908	1908	1908	1908
组内 R^2	0.2290	0.5724	0.8096	0.5702	0.8759	0.5764

注：括号内为z统计量，*、**、***分别表示在10%、5%、1%水平下显著。

五、数字经济赋能低碳发展的实践路径

良好的生态是人类发展的基础，美丽的绿色是人类共同的期盼。加快推进绿色化低碳化发展，不仅是中国经济转型发展的主要方向之一，也正逐步成为世界各国发展的共识。与此同时，快速成长的数字经济不仅成为经济增长的新引擎，也为低碳发展提供了一种重要途径。本文基于中国 212 个地级及以上城市 2011～2019 年的数据，在构建低碳发展和数字经济综合指数的基础上，实证检验了数字经济对低碳发展的影响及其理论逻辑。本文的主要结论如下：①数字经济能够有效赋能低碳发展，该结论在经过内生性检验之后依然成立。②异质性分析显示，数字经济的赋能效应在东部地区、中部地区和大城市发挥得更为充分。③通过对数字经济赋能低碳发展的内在传导路径进行考察，发现数字经济能够通过提高生产率水平、增强绿色低碳技术创新水平、促进产业结构持续优化三种机制促进低碳发展。基于以上研究结论，本文针对数字经济赋能低碳发展的实践路径提出如下政策建议：

第一，做强做优做大数字经济，激发数字经济赋能低碳发展的新引擎。首先，政府要高度重视数字经济的发展，深入研究国内外数字经济的发展趋势，加强顶层设计，制定中长期规划，加强对数字经济的宏观指导。其次，要持续推进包括 5G 基站、大数据中心、人工智能、工业互联网等在内的新型基础设施的建设，充分发挥数字基础设施的几何倍增网络效应，加速经济社会的转型升级（钞小静，2020）。最后，要关注区域间的数字经济发展差异，强化地区间、城市间合作，探索数字经济区域协调发展模式，让各区域均能享受数字经济发展带来的低碳红利。

第二，重视数据要素的基础作用，打牢数字经济赋能低碳发展的数据基座。首先，要促进基础数据产业的发展，打造集数据采集、数据清洗、数据标注、数据交易和数据应用于一体的基础数据服务产业体系，深入发掘数据资源要素潜力。其次，建设区域性、行业性的大数据集聚平台，并加快打造全国一体化城市大数据中心，不断完善基础数据资源的跨区域、跨领域开放共享，努力消弭"数字鸿沟"。最后，要持续强化数据安全的保障体系，针对不断涌现的新技术、新产业、新业态、新模式，及时制定、更新管理制度与法律法规，为数字经济的平稳、有序、健康发展筑牢安全屏障。

第三，加速数字核心技术突破，夯实数字经济赋能低碳发展的技术支撑。首先，围绕大数据、人工智能、云计算、物联网等一系列数字经济领域，加强关键共性技术、非可悟性关键技术、颠覆性核心技术的攻关，形成一批含金量高、应用面广的重大自主创新成果，以核心技术进步带动竞争优势的形成。其次，要深化"产学研用"系统，明确企业在创新中的主体地位，鼓励高校、科研机构和企业依托各自资源优势建立协同创新机制，从而更好地推进关键技术的研究进展与成果转化。最后，要深入推进数字技术与低碳技术的融合发展，充分发挥数字技术在企业低碳创新过程中的关键性作用，积极探索数字技术在低碳发展领域的应用场景，切实推动数字技术在能源优化、低碳农业、低碳制造、低碳建筑、低碳物流、环境整治等众多领域的深入应用。

第四，推动数字产业的发展与融合，探索数字经济赋能低碳发展的有效路径。数字产业化和产业数字化是数字经济发展的基本方向，也是推动产业结构转型升级的两个重要渠道。首先，政府在推动数字化产业发展和传统产业数字化转型时，要针对不同行业、不同领域制定专业化的指导战略，给予足够的政策、资金以及市场环境支持，引导产业的多元化发展。其次，在数字产业化方面，要大力发展数字核心产业，推进集成电路、核心元器件及关键材料、软件和信息技术服务业等基础产业向价值链中高端迈进，打造支撑数字产业化发展的新增长极。最后，在产业数字化方面，要不断拓宽数字经济的应用场景，促进数字经济与三次产业的深度融合，切实推动数字农业、智能制造、网络购物、远程教育、线上医疗、互联网金融、智慧城市、数字政府等新业态新模式的发展。

参考文献

［1］柏培文，张云．数字经济、人口红利下降与中低技能劳动者权益［J］．经济研究，2021，56（5）：91-108.

［2］鲍健强，苗阳，陈锋．低碳经济：人类经济发展方式的新变革［J］．中国工业经济，2008（4）：153-160.

［3］蔡跃洲，牛新星．中国数字经济增加值规模测算及结构分析［J］．中国社会科学，2021（11）：4-30+204.

［4］钞小静．新型数字基础设施促进我国高质量发展的路径［J］．西安财经大学学报，2020，33（2）：15-19.

［5］陈景华，陈姚，陈敏敏．中国经济高质量发展水平、区域差异及分布动态演进［J］．数量经济技术经济研究，2020，37（12）：108-126.

［6］陈晓东，杨晓霞．数字经济发展对产业结构升级的影响——基于灰关联熵与耗散结构理论的研究［J］．改革，2021（3）：26-39.

［7］陈晓红，李杨扬，宋丽洁，等．数字经济理论体系与研究展望［J］．管理世界，2022，38（2）：208-224+13-16.

［8］邓荣荣，张翱祥．中国城市数字经济发展对环境污染的影响及机理研究［J］．南方经济，2022（2）：18-37.

［9］付凌晖．我国产业结构高级化与经济增长关系的实证研究［J］．统计研究，2010，27（8）：79-81.

［10］干春晖，郑若谷，余典范．中国产业结构变迁对经济增长和波动的影响［J］．经济研究，2011，46（5）：4-16+31.

［11］郭炳南，王宇，张浩．数字经济发展改善了城市空气质量吗——基于国家级大数据综合试验区的准自然实验［J］．广东财经大学学报，2022，37（1）：58-74.

［12］郭峰，王靖一，王芳，等．测度中国数字普惠金融发展：指数编制与空间特征［J］．经济学（季刊），2020，19（4）：1401-1418.

［13］韩江波．智能工业化：工业化发展范式研究的新视角［J］．经济学家，2017（10）：21-30.

［14］韩晶，陈曦．数字经济赋能绿色发展：内在机制与经验证据［J］．经济社会体制比较，2022（2）：73-84.

［15］韩晶，蓝庆新．新发展阶段绿色发展的理论逻辑与实践路径［J］．北京师范大学学报（社会科学版），2022（2）：5-16.

［16］韩晶，孙雅雯，陈超凡，蓝庆新．产业升级推动了中国城市绿色增长吗？［J］．北京师范大学学报（社会科学版），2019（3）：139-151.

［17］韩晶，孙雅雯，陈曦．后疫情时代中国数字经济发展的路径解析［J］．经济社会体制比较，2020（5）：16-24.

［18］何帆，刘红霞．数字经济视角下实体企业数字化变革的业绩提升效应评估［J］．改革，2019（4）：137-148.

［19］何维达，温家隆，张满银．数字经济发展对中国绿色生态效率的影响研究——基于双向固定效应模型［J］．经济问题，2022（1）：1-8+30.

［20］何宗樾，宋旭光．数字经济促进就业的机理与启示——疫情发生之后的思考［J］．经济学家，2020（5）：58-68.

［21］黄群慧，余泳泽，张松林．互联网发展与制造业生产率提升：内在机制与中国经验［J］．中国工业经济，2019（8）：5-23.

［22］金环，于立宏．数字经济、城市创新与区域收敛［J］．南方经济，2021（12）：21-36.

［23］荆文君，孙宝文．数字经济促进经济高质量发展：一个理论分析框架［J］．经济学家，2019（2）：66-73.

［24］厉以宁，朱善利，罗来军，等．低碳发展作为宏观经济目标的理论探讨——基于中国情形［J］．管理世界，2017（6）：1-8.

［25］刘强，马彦瑞，徐生霞．数字经济发展是否提高了中国绿色经济效率？［J］．中国人口·资源与环境，2022，32（3）：72-85.

［26］孟炯．大数据赋能的 C2B 民主制造机制创新［J］．科学学研究，2021，39（4）：725-737.

［27］裴长洪，倪江飞，李越．数字经济的政治经济学分析［J］．财贸经济，2018，39（9）：5-22.

［28］戚聿东，刘翠花，丁述磊．数字经济发展、就业结构优化与就业质量提升［J］．经济学动态，2020（11）：17-35.

［29］戚聿东，肖旭．数字经济时代的企业管理变革［J］．管理世界，2020，36（6）：135-152+250.

［30］戚聿东，肖旭，蔡呈伟．产业组织的数字化重构［J］．北京师范大学学报（社会科学版），2020（2）：130-147.

［31］戚聿东，褚席．数字经济发展、经济结构转型与跨越中等收入陷阱［J］．财经研究，2021，47（7）：18-32+168.

［32］祁怀锦，曹修琴，刘艳霞．数字经济对公司治理的影响——基于信息不对称和管理者非理性行为视角［J］．改革，2020（4）：50-64.

［33］阮俊虎，刘天军，冯晓春，等．数字农业运营管理：关键问题、理论方法与示范工程［J］．管理世界，2020，36（8）：222-233.

［34］田鸽，张勋．数字经济、非农就业与社会分工［J］．管理世界，2022，38（5）：72-84.

［35］田秀娟，李睿．数字技术赋能实体经济转型发展——基于熊彼特内生增长理论的分析框架［J］．管理世界，2022，38（5）：56-74.

［36］汪伟，刘玉飞，彭冬冬．人口老龄化的产业结构升级效应研究［J］．中国工业经济，2015（11）：47-61.

［37］王开科，吴国兵，章贵军．数字经济发展改善了生产效率吗［J］．经济学家，2020（10）：24-34.

［38］韦庄禹．数字经济发展对制造业企业资源配置效率的影响研究［J］．

数量经济技术经济研究, 2022, 39 (3): 66-85.

[39] 温忠麟, 叶宝娟. 中介效应分析: 方法和模型发展 [J]. 心理科学进展, 2014, 22 (5): 731-745.

[40] 邬彩霞. 中国低碳经济发展的协同效应研究 [J]. 管理世界, 2021, 37 (8): 105-117.

[41] 徐朝阳, 白艳, 王韡. 要素市场化改革与供需结构错配 [J]. 经济研究, 2020, 55 (2): 20-35.

[42] 许宪春, 任雪, 常子豪. 大数据与绿色发展 [J]. 中国工业经济, 2019 (4): 5-22.

[43] 许宪春, 张美慧. 中国数字经济规模测算研究——基于国际比较的视角 [J]. 中国工业经济, 2020 (5): 23-41.

[44] 杨慧梅, 江璐. 数字经济、空间效应与全要素生产率 [J]. 统计研究, 2021, 38 (4): 3-15.

[45] 杨骞, 秦文晋. 中国产业结构优化升级的空间非均衡及收敛性研究 [J]. 数量经济技术经济研究, 2018, 35 (11): 58-76.

[46] 张鹏. 数字经济的本质及其发展逻辑 [J]. 经济学家, 2019 (2): 25-33.

[47] 张勋, 杨桐, 汪晨, 万广华. 数字金融发展与居民消费增长: 理论与中国实践 [J]. 管理世界, 2020, 36 (11): 48-63.

[48] 赵涛, 张智, 梁上坤. 数字经济、创业活跃度与高质量发展——来自中国城市的经验证据 [J]. 管理世界, 2020, 36 (10): 65-76.

[49] 周晓辉, 刘莹莹, 彭留英. 数字经济发展与绿色全要素生产率提高 [J]. 上海经济研究, 2021 (12): 51-63.

[50] Acemoglu D, Restrepo P. The Race Between Machine and Man: Implications of Technology for Growth, Factor Shares and Employment [R]. NBER Working Papers, 2016.

[51] Aghion P, Howitt P, Brant-Collett M. Endogenous growth theory [M]. MIT press, Boston, 1998.

[52] Atsu F, Adams S, Adjei J. ICT, energy consumption, financial development, and environmental degradation in South Africa [J]. Heliyon, 2021, 7 (7): e07328.

[53] Autor D H, Levy F, Murnane R J. The Skill Content of Recent Technological Change: An Empirical Exploration [J]. The Quarterly Journal of Economics,

2003, 118 (4): 1279-1333.

[54] Barefoot K, Curtis D, Jolliff W, et al. Defining and Measuring the Digital Economy [R]. Washington DC: BEA Working Paper, 2018.

[55] DTI. Energy White Paper: Our Energy Future—Create a Low Carbon Economy [M]. London: TSO, 2003.

[56] Falk J, Gaffney O, Bhowmik A K, et al. Exponential Roadmap 1.5. Future Earth [R]. Sweden: Exponential Roadmap Initiative, 2019.

[57] Han D, Ding Y, Shi Z, et al. The impact of digital economy on total factor carbon productivity: the threshold effect of technology accumulation [J]. Environmental Science and Pollution Research, 2022, 29 (37): 55691-55706.

[58] Li Y, Yang X, Ran Q, et al. Energy structure, digital economy, and carbon emissions: evidence from China [J]. Environmental Science and Pollution Research, 2021, 28 (45): 64606-64629.

[59] Li Z, Wang J. The Dynamic Impact of Digital Economy on Carbon Emission Reduction: Evidence City-level Empirical Data in China [J]. Journal of Cleaner Production, 2022, 351: p. 131570.

[60] Lu W C. The impacts of information and communication technology, energy consumption, financial development, and economic growth on carbon dioxide emissions in 12 Asian countries [J]. Mitigation and Adaptation Strategies for Global Change, 2018, 23 (8): 1351-1365.

[61] Niebel T. ICT and economic growth – Comparing developing, emerging and developed countries [J]. World Development, 2018, 104: 197-211.

[62] OECD. Measuring the Digital Economy: A New Perspective [R]. Paris: OECD Publishing, 2014.

[63] Pan W, Xie T, Wang Z, et al. Digital economy: An innovation driver for total factor productivity [J]. Journal of Business Research, 2022 (139): 303-311.

[64] Ranta V, Aarikka-Stenroos L, Väisänen J M. Digital technologies catalyzing business model innovation for circular economy—Multiple case study [J]. Resources, Conservation and Recycling, 2021 (164): 105-155.

[65] Schumpeter J A. Socialism, capitalism and democracy [M]. New York: Harper and Brothers, 1942.

[66] Tapscott D. The Digital Economy: Promise and Peril in the Age of Networked Intelligence [M]. New York: McGraw-Hill, 1996.

[67] Van Ark B. The Productivity Paradox of the New Digital Economy [J].
International Productivity Monitor, 2016 (31): 3-18.

[68] Wang L, Chen L, Li Y. Digital economy and urban low-carbon sustainable
development: the role of innovation factor mobility in China [J]. Environmental Sci-
ence and Pollution Research, 2022, 29 (32): 48539-48557.

[69] Wang L, Chen Y, Ramsey T S, et al. Will researching digital technology re-
ally empower green development? [J]. Technology in Society, 2021, 66: 101638.

基于超效率 DEA 模型和能流图分析的
资源型城市代谢效率研究[*]

邵　晖　梁　爽　李　芬　高楠楠[**]

一、引言

  城市是区域和国家发展的源泉，也是区域和国家发展问题的矛盾焦点，在城市发展过程中往往伴随着能源紧缺、环境污染、交通拥挤、住房紧张等问题，其根源是能源资源投入与经济社会产出的失衡。Wolman（1965）提出了城市新陈代谢的概念，并认为城市系统的运作是一个类似于生物体新陈代谢的过程。具体而言，城市新陈代谢是资源和能源输入、生产、转换和释放资源和能源的系统过程，黄洁等（2016）指出，城市可持续发展需要提高城市代谢效率，减少资源、能源、人力和环境要素的消耗获得更多的经济、社会和环境成果。关注城市代谢效率问题有利于寻找切实可行的解决方案。我国资源型城市数量多、分布广，经济发展与资源紧密相关，目前亟待找出提高能效、节能减排的城市转型路径，这也是我国实现碳达峰的关键。

  目前，城市代谢效率研究主要使用能源价值研究，如李芳等（2009）将已有的物质、产品统一折算成能量（通常为太阳能）估算 4 个直辖市的物质代谢效率，得出北京的代谢效率最低、重庆的代谢效率最高的结论。Zhang 等

---

 * 原文发表在《建设科技》2020 年第 2 期，部分内容有删节。

 ** 作者简介：邵晖，北京师范大学经济与资源管理研究院副教授。梁爽，北京师范大学经济与资源管理研究院博士研究生。李芬，深圳市建筑科学研究院股份有限公司研究员。高楠楠，深圳市建筑科学研究院股份有限公司高级技术经理。

（2009）通过能值分析测量了北京的城市代谢，结果发现北京存在过度依赖不可再生能源的问题。Ascione 等（2009）比较罗马与台北、圣胡安和澳门三个城市的能值指标，以判断其城市代谢效率。能值方法主要通过绩效指标建立单个城市的模型，对于不同城市的代谢效率缺乏系统的模型。

利用数据包络分析（DEA）方法测算代谢效率，则城市代谢系统可以作为输入能源、资源，产出经济和生态效益的黑箱系统，把复杂的能值指标转为投入和产出两部分，通过比较城市的投入产出比，可以区分不同城市的代谢效率。

Zhou 等（2005）将基本的 DEA 模型与环境和经济冗余结合，提出了一种分析经济—环境绩效的综合指标即 SBM。目前 DEA 模型广泛应用于经济环境问题，研究范围多为国家或区域，包括 Färe 等（2005）用其评估污染防治技术的效益，Choi 等（2012）和 Wei 等（2012）用 DEA 方法研究中国的二氧化碳排放问题。其他的 DEA 模型也广泛用于效率分析，如张庆民等（2011）用三阶段的数据包络分析模型研究我国十大城市群治理环境污染的效率，发现东部沿海城市群的效率较高。胡根华等（2011）基于 DEA-Tobit 模型，测算出金砖国家因以第二产业为支柱的产业结构，造成全要素能源效率较低。陈雪婷等（2015）将横截面数据代入 DEA 和 Malmquist 指数模型中，得到我国城市代谢效率的空间差异。郭腾云等（2009）根据 3 个时间节点数据进行 DEA 分析，结果表明中国特大城市的要素资源效率在 1990~2006 年呈现先升后降趋势。上述 DEA 模型存在的问题是，如果出现多个 DMU 有效单元，则无法解释，而超效率 DEA 模型可对 DEA 有效的单元进行排序以供后续分析。能量流分析也是研究代谢效率的重要方法，如沈丽娜等（2015）指出以城市小尺度进行的物质流分析，可以细致刻画出城市代谢效率特征。

综上所述，在代谢效率研究中，以城市为单位利用大量面板数据、采用 DEA 与能量流两种方法结合的研究十分缺乏。故本文以全国 111 个地级资源型城市 2012~2016 年的面板数据建立超效率 DEA 模型，随后，选取典型城市，运用物质流方法深入剖析其代谢效率特征，将宏观与微观、动态与静态的体系性结合，探索提高资源型城市能源效率的途径，也为资源型城市的转型与可持续发展提供科学依据。

二、研究方法及指标数据

（一）超效率 DEA 模型及 Malmquist 指数

1. 研究方法

借鉴齐君等（2102）、Kerstens（1996）和 Xu 等（2009）利用超效率 DEA 模型测算环境、运输和工业效率的研究方法，建立城市代谢效率模型如下：

$\text{Min}\theta_0$,

s. t.

$$\sum_{\substack{j=1 \\ j\neq 1}}^{n} \eta_j x_{ij} + \bar{s}_i = \theta_0 x_{i0}, \quad i=1, 2, 3, \cdots, m$$

$$\sum_{\substack{j=1 \\ j\neq 1}}^{n} \eta_j y_{rj} - s_r = y_{r0}, \quad r=1, 2, 3, \cdots, s$$

$$\eta_j, \ \bar{s}_i, \ s_r^+ \geqslant 0 \tag{1}$$

其中，θ_0 为评价每个城市代谢的有效值，x 为投入变量，y 为产出变量。

之后，根据陈雪婷等（2015）得到城市代谢效率变化指数的方法，将每个城市的代谢效率进行分解。

2. 指标选取

本文以地级资源型城市为研究对象，参考陈雪婷等（2015）的方法，选取111 个地级资源型城市[①] 2012~2016 年的投入产出数据作为衡量城市代谢的指标，具体如表 1 所示。指标数据源于各城市 2013~2017 年统计年鉴和《中国城市能源统计年鉴》，及各省市"十二五"规划等文件。

（二）城市能源流动分析

1. 研究方法

把握整体资源型城市代谢效率的特征，需要从单个城市来剖析代谢效率特征，从而引入城市能量流，建立典型城市能源流动图，分析输入输出端特征，寻

---

① 地级资源型城市中少数民族自治州和在 2012 年后城市范围变更的城市在样本中删除。

找城市代谢系统存在的问题。

表1　指标选取

数据类型	具体指标	含义
投入数据	能源投入	每个城市的年度总能耗，单位换算为万吨标准煤
	劳动力投入	2012~2016年每个城市雇员人数，公式为当期雇员人数＝（当期末雇员人数+上一期末雇员人数）/2
	资本投入	由于城市物价指数的变化，很难估算资本投资，因此固定资本投资额用作资本存量的代理变量
	技术投入	用财政支出中科研支出表示
产出数据	期望产出	每个城市的年度GDP，并根据1978年的基准期进行转换
	非期望产出	各个城市每年的工业SO_2排放量

2. 数据来源及处理

研究绘制能流图是以基准年（2015年）城市的能源消耗数据为依据，进行能流分析，相关的能源数据来源于地方城市统计年鉴中"能源平衡表（标准量）"。由于各个城市能源统计的方法各不相同，案例城市的2015年能源平衡表参考国际能源统计体系准则、中国能源统计方法和在相关文献中个别省（如山东省等）的能源统计方法进行了调整。

（三）研究案例城市的选择

1. 全国资源型城市的筛选与特征

根据国务院发布的《关于印发全国资源型城市可持续发展规划（2013—2020年）的通知》（国发〔2013〕45号），我国资源型城市共有262个，其中地级行政区有126个占比最高，根据每个城市的资源支持能力和可持续发展能力，分为四种类型：成长、成熟、衰退和再生。本文选取的111个地级资源型城市包括14个成长型、59个成熟型、24个衰退型和14个再生型，各类型占比与国发〔2013〕45号文件中类似。

2. 选取的典型城市及其特征

考虑到数据资料的可得性、完备性和地域代表性，在资源型城市的4种类型中分别选择一个城市作为案例城市，进行实地调研和深入分析，选取的案例城市及其特征如表2所示。四个案例城市分别处于中国东部地区、中部地区、西北地区，是长江经济带、环渤海经济带、"一带一路"的节点城市，具有典型性和示范性。

表 2　四个不同类型案例城市的地理位置和资源类型统计

类型	案例城市	地理位置	资源类型
成长型	鄂尔多斯市	内蒙古自治区西南部	煤炭资源
成熟型	长治市	山西省东南部	煤炭资源
衰退型	荆门市	湖北省中部	非金属资源
再生型	唐山市	河北省东部	铁矿资源

三、研究结果

（一）全国资源型城市代谢效率

1. 基于超效率 DEA 模型的城市代谢效率测度结果

本文使用超效率 DEA 模型，测算了 2013~2016 年中 111 个地级资源型城市纳入环境因素的城市代谢效率，部分结果如图 1、图 2 所示。

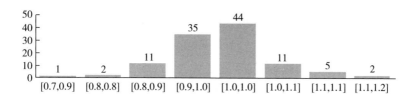

图 1　2013~2016 年资源型城市平均城市代谢效率频数分布

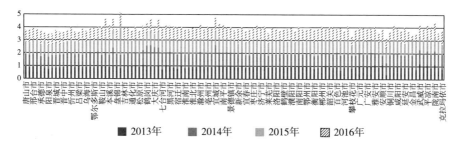

图 2　2013~2016 年部分资源型城市的城市代谢效率

总的来说，资源型城市代谢效率较低，大多处于 0.9～1。且 2013～2016 年无明显改善，说明还没有找到有效提高城市代谢效率的途径。从时间变化上来看，2014 年资源型城市的代谢效率最高，这与我国在 2014 年首次制定针对资源型城市的全国性、专门性规划有关。这些规划阐明了促进中国资源型城市可持续发展的战略重点、优先顺序、主要方向、工作机制和推广模式。

2. 基于 Malmquist 指数的城市代谢效率及分解

对我国 111 个资源型城市 2012～2016 年的城市代谢效率变动指数进行分解，并做了聚类比较。结果如表 3 所示，技术进步最明显的改善是再生型城市，其次是衰退型城市。而规模经济对代谢效率贡献最大的是成长型城市。

表 3　资源型城市平均代谢效率比较

类型	城市代谢效率	技术进步	规模效率
成长型	0.962	0.958	1.022
成熟型	0.972	0.954	1.010
衰退型	0.996	0.961	1.017
再生型	0.990	0.975	1.005

表 3 反映了不同类型的资源型城市特征：成长型城市资源开发处于上升阶段，经济规模依赖于资源快速扩大，所以规模效益明显；再生型城市基本摆脱了资源依赖，实现了产业结构的转型，因此资源经济的规模效益不再显著，但城市代谢效率相对较高；成熟型城市资源开发处于稳定阶段，环境和能源利用效率问题较为突出；衰退型城市资源趋于枯竭，经济发展滞后，城市代谢效率问题不突出。

（二）典型城市代谢效率形成机制分析

根据 DEA 效率分析可以得知，我国资源型城市代谢效率不高，为进一步探索原因，我们分析了四个案例城市的能量流系统，结果如表 4 所示。

表 4　四个类型资源型城市能源消费系统比较

类型	选取的案例城市	城市代谢效率	煤炭消费占能源消费总量比重（%）	工业能耗占终端消费比重（%）	工业电耗占终端消费比重（%）	主要耗能行业
成长型	鄂尔多斯市	0.831	91.00	90.00	—	煤炭产业
成熟型	长治市	0.809	93.00	88.07	80.81	电力及热力生产和供应业

续表

类型	选取的案例城市	城市代谢效率	煤炭消费占能源消费总量比重（%）	工业能耗占终端消费比重（%）	工业电耗占终端消费比重（%）	主要耗能行业
衰退型	荆门市	0.939	61.00	59.32	63.30	石化产业、采矿业
再生型	唐山市	0.930	58.00	83.26	86.19	钢铁行业

资料来源：《鄂尔多斯市统计年鉴（2015）》《长治市统计年鉴（2015）》《荆门市统计年鉴（2015）》《唐山市统计年鉴（2015）》。

根据表 4 可以得到以下结论：

第一，四种类型的资源型城市能源消费的共性特征是煤炭占主导地位，终端消费中工业耗能最高。

第二，城市代谢效率按照类型从大到小依次为：衰退型—再生型—成长型—成熟型，这与该类型城市煤炭消费占比和工业消费占比呈正相关关系。

第三，衰退型的案例城市荆门市的工业耗能占比具有异质性，值得注意。

根据《荆门市统计年鉴（2015）》制作了能流图，2015 年荆门市 GDP、城镇化率分别为 1388.46 亿元和 55.3%，与国内平均水平相当，三次产业比例为 14.5：52.5：33。其城市代谢效率是四个案例城市中最高的，且能源系统特征符合资源型城市的共性特征，结果如图 3 所示。

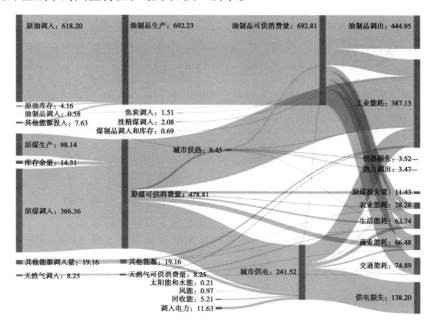

图 3 资源衰退型城市荆门市 2015 年能源流动（单位：万吨标准煤）

资料来源：《荆门市统计年鉴（2015）》中的能源平衡表。

从图 3 可以看出其能源结构特征。化石能源占能源消耗的 92.87%，其中煤炭占 61%，石油占 28.99%，天然气占 1.62%。可再生能源（该市主要为水电、风能、太阳能）和天然气占 3.58%。从终端消费行业来看，工业能耗为 511.27万吨标准煤，占主导地位；此外，该城市主要电供应为火电，供电供热损失耗能较大，占 12.29%。

石化行业以其良好的产业基础和丰富的化工原料资源成为荆门市的经济支柱，近年来因石化产品价格上涨，荆门石化行业规模不断扩大，规模经济发展，整体工业能耗占比低，说明规模效率对城市代谢效率有积极影响。

四、研究结论及讨论

（一）资源型城市代谢效率特征及存在的问题

资源型城市代谢效率有以下特征：一是中国资源型城市代谢系统效率相对较低，DEA 最优的城市仅占 30%，大多数资源型城市的代谢效率约为 0.9。二是资源型城市代谢系统效率的时间特征明显，2014 年、2015 年代谢效率明显提升，这与政府政策密切相关。可以看出，中国资源型城市的发展深受宏观政策、国家资源型城市可持续发展规划以及地方政府五年计划减排目标的影响。

城市代谢效率变化的原因可通过 Malmquist 指数找到，即规模效率的平均值>1，技术进步的平均值<1，这资源型城市发展主动力为投资增加、劳动力增长和资源能源的消耗，侧面反映出我国资源型城市的科技水平较低，对于支柱产业技术创新和工艺提升方面投入匮乏，资源型城市转型缓慢。然而，技术进步才是提高城市代谢效率最为有效的途径，如再生型的案例城市唐山市的成功经验。

为进一步寻求提高我国资源型城市代谢效率的途径，从四类资源型城市中选取典型，对其能源系统的输出端进行分析，发现了共性特征：一是能源消费以煤为主，能源消费结构亟待优化。二是工业部门的能源消费占比高，产业和能源转型难度大。三是能源在转化、供给过程中损失较大。

（二）讨论与启示

通过上述分析，可以得到以下启示：首先，基于资源型城市目前的代谢效率，存在大量非 DEA 最优的城市，这表明城市代谢系统中存在输入输出不相等且不期望的输出过多的问题。其次，要注意不同类型资源型城市代谢效率分解的差异。加大城市非期望产出治理投入力度，进一步发挥城市规模集聚经济，从而显著提高再生型城市的规模效率和衰退型城市的技术效率。再次，增加可再生能源使用比例，评估资源型城市发展可再生能源的潜力，并发挥替代化石能源的作用。最后，加大能源供应端的技术投入，特别是电热供应方面。降低能源在送配过程中的损失率。

总体而言，资源型城市代谢效率的提升，既需要宏观上的政策引导，资源型城市制定节能减排、城市转型等方面的发展规划，又需要微观层面上提高资源型城市的支柱产业科技水平，同时对城市能源供配系统进行技术改进。

参考文献

［1］Wolman A. The metabolism of cities［J］. Scientific American，1965，213
（3）：179-190.

［2］黄洁，呇涛，张宏强．基于 DEA 和 Malmquist 模型的中国三大城市群可持续发展效率研究［J］．中国人口·资源与环境，2016，26（S1）：373-376.

［3］李芳，张妍，刘耕源．基于能值分析的城市物质代谢研究［J］．环境科学与技术，2009，32（10）：108-112.

［4］Marco Ascione，Luigi Campanella，Francesco Cherubini，Sergio Ulgiati. Environmental driving forces of urban growth and development［J］. Landscape and Urban Planning，2009，93（3）：238-249.

［5］Yan Zhang，Zhifeng Yang，Xiangyi Yu. Evaluation of Urban Metabolism based on Emergy Synthesis：A Case Study for Beijing（China）［J］. Ecological Modelling，2009，220（13）：1690-1696.

［6］SONG Tao，CAI Jianming，YANG Zhenshan，CHEN Mingxing，LIN Jing. Urban Metabolic Efficiencies and Elasticities of Chinese Cities［J］. Chinese Geographical Science，2016，26（6）：715-730.

［7］Rolf Färe，Shawna Grosskopf，Dong-Woon Noh，William Weber. Characteristics of a Polluting Technology：Theory and Practice［J］. Journal of Econometrics，2005，126（2）：469-492.

［8］魏权龄．数据包络分析（DEA）［J］．科学通报，2000，45（17）：1793-1808.

［9］ P. Zhou, B. W. Ang, K. L. Poh. Slacks－based Efficiency Measures for modeling Environmental Performance ［J］. Ecological Economics, 2005, 60（1）: 111-118.

［10］ Yongrok Choi, Ning Zhang, P. Zhou. Efficiency and Abatement Costs of Energy-related CO_2 emissions in China: A Slacks-based Efficiency Measure ［J］. Applied Energy, 2012, 98: 198-208.

［11］ Chu Wei, Jinlan Ni, Limin Du. Regional allocation of Carbon Dioxide abatement in China ［J］. China Economic Review, 2012, 23（3）: 552-565.

［12］张庆民, 王海燕, 欧阳俊. 基于 DEA 的城市群环境投入产出效率测度研究 ［J］. 中国人口·资源与环境, 2011（2）: 18-23.

［13］胡根华, 秦嗣毅. "金砖国家"全要素能源效率的比较研究——基于 DEA-Tobit 模型 ［J］. 资源科学, 2012, 34（3）: 533-540.

［14］陈雪婷, 宋涛, 蔡建明, 等. 基于 DEA 和 Malmquist 的中国城市代谢效率研究 ［J］. 地理科学, 2015, 35（4）: 419-426.

［15］郭腾云, 徐勇, 王志强. 基于 DEA 的中国特大城市资源效率及其变化 ［J］. 地理学报, 2009, 64（4）: 408-416.

［16］沈丽娜, 马俊杰. 国内外城市物质代谢研究进展 ［J］. 资源科学, 2015（10）: 1941-1952.

［17］齐君, 赵四东, 杨永春, 等. 基于 DEA 和 Malmquist 指数的中国环保绩效测度及其时空变化 ［J］. 兰州大学学报（自然科学版）, 2012, 48（3）: 34~45.

［18］ Kerstens K. Technical efficiency measurement and explanation of French urban transit companies ［J］. Transportation Research Part A: Policy and Practice, 1996, 30（6）: 431-452.

［19］ Xu Chensheng. Assessment on efficiencies of hi-tech parks in China based on DEA ［J］. Scientific Progress and Counter measure, 2007, 24（8）: 117-119.

［20］许陈生. 基于 DEA 的我国高新区相对效率评价 ［J］. 科技进步与对策, 2007, 24（8）: 117-119.

［21］国务院. 国务院关于印发全国资源型城市可持续发展规划（2013—2020 年）的通知 ［EB/OL］. ［2015-06-26］. http: //www. gov. cn/zwgk /2013-12/03/content_2540070. html.

"双控"制度转型与碳市场助力
中国实现"双碳"目标[*]

林永生　　刘珺瑜[**]

2020 年 9 月，中国政府作出庄严承诺，力争 2030 年前二氧化碳排放达到峰值，努力争取 2060 年前实现碳中和目标（以下简称"双碳"目标）。两年之后，党的二十大报告全面部署中国式现代化建设的新征程。中国式现代化的特征之一是人与自然和谐共生，党的二十大报告对此有很多新提法和新要求，并以"推动绿色发展，促进人与自然和谐共生"为名，单独成章，专门阐述。本文拟就该章第四点"积极稳妥推进碳达峰碳中和"，谈点学习心得。

一、"双控"制度转型

中国在过去十年间循序渐进地发展并完善了能耗双控制度，在全国逐级部署，对应控制目标和对地方政府构建绩效评价指标体系，并完善监督考核制度。"十一五"时期，中国首次提出"能耗强度"目标以提高用能效率，要求 2010 年单位 GDP 的能源消费量降低 20%。"十二五"时期，中国增设了"合理控制能源消费总量"的目标。2015 年，党的十八届五中全会首次提出要"实施能源消费强度和消费总量的双控制"，以此倒逼发展方式转变，构建绿色发展格局，推动可持续发展。随后的"十三五"规划更是将能耗双控作为经济社会发展的

---

　　[*] 原文发表在《中国经济报告》2022 年第 6 期，部分内容有删节。
　　[**] 作者简介：林永生，北京师范大学经济与资源管理研究院副院长、教授、博士研究生导师。刘珺瑜，北京师范大学经济与资源管理研究院博士研究生。

重要约束性指标，建立了指标分解落实机制，并在每季度发布各省份的能耗双控"晴雨表"，进行三级预警。2021 年 9 月，国家发展和改革委员会印发《完善能源消费强度和总量双控制度方案》部署能源双控工作：以增效为抓手，围绕弹性与刚性、普遍化及差别化、计划与市场、激励与约束这四组关键词，确保结合地方实际，差别化分解能耗双控指标。强调发挥能权交易市场在资源配置过程中的决定性作用。进一步鼓励可再生能源的使用与消费、加强对地方双控的审查及考核。中国对碳排放强度的控制早有渊源。中国在 1997 年就参与了《联合国气候变化框架公约》（UNFCCC），并于次年签署《京都议定书》，明确了中国作为发展中国家在二氧化碳减排中的责任与义务。2009 年，在哥本哈根世界气候大会上，中国进一步将碳排放的强度控制进行量化，向国际承诺中国 2020 年的碳排放强度会较 2005 年降低 40%~45%。随后，中国在"十二五""十三五""十四五"规划中均设置了单位 GDP 碳排放的目标。中国 2019 年的碳排放强度较 2005 年降低了 48.1%，超额完成了既定目标。

能耗双控作为过去十年间中国国民经济与社会发展规划中的重要约束性指标，对推动国家可持续发展做出了重大贡献。但随着清洁能源消费占比不断提升，单一的能耗双控的局限性开始显现，甚至在一定程度上阻碍了绿色转型。

首先，根据地方实际情况分解能耗目标往往左支右绌。虽然政府已强调差别化分配能耗目标，但由于不同地区因发展阶段、资源禀赋、战略定位不同而导致其产业和能源结构差异悬殊，如何因地制宜合理地测算及分配能耗目标成为一大痛点。例如，主要依赖钢铁、石化、煤电等传统高耗能产业的一些中西部省份正处于能源结构转型的阵痛期，按照"常规动作"往往无法达成上级分配的能耗双控目标，进而只得"兵行险招"，通过限产限电等"一刀切"的方式来减少能耗，甚至直接关停高耗能项目，这与开展能耗双控的初衷背道而驰。

其次，单纯进行能耗双控一定程度上制约了技术创新。如精细化学、新材料等高端技术的发展因地方政府的用能指标受限而直接被一票否决。单纯对能耗进行控制，还可能会误伤可再生能源的开发利用和可再生能源丰沛地区的经济发展。

最后，较之于能耗双控，碳排放双控直接凸显"降碳"导向，有助于提供"双碳"目标的数据基础。碳排放强度直接由地区碳排放量/地区 GDP（按可比价）计算得出，趋于"结果导向"，直接聚焦于地方生产与生活中产生的碳排放量，可反映当地的经济发展程度、技术创新能力及能源利用效率。

综上可知，能源消耗与碳排放的"挂钩"已无法适应资源高效利用、绿色低碳循环发展的新形势。因此，需探索一条逐步脱钩、平稳地从能耗双控向碳排放双控的转型。2021年，中央经济工作会议首次提出要推动实现"双控"制度转型："新增可再生能源和原料用能不纳入能源消费总量控制，创造条件尽早实现从能耗'双控'向碳排放总量和强度'双控'转变，加快形成减污降碳的激励约束机制，防止简单层层分解。"党的二十大报告再次凸显"双控"转型基调，明确"完善能源消耗总量和强度调控"，重点控制化石能源消费，逐步转向碳排放总量和强度"双控"制度。

二、碳排放权交易的优势及中国碳市场发展历程

自《联合国气候变化框架公约》于1992年通过后，世界各国已逐渐摸索出了多种成熟的减排工具以减少温室气体排放，可大致分为以下三种：第一，命令控制型减排工具，如对生产单位的绝对排放量进行限制、针对产品或设备设置能效标准等；第二，市场激励型减排工具，如针对排放及能源消费征收环境税、开放排放权市场交易；第三，其他措施，通过政府补贴、教育培训等手段使排放单位自愿减排。三者之间互不排斥，互为补充。双控制度属于命令控制型减排工具，无法独自处理好《2030年前碳达峰行动方案》中提出的"发展与减排、整体与局部、短期与中长期"三大关系，亟待和市场激励型减排工具来相互补充，刚柔并济，打破窠臼。其中，碳排放权交易市场独有的市场调节机制，可弥补碳排放强度指标层层分解方法"计划式主导"的局限性，实现刚性指标分配与灵活性交易的有机结合。

中国碳市场履约交易的基本流程可分为四个步骤：第一步，重点排放单位在注册登记系统注册。第二步，政府根据特定方法（中国多采用行业基准线法、历史强度法及历史排放法）将碳排放权配额分配并发放至纳入交易体系的企业。第三步，企业可根据《碳排放权交易管理办法（试行）》（以下简称《办法》）中的交易制度在二级市场上交易碳排放权配额，或直接购买或出售国家核证自愿减排量（CCER），以1:1的比例抵消碳排放权配额（抵消比例不得超过应清缴碳排放配额的5%）。第四步，企业在注册登记系统完成配额清缴，达成履约。

碳排放权交易市场具备诸多天然优势。首先，市场交易机制将减排与企业经营成本挂钩，有效提升了企业的清洁绿色转型意识。排放权市场交易形成的碳价格信号促使减排成本低于配额市场价的企业选择率先减排，并卖出多余配额以获得收益，减排成本高的企业则反之。因此，碳排放对生态环境造成的负外部性直

接被内化为企业的减排成本，企业倾向于选择更为节能减碳的方式进行生产经营，减排动力得以大幅提升。其次，碳排放权交易市场独具的市场化调节方式促使减排成本低的企业尽可能多地进行减排，推动实现社会整体减排成本最小化。

从国际层面来看，全球碳市场脱胎于 20 世纪的排污权交易市场。碳排放权在《京都议定书》生效后就开始在发达国家与发展中国家之间流通。言碳则不得不提及欧盟碳市场。欧盟排放交易体系（EUETS）作为全球最大的减少温室气体排放限额交易系统，覆盖超过欧盟二氧化碳排放总量的一半，其秉持着基于总量控制和交易（Cap and Trade）的逻辑，在近 17 年的发展历程中逐步形成了碳价发现机制。在运行初期，欧盟碳市场也曾一度失效，直接原因是配额超发，市场供给过剩。2005 年，欧盟发放配额超出其实际排放量的 4%，碳价在 2007 年 7 月甚至跌至 0 欧元。同时，交易企业 95% 的排放配额均为免费发放，企业严重缺乏减排动力。企业层面前期数据缺失的问题也暴露无遗。同时，内幕交易、市场操纵等丑闻也层出不穷，市场风险何以有效管控也在不断论证。但伴随欧盟碳市场逐步完善，欧盟逐步建立起了一套科学、完备的碳排放数据库以支撑指标制定。

欧盟碳市场的兴衰成败也为中国碳市场建设提供了宝贵的经验和教训。中国碳市场可谓"十年磨一剑"。中国在 2002～2012 年就开始积极参与《京都议定书》的清洁发展机制（Clean Development Mechanism，CDM）交易，与发达国家间交易核证减排量（Certified Emission Reduction，CER）。2011 年，中国发布《关于开展碳排放交易试点工作的通知》，批准在北京、天津、上海等七个省市开展交易试点工作。2013～2017 年，碳市场试点陆续启动，新增四川、福建两个试点地区。国家发展和改革委员会于 2012 年印发《温室气体自愿减排交易管理暂行办法》与《温室气体自愿减排项目审定与核证指南》，搭建了国核证自愿减排量（Chinese Certified Emission Reduction，CCER）的签发及审定流程。然而，由于交易量低、监管及执行困难、方法学复杂且混乱等原因，国家发展和改革委员会于 2017 年宣布暂停 CCER 项目备案。同年，《全国碳排放权交易市场建设方案（发电行业）》（以下简称《方案》）发布，将发电行业的 2000 余家单位首批纳入全国碳交易，同时明确了碳市场启动工作安排的路线图。《方案》将碳市场建设划分为基础建设期（一年左右）、模拟运行期（一年左右）及深化完善期三个阶段，逐步完成碳排放注册登记系统、交易系统和结算系统等基础设施、制度及市场要素建设。

2018 年，全国碳市场主管部门由国家发展和改革委员会变为生态环境部。2021 年，《办法》发布，明确将逐步纳入发电、钢铁、建材、有色、石化、化工、造纸、航空八个高耗能行业企业作为控排企业。同年 7 月 16 日，全国碳排放权交易在上海环境能源交易所正式启动，发电行业的 2162 家企业作为首批重点排放单位，于当天实现交易总量 410.40 万吨，交易总额 2.1 亿元；碳市场呈现 "九省共建" "注册登记结算系统、交易系统分建" 格局。截至 2022 年 10 月 21 日，碳排放权配额累计成交量达 1.96 亿吨，累计成交额 85.8 亿元，市场运行总体平稳有序。但市场规模较小，流动性不足、活跃度低，距形成市场化的碳价发现机制仍遥遥无期。

三、碳交易市场制度优化

"双碳" 目标紧迫性与稳妥性兼具的特点使仅依靠市场激励型工具实现碳减排是不现实的，还要依靠政府结合新时代中国特色社会主义的基本国情，充分吸取借鉴海外碳市场的经验教训，加强顶层设计，优化中国碳交易市场的相关制度。这里重点就碳排放统计核算制度、碳排放权有偿分配制度、碳排放权抵消工具谈三点意见和建议。

（一）完善碳排放统计核算制度，提升碳排放数据质量

碳排放数据质量是全国碳排放管理及碳市场健康发展的重要基础，是维护市场信用信心和国家政策公信力的底线和生命线。提升碳排放数据质量的重中之重是完善碳排放统计核算制度。核算方式准确与否，直接影响配额分配方案的有效性。准确的碳排放统计核算是保证碳市场平稳有序运行进而实现 "双碳" 目标的基石。同时，数据质量问题也直接决定了碳市场何时可扩大覆盖行业范围，提振市场活力。整体而言，数据质量的提升主要依托于统计核算方式的科学完善及监督管理两大方面。

国家发展和改革委员会、国家统计局、生态环境部联合印发的《关于加快建立统一规范的碳排放统计核算体系实施方案》指出，"到 2023 年，职责清晰、分工明确、衔接顺畅的部门协作机制基本建立，相关统计基础进一步加强，各行业碳排放统计核算工作稳步开展，碳排放数据对碳达峰碳中和和各项工作支撑能力显著增强，统一规范的碳排放统计核算体系初步建成"。政府应在核算出准确的实际碳排放数据后，基于碳排放强度（非总量）控制来设计配额分配方案，保证行业配额总量和排放总量基本相当，随后结合企业的发展定位、能源特点等计

算其应获得的碳排放权配额，确保碳市场维持供需平稳。

目前，为确保碳市场上的基础数据准确、参数设置合理，中国碳核算工作主要以联合国政府间气候变化专门委员会（IPCC）于 2006 年制定、2019 年修订的方法学为参考，同时吸取了过去一个履约周期中从发电行业暴露出的参数选用及统计计算错误、质量控制不规范等问题和教训，逐步修订并完善了《企业温室气体排放核算方法与报告指南》。与此同时，建立健全碳排放监测报告核查体系（Monitoring，Reporting，Verification，MRV）也至关重要。"可监测、可报告、可核查"是构建碳交易市场的核心要素之一，是确保碳排放数据准确性与可靠性的关键手段，是由政府主管部门、纳入企业、第三方核查机构、检测机构等多方主体组成在一定技术规范指引和规则约束下各司其职的有机整体，是解决碳数据失真问题的可靠手段。自《办法》发布以来，中国 MRV 体系得以逐渐规范。2021 年 10 月，生态环境部发布《关于做好全国碳排放权交易市场数据质量监督管理相关工作的通知》，要求重点排放单位进行数据质量自查，配合做好相关监督执法，建立碳市场排放数据质量管理长效机制。针对碳排放数据频频失真这一问题，2022 年的全国生态环境保护工作会议也明确指出：做好全国碳排放权交易市场第二个履约周期管理，研究扩大行业覆盖范围和交易主体范围。健全碳排放数据质量管理长效机制，继续组织开展碳排放报告质量监督帮扶，严厉打击数据弄虚作假违法行为。要建立国家、省、市三级联审机制，切实落实各级主体责任；要建立碳排放数据报送、信息化存证、名录管理定期通报制度，层层压实责任，确保碳市场健康有序发展。

如何设立免责或激励机制以调动第三方核查机构的积极性并增强其责任感？迄今为止，这一问题仍悬而未决。推进核查过程市场化改革或成重点抓手，即从政府采购服务逐渐转变为企业自由聘请第三方核查机构，通过竞争来激发第三方核查市场的活力，降低核查成本，提高核查效率。此外，政府应同步建立健全第三方核查市场的监管体系，防止舞弊现象发生。

（二）适时引入碳排放权有偿分配制度

欧盟碳市场的经验表明，提高碳配额有偿分配有助于提高碳价，优化市场供需关系。同时这也意味着企业碳排放成本增加，直接体现"谁污染，谁负责"这一环境治理的基本原则，客观上能够激发企业减排动力。

依据《碳排放权交易管理暂行条例（草案修改稿）》，中国碳排放权发放"初期以免费分配为主，根据国家要求适时引入有偿分配，并逐步扩大有偿分配比例"。2022 年北京、江苏、浙江、宁夏四地分别提出了"创新有偿分配机制"。

有偿分配方式在试点市场中已有多次成功经验。其中，深圳试点市场在 2021 年确定采用"97%无偿+3%有偿"相结合的方式进行配额分配，企业踊跃竞购，开市仅 10 分钟申购量就超过了发行总量，配额有偿发行量最终全部成交。

但引入有偿分配制度不可一蹴而就，"鞭打快牛"问题仍须警惕。产业链前端的发电等高耗能生产企业所承担的有偿成本应通过电价改革等政策向下游消费端有效转移，打通减排责任与压力在全产业链上的传递渠道。

（三）拓展碳排放权抵消工具，激发碳市场潜在活力

目前，在中国碳市场上，碳排放权配额只能在 2162 家重点排放企业之间交易。与此不同，CCER 的交易主体更为广泛，机构投资者可参与 CCER 交易，并据此开发碳资产等相关金融衍生品，这将直接提振碳市场的活跃度，完善碳市场的价格发现功能。

自中国碳市场开放以来，CCER 在二级市场上供不应求，其交易量实现大幅上涨，CCER 的价格甚至超过了碳配额价格。即便如此，CCER 项目审批备案何时重启，备受瞩目。虽然《办法》中规定，重点排放企业使用 CCER 来抵消碳排放权配额清缴的比例不得超过总量的 5%。但 2021 年发布的碳市场顶层设计文件《碳排放权交易管理暂行条例（草案修改稿）》已模糊了这一比例，将其表述为"抵消一定比例的碳排放配额清缴"，这为未来提高抵消比例埋下了伏笔。2022 年 10 月，国家生态环境部正在加快推进全国统一自愿减排交易市场建设。

碳排放权抵消工具包括但不限于 CCER，还可拓展至其他具备"负碳"属性的工具，如碳捕获、利用与封存技术（Carbon Capture，Utilization and Storage，CCUS），并逐步建立相应的审查核证体系，允许它们进入碳市场进行排放抵消。如此既可转移聚焦于 CCER 复杂核证过程中的多余精力，又能直接激励"负碳"技术创新，从根本上推动实现"双碳"目标。

总之，实现"双控"制度优化转型，构建统一完善的碳交易市场体系，坚持政府引导与市场机制结合，刚柔并济，有助于激发企业节能减碳的内生动力，促进能源结构实现绿色转型升级，这是积极稳妥推进"双碳"目标实现的必要手段，也是推动高质量发展和实现中国式现代化的必由之路。

《中国人口·资源与环境》30年来"自然资源"主题的研究脉络

——基于文献计量法和知识图谱的分析[*]

刘　琨　刘学敏[**]

　　自然资源是国民经济与社会发展的重要物质基础。随着工业化和城市化的快速发展，全球形成了对自然资源的巨大需求。由于资源的大规模开采利用，许多种类的资源已呈枯竭之势，直接威胁到人类未来的可持续发展。作为一个发展中大国，中国在改革开放之后迎来了经济腾飞。经济快速发展对自然资源的需求量大幅增长，资源的供需矛盾日趋尖锐。尽管中国矿产资源、水资源、耕地资源等各项资源总量位居世界前列，但人均资源量远低于世界平均水平，自然资源储备量相对短缺。在传统发展模式下，资源的高强度开发和低效利用，带来了自然资源枯竭、生态系统破坏、环境污染等一系列问题，严重危及自然资源的可持续利用和国家战略安全。因此，如何实现自然资源的高效利用便成为政府和学界都非常关心的热点问题。

　　自1991年创刊以来，《中国人口·资源与环境》以推进国家可持续发展战略为办刊宗旨，发表了大量有关资源、环境与经济社会协调发展等方面的高质量研究成果，为促进中国可持续发展战略的落实和实施，以及解决资源问题、环境问题及其与经济社会发展中的不协调矛盾提供了许多真知灼见。关于"自然资源"领域的研究成果是杂志的核心板块之一。为全面揭示和了解"自然资源"研究领域的发展动态和演变过程，本文以《中国人口·资源与环境》创刊30年来发表的以"自然资源"为主题的研究论文为对象，运用文献计量方法和知识

原文发表在《中国人口·资源与环境》2021年第9期，部分内容有删节。

　** 作者简介：刘琨，北京师范大学经济与资源管理研究院博士研究生。刘学敏，北京师范大学地理科学学部教授，博士研究生导师。

图谱分析工具,梳理了发文情况,旨在从中洞悉不同时期社会研究热点的变化脉络,以及作为中国自然资源领域最重要的刊物之一本杂志在学术界的引领地位和所产生的广泛影响。

一、研究数据与方法

(一)数据来源

文献计量研究最常用的国内数据库是中国知网(CNKI)和中文社会科学引文索引(CSSCI)。前者以文献类型丰富、文献数量庞大见长,它能够相对全面地提供所需研究领域的文献资料。后者是国内中文社会科学领域的文献数据库,从大量期刊中精选出学术性强、时效性强、编辑规范的期刊作为文献来源,具备文献质量高、文献格式统一等优势。本文关注的是《中国人口·资源与环境》自 1991 年创刊以来发表有关"自然资源"主题的所有文献。因 CSSCI 数据库始创于 1998 年,为保证研究数据的完整性、统一性和可靠性,本文选用 CNKI 数据库作为文献来源。在 CNKI 数据库中,采用如表 1 所示的检索方式,"篇名 or 关键词"检索项目包含"直接检索"和"补充检索","直接检索"以"资源"为篇名或关键词搜索与"自然资源"主题高度相关的文献,而"补充检索"利用"能源""自然资本""土地"等字段搜索间接相关的文献。将时间范围限定在 1991 年 1 月 1 日至 2021 年 7 月 18 日,文献来源于《中国人口·资源与环境》杂志。为进一步提高检索结果的精确性,对检索文献逐一进行人工筛查和"清洗",剔除会议征稿、书评、简讯、成果介绍等非研究类文献以及明显不相关文献,最终得到 2563 篇有效文献作为本文的研究数据。

表 1　文献检索方式

检索项目	检索内容
篇名 or 关键词	直接检索:资源
	补充检索:能源、自然资本、土地、水(再生水、虚拟水等)、耕地、林地、农地、草地、用地(建设用地、工业用地等)、矿产、煤炭、油气(石油、天然气)、粮食、废弃物、农业、渔业等

续表

检索项目	检索内容
时间范围	1991 年 1 月 1 日至 2021 年 7 月 18 日
文献来源	《中国人口·资源与环境》

（二）研究方法

本文使用知识图谱分析方法，主要以网络结构化和图谱可视化的手段，挖掘、分析、构建和绘制多个知识节点及它们之间的逻辑关系。当知识图谱技术与文献计量法相结合时，凭借强大的计算能力和直观形象的图谱形式，可用于统计分析某一学科领域的演化动态、研究热点和潜在的前沿趋势等。近年来，随着知识图谱技术的日渐成熟，越来越多的学者试图将知识图谱技术应用至文献计量研究领域，由此产生了 CiteSpace、VOSviewer、NetDraw、UCINET、BibExcel 等可视化软件工具。相较之下，CiteSpace 软件因数据处理量大、功能先进、可视化效果好等优点脱颖而出，逐渐成为学者关注的热点。它基于网络结构理论，对样本文献的关键词、作者、机构、来源期刊等信息展开多样化定量分析，并借助于共现图谱、时区图谱、时间线图谱、突现图谱等可视化方式显示直观的分析结果。基于此，本文利用 CiteSpace 软件探究《中国人口·资源与环境》有关"自然资源"主题的研究脉络和发展前沿。同时，为了尽可能地规避 CiteSpace 软件分析结果偏离现实情况的局限性，特意结合利用传统文献梳理方法，将 CiteSpace 软件的分析结果作为定量参考依据，传统文献梳理的主观剖析和判断作为定性参考依据，全面、系统、客观地揭示该研究领域的发展动态和特征。

二、发文统计分析

（一）发文量分布

发文量是衡量某研究领域活跃程度的重要指标。发文量的时间分布能够直观反映研究领域的发展态势和阶段性特征，对于分析研究热点和预测未来前沿趋势具有重要意义。自 1991 年创刊迄今 30 年间，《中国人口·资源与环境》的总发文量及"自然资源"主题发文量的分布如图 1 所示。二者变化趋势相似，整体

呈现波浪式起伏特点，包含 1991～1995 年、1996～2005 年、2006～2013 年 3 个
起伏期，以及 2014 年后的下降期。3 个起伏期内的变化趋势一致，先由波峰向
波谷方向下降，再向下一个起伏期的波峰方向升高。随着时间的推进，主题发文
量的 3 个起伏期所处的数量水平在显著提升，发文量和比重分别为 156 篇
（6.09%）、543 篇（21.19%）和 943 篇（36.79%），年均发文量分别为 31 篇、
54 篇和 118 篇。2014 年之后并未延续前期的起伏规律，转而进入下降期，发文
量由 2014 年的 193 篇锐减至 2020 年的 60 篇，2021 年（截至文献检索日）的发
文量更是降至 28 篇。从主题发文量所占比重来看，前期（2005 年之前）的起伏
幅度较大，而后期的起伏幅度（2005 年之后）较小，稳定在 30% 左右。因此，
在发文量上，受期刊总发文量的影响，以 "自然资源" 为主题的研究热度在大
部分时期内呈上升趋势，近几年初现下降势头。在比重上，研究热度由前期的剧
烈波动发展至后期的稳定态势，说明以 "自然资源" 为主题仍然是本杂志关注
的重点领域。

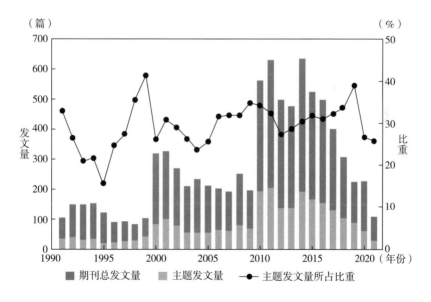

图 1　发文量统计分布

（二）发文作者与机构分布

学者和机构的发文数量体现了在相应研究领域的影响力和贡献，借助 SA-
TI3.2 软件提取发文作者和机构信息。根据提取信息，在 1991～2021 年，共有

4994 位学者参与发表了 2563 篇论文。其中，2104 位学者以第一作者的身份发表了论文，发文数量为 1~7 篇，1787 位学者（84.93%）发表了 1 篇，227 位学者（10.79%）发表了 2 篇，58 位学者（2.76%）发表了 3 篇，17 位学者（0.81%）发表了 4 篇，15 位学者（0.71%）发表了 5 篇及以上。再利用 CiteSpace5.8 软件对全部 4994 位发文作者进行共现（作者之间联合发文的合作关系）分析，选择节点类型（Node Types）="Author"，设置时间切片（Time Slicing）="1991~2021年"，切片平均年数（Years Per Slice）="1 年"，基于对数似然比（LLR）、潜在语义分析（LSI）、互信息（MI）等算法，按照出现频次、出现时间等指标信息，生成发文作者共现图谱。该图谱由渐变色彩、节点、标签和节点连线四类要素构成。图谱顶部渐变色彩由左至右的变化规律反映发文时间由远至近的先后次序。节点和标签表示发文作者，节点呈现多层圆环状，自中心向外围的每环颜色代表由远至近的发文时间，每环厚度与相应年份内的发文数量成正比，标签大小也与总发文数量成正比。节点连线代表作者之间的共现关系，连线越粗，共现频次越高，相互之间的合作关系就越强，并且连线的颜色代表首次共现的发文时间。由于大部分作者的发文数量较少，与其他作者间无显著的共现关系，所以选取发文量较多，存在显著共现关系的作者进行分析，结果如图 2 所示。从图 2 中可见，发文作者的分布整体分散，没有大范围的聚集现象，只在局部范围内出现一定程度的直接或间接共现。

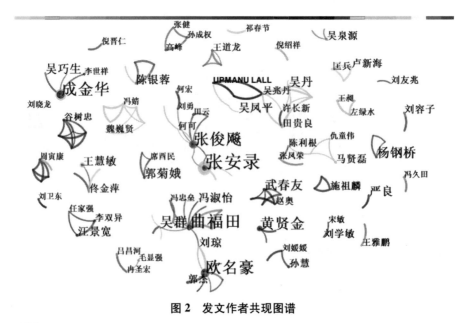

图 2　发文作者共现图谱

从发文机构的分布情况来看,共有686个发文机构以第一机构名义发表了论文,发文数量在1~131篇。448个机构(65.31%)发表了1篇,76个机构(11.08%)发表了2篇,115个机构(16.76%)发表了3~10篇,21个机构(3.06%)发表了11~20篇,26个机构(3.79%)发表了20篇以上。发表20篇以上的26个机构如表2所示,这些机构在"自然资源"研究领域都有很强的科研能力。与发文作者共现分析的步骤相同,对所有发文机构进行共现分析,探究机构之间联合发文的合作关系。如图3所示,发文机构的共现特征明显,部分机构之间存在显著的合作关系。发文量高、科研能力强的机构之间的合作关系紧密,通常以它们为核心,带动其他机构进行联合发文。

表2　高发文量的机构统计

序号	机构	发文数量	序号	机构	发文数量
1	南京农业大学	131	14	西安交通大学	30
2	华中农业大学	109	15	武汉大学	30
3	清华大学	65	16	南京大学	30
4	河海大学	63	17	中国矿业大学	28
5	中国科学院地理科学与资源研究所	55	18	重庆大学	26
6	北京师范大学	51	19	中国农业大学	25
7	北京大学	49	20	西北大学	24
8	中国人民大学	40	21	兰州大学	23
9	山东师范大学	39	22	北京林业大学	23
10	中国海洋大学	36	23	大连理工大学	22
11	中国地质大学(北京)	35	24	中国国土资源经济研究院	21
12	中国地质大学(武汉)	31	25	浙江大学	21
13	中南财经政法大学	30	26	天津大学	21

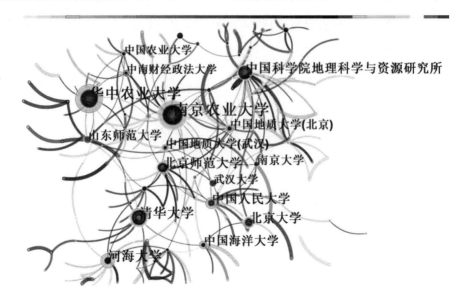

图 3　发文机构共现图谱

三、关键词主题分析

（一）高频关键词分布

关键词是凝练论文主题与研究重点的核心词，对大量论文关键词的统计分析可快速、全面地追踪某研究领域的热点主题。运用 CiteSpace5.8 软件从 2563 篇样本文献中提取了 6047 个关键词，它们的出现频次跨度较大，分布于 [1，183] 区间内，其中位于 [1，10] 区间内的关键词数量高达 5966，占全部关键词比重的 98.66%。基于此，将出现频次大于 10 的关键词定义为高频关键词，共有 81 个。表 3 为出现频次排名前 30 位的高频关键词。其中，"可持续发展""水资源""经济增长""能源消费""土地利用"等关键词的出现频次显著突出。从高频关键词的统计结果来看，"自然资源"研究主要分布于"可持续发展""水资源""能源""土地资源""自然资源""耕地资源""矿产资源""生态资源"等主题层面。

表3 主要高频关键词

序号	关键词	频次	出现年份	序号	关键词	频次	出现年份
1	可持续发展	183	1991	16	城镇化	22	2010
2	水资源	76	1991	17	水环境	22	1994
3	经济增长	46	2004	18	粮食安全	21	2001
4	能源消费	44	2005	19	技术进步	20	2008
5	土地利用	43	1991	20	生态补偿	20	2007
6	可持续利用	38	1991	21	循环经济	19	2002
7	城市化	34	1999	22	耕地资源	17	2000
8	自然资源	32	1991	23	可再生能源	17	1999
9	碳排放	29	2010	24	生态足迹	16	2009
10	矿产资源	26	1991	25	资源诅咒	16	2007
11	土地资源	25	1991	26	生态农业	16	1992
12	资源型城市	25	2003	27	环境规制	15	2011
13	能源效率	25	2001	28	产业结构	14	1994
14	耕地保护	24	1997	29	新能源汽车	14	2016
15	土地利用变化	23	2005	30	农地流转	14	2007

　　两个或两个以上关键词出现在同一篇文献中的现象被称为关键词共现，表示关键词之间存在着主题关联。某个关键词与之共现的其他关键词数量和共现频次决定了它在共现网络中的中心性程度，中心性强的关键词往往通过延伸或衍生其他关键词的方式发挥着显著的影响力，继而成为一段时期内众多研究者共同关注的热点主题。图4为高频关键词的共现图谱，大部分高频关键词之间的共现关系紧密，存在着明显的主题关联。其中，"可持续发展"出现频次最高，主要分布于1991~2010年，并且中心性最强，与主要高频关键词之间均有共现关系，但共现频次不高。"水资源""可持续利用""经济增长"与"能源消费"是中心性较强的关键词，属于"支点型"主题。"水资源"的出现频次仅次于"可持续发展"，长期以来都是研究热点之一。"可持续利用"关键词基本分布于2000年左右，通常与水资源、土地资源、耕地资源等传统资源问题相关。"经济增长"与能源消耗、城市化、资源型城市、"资源诅咒"等主题交叉融合，大多集中于2010年之后，是学者们近年来重点研究的内容。"能源消费"是本杂志有关能源领域的代表关键词之一，与能源效率、产业结构、经济增长、碳排放、低碳经济等主题密切相关，在2005年之后一直高频出现。

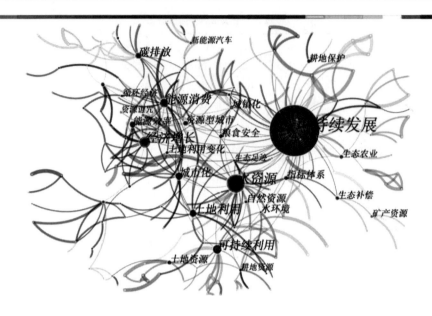

图 4　高频关键词共现图谱

（二）关键词中新词分布

由于关键词的出现频次与发文时间相关，使关键词中新词出现频次并不突出。为探究新词的分布特点，以近 5 年（2016~2021 年）发表的 562 篇论文为样本数据，共提取了 1882 个关键词进行统计分析。其中，关键词的出现频次在 1~16 次之间，1611 个关键词（85.60%）的出现频次是 1 次，175 个关键词（9.30%）的出现频次是 2 次，45 个关键词（2.39%）的出现频次是 3 次，51 个关键词（2.71%）的出现频次是 4 次及以上，从这 51 个关键词中选取出现频次排名前 30 位的关键词，如表 4 所示。

图 5 显示了关键词中新词的共现关系，"影响因素""水资源""城镇化""经济增长""环境规制"关键词的中心性较强，属于"支点型"主题。"影响因素"的出现频次最高，是目前最为常用的研究思路之一，侧重运用 Probit 模型、SFA 模型、SBM 模型等计量手段研究"生态效率""农地流转""农业生产效率"等主题。"水资源""城镇化""经济增长"一直是热点主题，它们在近几年里联系紧密，如水资源约束与产业结构升级、经济脱钩、城镇化进程的关联性，又如城镇化与能源消耗、经济增长的因果关系等。"环境规制""新能源汽车""长江经济带""碳排放"等主题是新的研究热点，这与国家战略和政策的

表4　主要关键词中的新词

序号	关键词	频次	序号	关键词	频次
1	影响因素	16	16	可持续发展	6
2	水资源	13	17	能源消费	6
3	城镇化	12	18	能源效率	6
4	经济增长	12	19	全要素生产率	6
5	新能源汽车	12	20	社会资本	6
6	环境规制	11	21	碳排放	6
7	农地流转	9	22	CGE 模型	5
8	系统动力学	9	23	结构方程模型	5
9	可再生能源	8	24	矿产资源	5
10	资源型城市	8	25	能源强度	5
11	非期望产出	7	26	驱动机制	5
12	技术进步	7	27	全要素能源效率	5
13	土地利用	7	28	生活垃圾	5
14	长江经济带	7	29	生态补偿	5
15	资源诅咒	7	30	土地城镇化	5

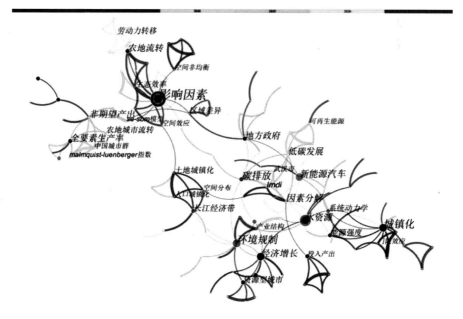

图5　新兴关键词共现图谱

调整密不可分，如国家"十四五"规划重点强调了健全环境治理体系、提升长三角一体化水平、提升新能源产业竞争力、实现"双碳"目标的必要性等。此外，"农业面源污染""三线一单"①"自然资源资产产权""可再生能源"等的研究热度也在逐步提升，成为前沿和热点问题。

四、关注热点及演进脉络

以发文统计分析、关键词主题分析为基础，结合传统文献梳理方法，发现"资源与可持续发展""自然资源利用与保护""资源诅咒""资源型城市""能源资源与碳排放"等曾经是（有的现在仍然是）"自然资源"主题的研究热点。

（一）资源与可持续发展

"可持续发展"关键词在样本文献中出现的频次极高，是"自然资源"研究领域的核心主题。可持续发展提出背景是工业革命后的发展模式导致了资源过度消耗、环境污染、生态系统退化等严重问题，开始危及全人类的未来生存与发展。为此，国际社会在20世纪90年代陆续推出了《里约环境发展与宣言》《21世纪议程》等重要文件，将可持续发展作为人类发展的基本原则，要求既满足当代人的需要，又不对后代人满足其需要的能力构成危害。中国走可持续发展道路是自身需求和必然选择。1994年，中国发布的《中国21世纪议程——人口、环境与发展白皮书》，明确了资源保护和可持续利用的重要性，指出可持续发展关乎着国民经济社会发展的稳定和国家战略安全。

为响应国际社会的可持续发展理念和推进国家可持续发展战略，本刊重点刊登了相关研究成果。1991~1996年，由于相关研究尚处在起步阶段，刊登的内容主要是研究可持续发展的概念内涵、可持续发展系统的构成部分以及如何基于国情制定科学的可持续发展思路和框架等，研究偏向宏观、定性和战略政策。1997~2010年是资源与可持续发展研究的蓬勃增长期，共发表了167篇相关论文，研究主题涵盖了4个方面：一是资源可持续利用与保护的法制建设，主要探讨中国资源利用的现状、资源法制体系存在的缺陷、加强资源立法保护的意义与

---

① "三线一单"是指生态保护红线、环境质量底线、资源利用上线和生态环境准入清单，由原国家环境保护部在2017年12月提出。

原则以及如何完善资源利用与保护的法制体系；二是构建资源可持续发展指标体系，以可持续发展理论为依据，阐述建立资源可持续发展指标体系的作用、原则、标准和实际应用；三是资源利用水平的可持续性，通常利用定量评价方法测度区域资源承载力，判断资源利用情况的可持续性程度，同时从经济最优化角度比较资源利用成本和收益，探讨如何运用投入—产出原理调整资源利用方式，以达到资源的最优利用；四是资源环境与区域发展的协调性，通常以区域经济形势和有关产业发展为研究对象，结合逻辑分析思路和模型测度方法，评估经济增长所带来的资源与环境代价。

2011~2021年，资源与可持续发展的研究热度骤降，10年间仅发表了31篇论文，且并无新的研究主题，主要涉及资源承载力、资源型城市、资源可持续利用等。虽然如此，但在研究方法上还是有一定创新的，如由初始的理论框架分析为主转变为计量实证分析为主。总体而言，资源与可持续发展研究是"自然资源"主题下的重要内容，杂志为该领域的发展积累了丰富的科学成果。

（二）自然资源利用与保护

随着可持续发展战略的推进，自然资源的利用与保护受到极大的关注。本文将自然资源利用与保护划分为资源可持续利用、自然资源、水资源、土地资源和耕地资源5个分项进行梳理。

资源可持续利用的相关论文有59篇，大多发表于1999~2003年，主要阐述中国对水资源、农业资源、土地资源、耕地资源、海洋资源等自然资源的开发利用现状，着重强调了存在资源利用效率低、供需矛盾突出、管理机制不健全、开发利用方式粗放等问题，并基于区域发展战略、自然科学、市场经营、政府管理等多维视角提出对策与建议。也有一些论文发表于2006~2015年，主要采用生态足迹模型、协调发展耦合模型、熵权法等定量手段探讨资源可持续利用的发展模式，以及通过构建指标体系评价和预测资源可持续利用水平。

自然资源相关研究的论文刊登演进脉络是资源价值评估—资源开发与管理—资源资产产权制度，涉及的论文数量有50篇。初期主要探讨自然资源价值的内涵和价值属性，如从系统性角度分为经济价值、生态价值、社会价值、文化价值等，从市场交易角度分为可直接交易价值、可间接交易价值和不可交易价值等。随着经济的不断发展，自然资源开发需求持续扩大，但因相应的开发和管理制度尚不成熟，容易导致开发利用效率低、环境代价大、管理制度混乱等后果，本刊刊登了一些市场优化配置资源、环境成本分析、国外经验借鉴等方面的研究成果。关于自然资源资产产权制度的研究早期主要是自然资源立法研究，随着

《中华人民共和国森林法》《中华人民共和国矿产资源法》《中华人民共和国土地管理法》《关于统筹推进自然资源资产产权制度改革的指导意见》等一系列法规制度体系的修订完善，相关研究在逐步深入和细化，近年来发表了一些关于自然资源资产负债表、资产审计制度、资产分类调整等内容的研究成果。

水资源作为关键词的出现频次仅次于可持续发展，涉及的论文数量高达 423 篇，自 2000 年以来一直是热点，论文刊登的研究成果演进脉络大体是供需矛盾与污染—管理与配置—利用效率与承载力—经济效益。1991~1999 年，关注的重心是中国水资源短缺、时空分布不均的现实矛盾，以及不合理开发利用带来的水污染等问题。2000~2007 年，刊登了大量解决水资源供需矛盾和污染问题的研究成果。基本观点是，在政府管理层面，将水资源作为公共产品进行合理、公平分配，提出破除流域行政管理壁垒、明晰水权制度、实施跨区域引调水工程、完善法律体系保障等政策措施；在市场配置层面，以水资源价值理论和私人产品属性为基础，运用经济杠杆的调节作用促进水资源的高效利用和优化配置，提出了建立和完善水资源价格机制、水资源交易市场的建议。2008 年后，刊发论文数量进一步增加，研究范围和深度也有拓展，涵盖了水资源利用效率评价、承载力计算、区域差异分析、区域协调机制创新、经济效益测度等多个主题。但主题分布较为分散，单从主题出现频次来看，水资源利用效率评价、承载力计算和经济效益测度比较集中。水资源利用效率评价和承载力计算研究注重构建包含经济效益、生态效益、资源效益等方面的指标体系，常用 DEA 模型、因子分析法、模糊综合评判模型等定量方法，分析水资源利用效率和承载力的时空规律及影响因素。经济效益研究融合了经济学、社会学与管理学内容，运用计量经济学模型，解析水资源利用与经济发展、产业结构、区域协作等其他因素之间存在的内在机理。近几年，水资源利用与经济增长脱钩、产业结构升级、粮食生产、能源安全的关联性研究也成为本刊关注的新热点。

土地资源的相关研究成果覆盖面广泛，包含了土地利用、建设用地、工业用地、城镇用地等一系列主题，共涉及 410 篇论文。相关研究刊发的演进脉络是开发利用评价与规划—城镇化与工业化—配置效率与社会效益。开发利用评价与规划的研究成果主要分布于刊物初创时的 1991~2005 年，多属于宏观性探讨，主要评价国内土地资源开发利用在人口承载力、生态环境、市场经营、体制改革等诸多方面的发展现状和面临的挑战，并提出规划和管理对策。随着中国城镇化和工业化的快速发展，土地资源研究成果的数量和结构发生了显著变动。2006~2015 年，学者们着重研究了建设用地、工业用地、居住用地等不同类型土地利用在城镇化和工业化影响下的时空演变、流转趋势、经济效益及生态风险。经历了快速发展阶段后，学者们开始审视土地利用的配置效率和社会效益，逐步增加对土地城镇化向人口城镇化转变、土地集约错配利用、土地征收补偿、土地资源资产、土地整治等中微观内容的讨论。

本刊对于耕地资源的关注偏晚一些（2000 年左右），刊登论文数量有 243 篇，涵盖了耕地利用、农地流转、粮食生产等内容，演进脉络是评估与反思—政策制度与战略安全—驱动力机制。前期研究基于耕地资源匮乏且流失严重的基本现状，对其时空演变、利用效率、影响因素等展开评估，并反思其深层原因。在国家提出"保耕地红线"行动和实施粮食安全战略之后，相关研究则以战略安全与政策制度、驱动力机制内容为主。前者既定量评估了耕地保护和粮食安全的发展现状和趋势，又从政策机制角度着重探讨了耕地保护的补偿机制、政策绩效与市场效益，粮食补贴政策、价格波动与农户非农就业，以及农业用地流转、分配和整治的经济社会效应。后者主要从政策实施、土地流转、社会资本、生态安全、农户意愿等多维角度，运用 GMM 模型、Probit 模型、SBM 等计量经济学模型，实证分析影响耕地质量与生产率、粮食供给的驱动力因素。

可以看出，自然资源利用与保护的研究范围广、热度高、持续时间长，成果丰富，尤其是在水资源和土地资源的研究上。这类研究呈现出的特点是主题深化、方法升级、视角融合。主题深化表现为主题分布由平面扩展型向立体垂直型方向发展，不断提高研究深度，研究尺度呈"宏观—中观—微观"的变化特点，逐步聚焦内在机理的研究；方法升级表现为研究方法由规范分析为主向实证分析为主转变，运用的计量模型方法愈加复杂和成熟；视角融合表现为研究逐渐注重与经济学、管理学、法学、社会学等众多学科的交叉融合。

（三）"资源诅咒"

20 世纪 70 年代以来，自然资源富集的国家对资源的依赖程度有增无减，但经济发展却几乎都陷入停滞状态。1993 年，英国经济学家 Auty 将这一现象定义为"资源诅咒"假说，其基本含义是丰裕的自然资源禀赋并不能带来稳定的经济增长，反倒会成为导致经济停滞或倒退的陷阱。该假说自提出以来便引发了不少争论和质疑，形成了"资源诅咒"存在论、"资源诅咒"不存在论、"资源诅咒"条件存在论三类观点。对此，本刊也予以了一定关注。"资源诅咒"关键词在样本文献中的出现频次较高，与"可持续发展""经济增长""矿产资源"等关键词之间关联紧密，虽然刊发的相关研究成果仅有 20 篇，但集中分布在 2014~2019 年，其中 2019 年就有 7 篇。在这些论文中，主题演进脉络大致为资源诅咒的验证—验证方法的修正—资源诅咒与外部因素的联系。"资源诅咒"的验证研究属于传统的热点内容，通常借助计量回归模型，验证煤炭、石油、天然气等经济属性强的自然资源禀赋与区域经济增长、城市化水平和产业结构优化等之间的相关性程度。当然，也刊发了一些"资源诅咒"不存在论的研究成果，指出"资源诅咒"相关研究在指标选取、样本处理、变量内生性等方面存在严重缺陷，研究结论不够严谨。对此，支持"资源诅咒"存在论的学者提出了修正方法，譬如纳入绿色 GDP 指标、改进资源分类体系、优化计量回归模型等。随着研究主题的拓展和深入、研究方法的优化改进和有关政策的推行实施，发表的研究成果已不再简单局限在"资源诅咒"与经济发展之间的相关性上，开始尝试探索"资源诅咒"与产业空间聚集、社会福利、绿色经济、环境规制政策等其他经济社会因素之间的联系。

总的来说，虽然"资源诅咒"主题的发文量不突出，但与区域经济社会发展密切相关，近十几年受到了较高的关注度。随着中国经济步入高质量发展阶段，"资源诅咒"问题与经济、社会、生态等诸多因素的关联将引起更多的新的思考。

（四）资源型城市

资源型城市因资源开发而兴，又因资源枯竭而困。伴随着资源枯竭，不少城市出现经济萎缩和衰退现象，面临着主导产业效益差、政府财政收入低、社会失业率高、生态环境恶化等一系列问题，直接关乎城市的未来生存和发展。在中国，国家根据资源开发所处的阶段（兴起期、成长期、繁荣期、衰退期），确立了 69 个资源枯竭城市。为此，国家逐步开启了资源型城市经济社会转型发展的政策设计与规划实施，如国务院制定了《关于促进资源型城市可持续发展的若干意见》和《全国资源型城市可持续发展规划（2013—2020 年）》等政策文件。

关于"资源型城市"，发表的论文数量有 51 篇，分布于 2003~2021 年，且分布较为均衡，其研究演进脉络是转型问题的理论探讨—产业转型能力评价—与可持续发展理念的结合与创新。早期的理论探讨，初步归纳总结了资源型城市的核心问题，并提出了转型发展的战略方向和政策措施。接着是对产业转型能力评价研究，通过构建包含经济效益、社会效益、生态效益等指标的综合评价指标体系，测度多种产业的转型能力，提出了合理选择主导产业的对策。《全国资源型城市可持续发展规划（2013—2020 年）》的实施，标志着中国资源型城市的发展规划从产业转型阶段提升至全面可持续发展阶段。刊发的相关研究成果将资源型城市理论与可持续发展理论相结合，创新资源型城市可持续发展的政策体制和市场机制。同时,主题范围也得到了拓展和深化,不再单纯聚焦于经济增长与产业转型,而是全面关注体制机制的改革创新、人民福祉、社会公平等深层次内容,如刊发了资源型城市的公共服务效率、人口流失、供给侧改革、绿色转型等方面的研究成果。

虽然发文量不多,但资源型城市实现可持续发展是一个世界性的难题,不同国家选择了不同的路径,有的矿竭"城衰"进而"城废",有的实现成功转型,但这都是一个非常漫长的过程。在转型中将会不断出现新的科学问题,需要持续予以关注。

(五) 能源资源与碳排放

煤炭、石油、天然气等能源资源问题是国家战略规划的重要内容,也一直是本刊关注的重点领域,共涉及 448 篇论文。有关能源问题的研究成果表现出显著的阶段性特征。"十五"时期(2001~2005 年)是起步阶段,成果数量偏少,探讨了中国能源安全格局和可再生能源政策。"十一五"时期(2006~2010 年)是快速发展阶段,在国家提出优化能源结构、节能减排、注重环境保护的基本方略下,相关研究聚焦于定量评价能源效率和能源消费结构,以及与经济增长、工业生产率、技术进步、产业结构、环境质量等因素之间的因果关系。党的十八大以后,国家就能源生产和消费提出"四个革命、一个合作"原则[1],并积极加入《巴黎气候变化协定》,使能源消耗、经济发展与碳排放之间的博弈关系成为新的核心焦点。有关研究可分为以下三类:一是运用回归模型实证测度城市化、环境规制、技术创新、新能源产业、碳排放约束等外部条件对能源效率水平的影响程度,并将其作为依据提出有关能源结构转型的建议;二是核算与模拟预测工业、制造业、居民生活等领域能源消耗的碳排放量;三是阐述新能源汽车产业的政策法规体系、补贴政策、基础设施建设与市场供需等新兴内容。

与其他类别的自然资源相比,能源问题的经济属性和政治属性较强,相关研究的内容与国家政策导向的关联性明显。国际气候谈判、国家能源政策以及碳达峰和碳中和"双碳"目标、新能源产业发展规划等政策都是当下能源问题研究的热点。

---

① "四个革命、一个合作":推动能源消费革命,抑制不合理能源消费;推动能源供给革命,建立多元供给体系;推动能源技术革命,带动产业升级;推动能源体制革命,打通能源发展快车道;全方位加强国际合作,实现开放条件下能源安全。

（六）前沿热点

根据热点内容梳理关键词中新词的分布，发现近期的前沿热点主要集中分布于水资源、土地资源、能源资源与碳排放等方面。针对水资源，侧重实证分析政策绩效，如水污染防治、水资源消耗总量控制、环境规制、水权交易市场、虚拟水贸易、再生水回用等相关政策对水资源利用效率和时空分配的影响效应。针对土地资源，农地问题是重点主题，通常借助农户调查数据，量化测度土地托管、农地整治、农地流转、农地确权等措施对粮食生产效率、农地保护、农户生计、农地抛荒、劳动力转移等经济效益或社会现象的影响。针对能源资源与碳排放，相关研究的覆盖面广，成果丰富，包括能源替代效应与能源转型、能源消耗的碳排放核算与预测、新能源产业的政策效果、能源与其他资源间的系统关联性、外部因素对能源效率的作用机制等。

五、研究结论和展望

（一）研究结论

基于 CNKI 数据库的文献数据，利用文献计量方法和知识图谱分析，对 30 年来《中国人口·资源与环境》刊发的关于"自然资源"主题的论文进行了梳理和解析后，得到以下结论：

第一，1991~2021 年的发文量整体呈现波浪式起伏特点。先后经历了 3 个起伏上升期和 1 个下降期，大部分时期内的研究热度都处在上升趋势，发文量所占比重逐步趋于稳定态势。论文来源广泛，发文作者分布较为分散，而发文量高、科研能力强的机构之间合作紧密。从关键词来看，相关研究覆盖面较广，涵盖了可持续发展、水资源、能源、土地资源、自然资源、耕地资源、矿产资源等一系列主题。

第二，从纵向看，曾经出现资源与可持续发展、自然资源利用与保护、"资源诅咒"、资源型城市、能源资源与碳排放等热点问题。其中，资源与可持续发展是"自然资源"研究领域的重要内容。自然资源利用与保护的研究范围广、持续时间长、热度高，成果丰富，尤其是在水资源和土地资源的研究上。"资源诅咒"、资源型城市的研究与区域经济社会发展密切相关，具有一定的关注度。

能源资源与碳排放的经济属性、政治属性偏强，相关研究的内容与国家政策导向的关联性明显。

第三，当前的研究热点主要集中于水资源、土地资源、能源资源与碳排放等主题。水资源研究侧重实证分析政策绩效，土地资源研究注重农地问题，能源资源与碳排放研究重点探究能源替代、碳排放核算、新能源等内容。这些前沿热点与资源环境约束（或人地关系视角）下产业结构优化和城镇化发展、生态文明视角下的资源环境保护与管理等中国面临的现实问题高度相关，也与当前参与国际气候合作，实现碳达峰、碳中和"双碳"目标，参与并重塑全球气候治理体系高度相关。这表明，发表的研究成果一直处在国内国际相关研究的前沿领域。

第四，从内容来看，前期的研究偏向于宏观分析、定性分析和规范分析，研究可持续发展理念下的资源政策和战略，这当然与可持续发展初期的认识水平相关，但即使这样也在当时丰富了资源领域的研究成果，推动了资源科学和学科的发展。随着人们认识水平的提高和研究的逐渐深入，实证分析和定量分析居于主导地位，资源研究趋于成熟；而且，对不同类别资源又进行细分研究，如土地资源又细分为耕地、林地、建设用地等，更偏重于微观分析，使结论更加具有针对性。

通过分析发现，本刊对于"自然资源"主题研究的关注呈现出以下的显著特点：

第一，前沿性。本刊自创刊初始便紧盯国际可持续发展和自然资源领域的前沿问题，如可持续发展、资源可持续利用、资源型城市转型等，成为国内刊发和介绍相关领域研究成果的重要阵地，也引领着国内相关研究的走向。同时，随着英文期刊的同步出刊，使本刊成为向国际社会推介和传播中国可持续发展领域研究成果的重要窗口。

第二，融合性。本刊刊发的关于资源问题的研究成果，不是拘泥于某个学科下对于资源问题的研究（如资源经济、资源管理、资源法等），更重要的是从经济学、管理学、法学、社会学、安全科学等众多学科理论和方法融合的视角去研究资源问题；既把资源问题直接与自然保护、经济增长、城市发展等联系起来，也加强了资源问题与政府制度、公共管理、人口增长等领域的交叉融合。

第三，学术性。刊物始终把学术性看作杂志的生命，所发表的文章注重理论创新，注重新方法使用以及所得出的全新结论。正是基于此，本刊在自然资源领域刊发了一些观点迥异、结论完全不同的研究成果，把不同的学术观点向人们原原本本地展现出来，真正把《中国人口·资源与环境》办成一本权威的学术刊物。

第四，实践性。在办刊中始终关注解决实际问题，体现实践性，而唯有此才能保持刊物具有旺盛的生命力。这不仅体现在资源可持续利用、自然资源、水资源、土地资源以及资源型城市转型等本身就是一个个具有鲜明实践性的科学命题上，还在于刊物还发表一些具体区域（省、市等）关于自然资源和可持续发展的研究成果。

（二）研究展望

自创刊以来，《中国人口·资源与环境》就成为国内关于可持续发展和资源领域的权威杂志，在国内学术界产生了广泛影响，并随着英文期刊同步发行在国际学术界也具有了一定的影响力。这当然与繁荣学术的办刊宗旨、历届主编的视野和编辑的学识密切相关。正是由于他们的坚持不懈和辛苦付出，刊物才有如此巨大的影响力，才在学术界具有了不可动摇的学术地位。

然而，杂志的生命力就在于常出常新，而只有推陈才能出新。当今世界，借助于科学方法的长足进步，人们认识世界有了新的支点和视角，从而为科学研究提供了极大的便利。不仅可以使许多资源问题纳入研究的视野，而且还能运用新方法得出全新结论。关于"自然资源"主题，杂志至少可以从以下四个方面跟进：

第一，紧盯国际可持续发展的前沿领域，基于全球自然资源可持续利用的重要目标，开拓新的研究领域。全球发展的不平衡，使自然资源在国际范围内进行物质和价值的流动，这就需要关注自然资源国际空间配置的相关研究成果；关注新技术在自然资源全生命周期管理、自然资源资产核算方面的应用等相关研究成果等。

第二，紧扣国家资源政策，精准聚焦和服务国家重大资源战略需求。这就需要关注国家资源安全战略和策略问题，关注自然资源领域关键制度创新问题，继续关注资源枯竭地区、产业衰退地区、生态严重退化地区的转型发展问题，关注自然资源政策与国家重大区域战略融合发展问题等。

第三，资源问题具有综合性，它在生态系统中常处于核心位置，许多环境问题是由于资源不合理利用造成的，环境问题是"标"，资源问题是"本"。这就需要充分发挥杂志综合性的优势，关注在国土空间生态系统中进一步推动"山水林田湖草沙冰"系统保护和整体修复，关注自然资源本底及其与生态环境综合影响等研究成果。

第四，自然资源本身种类繁多，每种自然资源都有其自身的演进规律（自然规律），而自然资源又为经济发展所必需（"引致需求"）。这就需要关注各类资源自然规律和经济规律的结合以及两者之间的系统关联机制问题，关注市场经济体制下各类自然资源的资产化问题等相关研究成果。

当然，自然资源领域未来的关注点远不止这些。随着资源科学研究在进步中不断发现问题和解决问题，将会有更多的研究成果发表。这就需要主编、各位编辑具有远见卓识和对学术的敏锐洞察力去发现、主动挖掘，向学术界展现更多高质量的研究成果，使本刊继续保持国内自然资源研究领域的权威地位，并在国际期刊界产生更大的影响力。

参考文献

［1］刘学敏，金建君，李咏涛．资源经济学［M］．北京：高等教育出版社，2008：1-11.

［2］司红运，施建刚，陈进道，等．从《中国人口·资源与环境》审视国内的可持续发展研究——主题脉络、知识演进与新兴热点［J］．中国人口·资源与环境，2019，29（7）：166-176.

［3］肖罗，魏春雨．基于 CSSCI 的中国乡村聚落形态研究知识图谱分析［J］．经济地理，2021，41（4）：148-157.

［4］CHEN C. Science Mapping：A Systematic Review of the Literature［J］．Journal of Data and Information Science，2017，2（2）：1-40.

［5］张文斌，张志斌，董建红，等．迈向城乡共治：改革开放以来城乡关系演变解读［J］．地理科学进展，2021，40（5）：883-896.

［6］张晓玲．可持续发展理论：概念演变、维度与展望［J］．中国科学院院刊，2018，33（1）：10-19.

［7］叶小叶．人口、资源、环境与发展系统研究的基本思路［J］．中国人口·资源与环境，1993，3（2）：5-10.

［8］陈述彭．环境保护与资源可持续利用［J］．中国人口·资源与环境，1995，5（3）：15-21.

［9］付英，程绪平．构建适应保护资源的政策法律新框架［J］．中国人口·资源与环境，2001，11（1）：39-41.

［10］李金昌．试论资源可持续利用的评价指标［J］．中国人口·资源与环境，1997，7（3）：39-41.

［11］俞勇军，陆玉麒，朱东风．资源利用最优化的经济学探讨［J］．中国人口·资源与环境，1999，9（2）：13-17.

［12］何敏，刘友兆．江苏省相对资源承载力与可持续发展问题研究［J］．中国人口·资源与环境，2003，13（3）：84-88．

［13］黄广宇．福建省经济增长的资源环境代价评估［J］．中国人口·资源与环境，2003，13（1）：72-77．

［14］黄贤金．自然资源二元价值论及其稀缺价格研究［J］．中国人口·资源与环境，1994，4（4）：44-47．

［15］谢高地，曹淑艳，王浩，等．自然资源资产产权制度的发展趋势［J］．陕西师范大学学报（哲学社会科学版），2015，44（5）：161-166．

［16］徐华飞．我国水资源产权与配置中的制度创新［J］．中国人口·资源与环境，2001，11（2）：44-49．

［17］成金华，李世祥，吴巧生．关于中国水资源管理问题的思考［J］．中国人口·资源与环境，2006，16（6）：162-168．

［18］钱文婧，贺灿飞．中国水资源利用效率区域差异及影响因素研究［J］．中国人口·资源与环境，2011，21（2）：54-60．

［19］吴丹．京津冀地区产业结构与水资源的关联性分析及双向优化模型构建［J］．中国人口·资源与环境，2018，28（9）：158-166．

［20］王喜峰，沈大军，李玮．水资源利用与经济增长脱钩机制、模型及应用研究［J］．中国人口·资源与环境，2019，29（11）：139-147．

［21］陈丹玲，卢新海，匡兵．长江中游城市群城市土地利用效率的动态演进及空间收敛［J］．中国人口·资源与环境，2018，28（12）：106-114．

［22］张雄，张安录，邓超．土地资源错配及经济效率损失研究［J］．中国人口·资源与环境，2017，27（3）：170-176．

［23］张鹏岩，秦明周，闫江虹，等．河南省耕地资源利用效益的影响因素及特征分析［J］．中国人口·资源与环境，2013，23（1）：162-169．

［24］曹瑞芬，张安录．土地税费政策的耕地保护作用机理与实证检验——以湖北省新增建设用地使用费为例［J］．中国人口·资源与环境，2020，30（9）：139-145．

［25］AUTY R M. Industrial Policy Reform in Six Large Newly Industrializing Countries：the Resource Curse Thesis［J］．World Development，1994，22（1）：11-26．

［26］丁从明，马鹏飞，廖舒娅．资源诅咒及其微观机理的计量检验——基于 CFPS 数据的证据［J］．中国人口·资源与环境，2018，28（8）：138-147．

［27］安锦，王建伟．资源诅咒：测度修正与政策改进［J］．中国人口·资

源与环境，2015，25（3）：91-98.

［28］宋德勇，杨秋月．环境规制打破了"资源诅咒"吗？——基于跨国面板数据的经验分析［J］．中国人口·资源与环境，2019，29（10）：61-69.

［29］赵景海．我国资源型城市发展研究进展综述［J］．城市发展研究，2006（3）：86-91.

［30］叶蔓．基于因子分析的资源型城市主导产业选择研究［J］．中国人口·资源与环境，2011，21（S2）：343-346.

［31］汪涛，张家明，禹湘，等．资源型城市的可持续发展路径——以太原市创建国家可持续发展议程示范区为例［J］．中国人口·资源与环境，2021，31（3）：24-32.

［32］张晓平．20世纪90年代以来中国能源消费的时空格局及其影响因素［J］．中国人口·资源与环境，2005，15（2）：38-41.

［33］陈德敏，张瑞，谭志雄．全要素能源效率与中国经济增长收敛性——基于动态面板数据的实证检验［J］．中国人口·资源与环境，2012，22（1）：130-137.

［34］杜祥琬，杨波，刘晓龙，等．中国经济发展与能源消费及碳排放解耦分析［J］．中国人口·资源与环境，2015，25（12）：1-7.

［35］窦睿音，刘学敏．中国典型资源型地区能源消耗与经济增长动态关系研究［J］．中国人口·资源与环境，2016，26（12）：164-170.

第四篇　创新驱动

我国新型智慧城市发展现状、形势与政策建议[*]

唐斯斯　张延强　单志广　王　威　张雅琪[**]

一、引言

智慧城市的概念自 2008 年提出以来，在国际上引起广泛关注，并持续引发了全球智慧城市的发展热潮。智慧城市已经成为推进全球城镇化、提升城市治理水平、破解大城市病、提高公共服务质量、发展数字经济的战略选择。

近年来我国智慧城市快速发展，成效显著。截至目前，我国智慧城市发展大体上经历了四个阶段：第一个阶段为探索实践期，从 2008 年底智慧城市概念提出到 2014 年 8 月，主要特征是各部门、各地方按照自己的理解来推动智慧城市建设，相对分散和无序。第二个阶段为规范调整期，从 2014 年 8 月至 2015 年 12 月，主要特征是国家层面成立了"促进智慧城市健康发展部际协调工作组"，各部门不再单打独斗，开始协同指导地方智慧城市建设。第三个阶段为战略攻坚期，从 2015 年 12 月到 2017 年 12 月，主要特征是提出了"新型智慧城市"理念并上升为国家战略，智慧城市成为国家新型城镇化的重要抓手，重点是政务信息

* 原文发表在《电子政务》2020 年第 4 期，部分内容有删节。

** 作者简介：唐斯斯，博士，副研究员，国家信息中心信息化和产业发展部战略规划处副处长（主持工作），智慧城市发展研究中心副主任。张延强，博士，国家信息中心信息化和产业发展部战略规划处高级工程师，智慧城市发展研究中心首席工程师。单志广，博士，研究员，国家信息中心信息化和产业发展部主任，智慧城市发展研究中心主任。王威，博士，副研究员，国家信息中心信息化和产业发展部智慧城市处副处长（主持工作），智慧城市发展研究中心副主任。张雅琪，硕士，国家信息中心信息化和产业发展部战略规划处，智慧城市发展研究中心智慧应用组副组长。

系统整合共享推动打破信息孤岛和数据分割。第四个阶段为全面发展期，党的十九大召开以来，主要特征是各地新型智慧城市建设加速落地，建设成果逐步向区县和农村延伸。党的十九大提出建设智慧社会，智慧社会是智慧城市概念的中国化和时代化，更加突出城乡统筹、城乡融合发展，为深入推进新型智慧城市建设指明了发展方向。

"新型智慧城市"第一次出现在中央政府文件中，是在 2016 年 3 月发布的《中华人民共和国国民经济和社会发展第十三个五年规划纲要》"专栏 13　新型城镇化建设重大工程：（四）智慧城市"的表述中，提出要"建设一批新型示范性智慧城市"。在 2016 年 10 月 9 日中央政治局第 36 次集体学习中，习近平总书记指出，要"以推行电子政务、建设新型智慧城市等为抓手，以数据集中和共享为途径，建设全国一体化的国家大数据中心"。

笔者认为，"新型智慧城市"是适应我国实际国情提出的"智慧城市"概念的中国化表述；"新型智慧城市"是在现代信息社会条件下，针对城市经济、社会发展的现实需求，以提升人民群众的幸福感和满意度为核心，为提升城市发展方式的智慧化而开展的改革创新系统工程；新型智慧城市是落实国家新型城镇化战略规划，富有中国特色、体现新型政策机制和创新发展模式的智慧城市；新型智慧城市核心是以人为本，本质是改革创新（笔者建议，"新型智慧城市"英文应译为 Innovative Smarter City，而不应译为 New Smart City）。笔者认为，同一般性的"智慧城市"概念相比，我国的"新型智慧城市"概念更加注重以下几个特征：一是中国化。国外的智慧城市理念重在对"物"的管理，主要是推广物联网、云计算等信息技术产品，而我国的"新型智慧城市"建设核心是以"人"为本，基于我国"四化同步"的国情实际，服务于我国以人的城镇化为核心的新型城镇化进程，促进解决"三个一亿人"的综合承载问题，助力提升我国城镇化发展质量和水平。二是融合化。"新型智慧城市"要着力推进技术融合、数据融合和业务融合，着力打破信息孤岛和数据分割，打通数据共享和融合的"奇经八脉"，促进互联网、大数据、物联网、云计算、人工智能、区块链等新一代信息技术与城市管理服务相融合，提升城市治理和服务水平。三是协同化。"新型智慧城市"不是简单的城市内政府部门、业务条线的信息化，而是要通过互联互通、纵横联动，特别是城市层面的横向融通，协调城市治理的"五脏六腑"，促进实现跨层级、跨地域、跨系统、跨部门、跨业务的协同管理和服务。将过去各自为政、各行其是的"稳态"信息系统，打造成全程全时、全模式全响应、"牵一发而动全身"的"敏态"智慧系统，实现城市治理方式的智慧化。四是创新化。"新型智慧城市"的本质是利用新一代信息技术对城市进行重塑和再造，是利用现代信息技术与城市固有秩序和利益进行博弈，利用数据资源畅通流动、开放共享的属性，倒逼城市不合理的管理体制、治理结构、服务模式、产业布局变得更加合理优化、透明高效，从这个意义上可以说，凡是技术导向、项目驱动，没有业务优化重塑再造、没有改革创新举措和发展实效突破的所谓智慧城市，都不是真正意义上的"新型智慧城市"。

经过不断的探索和实践，我国新型智慧城市建设持续深化，有效提高了城市管理科学化、精细化、智能化水平，已经成为当今时代我国城市发展的新理念、城市运行的新模式、城市管理的新方式和城市建设的新机制。本文结合国家新型智慧城市建设评价工作，全面总结我国新型智慧城市的发展现状和特点，深入分析面临的瓶颈与问题，并提出相应的政策建议。

二、我国新型智慧城市的发展现状

近年来，为推动我国新型智慧城市健康有序发展，各部门、各地方政府先后出台了一系列政策举措和战略部署优化发展环境。

一是国家层面高度重视。习近平总书记多次就智慧城市建设发表重要讲话，做出重要指示。国家层面陆续发布一系列相关政策文件，指导智慧城市建设。2014年8月，由国家发展和改革委员会（以下简称国家发展改革委）牵头研究制定的《关于促进智慧城市健康发展的指导意见》经国务院同意正式发布，这是我国第一份对智慧城市建设作出全面部署的权威文件。2014年10月，经国务院同意，成立了由国家发改委牵头、25个部委组成的"促进智慧城市健康发展部际协调工作组"，工作组办公室设在国家发展改革委高技术产业司，国家信息中心智慧城市发展研究中心具体承担办公室秘书处职责。2015年12月，根据国务院领导批示，原有的各部门司局级层面的协调工作组升级为由部级领导同志担任工作组成员的协调工作机制，工作组更名为"新型智慧城市建设部际协调工作组"，由国家发展改革委和中央网信办共同担任组长单位。近年来，依托部际协调工作机制，各部委共同研究新型智慧城市建设过程中跨部门、跨行业的重大问题，推动出台智慧城市分领域建设相关政策（见表1），我国新型智慧城市建设政策体系逐步健全。

二是地方层面积极推进。所有副省级以上城市、超过89%的地级及以上城市均提出建设智慧城市。国内各省市智慧城市建设的重点和发展路径各不相同，在发布实施智慧城市总体行动计划的同时，不断推进"智慧教育""智慧医疗""智慧交通"等具体领域实践，探索适合本地智慧城市建设的重点和发展路径。

表1　2018年以来中央及各部委出台智慧城市相关政策和标准

政策文件名称	文号	发文单位	发布时间
教育信息化2.0行动计划	教技〔2018〕6号	教育部	2018年4月13日
国务院办公厅关于促进"互联网+医疗健康"发展的意见	国办发〔2018〕26号	国务院办公厅	2018年4月28日
关于深入开展"互联网+医疗健康"便民惠民活动的通知	国卫规划发〔2018〕22号	国家卫生健康委员会国家中医药管理局	2018年7月10日
关于继续开展新型智慧城市建设评价工作　深入推动新型智慧城市健康快速发展的通知	发改办高技〔2018〕1688号	国家发展改革委	2018年12月19日
2019年新型城镇化建设重点任务	发改规划〔2019〕0617号	国家发展改革委	2019年3月31日
关于公布2019年度"智慧教育示范区"创建项目名单的通知	教技厅函〔2019〕52号	教育部	2019年5月5日
信息安全技术　智慧城市安全体系框架	GB/T 37971-2019	市场监管总局	2019年9月2日
智慧城市　数据融合第5部分：市政基础设施数据元素	GB/T 36625.5-2019	市场监管总局	2019年9月2日
智慧城市　建筑及居住区综合服务平台通用技术要求	GB/T 38237-2019	市场监管总局	2019年10月24日

三是持续开展国家新型智慧城市评价工作。2017年，国家发展改革委联合中央网信办、国家标准委制定《新型智慧城市评价指标（2016）》，全国220个地市参与了评价。2019年，在原有评价体系基础上修订形成《新型智慧城市评价指标（2018）》，评价工作旨在摸清智慧城市发展现状，为国家决策提供参考，为地方明确新型智慧城市工作方向、促进新型智慧城市经验共享和推广提供有力支撑。

国家新型智慧城市建设评价工作由新型智慧城市建设部际协调工作组办公室

秘书处（国家信息中心智慧城市发展研究中心）协助国家发改委和中央网信办具体组织，各地通过部署在国家电子政务外网的评价填报系统，基于新型智慧城市评价指标，填报 8 项一级指标、24 项二级指标、52 项二级指标分项（除市民体验）① 数据。评价对象以地级及以上城市为主。2017 年评价完成率为 65.09%，2019 年评价完成率达到 81.36%，全国 271 个地市、4 个直辖市参与了评价。对比 2017 年和 2019 年评价，平均得分由 58.03 分上升至 68.16 分，涨幅达17.46%。从各一级指标平均得分率来看，惠民服务、精准治理、生态宜居、信息资源、改革创新领域平均得分率都有所提升，智能设施领域平均得分率略有下降（见图 1）。

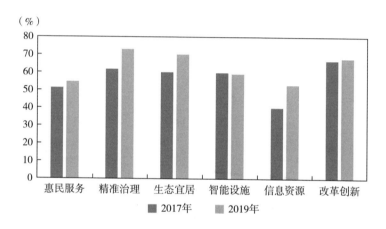

图 1　2017 年和 2019 年全国新型智慧城市评价结果

基于 2019 年评价数据，从重点领域来看（见图 2），惠民服务、精准治理、生态宜居、智能设施领域得分率相对比较集中，差异系数较小，参评城市在这四个领域的发展水平较为均衡；信息资源领域的差异系数②最大，达到 62.76%，表明与其他领域相比，全国不同地方对于信息资源共享和开发利用差异程度最大，是未来破解发展不充分、不均衡的重要内容之一。

---

① "2018 年版"指标构成。"2016 年版"指标中，一级指标 8 项，二级指标 21 项，二级指标分项 54 项。

② 差异系数：也称变差系数、离散系数、变异系数，是一组数据的标准差与其均值的百分比，是测算数据离散程度的相对指标。指标内部差异系数越大，表明各地市发展水平差异越大，该指标考察内容的发展越不均衡。

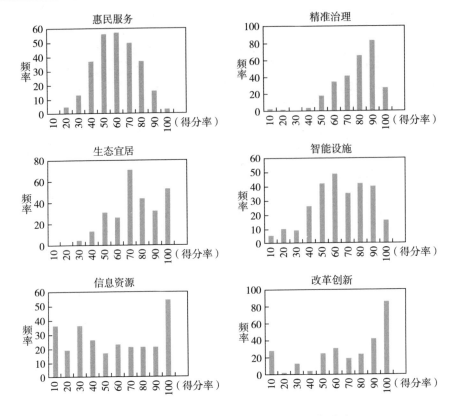

图2　2019年全国新型智慧城市一级指标得分率

三、我国新型智慧城市的发展趋势

近年来，各部门协同推进，各地方持续创新实践，我国新型智慧城市建设取得了显著成效。城市服务质量、治理水平和运行效率都得到了比较大的提升，人民群众的获得感、幸福感、安全感不断增强。新型智慧城市建设在2020年1月暴发的新冠疫情防控方面发挥了积极作用，多地通过网格化管理精密管控、大数据分析精准研判、移动终端联通民心、城市大脑综合指挥构筑起了全方位、立体化的疫情防控和为民服务体系，显著提高了应对疫情的敏捷性和精准度。

新型智慧城市作为数字经济建设、新一代信息技术落地应用的重要载体，近年呈现出"六个转变"的趋势特征。

（一）发展阶段由准备期向起步期和成长期转变

按照《新型智慧城市评价指标》得分情况，可将我国新型智慧城市发展程度划分准备期、起步期、成长期和成熟期四个阶段。2019 年我国新型智慧城市评价结果显示，与 2017 年相比，大量城市已经从新型智慧城市建设的准备期向起步期和成长期过渡（见图 3），处于起步期和成长期的城市数量占比从 2017 年的 57.73% 增长到 80%，而处于准备期的城市数量占比则从 42.27% 下降到 11.64%，大部分城市的工作重心已经从整体规划向全面落地过渡。

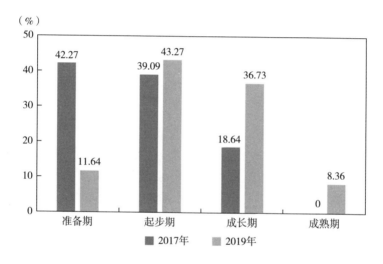

图 3　2017 年和 2019 年各发展阶段城市数量

一是我国新型智慧城市建设的城市数量多。智慧城市正在被越来越多的地市选择作为发展战略和工作重点。据统计，我国开展的智慧城市、信息惠民、信息消费等相关试点城市超过 500 个，超过 89% 的地级及以上城市、47% 的县级及以上城市均提出建设智慧城市，初步形成了长三角、珠三角等智慧城市群（带）发展态势。2019 年新型智慧城市评价结果显示，超过 88% 的参评城市已建立智慧城市统筹机制，进一步推动新型智慧城市建设落地实施。

二是我国新型智慧城市建设的发展潜力大。新型智慧城市建设为新型基础设施、卫星导航、物联网、智能交通、智能电网、云计算、软件服务等行业发展提供了新的发展契机，正逐渐成为拉动经济增长和高质量发展的一个增长极。随着政策红利的进一步释放、资金的大量投入，围绕智慧城市建设在国内已经形成了一个庞大的由资本机构、咨询机构、ICT 及互联网企业组成的产业链条，初步形成了"政产研学用"五位一体全面推动的局面。

三是我国新型智慧城市建设的创新实践多。经过多年的智慧城市建设和创新发展，涌现出了一批城市大脑、"最多跑一次"、城市运行管理中心、数据资产登记、互联网医院等特色亮点和创新应用，在部分领域为全球智慧城市建设提供了样板。2019 年各地共报送新型智慧城市建设创新实践案例 531 个，新型智慧城市评价结果显示，我国已有 8% 的城市迈入了成熟期，在未来 3 年左右将会有一些城市真正达到新型示范性智慧城市建设的标准。

（二）服务效果由尽力而为向无微不至转变

各部门各地方在开展新型智慧城市建设过程中，紧紧围绕政府治理和公共服务的改革需要，以最大程度利企便民，让企业和群众少跑腿、好办事、不添堵为建设的出发点和落脚点，以"互联网+政务服务"为抓手，聚焦解决人民群众最关注的热点难点焦点问题，通过政府角色转变、服务方式优化，让企业和群众到政府办事像"网购"一样方便，人民群众的满意度大幅提升。

一方面，服务方式实现由分散服务向协同服务转变。各地加大简政放权力度，大力推广以公民身份证号码或法人和其他组织统一社会信用代码为唯一标识的电子证照应用，广为诟病的奇葩证明基本消失，行政审批时限大幅压缩。通过开设政府服务大厅、整合服务资源等方式，变"群众来回跑"为"部门协同办"，变"被动服务"为"主动服务"，实现政务服务"只进一扇门"、异地办和就近办。主动服务、上门服务成为新时代政府服务新常态。

另一方面，服务途径实现由网上办理向指尖办理转变。截至 2019 年 6 月，我国 31 个省（区、市）及新疆生产建设兵团和 40 多个国务院部门已全部开通网上政务服务平台，初步建成了全国一体化在线政务服务平台体系。比如，浙江省的省市县三级政务服务事项网上可办比例达 95.2%。此外，通过开发政务 App、普及自助终端，让越来越多的事项可以通过小程序、App、自助终端等渠道"指尖触达"，群众刷刷脸、动动手指，就可享受随手办、随时办、随地办的便捷体验。

与 2017 年国家新型智慧城市评价相比，2019 年评价中市民评价权重从 20% 提升到 40%，民众满意度已成为检验新型智慧城市工作成效的重要标准。2019 年新型智慧城市评价结果显示，与 2017 年相比，全国惠民服务领域平均得分率提高了 6.08%，而市民评价平均得分率则提高了 25.55%，充分体现了政府抓住

"惠民服务"这个关键开展工作取得的杠杆倍增效应。

（三）治理模式由单向管理向双向互动转变

新型智慧城市建设改变了城市治理的技术环境及条件，从"依靠群众、专群结合"的"雪亮工程"到"联防联控、群防群控"的社区网格化管理，从"人人参与、自觉维护"的数字城市管理到"群众监督、人人有责"的生态环境整治，新型智慧城市在解决城市治理问题的同时，深刻改变着城市的治理理念，推动城市治理模式从单向管理转向双向互动，从单纯的政府监管向更加注重社会协同治理转变。

一是政民双向互动的手段更加多元。推动城市管理向城市治理转变，需要发挥人民群众的主观能动性，双向互动渠道的通畅性、易用性将直接影响城市治理的效果。截至 2019 年 6 月，除了传统的热线、门户网站等渠道，我国 297 个地级行政区政府已开通了面向公众的微信、微博、移动 App 等新媒体传播渠道，总体覆盖率达 88.9%。移动互联网已成为更广泛、更方便、更快捷地收集和掌握社情民意，听民声、知民情、解民忧、聚民智的新阵地。

二是信息物理融合的范围更加广泛。新型智慧城市的建设加速了虚拟网络空间与实体物理空间持续双向映射与深度耦合，物联网将城市融为一体，通过城市基础设施数字化感知、运行状态可视化展示、发展趋势智能化仿真等，实现政府决策的科学化。例如，河北雄安新区坚持数字城市与现实城市同步规划、同步建设，通过在"数字孪生城市"上规划设计、模拟仿真等，对城市可能产生的不良影响、矛盾冲突、潜在危险进行智能预警，以未来视角智能干预城市原有发展轨迹和运行模式，进而指引和优化实体城市的规划、管理、改善市民服务供给，打造全球领先的数字城市。

三是社会协同治理的成效更加明显。随着新型智慧城市建设的推进，城市管理"随手拍"、交警 App"违法举报"、社区网格化管理等一批政民互动、群防群治的创新应用有效提升了城市治理能力和精细化水平。近年来，"朝阳群众""西城大妈"成为社会协同治理的佳话，北京市朝阳区发案总量、可防性案件双下降，社会治安形势持续向好，群众安全感从 2013 年的 88.2%提升到 2019 年第二季度的 98.5%。

（四）数据资源由条线为主向条块结合转变

新型智慧城市建设的核心是要推进技术融合、业务融合、数据融合，实现跨层级、跨地域、跨系统、跨部门、跨业务的协同管理和服务。其中，数据资源的融合共享和开发利用是关键,大数据将驱动智慧城市变革。围绕消除"数据烟囱",我国先后通过"抓统筹、出办法、建平台、打基础、促应用"等方式,积极推动跨层级、跨部门政务数据共享。

一是加强了政务数据资源统筹的力度。国家层面,成立了"促进大数据发展部际联席会议"制度,建立了"国家大数据发展专家咨询委员会",加强跨部门之间的政策衔接和业务指导,初步形成了齐抓共管、多元协同的发展格局。地方层面,自本轮政府机构改革以来,已有25个省级地方以大数据管理局、政务服务数据管理局和大数据管理中心等形式组建了大数据管理机构,统筹推进各地政务数据管理工作。新型智慧城市评价结果显示,统筹机制的建立对于促进数据资源共享具有积极作用。

二是建立了国家省市三级数据共享交换体系。围绕破解互联互通难、数据共享难、业务协同难等长期顽疾,以政务信息系统整合共享为抓手,以"互联网+政务服务"应用为牵引,我国从网络、数据、平台三个方面发力,为政务数据共享奠定良好基础。网络方面,国家电子政务外网建设不断完善,推动政务外网部门间的横向连接和纵向覆盖,实现了71个部门、32个地方的网络连通。数据方面,政务信息资源目录体系基本建立,实现基于国家数据共享交换平台的政务信息资源共享目录动态更新和在线管理。平台方面,依托电子政务外网,全国政务信息共享网站上线运行,打造了全国一体化数据共享交换平台体系。截至2018年底,平台开通了超过一千项面向全国的数据共享服务接口,数据共享交换量已超过360亿条次。

三是形成了"城市大脑"等一批数据融合应用创新实践。智慧城市建设是个综合性复杂巨系统,通过城市数据共享交换平台,建设综合性城市管理数据库,结合地理信息和人工智能等信息技术应用,将建筑、街道、管网、环境、交通、人口、经济等方面实时运行情况用数据反映出来,推动形成用数据说话、用数据决策、用数据管理、用数据创新的城市管理新方式。例如,杭州城市大脑应用,通过对城市运行状态的全局分析,智能干预城市交通系统,实现城市交通运转效率的大幅提升。在全国最拥堵城市排行榜上,杭州已从2016年的第5名下降到2018年的第57名。

(五)数字科技由单项应用向集成融合转变

当前,以物联网、云计算、大数据、人工智能、区块链等为代表的新一代信息技术不断成熟,在新型智慧城市建设过程中加速广泛渗透应用,催生了数字化、网络化、信息化、智慧化的公共服务新模式和城市治理新理念。数字科技在新型智慧城市的交叉融合与推广应用，改变了传统以互联网为主的单项应用局面，推动新型智慧城市加速发展。

一是新技术融合应用开拓社会治理新局面。随着北斗导航卫星的持续部署和无人机技术的不断完善，部分城市探索利用无人机等新型移动终端用于城市治理，通过加装摄像头、传感器和无线通信模块，实现高空城市影像采集和环境监测，拓展了城市治理的想象空间。例如，深圳龙岗区大力推广高端无人机查违章，对楼顶、房屋进行监测，实时对违章建筑进行视频采集取证，并回传到执法人员的手机、电脑端，改变了传统巡查防控方式，实现了"天上看、地上巡、网上查"的目标。又如，人工智能与大数据结合，打造便捷生活新体验，浙江杭州、衢州引进 AI 机器人助力"最多跑一次"业务，办事群众满意率高达 94.7%。

二是新媒体的广泛应用开启政务服务新风尚。近年来，短视频等新媒体蓬勃发展，用户规模飞速攀升，社会影响力与日俱增。据统计，截至 2019 年 6 月，中国短视频用户规模为 6.48 亿，占网民整体的 75.8%。各级政府部门和各大主流媒体纷纷在短视频平台开设账号，开展信息服务的同时，以轻松活泼的方式拉近了与民众之间的距离。目前，"共青团中央""北京 SWAT""四平警事"等政务短视频号受到了年轻用户的普遍青睐。其中，"四平警事"原创系列普法视频在全国引起了强烈反响，有效提高了群众安全防范意识，充分发挥了新媒体在新时期公安宣传工作中的重要作用。

三是新需求不断涌现拓展技术发展新空间。在新型智慧城市建设过程中，多方数据可信交换需求广泛存在。区块链技术能有效地促进新型智慧城市的信息共享与利用。由于每个区块链应用底层框架共识算法、传输机制和开发工具不同，导致不同框架间难以有效进行跨链数据交换，往往一个新的区块链应用上线，某种程度上就意味着一个新的"数据孤岛"的产生。区块链服务网络通过建立区块链底层框架适配标准，开展了国内外主流区块链底层框架适配的研究和部署，破解了跨链数据共享难题，将为我国新型智慧城市发展提供高质量、定制化的技术平台支撑和可信、可靠、可扩展的基础设施服务载体。

（六）建管模式由政府主导向多元合作转变

当前，我国智慧城市建设进入快速发展期，庞大的资金需求为传统政府主导的智慧城市建设模式带来了严峻考验。为充分发挥社会企业专业力量强、资金存量多、人才储备足等优势，国家新型智慧城市评价鼓励政府和社会资本合作开展智慧城市建设与第三方运营，推动新型智慧城市建设逐步从政府主导单一模式向社会共同参与、联合建设运营的多元化模式转变。

一方面，我国PPP模式转入健康发展道路。2014年以来国家陆续出台了多项PPP政策性文件，鼓励社会资本参与公共服务领域投资。国家发展改革委和财政部是PPP模式的倡导者，两部委下发的PPP有关文件已经超过70个，分别建立PPP项目库加强项目管理。其中，部分项目操作不规范为地方带来了隐性债务风险。2017年财政部连续发文加强PPP项目监管，规范地方政府举债融资行为，开展了大规模的清库工作，一批"伪PPP"项目被清退出库，规范了我国PPP的发展。

另一方面，部分地市探索引入PPP模式推动智慧城市建设运营。在开展新型智慧城市PPP建设运营时，投资与运营模式至关重要。通常由政府出资方和社会资本方共同出资成立特殊项目公司（SPV）来具体操作项目的投融资、建设和本地化长效运营。例如，湘潭智慧城市SPV公司为湘潭新型智慧城市建设提供顶层规划、项目投资融资、项目建设、项目运营维护等"一揽子"服务。通过PPP模式，实现经营性项目与公益性项目捆绑开发，在降低政府的财政压力支出的同时，有效缓解了社会资本方对非经营性项目参与度不足等问题，全面推动湘潭市新型智慧城市建设。

四、我国新型智慧城市建设存在的短板和不足

综合来看，我国新型智慧城市建设取得了积极成效，但也面临顶层设计不强、城市数据融合和治理联动不够、城乡与区域发展不均衡、智慧城市发展生态未形成等问题，需要有针对性地进行完善，推动我国新型智慧城市建设持续健康发展。此外，本次疫情也暴露出我国智慧城市建设的不少问题，集中体现在城市治理等领域，产生了许多值得总结的经验教训。

（一）新型智慧城市顶层设计亟待加强

智慧城市是一个要素复杂、应用多样、相互作用、不断演化的综合性复杂巨系统，要进行整体规划设计。虽然地方对于新型智慧城市建设有足够的自主权和能动性，也取得了一定的实践经验与成效，但是国家、省级等仍亟须强化一体化设计，引导城市因地制宜地做好规划衔接，避免不科学、盲目谋划而造成资源浪费。要按照系统科学方法论，进一步建立和完善适应我国新型智慧城市"三融合五跨"发展目标的智慧城市顶层设计方法论，解决智慧城市各层级、各系统

之间的数据融合、信息共享和业务协同机制，重点解决各系统之间的衔接配合与关联约束关系，用系统科学的方法指导智慧城市的复杂巨系统规划设计，提高顶层设计的科学性、规范性和可操作性。在法律法规上，目前数据资源的所有权、管理权、使用权、定价机制等没有明确规定，部门政务数据的权责利边界模糊，制约了数据资源的流动、共享和开放。同时随着数字经济新技术、新应用、新场景、新业态的发展，跨层级、跨地域、跨行业、跨业务的数据共享需求与日俱增，亟待制定统一的规则框架，完善涵盖技术、管理、监督、安全等方面的标准体系。

（二）城市数据融合和协调联动不足

地方城市结合新型智慧城市建设，在公共管理和服务的线上化方面做了很多工作，但治理联动不足的问题仍普遍存在。一方面，因为机制不健全、技术标准和路径不统一、管理边界不明确等，使得线上与线下管理存在"衔接缝隙"，产生服务真空区，比如线上领取验证码但线下仍要排队现象。另一方面，由于部门数据、行业数据等城市数据融合不足问题，导致协同治理能力难以提升。在新冠疫情防控中，突出表现在一些城市医疗资源、防疫物资、企业产能数据严重缺失，需要靠企业和主管部门通过台账等传统手段临时报数，缺乏统一的数据平台支撑；疫情不清、信息僵化、重复采集、联结用户少、应用较孤立等问题突出，无法支撑防疫指挥机关进行有效调配，疫情发生后一度形成了群众就诊拥挤、物资调配混乱等情况。受制于不同区域智慧城市业务系统的分割和隔离，跨地域业务协同不够，导致无法及时掌握和预警某些重点监控人员的跨区域流动信息，给全国范围的疫情防控带来了不利影响。

（三）城乡发展和区域不均衡较为明显

当前，我国新型智慧城市建设还存在城乡发展不均衡、区域发展不均衡等问题。一是目前各地纷纷优先推进城市主城区的智慧化，一定程度缓解了城市交通、教育、就业、医疗等公共服务质量不高等问题，但向农村地区延伸有限，数字乡村建设相对滞后。部分农村由于区域广阔、地形复杂、交通不便，宽带网络和高速无线网络接入还未完全覆盖，信息化建设存在不少"盲点"和"盲区"。农村公共服务供给也存在缺口大、碎片化和稳定性差等一系列"短板"，管理模式总体较为粗放，资金、技术、人员等要素流动不畅。二是新型智慧城市区域发展仍不均衡。根据2019年全国新型智慧城市评价结果，东中西与东北四大板块评价表现差异明显。其中，东部地区和中部地区新型智慧城市发展相对较好，均超过全国平均得分率4%以上，东北地区和西部地区新型智慧城市发展存在一定差距，均低于全国平均得分率4%以上。各领域中，四大板块间的信息资源共享与开发利用差异最为显著，东部板块平均得分率最高，是得分率最低板块的两倍多。

（四）尚未形成新型智慧城市共建生态

新型智慧城市建设与发展是一项政府引导、全民参与、政企合作、多方共建的系统工程，发挥市场配置资源决定性作用、鼓励社会多元参与成为新型智慧城市可持续发展的关键，也成为新型智慧城市生态未来建设的重点方向。目前还存在以下问题亟待解决：一是社会资本参与智慧城市建设不足。从2019年新型智慧城市评价结果看，目前我国有1/3的城市还未引进任何第三方机构开展智慧城市运营管理。二是智慧城市领域PPP模式还不成熟。智慧城市建设PPP项目往往缺少明确的收益时间、收益标准和验收标准，企业的收益存在不明确性，风险较大、积极性不高。

五、新时期推进我国新型智慧城市建设的政策建议

智慧社会的美好生活场景值得期待，未来推动我国新型智慧城市发展，需要以建设智慧社会为目标，紧紧围绕统筹推进"五位一体"总体布局和协调推进"四个全面"战略布局，牢固树立新发展理念，坚持智慧城市、数字乡村一体化统筹发展，技术与制度创新并重，通过数据融合汇聚和共享开放，充分挖掘城市数据资源的价值，并助力城市治理、公共服务和科学决策等，使得智慧城市建设成效得以大幅提升。

（一）强化智慧城市顶层设计

一是建议尽快出台国家层面的新型智慧城市总体规划或建设指导意见，阐明我国新型智慧城市的推进思路、发展目标、重点任务和保障措施等，为今后一段时间里我国新型智慧城市建设发展指明方向、描绘蓝图，并提供更加具有操作性的建设指导。二是进一步加强国家和省市县各层面的体制机制建设，搭建上下联动、横向畅通的智慧城市组织推进机制，各地建设跨部门协调机构，协同推进新型智慧城市相关工作。三是强化评价监测引导。在现有新型智慧城市评价工作基

础上，进一步扩展指标的适用范围，深化指标体系的科学性和实效性，全面系统地掌握我国各地域、各层面新型智慧城市建设发展情况，为中央和地方决策提供有价值的参考。

（二）完善新型数字基础设施

一是推动信息网络逐步向人与人、人与物、物与物共享的泛在网方向演进，促进信息网络智能化、泛在化和服务化，促进通信移动化和移动通信宽带化推动计算、软件、数据、连接无处不在。推动第五代移动通信网络（5G）、窄带物联网（NB-IoT）等下一代网络技术不断演进，促进高速宽带无线通信全覆盖。二是加快推进基础设施的智能化，大力发展智慧管网、智慧水务，推动智慧灯杆、智慧井盖等应用，促进市政设施智慧化，加速建立城市部件物联网感知体系，提高城市数字化水平。

（三）推进公共服务公平普惠

一是充分利用互联网、云计算、大数据、人工智能等新一代信息技术，建立跨部门跨地区业务协同、共建共享的公共服务信息体系，探索创新发展教育、就业、社保、养老、医疗和文化的服务模式，提供便捷化、一体化、主动化的公共服务。二是从社会发展全局出发加强顶层设计，构建以东促西、以城带乡、以强扶弱的新格局，为解决发展不平衡问题提供契机和动力。缩小城乡数字鸿沟，鼓励农村贫困地区利用信息技术补齐发展短板；缩小不同人群数字鸿沟，鼓励相关企业积极投入信息无障碍产业链，补齐服务缺失短板。

（四）深化城市数据融合应用

一是着力推进城市数据汇聚，构建高效智能的城市中枢和透明政府。推动各级政府开展以数据为核心的城市大脑建设，实现城市各类数据集中融合汇聚和综合智能分析，建立健全数据辅助决策的机制，推动形成"用数据说话、用数据决策、用数据管理、用数据创新"的政府决策新方式，同时提高政府对风险因素的感知、预测、防范能力。对于类似医疗资源、防疫物资等应急处突数据资源，要制定专项政策强制采集汇聚，提升我国整体应急能力。二是完善社会信用体系建设，并加快推动政务数据上链，构建"可信中国"，让所有政务数据可追溯，不可篡改。提高政府公信力，打造民众可信赖的透明政府。

（五）优化新型智慧城市生态

一是通过政府引导，鼓励政企合作、多方参与，创新智慧城市建设运营模式，实现智慧城市建设项目的可持续健康运营，着力提高民众体验的满意度。同时通过体制机制创新，形成数据治理、数据开发的数据安全利用机制，释放城市数据要素活力。二是发展新型智慧城市群。面向数据跨地域协同的实际需求，结合我国城市群（带）发展和城乡一体化发展的战略规划，率先推动在长三角、大湾区等区域建设特色鲜明的智慧城市群（带），实现邻近区域的数据打通和业务协同，促进城乡数据公共服务的均等普惠，将若干中心城市的先进治理能力扩展到整个区域，实现大区域范围内的综合治理和应急处突能力整体提升。三是推动国际交流合作。推动我国新型智慧城市产品和理念在国外的推广实施，积极培育当地的数字经济市场，在国际舞台上积极推广我国新型智慧城市建设成效，提升我国相关产业的全球竞争力。

参考文献

［1］单志广．智慧城市将成下一个增长极［EB/OL］．https：//www.bjnews.com.cn/detail/154659667714183.html，2019-01-04.

［2］单志广：智慧社会为社会信息化指明方向［EB/OL］．http：//scdrc.sic.gov.cn/News/448/8797.htm，2018-01-24.

［3］徐宪平：促进智慧城市健康发展［EB/OL］．https：//www.zhihuichengshi.cn/XinWenZiXun/XueShuDongTai/22403.html，2016-02-03.

［4］发改高技〔2014〕1770号．关于印发促进智慧城市健康发展的指导意见的通知［Z］.2014.

［5］GB/T 33356-2016 新型智慧城市评价指标［S］.

［6］新型智慧城市建设部际协调工作组．新型智慧城市发展报告2017［M］．北京：中国计划出版社，2017.

［7］中国信息通信研究院．新型智慧城市发展与实践研究报告［EB/OL］．http：//www.199it.com/archives/715573.html，2018-04-25.

［8］于朝晖．CNNIC 发布第44次《中国互联网络发展状况统计报告》［J］．网信军民融合，2019（9）：30-31.

［9］单志广，房毓菲．以大数据为核心驱动智慧城市变革［J］．大数据，2016，2（3）：1-8.

［10］单志广. 我国智慧城市健康发展面临的挑战［J］. 国家治理, 2015 (18)：27-32.

［11］陈涛, 马敏, 徐晓林. 区块链在智慧城市信息共享与使用中的应用研究［J］. 电子政务, 2018 (7)：36-45.

［12］李芳, 李卓然, 赵赫. 区块链跨链技术进展研究［J］. 软件学报, 2019 (6)：1649-1660.

［13］区块链服务网络发展联盟. 区块链服务网络基础白皮书［M］. 北京：国家信息中心, 2020.

［14］吕汉阳. PPP 模式：全流程指导与案例分析［M］. 北京：中国法制出版社, 2016.

［15］蒋明华, 吴运建, 丁有良, 等. 智慧城市系统及项目的投资运营模式研究［J］. 电子政务, 2014 (12)：93-100.

［16］张延强, 单志广, 马潮江. 智慧城市建设 PPP 模式实践研究［J］. 城市发展研究, 2018, 25 (1)：18-22.

［17］韦颜秋, 李瑛. 新型智慧城市建设的逻辑与重构［J］. 城市发展研究, 2019, 26 (6)：108-113.

［18］单志广. 智慧社会的美好愿景［EB/OL］. http：//theory. people. com. cn /n1/2018/1202/c40531-30436566. html, 2018-12-02.

国家创新型城市试点政策的绿色创新效应研究：来自 281 个地级市的准实验证据[*]

陈超凡　王　泽　关成华[**]

　　坚持创新驱动发展、加快科技自立自强，既是建设创新型国家的必然要求，也是畅通国内大循环、塑造我国在国际大循环中居于主动地位的关键。城市作为科技创新活动的主阵地，在建设创新型国家进程中发挥着举足轻重的作用。自 2008 年起，科技部、国家发展改革委先后支持 78 个城市（区）开展创新型城市建设。实践表明，试点政策对于各地汇聚创新资源和要素、提升创新水平和促进区域经济增长起到了重要作用。

　　在创新型城市建设进程中，部分城市已逐步摆脱经济增长对传统要素和投资的依赖，创新动能强劲，初步形成了符合市情的创新发展格局。同时，在生态文明战略指引下，各城市积极推进污染防治攻坚战、改善生态环境质量，但粗放式增长的惯性使城市发展面临的自然资源约束与生态失衡问题依然严峻。如何实现"创新"与"绿色"的有效协调和深度融合，是中国城市向高质量发展阶段迈进过程中亟待解决的重要问题。绿色创新作为"创新驱动"和"绿色发展"的融合点，将为培育城市增长新动能、破解资源环境瓶颈约束、提升经济发展质量和效益提供新契机和新手段[①]。那么，创新型城市建设除了提升试点城市总体创新水平外，是否能促进绿色创新？本文将创新型城市试点政策视为一项准自然实验，首次对该试点政策的绿色创新效应进行评估，为从绿色发展角度夯实创新型

---

　　* 原文发表在《北京师范大学学报（社会科学版）》2022 年第 1 期，部分内容有删节。

　　** 作者简介：陈超凡，北京师范大学经济与资源管理研究院讲师。王泽，北京师范大学经济与资源管理研究院硕士（现就职于中国国家铁路集团信息技术中心）。关成华，北京师范大学经济与资源管理研究院、创新发展研究中心（珠海）教授。

　　① 如无特别加以说明，本文中的"绿色创新"指的是"绿色技术创新"。

城市建设的前期成果提供了经验证据，也为未来以创新型城市建设为依托，完善城市绿色创新的制度体系、实现高质量的城市增长提供了有益启示。

一、创新型城市建设与绿色创新的研究评述

与本文研究密切相关的，主要有两方面文献。第一方面文献主要为创新型城市试点的政策效应评估。这些研究集中体现了政府参与和支持创新活动的效果。近年的多项研究表明，创新型城市试点政策优化了城市诸多经济指标，促进了城市高质量发展。例如，提升城市或企业创新能力、优化产业结构、提升全要素生产率、促进区域经济协调发展和提升 FDI 质量等。然而，长期以来，学界更多关注的是创新型城市的增长效应而较少关注其环境效应，这对从可持续发展角度评价试点政策的实施效果提出了挑战。在此背景下，有少数学者开始关注到试点政策对区域生态环境的影响。例如，张华和丰超使用双重差分法估计了试点政策对碳排放绩效的影响，发现相较于非试点城市，试点城市的碳排放绩效平均增加 2.47%。

第二方面文献主要关注创新特别是技术创新对绿色发展的影响。事实上，尽管技术创新为绿色发展提供了动力和支撑，但创新却不天然具有"绿色"属性。与此相对，现有研究在探讨创新对绿色发展的影响时也形成了两种代表性观点。促进论认为创新能够通过促进生产率提升、改善资源效率、提升污染治理水平、促进清洁生产、推动产业升级、培育绿色产业等渠道促进绿色发展。而抑制论则认为，作为一种投资活动，如果企业未能将资源及环境成本纳入其创新决策，那么一旦经济与生态效益发生冲突，企业可能会强化对生态的消耗和掠夺。同时，由于技术创新具有较高的机会成本，风险与收益并存，当创新收益小于成本时，不仅会降低增长的集约度还会滞缓创新的进程。此外，技术创新提高资源效率所节约的能源、资源，可能通过替代效应、收入效应和产出效应等产生新的资源需求而被部分甚至完全抵消。尽管学者们在探讨技术创新对绿色发展的影响时有不同观点，但在理解绿色技术创新的作用方面却存在较强共识。与传统技术创新更多关注经济效益不同，绿色技术创新把技术创新与生态系统融合起来，其目标不再局限于单纯地降低生产成本、提高市场占有率和利润率等经济效益指标，而是综合追求生态平衡、经济增长和社会发展等多个目标的协调。绿色技术创新具有"双重外部性"，不仅能通过研发、知识溢出等渠道创造经济效益，还能通过改

善资源效率、减少污染及废物排放、降低环境损害等渠道提升环境和社会绩效。

相较于以往文献，本文的创新主要体现在以下三个方面：第一，从研究视角来看，已有文献关于创新型城市试点政策效果的实证分析往往聚焦于经济发展、创新能力、产业结构升级等经济指标，而创新型城市的经济发展是否具有绿色属性、创新能力提高是否推动了生态文明建设等问题都尚未得到很好的解答。绿色低碳是创新型城市建设的原则和重点任务，本文从绿色创新这一绿色发展的核心问题出发，首次探讨了创新型城市试点政策对城市绿色创新的影响效应。第二，从方法与数据来看，本文以创新型城市试点建设为准自然实验，采用多期双重差分模型、PSM-DID 等方法，较好地缓解了内生性与样本选择偏差等问题，得到创新型城市建设的净效应；在数据方面，在以城市为样本的绿色创新研究中，多数文献基于参数或非参数的效率测度方法，分解出"绿色创新"指标，不够直接和有针对性。相比间接测度绿色创新，绿色专利是评价绿色创新水平最直接和有说服力的指标。本文基于对国家知识产权局专利大数据的挖掘，使用世界知识产权组织（WIPO）定义的绿色技术专利分类进行数据清洗和筛选，整理得到全国地级市绿色技术专利及其七大分类的授权量数据，扩展了绿色创新研究的数据和样本空间。第三，随着城市间空间关联性的增强，不可忽视空间关联产生的空间溢出问题。目前，鲜有研究关注创新型城市试点政策的空间溢出对绿色创新的影响效应，本文将空间杜宾模型与双重差分模型相结合，构建了 SDM-DID 模型，对试点政策和绿色创新的空间溢出效应进行检验，为进一步扩大试点政策的外溢效应、促进区域绿色创新协同合作提供了有力的经验证据。

二、创新型城市建设促进城市绿色创新的理论机制

城市是区域经济社会发展的中心，是国家经济产出最重要的基地，是各类创新要素和资源的集聚地。一个城市成长为创新型城市是一个历史演进的过程，也是内生驱动力不断转换和升级的过程。建设创新型城市是加快实施创新驱动发展战略，完善国家创新体系和构建创新型国家核心支点的必然要求，也是培育增长新动能、推动区域协调发展、破解城市经济社会发展系列问题、引领经济高质量发展的内在需要。经过十余年发展，我国创新型城市建设成效显著，为实现到2035 年"进入创新型国家前列"的目标奠定了坚实的基础。

随着试点城市的扩容和不同时期经济发展格局的变化，每一轮试点政策和评

价体系也在不断完善。在最新的试点政策文件中，"绿色低碳"已成为试点建设的重要原则和重点任务。试点政策能够对城市绿色创新水平提升产生促进作用，其原因主要包括以下几个方面：

第一，创新型城市建设通过促进产业结构升级激发绿色创新。创新型城市汇聚了国家与地方战略合力，在创新政策、创新要素、成果转化、企业培育、载体建设以及创新服务等方面形成了有利于技术创新的良好环境，推动城市发展摆脱对传统产业的依赖，形成创新驱动高质量发展的新模式。在监测和评估试点城市的系列指标中，"国家和省级高新技术产业开发区营业总收入占 GDP 比重""知识密集型服务业增加值占 GDP 比重""万元 GDP 综合能耗"等指标将引导城市通过大力发展高新技术产业和新兴低碳产业来培育增长新动能，从而促进城市产业升级、优化产业结构。实现产业结构升级要求产业发展以低碳、环保、智能技术为支撑，这将引致更多的绿色技术创新。

第二，创新型城市建设通过促进政府和企业投资，有利于优化创新环境、构建以企业为主体的城市绿色创新体系。一方面，基础设施建设投资是政府财政支出的重要组成部分，政府加大基础设施建设支出，为城市创新提供交通、通信等基础设施条件，能够打破技术创新的时空距离障碍，降低科技市场信息不对称，提高城市创新效率和水平。试点政策将促进政府加大与科技创新活动相关的基础设施投资、累积城市创新资本，从而为绿色技术创新提供条件和保障。特别是随着新型基础设施建设进程的加快，信息基础设施、融合基础设施、创新基础设施的升级都将进一步为绿色技术研发与创新提供有力支撑。另一方面，试点政策中包含了一系列强化企业主体地位、激励企业创新投入的举措。例如，强调推动企业成为创新决策、投入、研发和成果推广应用的主体；建立健全以企业为主体、市场为导向、产学研相结合的现代产业技术创新体系；打造城市创新网络，构建以企业为中心的产学研协同创新体系等。这些举措有利于激励以企业为主体的绿色创新活动，引导企业扩大符合绿色发展导向的研发创新投资，推动城市绿色创新体系的构建。

第三，创新型城市建设通过推进金融与产业融合为绿色创新活动提供充足的资金支持。绿色技术创新的显著特征之一是不确定性和风险，因而更需要有健全的金融服务体系激励企业进行绿色创新。试点政策包含了诸多对创新型城市金融服务体系的建设举措，如构建多元化、多层次的科技创新投融资体系，加大高新技术企业的信用担保、增强科创信贷的支持力度等，不仅能为企业开展绿色技术创新提供充裕的资本支持，还能帮助企业分散风险。在试点政策的支持下，通过充分发挥政府引导基金在科技成果转化、中小企业创新、新兴产业培育等方面的作用，以及市场价格发现与资源配置功能，不断汇聚社会资本向绿色创新领域流动，提高资源要素配置的效率，以达到降低企业交易费用、促进优质绿色创新资源集聚的作用。此外，因试点政策而不断完善的投融资体系也大大减少了企业在绿色创新过程中出现的信息不对称以及由此产生的其他风险问题，显著降低了创新型企业的融资门槛，使企业能够更加方便地获得绿色技术研发的资金支持。

第四，创新型城市建设通过人才集聚效应为城市绿色创新注入强大动力。人才是绿色创新的最关键要素，其既是知识产出与技术革新的主体，也是知识与技术流动的重要载体。试点政策包含了诸多引进国内外高端人才和培养本地创新人才的举措。不少试点城市推出人才引进政策，如优先落户、住房补贴、科研补助等政策举措，旨在为引进的高水平人才提供生活便利，更好地服务于城市创新发展。从需求端来看，试点城市通过不断吸引人才集聚，扩大了城市的绿色消费市场规模。一般而言，城市人口收入与消费水平较高时，对绿色产品与技术将有更高和更多元化的需求，这将倒逼城市绿色创新向适应消费需求转型升级。从供给端来看，绿色智力资本是推动企业绿色创新的核心要素，试点城市通过设立绿色技术研发中心、重点实验室、产学研合作平台等人才集聚载体，汇聚了各类绿色创新人才。通过人才等创新要素的区域内和跨区域流动，绿色知识和技术得以溢出，这不仅提升了区域总体的绿色创新水平，也实现了不同城市对绿色技术的引进、吸收和再创新。

基于以上分析，提出如下假设：

假设1：创新型城市试点政策能对试点城市的绿色创新水平产生正向影响。

假设2：创新型城市试点政策能够通过优化产业结构、促进政府和企业投资、推进金融与产业融合以及吸引优秀人才集聚等途径推动城市绿色创新水平提升。

试点政策强调要加强城市内及城市间各类创新资源的开放共享，加快创新成果溢出。这说明，城市的一系列经济社会活动并不是封闭的，城市之间将通过物质资源、生产要素等的流动而产生空间上的相互联结，即城市之间具有空间关联效应。从区域角度来看，创新活动具有很强的空间外溢性，一个城市的创新溢出能对空间关联城市的创新行为产生显著影响。因此，作为创新的重要类型，绿色技术创新也很可能产生空间溢出，而试点政策也很可能对周边城市产生辐射和溢出，即试点政策、绿色创新都可能存在空间相关性。基于此，提出以下研究假说：

假设3：绿色创新具有空间溢出效应，且创新型城市试点政策的空间溢出会对空间关联城市的绿色创新产生影响。

三、创新型城市试点政策影响绿色创新的研究设计

（一）模型设定

本文将创新型城市试点政策视为一项准自然实验，以试点城市为处理组，以其他非试点城市为控制组，利用双重差分模型检验试点政策对城市绿色创新的影响效应。在剔除了数据严重缺失的样本后，最终选择 281 个地级及以上城市为研究样本。其中，处理组共 58 个城市[①]，控制组共 223 个城市，研究周期为 2003～2017 年。处理组样本和研究周期选取有两方面考虑：一是为了控制国内外制度环境的异质性，将研究时间选取为 2002 年以后。因为 2002 年后中国社会主义市场经济体制已基本建立，国内制度环境已经基本稳定，同时中国已加入世界贸易组织，因而样本区间内中国面临的外部环境是一致的。二是未将 2018 年新设立的 17 个试点城市纳入处理组。因为这些城市的试点建设时间较短，将这些样本纳入处理组可能对实证结果造成干扰。因此，将研究周期限定在 2017 年以前，不考虑 2018 年试点政策的影响，而在 2017 年以前，这 17 个城市仍可作为控制组样本。考虑到创新型城市建设多时点、多试点的逐步推进特征，本文构建多期双重差分模型。首先，设置创新型城市试点政策虚拟变量 pilot，即以各城市试点建设的时间为节点，试点当年及以后的年份设置为 1，其余设为 0。其次，采用双向固定效应模型进行双重差分估计，公式设定如下：

$$y_{i,t} = \beta_0 + \beta_1 pilot_{i,t} + \beta_2 X_{i,t} + \beta_3 DT_t + \beta_4 DC_i + \epsilon_{it} \tag{1}$$

其中，i 和 t 分别代表城市和时间；$y_{i,t}$ 为因变量，表示绿色创新水平；$pilot_{i,t}$ 为核心解释变量，表示 i 城市在 t 时间是否被批准为创新型试点城市；$X_{i,t}$ 为系列控制变量。DT_t 和 DC_i 分别代表一系列时间虚拟和城市虚拟变量，用以控制年份和城市固定效应，ϵ_{it} 为随机误差项。

（二）变量与数据

被解释变量：绿色创新（y）。以专利度量创新更具优势。相比投入端创新

[①] 2008～2017 年，我国陆续设立了 61 个创新型城市试点。本文以这 61 个城市（区）为控制组的基础样本，剔除石河子市、昌吉市和襄阳市这三个数据缺失严重的样本，处理组为 58 个城市（区）。

如 R&D 支出和测算类指标如创新效率等，专利能更直接、客观地体现创新主体的创新能力。本文通过对国家知识产权局的专利微观大数据进行挖掘，并使用 WIPO 定义的绿色技术专利分类①进行数据清洗、筛选和统计，最终获得全国地级市绿色专利授权量面板数据，以此衡量各城市绿色创新能力。一般认为，专利的创新性由高到低依次为发明专利、实用新型专利和外观设计专利。本文主要考察绿色发明专利，同时为了进行比较，也分析了实用新型专利的情况。需要说明的是，这两类专利的授权都存在一定的滞后性，为保证实证结果的稳健性，本文在使用绿色专利数据时，选取各城市绿色专利授权量的不同滞后值，分别为绿色发明专利授权滞后两年（f2inv）和滞后三年（f3inv）、绿色实用新型专利授权当年（uti）和滞后一年（f1uti）。

解释变量：创新型城市试点政策（pilot）。本文将国家创新型城市试点建设作为一项政策冲击，将试点城市与试点时间分组虚拟变量的交叉项作为解释变量。

控制变量：借鉴刘瑞明和赵仁杰等学者的研究，将城市等级（level）、财政依存度（rev）、科研支持力度（sci）、教育发展水平（uni）和城市绿化度（gcov）作为影响城市绿色创新的控制变量纳入模型中，并分别采用城市行政等级、城市财政预算收入占 GDP 比重、城市科学事业费支出占财政支出比重、城市内高等学校数量、城市建成区绿化覆盖率作为代理指标。除绿色专利数据外，实证研究数据来自 EPS 全球统计数据分析平台、各期《中国城市统计年鉴》，少数缺失数据用插值法补齐②。

（三）共同趋势检验

双重差分估计的重要前提条件是处理组与控制组在政策实施前的绿色创新水平不存在显著差异，或有相同的变化趋势。为避免处理组与控制组的选取出现选择性偏差，首先，绘制处理组与控制组的绿色创新水平变化趋势图以检验两组城市在政策试点前的趋势差别③，趋势图均显示处理组与控制组的绿色创新水平在试点政策前基本具有相同的变动趋势。其次，参考事件研究法，选取创新型城市试点政策前后五期进行共同趋势检验，设定如式（2）所示的回归模型：

---

① 根据 WIPO 的绿色专利分类清单（IPC GREEN INVENTORY），绿色专利主要包括七大类别：Alternative Energy Production（替代能源），Transportation（交通运输），Energy Conservation（节能），Waste Management（废弃物管理），Agriculture/Forestry（农林管理），Administrative，Regulatory or Design Aspects（行政监管与设计），Nuclear Power Generation（核能发电）。

② 限于篇幅，变量描述性统计结果未列出。

③ 囿于篇幅未将四幅趋势图列出，有需要可向笔者索取。

$$y_{i,t}=\beta+\sum_{k\geq-5,\ k\neq-1}^{5}\delta_{k}D_{i,t}^{k}+\lambda X_{i,t}+\gamma_{i}+\tau_{t}+\epsilon_{i,t} \qquad (2)$$

其中，$D_{i,t}^{k}$ 代表创新型城市试点这一事件的虚拟变量。$D_{i,t}^{k}$ 的赋值方法为：假定城市 i 被批准为创新型城市试点的具体年份为 r_{i}，令 $k=t-r_{i}$，当 $k\leq-5$，则定义 $D_{i,t}^{-5}=1$，否则为 0；依次类推，当 $k=-4$，-3，$\cdots$，4 时，相应的 $D_{i,t}^{k}=1$，否则为 0；当 $k\geq5$，则定义 $D_{i,t}^{5}=1$，否则为 0。在分析中，以 $k=-1$ 即创新型城市试点前 1 年为基期，因此回归中不包括 $D_{i,t}^{-1}$ 这个虚拟变量。通过分析参数 δ_{k} 的显著性可进行共同趋势检验，如果试点前系数 δ_{k} 不显著，则满足共同趋势假设，如果试点后 δ_{k} 显著大于 0，即说明试点政策对城市绿色创新有积极影响，否则试点政策不具有绿色创新效应。

如图 1 所示，在不同被解释变量下，在试点政策之前，处理组城市和控制组城市的绿色创新水平并不存在显著差异；在试点政策之后，估计系数始终显著为正，既满足共同趋势假设，也说明试点政策对城市绿色创新具有显著正向影响。因此，在本文样本和分组条件下，可以利用双重差分模型对创新型城市试点政策的绿色创新效应进行评估。

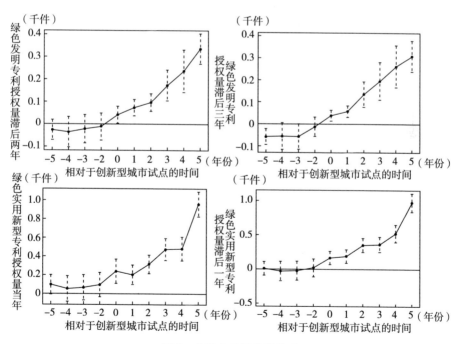

图 1　全样本共同趋势检验

注：图中实点表示估计系数，虚线为估计系数对应的 95% 的置信区间。

四、创新型城市试点政策的绿色创新效应：
实证结果与分析

（一）基准回归

依据式（1），表1的第（1）列至第（4）列分别报告了创新型城市试点政策对绿色创新四个指标的影响。可以看出，试点政策系数值均在1%水平上显著为正，说明创新型城市试点政策显著提升了城市绿色创新水平，符合理论预期。从四个被解释变量的回归结果来看，试点政策可以带动所在城市年均绿色发明专利增加约190件、绿色实用新型专利增加约400件，这是一个相当可观的增幅。因此，假设1所揭示的试点政策能够产生的绿色创新效应具有很强的统计与经济显著性。在政策效应的动态变化方面，从共同趋势检验图1也可以看出，在设立创新型城市试点之后，不论是对绿色发明专利还是绿色实用新型专利而言，试点政策产生的绿色创新效应随着时间推移不断增大，并未出现政策效应下降的拐点，说明创新型城市建设可以产生持续的绿色创新效应。以"绿色发明专利滞后两年授权量"为例，在试点后的第一年，城市年均绿色发明专利增加约73件（系数为0.0730），而在试点后的第四年，这一效应提高到236件（系数为0.2367）。在控制变量估计结果方面，第（1）列至第（4）列中，除城市行政等级与建成区绿化覆盖率外，其余控制变量的回归系数均在5%水平上显著为正，表明它们对绿色创新水平的提升均具有显著推动作用，与预期基本一致。

表1　基准回归结果

变量	（1） 绿色发明专利 滞后两年授权量	（2） 绿色发明专利 滞后三年授权量	（3） 绿色实用新型专利 当年授权量	（4） 绿色实用新型专利 滞后一年授权量
试点政策	0.1924 *** （10.71）	0.1978 *** （10.85）	0.3976 *** （12.59）	0.4747 *** （12.33）
城市等级	0.4835 *** （2.91）	0.5270 *** （3.04）	0.2012 （0.99）	0.1480 （0.63）

续表

变量	（1）绿色发明专利滞后两年授权量	（2）绿色发明专利滞后三年授权量	（3）绿色实用新型专利当年授权量	（4）绿色实用新型专利滞后一年授权量
财政依存度	0.3065 *** (3.02)	0.2182 ** (2.36)	0.8356 *** (3.59)	1.0341 *** (3.61)
科学支持力度	0.2198 *** (3.40)	0.2124 *** (3.06)	0.5641 *** (4.69)	0.7016 *** (4.42)
教育发展水平	0.0124 *** (6.88)	0.0128 *** (6.68)	0.0232 *** (7.48)	0.0308 *** (7.30)
城市绿化度	0.0472 (1.21)	0.0580 (1.64)	0.0059 (0.10)	-0.0456 (-0.71)
常数项	-0.5399 *** (-3.19)	-0.5824 *** (-3.33)	-0.3081 (-1.47)	-0.2687 (-1.13)
R^2	0.7168	0.7446	0.6809	0.6785
观测数	4215	3934	4215	4215

注：各回归方程中均纳入了时间和城市固定效应，限于篇幅，结果未予显示。括号内为 t 值，*、**、***分别表示在 10%、5%、1%的水平上显著。下同。

（二）稳健性检验

针对地方的各类试点政策是中国特有的政策创新与治理模式，在本文的 281 个城市样本中，处理组和控制组满足共同趋势假定，但显然，国家对创新型试点城市的选择并不是一个完全随机的过程，这可能导致样本选择性偏差。为了进一步验证基准回归结果的稳健性，本文在基准回归基础上进一步引入倾向得分匹配—双重差分方法（PSM-DID）进行稳健性检验。选择城市行政等级、政府财政依存度、科研支持力度、人力资本水平以及金融发展水平等作为匹配变量①，通过 Logit 回归估计得出倾向匹配得分，将与处理组得分最相近的城市作为对照组。

本文采用"k 近邻匹配法"（k=4）进行匹配，匹配后的平衡性检验结果如表 2 所示。可以发现，匹配后的协变量 t 统计值均不显著，即不能拒绝处理组和对照组无系统性差异的原假设。具体来看，对比匹配前，所有变量在匹配后的标准化偏差均大幅缩小且其绝对值明显低于 10%，代表匹配处理是有效的。在满足上述前提假设的基础上，运用 PSM-DID 方法对式（1）进行估计，结果表明，

① 人力资本水平用各城市高校人数与年末总人口的比值来测度，金融发展水平用地区存贷款余额与地区生产总值的比值来测度。

回归结果与基准结果无明显差异，pilot 的回归系数仍在 1% 的水平上显著为正，且系数大小也与基准回归结果相差较小，表明创新型城市试点政策能够显著提升城市绿色创新水平，基准回归结果具有稳健性（见表3）。

表2　PSM-DID 有效性检验结果

变量	匹配后 t 值	p 值	标准偏差（%）
城市行政等级	-0.01	0.99	-0.01
政府财政依存度	-0.93	0.35	-8.80
科研支持力度	1.10	0.27	6.20
人力资本水平	-0.14	0.89	-1.10
金融发展水平	1.02	0.31	7.80

表3　PSM-DID 回归结果

变量	绿色发明专利滞后两年授权量	绿色发明专利滞后三年授权量	绿色实用新型专利当年授权量	绿色实用新型专利滞后一年授权量
试点政策	0.1883***	0.1806***	0.3707***	0.4403***
	(5.63)	(5.61)	(5.90)	(5.77)
常数项	-0.5936***	-0.6578***	-0.6157**	-0.5350
	(-2.79)	(-3.13)	(-1.96)	(-1.56)
控制变量	控制	控制	控制	控制
R^2	0.6777	0.7334	0.6804	0.6792
观测数	1136	1037	1136	1136

　　除运用 PSM-DID 方法进行稳健性检验外，本文还从调整处理组城市范围、排除其他政策影响以及考察不同绿色专利类型的影响效果三个维度进一步检验了实证结果的稳健性①。其中，在考察不同绿色专利类型的影响效果方面，按照 WIPO "国际专利分类绿色清单" 提出的七大类别整理绿色专利数据，并将其替换为被解释变量，以检验试点政策对不同类别绿色专利的影响，结果如表4所示。我们发现，在以各类绿色专利指标作为因变量的回归中，试点政策的回归系数均在 1% 的水平上显著为正。同时，替代能源类、节约能源类与废弃物管理类受试点政策的正向影响最大，侧面反映出目前中国绿色技术创新的主要领域和方

---

　　① 限于篇幅，此部分仅报告 "考察不同绿色专利类型的影响效果" 的检验结果。对稳健性检验结果感兴趣的读者，可向笔者索取。

向。同时，与能源利用密切相关的绿色专利的增长，对于中国尽快实现碳达峰也具有积极意义，这为以创新型城市建设为依托、完善低碳绿色发展的政策设计提供了有价值的经验依据。上述稳健性检验结果均进一步支持了本文基准模型的回归结果，研究假设 1 得到验证。

表 4　考察不同绿色专利类型的影响效果

变量		替代能源	交通运输	节能	废物管理	农林管理	行政监管与设计	核能发电
发明专利滞后两年授权量	试点政策	0.0572 ***	0.0161 ***	0.0577 ***	0.0440 ***	0.0112 ***	0.0160 ***	0.0032 ***
		(12.54)	(8.60)	(7.62)	(12.93)	(11.16)	(7.24)	(5.21)
	R^2	0.7943	0.5746	0.5986	0.7788	0.7177	0.4960	0.5117
	观测数	4215	4215	4215	4215	4215	4215	4215
发明专利滞后三年授权量	试点政策	0.0546 ***	0.0174 ***	0.0632 ***	0.0425 ***	0.0122 ***	0.0180 ***	0.0033 ***
		(12.10)	(8.65)	(7.98)	(12.54)	(10.45)	(7.43)	(5.02)
	R^2	0.8134	0.6061	0.6323	0.8017	0.7378	0.5298	0.5388
	观测数	3934	3934	3934	3934	3934	3934	3934
实用新型专利当年授权量	试点政策	0.0932 ***	0.0487 ***	0.1259 ***	0.1359 ***	0.0078 ***	0.0199 ***	0.0030 ***
		(13.93)	(9.17)	(9.78)	(12.81)	(11.39)	(12.32)	(7.27)
	R^2	0.6975	0.6335	0.6221	0.6643	0.6006	0.6553	0.5899
	观测数	4215	4215	4215	4215	4215	4215	4215
实用新型专利滞后一年授权量	试点政策	0.1106 ***	0.0576 ***	0.1481 ***	0.1667 ***	0.0103 ***	0.0226 ***	0.0034 ***
		(13.72)	(8.38)	(9.62)	(12.20)	(11.34)	(12.50)	(7.23)
	R^2	0.6920	0.6079	0.6252	0.6575	0.6857	0.6857	0.6140
	观测数	4215	4215	4215	4215	4215	4215	4215

（三）城市异质性

本文从城市对外开放、产业集聚、环境规制三个维度验证试点政策对绿色创新影响的城市异质性[①]。

城市开放水平的异质性。在我国对外开放的历史进程中，城市始终是最重要的载体。本文以城市外商直接投资代表城市的对外开放水平，将其与试点政策虚拟变量的交乘项纳入基准回归方程进行回归。结果显示，交乘项的回归系数在

---

　　① 限于篇幅，此部分回归结果未予报告，感兴趣者可向笔者索取。

1%的水平上显著为正,说明创新型城市试点政策对开放程度较高城市的绿色创新水平提升作用更加明显。

城市产业集聚水平的异质性。产业集聚是经济增长的重要推动力,其引致的外部性势必会对城市绿色创新活动造成影响。本文利用区位熵指数衡量第二产业集聚水平,将其与试点政策虚拟变量的交乘项代入基准方程进行回归。结果显示,交乘项回归系数在1%的水平上显著为负,说明创新型城市试点政策对于第二产业集聚度较低城市的绿色创新水平提升作用更加明显。可能的原因是,第二产业集聚度高的城市仍对传统的重化工业较为依赖,集聚并未带来产业内部的结构和质量升级,使得绿色创新活力不足。相对于单一产业的集聚,产业的多样化集聚,如制造业与现代服务业的协同发展,可能更有利于形成绿色创新的良好环境、促进不同产业的分工合作以及绿色知识、技术的溢出,有效地提升城市绿色创新水平。

城市环境规制的异质性。本文以各城市二氧化硫排放量的对数值衡量环境规制,并将其与试点政策虚拟变量的交乘项代入基准方程中进行回归。结果显示,交乘项回归系数在1%的水平上显著为负,说明创新型城市试点政策对于环境规制程度较高城市的绿色创新水平提升作用更加明显。这可能是因为在环境规制约束下,企业有充足的动力进行绿色技术创新,以应对随政府环境规制强度而增加的“减污染”成本,实现企业减少排放同时增补收益的“创新补偿效应”。

五、创新型城市试点政策影响绿色创新的机制检验

创新型城市试点政策具有显著的绿色创新效应已得到验证,为了进一步检验产生这一效应的理论机制,本文将中介效应检验法运用到多期 DID 估计中,检验产业结构优化、政府和企业投资、金融与产业融合以及优秀人才集聚四个主要的中介路径。在产业结构升级方面,借鉴付凌晖的方法构建测度城市产业结构高级化的经济指标;在政府和企业投资方面,采用各城市实际固定资产投资额的对数来衡量政府和企业投资水平;在城市金融发展方面,选用各城市年末金融机构各项存贷款余额与地区生产总值的比值来测度城市金融发展水平;在吸引优秀人才集聚方面,信息化人才是城市绿色创新水平提升中的活跃要素,故采用各城市信息服务业从业人数与年末总人口的比值来反映城市的人才集聚状况。在此基础上,对上述中介模型分别进行回归,并采用 Sobel 检验、Bootstrap 检验方法检验作用机制的显著性,结果如表5所示。

表 5 影响机制检验结果

	变量	中介变量 (1) ~ (4)	绿色发明专利滞后 两年授权量	绿色发明专利滞后 三年授权量	绿色实用新型专利 当年授权量	绿色实用新型专利 滞后一年授权量
(1)	试点政策	0.5505***	0.2700***	0.2757***	0.5414***	0.6637***
		(36.70)	(11.76)	(10.83)	(14.42)	(14.14)
	产业结构升级		0.1479***	0.1866***	0.2704***	0.3535***
			(8.15)	(8.18)	(11.89)	(12.73)
	Sobel 检验		0.0814***	0.1018***	0.1727***	0.2107***
	间接效应占比 (%)		23.17	26.97	21.68	22.92
	R^2	0.1988	0.2368	0.2523	0.3382	0.3399
(2)	试点政策	1.2748***	0.2807***	0.2971***	0.5551***	0.6862***
		(36.26)	(10.28)	(9.53)	(13.26)	(13.09)
	政府和企业投资		0.0555***	0.0626***	0.1060***	0.1350***
			(12.28)	(12.03)	(17.41)	(17.81)
	Sobel 检验		0.0708***	0.0803***	0.1540***	0.1868***
	间接效应占比 (%)		20.14	21.28	19.32	20.33
	R^2	0.1886	0.2286	0.2382	0.3318	0.3302
(3)	试点政策	1.4379***	0.2600***	0.2748***	0.5672***	0.7054***
		(19.23)	(13.92)	(12.41)	(16.04)	(15.50)
	金融发展		0.0636***	0.0729***	0.0856***	0.1063***
			(5.51)	(5.81)	(5.95)	(6.37)
	Sobel 检验		0.0914***	0.1027***	0.1384***	0.1625***
	间接效应占比 (%)		26.01	27.21	17.38	17.68
	R^2	0.1805	0.2545	0.2659	0.3259	0.3221
(4)	试点政策	0.0045***	0.1051***	0.1192***	0.3511***	0.4415***
		(11.12)	(5.57)	(5.85)	(10.96)	(11.23)
	人才集聚		54.5028***	59.4930***	75.0237***	92.1781***
			(8.59)	(8.44)	(11.78)	(12.24)
	Sobel 检验		0.2464***	0.2583***	0.3953***	0.4511***
	间接效应占比 (%)		70.11	68.41	49.61	49.07
	R^2	0.1634	0.6844	0.6835	0.6369	0.6213
	观测数	4215	4215	3934	4215	4215

注：中介变量 (1) ~ (4) 在表 5 内的四个模型中分别代表四个中介变量。

表5分别报告了试点政策对于各中介变量的回归结果以及试点政策、各中介变量对于城市绿色创新水平的回归结果。在各回归方程中，Sobel 检验与 Bootstrap 检验结果均在1%的水平上显著①，证实了四大中介效应的存在。其中，回归（1）显示，试点政策对于产业结构的影响系数显著为正，产业结构对于绿色创新水平四个指标的影响系数也显著为正，说明试点政策能够通过促进产业结构升级来提升城市绿色创新水平。回归（2）显示，试点政策对于政府与企业投资的影响显著为正，投资对于绿色创新的影响系数也显著为正，这说明试点政策能够激励地方政府和企业加强投资，完善基础设施，孵化新产业、新技术，进而促进城市绿色创新水平的提升。回归（3）显示，试点政策对于城市金融发展的影响系数显著为正，金融发展对于城市绿色创新的影响系数也显著为正，说明试点政策能够有效地促进城市金融发展，增强金融与产业之间的融合，从而带动城市绿色创新水平的提升。回归（4）显示，试点政策对于城市人才集聚的影响系数显著为正，人才集聚对于绿色创新的影响系数也显著为正，这说明试点政策能够有效促进城市人才集聚，为城市绿色创新打下了良好的人力资本基础，从而对城市绿色创新水平提升起到显著促进作用。以上作用机制的检验结果验证了本文的理论假说2。

六、进一步讨论：创新型城市试点政策的空间溢出效应

多数政策效应评估文献忽略了政策本身可能存在的溢出效应。考虑到试点政策的空间溢出对于增强以试点城市为核心的区域创新合作、提升区域绿色创新总体水平具有重要意义，本文将空间计量分析引入式（1）的估计中，构建空间杜宾—双重差分模型（SDM-DID），并运用偏微分方法将总边际效应分解为直接效应和间接效应，从而更好地捕捉和解释 SDM 中解释变量的边际效应。

构建空间权重矩阵 W 是空间计量分析的关键，本文分别构建反距离空间权重矩阵 W_{ij}^d、经济空间权重矩阵 W_{ij}^e、经济地理空间权重矩阵 W_{ij}^{de}。元素满足：对角元素为0，非对角元素分别为城市之间距离平方的倒数②、城市间实际 GDP 之

---

① 限于篇幅，Bootstrap 检验结果未予列出，感兴趣者可向笔者索取。
② 城市间的距离数据根据国家基础地理信息系统网站提供的1：400万电子地图，利用 Geoda 软件测量得到欧式直线距离。

差绝对值的倒数、城市间实际 GDP 乘积与距离平方之比。我们采用极大似然法（MLE）对其进行估计。在估计前，需要对变量的空间相关性及模型的选择进行检验。经 Moran's I、LM 及 LR 检验，表明模型同时存在空间自相关和空间误差相关，且空间面板的最佳形式是更广义的 SDM。此外，为检验创新空间溢出的普遍存在性，我们还设置了以指数衰减函数为元素的空间权重矩阵，从 150 千米至 600 千米，每隔 150 千米考察不同距离阈值下的试点政策的溢出效应。

表 6 报告了面板 SDM-DID 的估计结果，鉴于试点政策对绿色创新影响的实证结果具有较强稳健性，限于篇幅，Panel A 只报告以"绿色发明专利滞后两年授权量"和"绿色实用新型专利当年授权量"为被解释变量时的回归结果，而 Panel B 只报告了以"绿色发明专利滞后两年授权量"为被解释变量时，不同距离阈值下的空间效应估计结果。在三种不同的空间权重矩阵下，空间自回归系数 ρ 均通过了 1% 的显著性检验，证明城市绿色创新具有显著的空间依赖性，即空间关联城市的绿色创新对本城市的绿色创新能产生显著的空间溢出效应。在创新型城市试点政策的空间溢出方面，间接效应表明，试点政策存在显著的空间溢出效应，这使得试点政策对城市绿色创新影响的总效应比不考虑空间相关性时更大，尤其体现在试点政策对绿色实用新型专利的影响上。这说明，试点政策对提升本城市的绿色创新水平是有效的，且随着试点城市辐射能力的增强，创新资源、要素以及成果得到扩散，从而提升了关联城市的绿色创新水平。从 Panel B 来看，因空间权重矩阵设置不同，总体而言估计系数的大于 Panel A 中的回归系数，但这并不影响本文对不同距离阈值上试点政策空间溢出效应的检验。估计结果显示，绿色创新的空间溢出效应随距离增大有衰减趋势。试点政策的空间溢出系数（即间接效应）在 150～450 千米正向显著，且 150 千米的溢出效应最大、总效应最强，但在 600～900 千米，系数不再显著。

表 6 SDM-DID 估计结果

Panel A	绿色发明专利滞后两年授权量			绿色实用新型专利当年授权量		
	W^d	W^e	W^{de}	W^d	W^e	W^{de}
直接效应	0.1429 ***	0.1113 ***	0.1212 ***	0.4075 ***	0.3504 ***	0.3792 ***
	（13.26）	（10.42）	（11.38）	（18.38）	（15.11）	（16.25）
间接效应	0.0407 *	0.1146 ***	0.0736 **	0.4704 ***	0.3972 ***	0.3049 ***
	（1.74）	（3.06）	（1.99）	（6.57）	（5.81）	（4.75）
总效应	0.1836 ***	0.2259 ***	0.1948 ***	0.8780 ***	0.7476 ***	0.6841 ***
	（8.14）	（5.75）	（4.99）	（11.77）	（10.52）	（10.25）

Panel A	绿色发明专利滞后两年授权量			绿色实用新型专利当年授权量		
	W^d	W^e	W^{de}	W^d	W^e	W^{de}
ρ	0.0823*** (3.31)	0.5452*** (21.52)	0.5311*** (20.51)	0.4205*** (19.13)	0.4517*** (20.78)	0.3948*** (17.97)
LogL	2003.79	2180.88	2155.46	−1046.14	−1037.59	−1101.45
R^2	0.4656	0.4639	0.4638	0.5578	0.5411	0.5391

Panel B	绿色发明专利滞后两年授权量					
	150KM	300KM	450KM	600KM	750KM	900KM
直接效应	0.4331*** (18.72)	0.4633*** (20.04)	0.4746*** (20.62)	0.4768*** (18.38)	0.4568*** (19.96)	0.4647*** (20.57)
间接效应	0.7717*** (6.04)	0.3194*** (2.57)	0.3116*** (2.79)	−0.0471 (−0.40)	0.0407 (0.44)	0.1256 (0.74)
总效应	1.2048*** (9.35)	0.7828*** (6.21)	0.7863*** (6.90)	0.4296*** (3.56)	0.7476*** (10.52)	0.5904*** (3.44)
ρ	0.4350*** (11.21)	0.3672*** (8.30)	0.3173*** (6.62)	0.2777*** (6.09)	0.2055*** (5.78)	0.2349*** (6.02)
LogL	−1204.72	−1256.19	−1271.41	−1267.49	−1242.05	−1204.14
R^2	0.5199	0.5341	0.5384	0.5471	0.5459	0.5378

七、结语

本文以国家创新型城市试点政策为准自然实验，采用多期 DID、PSM−DID、SDM−DID 等方法评估了试点政策对以绿色专利为代表的城市绿色创新水平的影响效应，为从可持续发展角度评估创新型城市试点的建设成效提供了重要的经验依据，为加快形成以创新为全新动能的新发展模式，以及实现经济、环境与社会的协调发展提供了有益的政策启示。

第一，应通过提炼试点经验、形成典型案例等方法，继续加大对创新型城市试点的建设力度，进一步激励以绿色低碳为导向的创新实践，以更好地实现创新驱动高质量发展的目标。为此，应积极推动试点城市的绿色发展制度创新，加强对技术创新方向的引导，优化绿色创新环境，推进绿色生产和绿色生活，从供需双侧提升企业绿色技术创新的内生动力。此外，政府还应加强对非试点城市绿色创新的扶持，支持和引导这些城市加快构建以绿色为导向的创新体系，并有针对性地选择部分城市开展新试点，以扩大试点政策的绿色创新效应。第二，在创新型城市试点政策的推行过程中，需充分重视多维路径的协同创新作用。可围绕中介效应路径，比如通过支持新兴绿色产业发展、完善城市基础设施建设、激励企业绿色技术研发投资、优化城市金融服务体系、加快创新人才引进和本地人才培养等方式夯实绿色创新的基础，为绿色创新活动汇聚更多的优质资源和要素。此外，试点城市还应考虑多政策因素对绿色创新水平的影响，实现创新型城市试点与"低碳城市""海绵城市"等其他试点的有效对接，形成政策交叉互补、激励与监督共进的绿色化创新发展新模式。第三，在不同特征城市的绿色创新水平提升方面，要坚持因地制宜地采取差异化策略。对于开放水平较弱的试点城市，鼓励其进一步提升开放水平，以政策引导为核心吸引国际绿色技术转移，并通过不断提高引资质量与水平，提升本地绿色创新水平；对于单一产业集聚度较高的试点城市，应引导高集聚产业保持合理的增长与扩张速度，将规避粗放型增长、转型升级作为产业发展的主要任务，支持制造业与现代服务业协同发展；对于环境规制水平较低的试点城市，应基于本地实际加强环境规章制度体系设计，完善以市场调控为主、政府和市场相结合的环境规制手段和工具等。第四，除重视投入端创新激励外，应更加注重利用产出端激励政策来鼓励绿色技术创新。为此，应进一步加强对绿色发明专利的保护和支持力度，简化行政审批流程，加快绿色专利成果推广及应用等，以充分发挥绿色发明专利在经济绿色转型中的驱动作用。同时，要为创新外溢创造良好条件，不断扩大试点政策的外溢半径。基于试点政策外溢驱动绿色创新提升的最佳地理区间，着力促进城市群内部的绿色创新合作，促进城市间形成新型的产业分工、技术合作与污染防治联防联控，推动技术创新与绿色发展的深度融合。

参考文献

［1］任保平，豆渊博．我国新经济发展的区域差异及其协调发展的路径与政策［J］．上海商学院学报，2021，22（1）：3-16.

［2］杨仁发，李胜胜．创新试点政策能够引领企业创新吗？——来自国家创新型试点城市的微观证据［J］．统计研究，2020，37（12）：32-45.

［3］徐苑琳．创新型城市建设促进城市产业升级研究［J］．技术经济与管

理研究，2020（11）：110-114.

［4］霍春辉，田伟健，张银丹．创新型城市建设能否促进产业结构升级——基于双重差分模型的实证分析［J］．中国科技论坛，2020（9）：72-83.

［5］曹清峰．国家级新区对区域经济增长的带动效应——基于70大中城市的经验证据［J］．中国工业经济，2020（7）：43-60.

［6］曾婧婧，周丹萍．区域特质、产业结构与城市创新绩效——基于创新型城市试点的准自然实验［J］．公共管理评论，2019，1（3）：66-97.

［7］聂飞，刘海云．国家创新型城市建设对我国FDI质量的影响［J］．经济评论，2019（6）：67-79.

［8］李政，杨思莹．创新型城市试点提升城市创新水平了吗？［C］//社会主义经济理论研究集萃（2019）：——砥砺奋进的中国经济．2019：360-381. DOI：10.26914/c. cnkihy.2019.076524.

［9］杨思莹，李政，孙广召．产业发展、城市扩张与创新型城市建设——基于产城融合的视角［J］．江西财经大学学报，2019（1）：21-33.

［10］张江雪，张力小，李丁．绿色技术创新：制度障碍与政策体系［J］．中国行政管理，2018（2）：153-155.

［11］刘瑞明，赵仁杰．国家高新区推动了地区经济发展吗？——基于双重差分方法的验证［J］．管理世界，2015（8）：30-38.

［12］杨莉莉，邵帅．能源回弹效应的理论演进与经验证据：一个文献述评［J］．财经研究，2015，41（8）：19-38.

［13］付凌晖．我国产业结构高级化与经济增长关系的实证研究［J］．统计研究，2010，27（8）：79-81.

［14］刘鹤．加快构建以国内大循环为主体、国内国际双循环相互促进的新发展格局［J］．资源再生，2021（19）：51-54.

［15］S. Doh and B. Kim. Government Support for SME Innovations in the Regional Industries: The Case of Government Financial Support Program in South Korea［J］. Research Policy, 2014, 43（9）：1557-1569.

［16］D. Guo, Y. Guo and K. Jiang. Government-subsidized R&D and Firm Innovation: Evidence from China［J］. Research Policy, 2016, 45（6）：1129-1144.

［17］K. Rennings. Redefining Innovation—Eco-innovation Research and the Contribution from Ecological Economics［J］. Ecological Economics, 2000, 32（2）：319-332.

［18］J. Horbach, C. Rammer and K. Rennings. Determinants of Eco-innovations by Type of Environmental Impact：The Role of Regulatory Push/Pull, Technology Push and Market Pull ［J］. Ecological Economics, 2012（78）: 112-122.

［19］C. Ghisetti and F. Quatraro. Green Technologies and Environmental Productivity: A Cross-sectoral Analysis of Direct and Indirect Effects in Italian Regions ［J］. Ecological Economics, 2017（132）: 1-13.

［20］X. Ke, H. Chen, Y. Hong and C. Hsiao. Do China's High-speed-rail Projects Promote Local Economy? New Evidence from a Panel Data Approach ［J］. China Economic Review, 2017（44）: 203-226.

［21］L. M. A. Bettencourt, J. Lobo and D. Strumsky. Invention in the City: Increasing Returns to Patenting as a Scaling Function of Metropolitan Size ［J］. Research Policy, 2007, 36（1）: 107-120.

［22］T. Beck, R. Levine and A. Levkov. Big Bad Banks? The Winners and Losers from Bank Deregulation in the United States ［J］. Journal of Finance, 2010, 65（5）: 1637-1667.

［23］J. Le Sage and R. K. Pace, Introduction to Spatial Econometrics ［M］. Florida: CRC Press, Taylor & Francis Group, 2009.

全球创新空间演进与长三角一体化高质量创新发展[*]

赵　峥^{**}

　　长三角地区覆盖上海、江苏、浙江、安徽四省市，集聚了全国 1/6 的人口和 1/4 的经济总量，既是改革开放的前沿阵地，也是我国经济增长新动能的重要源泉，对我国经济社会发展起到了关键的支撑、引领和示范作用。《2022 长三角数字经济发展报告》显示，2021 年，长三角地区 GDP 总额达 27.6 万亿元，占全国 GDP 总数的 24.1%；研发经费投入 8305 亿元，全国占比为 29.8%；进出口总额达到 14.1 万亿元，占到全国进出口总额的 36.1%，展现了巨大的发展潜力，保持了强劲的发展"韧性"。

　　2018 年 11 月，在第一届中国国际进口博览会上，习近平主席宣布国家将支持长江三角洲区域一体化发展并上升为国家战略，着力落实新发展理念，构建现代化经济体系，推进更高起点的深化改革和更高层次的对外开放，同"一带一路"建设、京津冀协同发展、长江经济带发展、粤港澳大湾区建设相互配合，完善中国改革开放空间布局。创新是引领发展的第一动力，是建设现代化经济体系的战略支撑。在长三角一体化发展战略实施进程中，如何更好地结合全球创新空间和长三角一体化发展态势，认识和理解长三角一体化高质量创新发展的紧迫性和必要性，如何更好地依靠创新巩固发展优势、培育发展动能和提升发展水平，实现长三角一体化高质量创新发展，具有重要的理论和实践价值。

---

　　* 原文为调研报告，未公开发表。

　　** 作者简介：赵峥，国务院发展研究中心公共管理与人力资源研究所综合研究室主任、学术委员会委员、研究员。

一、全球创新空间发展的演进态势与特征

从世界范围来看，创新空间是区域和国家发展的重要增长极，不同尺度的创新空间蓬勃发展，往往能够集聚高端创新要素，营造良好创新环境，产生高水平创新成果，成为引领和影响区域、国家乃至全球创新发展的战略高地。

（一）全球不同尺度创新空间的发展特色与战略举措

全球创新空间根据发展基础、地理范围、空间结构等条件，可以表现为不同尺度的创新空间形式。不同尺度创新空间发展各具特色，并形成富有借鉴意义的战略举措。

一是大尺度创新空间——大都市圈。以纽约、伦敦、东京、波士顿等为代表的世界大都市圈，通过政策支持引导，持续进行产业结构调整和空间布局重组，促进人口热度、知识浓度、资本厚度、产业高度、服务密度和开放力度的有效整合，实现产业链、创新链、资本链的深度融合，成为全球创新空间发展的引领者（见表1）。

表1 全球大尺度创新空间发展特色及重点举措

都市圈	创新特色	重点举措
纽约	人本创新之都	重视打造众创空间和企业孵化 重视优化创新创业环境与吸引人才 重视科技创新与应用
伦敦	全球创意中心	培育支持知识密集型创意产业发展 促进传统产业与创意产业融合发展 加强对中小创新企业的金融支持
东京	创新魅力之都	为高科技企业提供金融与上市支持 实行高技术产业税费减免政策 加强专利交易保障措施
波士顿	创新城市典范	创建米克斯（Mix）社区 集聚创新文化资源 完善创新法律制度 形成创新产业集群

二是中尺度创新空间——创新型中心城市。创新型中心城市相对都市圈空间尺度较小，但在国家甚至国际层面同样发挥着重要的创新引领作用。以色列特拉维夫、瑞典斯德哥尔摩等是其中较为突出的代表。这些创新中心城市通过强化创新主体、壮大创新产业及加强创新开放合作等举措，提升创新空间的国际吸引力和竞争力（见表2）。

表 2　全球中尺度创新空间发展特色及重点举措

中心城市	创新特色	重点举措
特拉维夫	创新传奇之都	为创业者提供全方位服务 打造适合年轻人生活的城市和文化 加强专利交易保障措施
斯德哥尔摩	创新之魂附体	社会价值观驱动创新发展 注重科技与生态的协调发展 打造创新创业支撑平台
杜塞尔多夫	创新转型模范	制定区域长期规划 重点打造科技园区 大力发展文化产业

三是小尺度创新空间区——科技园区。科技园区类创新空间尺度相对最小，具有投入少、见效快及便于灵活调整的优点。以美国硅谷、新加坡纬壹为代表的全球小尺度创新空间类科技园区，通过主动对接全球创新资源、土地集约利用、建立企业成长周期全产业链的服务收益模式等举措，展现了小而美、小而强的竞争优势（见表3）。

表 3　全球小尺度创新空间发展特色及重点举措

科技园区	创新特色	重点举措
硅谷	创新发展先驱	聚集富有活力的多层次创新主体 建立发达的风险投资市场和硅谷银行模式 出台大力度的政府财税帮扶政策
纬壹	创新后起之秀	采用"政府主导、市场运作"的建设模式 注重规划，集约高效利用土地资源 立足未来，建立强大的资源整合平台 产城融合，推动综合发展 绿色发展，广泛应用新技术

续表

科技园区	创新特色	重点举措
大田	创新活力之城	推动产学研合作 加强科学城建设 支持高科技企业

（二）全球创新空间发展的主要特征

创新空间的形成与发展是一项复杂系统工程，虽然全球主要创新空间尺度有所区别，但科学的创新战略规划，以及构建由创新环境、创新人才、创新产业、创新制度体系组成的创新生态体系，是实现其成功发展与良好治理的共同条件。

一是创新战略规划是创新空间发展的指引。从国际经验来看，创新空间建设要规划先行，长远规划资源开发、利用边界和尺度，明确量化指标，以科技创新为中轴，以经济社会发展为目标，以土地空间为基础，通过三者匹配、融合，将经济社会发展的动力转移到科技创新上，将科技创新功能的实现体现到空间布局上。同时，基于区域特有的科技比较优势和竞争优势，以及未来科技发展的新动向，对创新空间进行前瞻性定位，明确创新活动的主攻方向和保障措施，将创新规划打造成空间公共价值观和发展理念的载体，实现各创新主体创新目标、行动和效果的有机统一，为空间创新活动提供长期、稳定的预期。

二是创新环境是创新空间发展的基础。全球主要创新空间都把创新环境作为基础性工程来推动。配套现代化的基础设施，完善市政、交通、信息和物流基础设施，有针对性满足高新技术产业的特定需求。打造强大科研基础设施与平台，重点布局建设科学研究中心、工程（技术）创新中心，支持空间内外优秀研究机构、企业打造世界级知识、技术创新中心。设计特色创新空间，强调对第三空间、共享空间、功能分区和通达性设施的着力打造，加强各类设施的连通性，包括功能区和楼宇之间的通达性，以促进人与人交流的便利性。

三是创新人才是创新空间发展根本。支撑创新空间发展的最大资源不在于物质条件是否充裕，而在于是否具有能够适应创新发展需要的"创新人"。全球主要创新空间都把人才视为第一资源。一方面，重视优化创新发展的科研、产业和生活环境，通过研究机构、企业平台，引进空间创新发展需要的国际专业技术人才、领军人物、创业团队等。另一方面，注重创新精神传播与终身教育，通过推动政府、科技企业与高等院校、社会专业机构等合作，加强技能型人才教育培训，形成多元人才支撑。

四是创新产业是创新空间发展的支柱。全球主要创新空间重视把握科技革命和产业变革的大趋势，以高端切入、全面突破、超前布局、引领未来为基本思路，构建以新兴产业为核心、未来产业为先导、高端制造业和服务业为支撑的创新型经济体系。在对以知识资本为核心竞争力的高科技、高附加值知识密集型产业进行培育的同时，鼓励其他产业共同融合发展，注重培育交叉学科、衍生新兴产业，完善创新产业持续发展机制，确保强大产业发展优势。

五是创新制度是创新空间发展的保障。创新空间的健康有序发展需要合理利用政府与市场双重力量形成高效治理机制。建立现代产权保护制度，以其激励机制充分调动科研人员创新积极性。建立高效的创新成果转化机制，确保"产学研"创新网络连通，创新成果转化顺畅。建立完备的法律服务体系，以法治化的思维和方式为创新创业提供更加公平、安全的环境。建立现代科技金融服务体系，为科技型企业、成长型企业提供融资服务。建立完整的中介服务体系，为科技企业提供从项目形成、转移到实施各个环节的服务。建立灵活的财税服务体系，为科技企业发展提供税收优惠与财政补贴。建立便捷的行政服务体系，综合运用现代信息技术提供便捷高效的日常行政综合性服务。

（三）全球创新空间发展的启示

一是完善创新空间规划体系。树立全局思维，结合国家创新驱动发展战略、区域协调发展战略等，出台涵盖不同尺度创新空间的整体发展规划，形成由大都市圈—创新型中心城市—科技园区组成的链条完整、布局合理的中国创新空间发展格局。在做好创新空间顶层设计的基础上，注重创新空间"微设计"，对创新空间内具体单元开发参数和开发框架进行梳理、分析和优化，加强创新空间立体性、平面协调性、风貌整体性、文脉延续性等方面的规划和管控。将满足科技型人才的需求作为创新空间设计和布局的根本出发点，更多和更持续地重视人本化设施体系塑造，打造包括创新社区、创新街区、创新廊道等多形态多层次创新空间结构。

二是提升创新空间基础设施支撑能力。围绕创新资源优化配置，完善和优化创新空间交通基础设施，构建便捷、安全的立体交通网络。强化信息资源整合，实现空间信息基础设施互通共享，优先在创新空间建设以 5G 技术为代表的下一代信息基础设施，推广应用智能技术，建设高质量一体化智慧空间载体。紧扣未来高技术更新换代和高新产业发展需求，建设布局科学研究中心、工程（技术）创新中心、重大科研基础设施与平台、一流科研机构、顶尖实验室等，形成支撑科技创新的强大科研基础设施网络。

三是强化创新空间的产业竞争力。根据创新空间创新资源禀赋和整体发展愿景，及时搜索辨析颠覆性技术、破坏性创新、未来产业重大原创性突破的研发热点、竞争焦点、发展重点，动态部署相关研发与产业化任务，提升创新空间的产业战略竞争力。构建以新兴产业为核心、未来产业为先导、高端服务业为支撑的创新型产业体系，提升创新空间的产业发展竞争力。有步骤地改善产业集群的融合培育机制，促进科技与文化、社会、生态全方位融合，培育新兴产业集群，增强创新空间的潜在竞争优势。

四是健全创新空间人才引育机制。创新空间发展要坚持"为了人、依靠人"，实现由"物的积累"向"人的活力"转型，建立健全创新空间人才引进培育机制。统筹对内对外开放，关注人才增量，优化人才存量。搭建面向全球的引才平台，进一步简化国际人才引进程序，创新国际人才移民入籍、暂住等制度，汇聚一批包含世界顶尖人才、战略科学家的创新团队。同时，充分尊重人才的价值追求，对传统人才管理体制机制进行大胆创新，破除束缚人才创新创造活力的聘用、流动、评价激励等政策性障碍，大力弘扬企业家精神，培养创新文化，释放现有人才开展创新活动的动力和活力。

五是增强创新空间的改革示范效应。以大都市圈、创新型中心城市、科技园区为重点，推进科技体制与经济社会等领域的改革同步发力，鼓励创新空间先行先试，探索系统性、整体性、协同性创新模式，破解我国空间创新体系的"孤岛现象"，解决创新要素"碎片化"问题。重点探索完善知识产权保护与监督机制。完善促进科技资源开放共享和高效利用的以企业为主体、市场为导向、产学研相结合的技术创新机制。完善能有效满足科技资本多样化需求的风险投融资机制，在影响创新"卡脖子"体制机制方面发挥示范引领作用。

二、长三角一体化高质量创新发展的基础条件

长三角地区是我国经济实力最强、创新最活跃的区域，具有实现高质量创新发展的良好条件，过去一段时间，通过"三省一市"的共同努力，长三角区域一体化高质量创新发展稳步推进，从基础设施到体制机制逐步完善，有效解决了一些长期制约区域创新发展的瓶颈问题，为进一步推进长三角一体化高质量创新发展奠定了良好基础。

第一，区域协同制度体系不断完善。高质量创新发展，需要规划先行，建立

与高质量发展相适应的组织体系和政策环境，长三角地区不断健全相关体制机制为创新发展提供了较好的制度保障。一方面，区域协同机制不断完善。长三角地区长期以来经济社会联系紧密，协同体制机制也随着一体化进程的推进逐步成熟。另一方面，区域市场协同机制不断健全。长三角一体化发展，把建立消除行政壁垒对要素自由流动的限制作为顶层设计的重点，率先进行了相关方面的积极探索，与其他地区在人才、资金等流通共享方面签订协议，确保创新资源要素充分流动。

第二，区域创新要素集聚优势明显。长三角地区高校、科研院所云集，涌现出一批在全国甚至世界知名的高技术创新企业，创新创业氛围浓厚，形成创新资源要素不断聚集的良性循环。一方面，"引育"高端人才有厚度。长三角各省市坚持把人才资源作为第一资源，完善人才培养和引进体系，优化人才发展环境，有效吸引了全国和全球人才聚集。另一方面，金融服务供给有热度。长三角金融实力雄厚，创新金融服务体制，开放多种类金融产品，逐步形成多层次的支撑创新创业的现代金融市场。例如，苏州相城区探索政府、创投、银行、担保、保险、证券、租赁"七合一"模式，建立区级科技金融风险补偿资金池，协同通过推进科技与金融深度融合。

第三，区域产业体系富有韧性。长三角地区在全国率先推进产业转型升级，产业的高端化、服务化、集聚化、融合化、低碳化发展势头良好，为推进高质量创新发展提供强大内生动力。一是优势产业向高端化发展趋势明显。长三角地区传统的制造业、高新技术产业和现代服务业等优势明显，近年来与大数据、云计算、人工智能等新一代信息技术深度融合，产业高端化取得较好成效。二是战略性新兴产业快速发展。长三角地区在以信息技术、生物、高端装备制造和新能源汽车等为代表的战略性新兴产业快速发展，形成规模和优势，成为区域发展新引擎。三是产业发展空间载体较完备。长三角地区是我国产业集聚区最密集的区域之一，经济技术开发区、产业园区和工业园区等各类产业发展集聚区近 500 个。G60 科创走廊内九座城市全社会研发投入强度均值达到 3.25%，已集聚各类市场主体超过 959.8 万家、高新技术企业超过 3.65 万家。不同园区错位发展，政策叠加，为产业高质量集聚提供了良好空间载体。

第四，区域基础设施互联互通水平较高。长三角地区基础设施先进，近年来随着一体化进程的不断加快，基础设施互联互通稳步推进，基础设施的信息化、智能化、现代化水平不断提升，形成了较为先进的现代基础设施网络，为改善区域民生、增强区域综合承载能力、推进区域创新创业活动奠定了坚实的基础保障。一是综合交通网络建设取得成效。长三角地区历来把交通基础设施作为基础性、先导性工程来抓，路网交错有致，互联互通处于较高水平。目前长三角地区高速铁路里程超 6500 千米，覆盖三省一市 95% 的设区市。二是城市基础设施建设水平较高。长三角地区城市基础设施建设理念先进，设计科学，科技含量高，在全国处于领先地位。很多城市放弃了大城市框架城建模式，转向发掘存量用地，提升城市通达性，缩短通勤时间，提高宜居水平。三是信息基础设施现代化水平较高。长三角地区大力发展新一代信息基础设施，构建集"连接、枢纽、计算、感知"于一体的新一代信息基础设施总体架构，推动率先实现信息基础设施更新升级。

第五，区域公共服务能力持续提升。长三角地区是我国社会事业综合发展水平较高的地区，当前，随着公共服务均等化不断推进，为区域创新发展提供了较好民生服务和环境。一方面，民生保障服务水平不断加强。长三角地区创新民生服务方式，加大教育、医疗投入，确保"幼有所教、老有所养、病有所医"落到实处，138 个政务服务事项在长三角 41 个城市实现了跨省市通办。另一方面，社会治理现代化水平较高。长三角地区重视社会治理，把专项治理、系统治理、综合治理、依法治理、源头治理结合起来，探索形成了一批可复制推广且有成效的社会治理先进经验。例如，上海的"人民调解专业化"、浙江的美丽乡村治理"枫桥经验"、安徽的"法制思维改善民生"等。社会治理能力和治理体系的不断提升，确保创新发展有良好的社会秩序。

三、长三角一体化高质量创新发展面临的主要挑战

长三角一体化高质量创新发展具有良好的基础条件，同时也面临着一些挑战与不足，仍需充分发挥长三角区域一体化起步最早、基础最好、程度最高的综合优势，进一步扬长补短，提升区域一体化高质量创新发展能力。

第一，创新人才发展生态还需要优化。长三角地区高度重视人才发展，积极储备相关专业人才，但是与高质量创新发展的要求相比，仍有较大差距。一是人才结构性矛盾依然突出，科学前沿领域高水平人才、高端研发人才和高技能人才存在较大的供给缺口。二是科研机构选人用人自主权不够，"以人为本"的科技人才评价激励机制亟待完善。三是科技人才投入整体不足，且在行业、领域、区域间的配置不均衡。四是科技人才流动渠道不够畅通，在产学研之间的流动存在制度性障碍。

第二，创新平台的产业化程度有待增强。长三角各市建立了不少创新平台，比如产业创新城市联盟、智能规划协同创新中心、长三角工业互联网平台群等，但在促进一体化高质量创新发展方面发挥的作用不充分。一方面，产业支撑能力不足，一些面向智能领域的平台发展所需的相关产业基础还比较薄弱，难以满足应用需求。另一方面，创新平台发展的科技成果转化率比较低，仍停留在理论和技术层面。

第三，区域创新资源统筹机制仍需完善。长三角地区的沪苏浙皖"三省一市"都在积极寻求创新发展的着力点。从目前发展情况和各地规划发展目标来看，仍然存在较严重的同质化问题，无序开发与恶性竞争仍然存在，区域发展不平衡不充分问题比较突出。科技创新发展协同还存在顶层设计不足、分工不够明确、要素资源共享程度不够等困难。特别是区县层面目前建立的一体化协调机制，上级授权少、协调层次不够，对于涉及深层利益格局的事项，协调效率较低，不利于形成高质量创新发展的合力。

第四，创新空间规划统筹和土地利用效率有待提升。一体化空间规划是引领长三角地区真正实现更高质量一体化发展的"牛鼻子"。尽管长三角地区在交通、产业、人口、服务等空间要素配置上谋划协同融合，但离高质量创新发展的要求还有差距。一方面，创新空间规划不统一，不同园区、不同地区之间的创新资源碎片化现象还是不同程度的存在。另一方面，土地资源短缺，利用效率有待提高。长三角地区土地资源分布不均衡，如上海建设用地指标已在"十二五"时期接近规划控制3200平方千米的天花板，无锡的建设用地规模在2015年就接近2020年的总量目标。同时，长三角地区还存在大量低效用地、闲置土地，地均生产总值、人均生产总值等反映效率和效益的指标不高。

四、推动长三角一体化高质量创新发展的对策建议

区域一体化高质量创新发展的本质在于以制度创新推动体制机制变革，以体制机制变革激发要素流动与配置活力，从而促进创新政策体系日益完善，最大限度地释放创新活力，引领经济发展走向更高形态。推动长三角一体化高质量创新发展，要把握经济规律、创新规律，不断消除影响创新要素集聚和创新活力释放的体制机制约束和政策障碍，坚持重点突破与整体推进，着力构建系统性的创新生态，在实现自身一体化高质量创新发展的同时，为我国创新驱动转型发展和建

设现代化经济体系提供引领示范。

第一，充分发挥创新平台载体的示范引领作用。进一步提升中心城市、都市圈、城市群集聚配置创新资源的能级和区域创新辐射能力。加强上海全球科创中心建设，放大 G60 科创走廊的示范引领效应，打造"上海—南京—合肥—杭州"G60 科创走廊升级版，加大"三省一市"各城市之间在重点科技领域的资源共享、平台共建、协同攻关，着力突破"卡脖子"的关键核心技术。搭建孵化创新的多元化平台。依托长三角地区雄厚的科研和产业基础，打造国家级先进材料技术创新中心、智能产业创新中心、文化创意中心。借鉴波士顿、新加坡等 Mix 创新社区建设经验，建设新材料、生物制药、人工智能等特色国际研发社区，为初创型创新主体提供低租金、免税收、低息贷款、创新指导等孵化环境，建设现代创新资源与主体集聚的平台载体。

第二，推动有利于创新资源高效配置的体制机制改革。完善协同创新的组织治理体系。建立各种产业与创新联盟，深入开展行业交流，合力打造多层次、多领域、市场化、社会化的创新主体，释放多元创新的社会活力。进一步深化"放管服"改革。实施"零距离"综合审批制度改革，推行"互联网+监管"，健全与新兴产业相适应的包容审慎监管方式，推进社会信用体系建设和承诺制。完善促进公平竞争的体制机制。推动长三角地区清理现行束缚民营企业发展、违反内外资一致原则的规定，完善公平竞争审查制度。完善激励与保护创新的法律法规体系，保护个人、企业等主体的知识产权，为创新个体提供股权激励，激发科技创新、管理创新与社会创新的活力。加强知识产权领域执法合作，推动知识产权海外资源共享。优化土地资源配置，通过"腾笼换鸟"等形式，置换土地资源用于新兴产业的创新发展。合理留白，为未来高质量创新发展预留更大的产业与生态空间。

第三，完善支撑高质量创新发展的基础设施。完善长三角地区高铁运输网络。实现区域高速铁路与城际轨道的互联互通，以高铁网络引领区域高质量创新发展，为长三角高一体化质量创新发展提供更加便捷高效的高铁运输服务。推动区域重点港口的功能协作。加强长三角区域重要港口的分工协作，支持苏州港、宁波港、舟山港与上海港深化合作，提升苏州港作为上海国际航运中心北翼的核心港地位。构建集连接、感知、计算于一体的新一代信息基础设施总体架构，引导长三角地区率先实现信息基础设施更新升级。打通政府不同部门之间数据界限，统筹建设标准统一、信息共享的数据平台，明确大数据和电子政务项目的操作流程，强化数据信息安全责任，实现数据开放共享。提升工业互联网对工业企业的支撑服务能力，发挥工业互联网跨行业、跨领域助推产业发展的引领作用，在平台共享、需求对接、企业协同上云、政策互惠等方面实现区域合作共赢发展。综合利用大数据、物联网、云计算等现代信息技术，实现生产管理、城市治理、生活管理的智能化。

第四，构建以企业为主体的协同创新政策体系。加大对企业协同创新的财税支持力度。强化企业技术创新的主体作用，设立产学研协同创新研发项目，鼓励企业与科研院所联合申请。完善支持创新和中小企业发展的政府采购政策，加大对区域重大创新产品和服务、核心关键技术的采购力度，扩大首购、订购等非招标方式的应用。加快建立企业迁建财税利益分配机制，减少企业迁建的行政障碍，促进资源高效配置，优化产业布局。鼓励企业加大对职业教育与技能培训的投入。完善促进企业创新的金融服务体系。完善政策性投融资服务体系，设立长三角一体化开发银行、政策性融资担保公司与政府投资基金，将借贷与投资方向重点向长三角地区的创新企业、创新平台、创新项目、创新人才倾斜，撬动更多的金融资本和社会资本服务企业创新。探索银行与风险投资紧密合作，聚焦科创企业，开发股权投资与信用贷款相结合的投贷联动、认股期权贷款、供应链融资、中长期创业贷款等产品，为其提供全生命周期的金融服务。建立风险补偿机制，搭建政府、银行、企业、担保机构合作平台，解决创新创业者后顾之忧。

第五，强化创新创业人才的公共服务。促进创新创业人才的自由流动。建立紧缺人才清单制度，促进人才市场互补和人才信息资源共享。推动长三角地区人才认定标准、奖励政策、服务事项的协同统一。鼓励人才跨体制、跨行业流动，促进劳动力与创新人才的自由流动与优化配置。建立面向长三角地区人工智能等新兴领域的职称评定标准，探索跨区域职称互认。加强优质教育医疗资源的共建共享。支持知名科研院所跨区域设立分院，推进学分互认。大力吸引国际创新创业人才。探索建立与国际接轨的全球人才招聘、服务管理制度，建立海外高层次人才引进联络站，深度链接全球创新人才资源。完善外国人来华工作许可制度，压缩审批时限，优化办理流程。进一步简化外籍人才在购房、贷款等方面的手续，引进国内外优质医疗资源建立医疗机构，建设国际学校，便利国际创新人才工作生活。

产业创新空间高质量发展评价
体系及政策建议[*]

李小忠^{**}

城市是人类最伟大的发明与最美好的希望。基础设施及其高效率运营是城市高质量、可持续发展、抵抗风险的基石。传统基础设施具有服务民生和产业的双重功能，而针对新型产业培育发展的产业创新空间在城市高质量、可持续发展中的地位越来越突出，越来越重要。可以说，产业创新空间、文化休闲消费空间应作为城市产业发展的基础设施被定性、定位和重视，其有效供给、高效运营、更新改造、分类评价和有效管理对城市产业创新尤为重要。

一、重新认识城市产业创新空间的性质及其意义

基础设施是经济发展和社会运行的重要支撑。构建现代化基础设施体系是全面建设社会主义现代化国家的坚实基础。对于城市而言，没有基础设施就没有城市，城市与基础设施之间相互成就、相互依托。

因为基础设施具有先行性和基础性、不可贸易性、不可分割性以及准公共物品性（非竞争性+非排他性）等特征，所以基础设施建设过程可以发挥"乘数效应"；基础设施运营得好又可以发挥"指数效应"。此处的乘数效应是直接效应，更多的是在国家层面或更大的区域层面得到体现；指数效应是间接效应，更多的

---

* 原文为工作论文，未发表。

** 作者简介：李小忠，经济学博士。现任启迪金服投资集团总裁、昆山启迪科技园发展有限公司董事长、苏州启迪科技园运营公司董事长、浙江瑞焕激光科技有限公司董事长。

是在城市层面发挥作用。传统城市基础设施仅包括能源供给、供水排水、交通运输、邮电通信、环卫环保、防卫防灾安全等系统，忽略了产业创新系统和生产力再生系统（或称人力资源再生系统）。

孵化器、加速器、科技园、科技城、产业园、科创园等城市产业创新空间具有基础设施的特征，属于支撑城市可持续发展的必不可少的生产性基础设施。商业综合体、文化街区、文商旅融合发展区、特色街区等城市休闲消费创新空间同样具有基础设施的特征，属于支撑城市可持续发展的必不可少的生活性基础设施，是吸引人才、留住人才、人才再生产的必要基础设施。生产类基础设施和生活类基础设施是一枚硬币的两面，形成各自的闭环且又相互交叉。城市产业创新空间和城市休闲消费创新空间是两类传统基础设施形成交叉闭环的关键交叉点，属于现代化的、与时俱进的、最能体现三大经济主体（政府、企业、家庭）紧密关系的关键基础设施。

二、城市产业创新空间的类型及其评价指标

在国际国内双循环的经济发展格局下，每个城市和企业都要基于国内国际两个市场或特定客户群以及自身资源禀赋，确定在"双循环""产业链""创新链"动态变化中的位置。顺势则昌，逆势则衰。随着中国城镇化向纵深阶段跨越，大批传统村庄消失成为事实，部分传统乡镇合并已经不足为奇，人口要素向城市圈集聚让城市基础设施运营的效率和面临的考验同步放大，吸引人口流入成为城市创造未来的关键。与此同时，传统村落、传统乡镇因人口锐减释放出来的规模化、成片化的土地（生产要素）具有现代化、工业化和服务化开发的基础，这一点需要"拟城镇化"的人口带着技术、资本、信息、资源、流量"返乡创业"，一二三产业的边界已经模糊，城市研发、城乡体验、城乡互动的制造经济、研发经济和体验经济成为新的产业形态，这需要城乡产业联动创新空间，且必然是未来趋势。

以人为本、以跨区域基础设施为支撑的产业创新空间网络体系的代表性、显示性支点，就是形式多样、管理灵活的制造产业集聚区、科技创新产业区、未来产业科技创新区、文化旅游休闲消费区以及未来商业综合体等，能做到这五个方面的城市也许就是在特定历史阶段下形成的消费城市或者区域中心城市。

第一，制造产业集聚区。表现形态为智能制造产业园、工业坊、产业园、产

业创新空间集群、特色产业基地等。重点关注评价指标有产值及亩均税收、GDP及亩均产值、资本密集度及其亩均人均水平、对外贸易额及其全球生态体系关系、总部型（链主、上市企业、专精特新）企业数量、世界或全球影响力（出口产量占比）、在职员工受教育年限、R&D/GDP等。

指标重点突出的规模化、智能化、生产效率以及在产业链中的地位，均属于数值越大发展质量越高的正向指标。制造业本身可以增加研发和服务化创新升级，不断提升生产效率和产业地位（在产业链上地位越来越高）。尽管中国有发达的交通基础设施，但在权衡经济成本、时间成本、沟通成本等因素下，制造产业集聚区更趋向于遵循链主引领的、以链主为中心的"雁型模式"或"中心+卫星工厂"模式。因此，大城市可以有若干产业链主和集聚区，中小城市能做好一个产业都非常了不起。制造业永葆青春的背后是效率，效率的背后是人均资本，人均资本的背后是持续的研发和创新，环环相扣，否则随时有被转移的风险。

第二，科技创新产业区。表现形态为创业园、创新园、孵化器、加速器、科创园、科技园等。重点关注评价指标为：高新企业数及估值，上市公司数及市值，新增企业数，人才密度，各类人才数（博士占比、硕士占比、本科占比、平均受教育年限），"双创"等企业数，海归人才数，天使投资、VC、PE等基金数量和规模（存量和增量），已投资数量及规模，离岸孵化基地及国际合作情况等。

指标重点突出对科技创新过程、必要要素和创新结果的评价和考量，均属于正向指标，城市或园区之间的比较可以看出横向的差异。熊彼特提出来的创新的概念，在中国常常被泛化或者乱用。从产业界来看，经历从"创意"到"创业"再到"创富"的过程称为"创新"，贯穿这四个"创"的主线是科技和设计，与其说是"科技+设计"，倒不如说是"科技×设计"。这不是单一人才或人才团队可以解决的，是需要以人才团队集群、高端跨领域人才团队或发达的生产性服务业集群为支撑的。人才创造价值，结构决定高度。孵化器、加速器、科技园等科技创新产业区是这类人才聚集、聚焦、聚合、聚变的创造价值的空间，毫无疑问属于生产性基础设施或创新创业基础设施。"人才吸引人才"定律告诉我们，专业人才吸引专业人才，同样也吸引跨界人才；"人才金字塔"定律告诉我们，从"塔尖"到"塔底"或者从"塔底"到"塔尖"两种"人才金字塔"搭建模式都有成功的案例。

此外，科技创新产业区考核评价指标重点围绕人才、价值和金融及其相互融合指标展开。在一些中小城市或欠发达地区，可以没有科技创新产业区，但不能认为不需要科技创新。可以利用离岸孵化基地等方式，与科教资源比较丰富的城

迈向高质量发展

市建立联系，利用好他区的科技资源、设计资源和信息资源等。而这些，适合按照区域经济发展基础设施的思路由"政府+市场"共同提供，单独一个企业难以协调其中个性和共性的冲突问题。

第三，未来产业科技创新区。重点关注评价指标有大学、科研院所、新型研发机构和研究中心数量、人才密度、申请专利数、科技成果及其转化率、上市公司数及市值、高新企业数及估值、独角兽企业数及估值、科研经费额（财政拨款、社会捐献、合同研发）等。

未来生活和生产是什么样子，可以通过实验室、科技体验示范区（点）、新型研发机构以及新创企业来进行风险可控情况下的探索和尝试。当城市经济社会达到中等发达国家水平以后，无论是在忧患意识下还是在城市发展风险管理意识下，都需要谋划城市未来产业的培育，这正是很多城市从经济发展中心向科学中心成功转型背后的逻辑。像美国底特律这样曾经辉煌的城市正因为没有做好这一步而成为城市发展的反面典型。需要强调的是，未来产业科技创新区不是所有城区或区县产业培育的重点，只有人均年 GDP 超过 2 万美元的城区或区县才可以在谋划的基础上大胆尝试和探索。未来产业科技创新区关注的至少是未来 5～10 年甚至更长时间的新产业、新业态和新消费。未来产业应该是技术供给推动和特殊、特定需求拉动的双向创新力量的结合。因此，以人才密度和人才开发为主要平台的大学和新型研发机构及其成果就是重要的周期性的评价指标。未来产业创新区可以作为科技创新产业区的有机组成部分而存在，但从考评上应该更为宽松，更为长周期。科技研发和技术创新是人才兴趣推动的，在"卡脖子"需求面前，人才总是稀缺的。如何把此类人才的多样化引进、轻松式培养、激励性留用形成人才高地是未来产业创新区的关键点。

第四，城市更新及文化产业区。表现形态为商业街、美食街、文创园、文化街、步行街、文创园、新型菜市场等。重点关注客流量、人均逗留时间、人均消费额、营业额及坪效、首店及品牌店、网红店及总店、连锁总部、租金水平、新业态替代率（创新店）、业态组合度等指标。

城市若不能及时更新就难免遭遇文化消失、经济衰退的厄运。城市中历史的或现代的建筑物（包括街道街景）、非遗的或古老的美食（包括特色消费品）和历史故事的现代化演艺都可以给人带来文化的沉浸感和体验感，三者的智能化、现代化、业态化、商业化组合应该作为城市运营的软实力给予重视，给人才留下来、引过来提供了理由。

城市更新及文化产业区本质是以文化休闲和消费升级为特色的体验经济。城市更新及文化产业区更加关注供给端和需求端，前者代表新业态、高端业态、新消费等；后者代表客流规模、逗留时间和消费额。上述指标均为正向指标，区域之间横向比较、排名以及同一区域跨时间的纵向比较都可以体现更新改造和运营的效果。政府承担的整体更新和具体店的微更新边界清晰划分，整体品牌打造与个体网红培育都可以达到相互引流的效果。需要强调的是，更新的规划和投资是一回事，更新后的运营是另一回事；前者取决于资本和投资模式，后者取决于经营人才和资源储备。

第五，消费城市建设——未来商业综合体。表现形式为 TOD、CBD、知名连锁商业及总部等。重点关注的评价指标为辐射半径及人口、人均 GDP、客流量及人均消费（交通客流量、商业客流量）等。

流通是生产的继续。气、电、水、航空和高铁是要有独一无二的基础设施网络作为支撑，而这张网直接打通了生产和消费。公路、水路铁路等交通网络可以作为产品和服务"F2C"模式的支撑基础设施，加之当前快速发展的快递服务业，可以说让消费变得更加便利，但这绝不是流通的全部。商业及商业综合体才是大流通环节的最后一环，绝对不是快递柜。会展中心是"B2B"商业模式下产品和服务流通的关键基础设施，几乎属于生产性服务业专属的基础设施；连锁商业和商业综合体是"B2C"商业模式下产品和服务流通的关键基础设施，或者说是产品被消费者认可的最后的机会。

高附加值、高价值、强体验感、私人定制、现场消费、组合消费和相互引流的商业业态等产品和绝大多数社交性、定制型、体验型服务业始终无法通过"O2O"来解决，亟须通过现代化的、城市未来商业综合体来解决。

三、城市产业创新空间高质量运营的政策建议

现代化的基础设施体系（供给体系+运营体系）是现代化城市的标准配置，除去传统基础设施体系外，产业创新空间和文化休闲消费空间也应该得到高度重视，以现代化城市标准配置基础设施。在我国，传统基础设施的模式主要采用政府投资持有和运营，较为市场化的方式为 BOT 形式。在 BOT 基础上又演变出如BOOT（建设—拥有—经营—转让）形式、BTO（建设—转让—经营）形式、BOO（建设—拥有—经营）形式、DBOT（设计—建设—融资—经营）形式以及BLT（建设—租赁—移交）形式等。

第一，将城市产业创新空间作为城市现代化基础设施给予足够的重视，要在

国内统一大市场和城市长远运营风险管控的基础上，做好城市内部和城市之间产业创新空间（企业端+消费端）的中长期规划。

传统的基础设施连接和打通了生产与消费，以制造产业集聚区、科技创新产业区为代表的产业创新空间基础设施更多的是在企业生产端和产品服务的供给侧，是生产性基础设施的代表；以文化休闲商业旅游消费区为代表的产业创新空间基础设施更多的是在消费端发挥作用，是高价值、强体验、社交型产品和服务从生产端到消费端的"最后一公里"，代表休闲体验型为主的消费经济，当然应属于生活性基础设施。能将两者打通或主动融入城市群发展战略的城市，与疏通"断头路"有异曲同工之妙。

第二，推进城市产业创新空间等生产性基础设施的布局优化、存量管理运营升级、存量带动增量，吸引社会资本参与城市创新空间的不动产投资信托基金（Real Estate Investment Trust，REITs）发展。

我国传统基础设施建设已进入存量时代，形成了大量的存量资产，运营效率缺乏合理的评估，亟须进一步细化和分类管理。与此同时，新经济下的5G和IDC等数字基础设施、智慧交通与智慧能源等融合基础设施、国家战略性新兴产业集群、高科技产业园区等新型基础设施建设方兴未艾。随着城市经济由高增长向高质量发展迈进，面向"存量经济"时代下的新型基础设施建设，公募REITs作为股票和债券形式之外的新型、夹层金融类产品，成为提升园区不动产资产"市值"的重要工具，为产业创新空间等生产性基础设施和生活性基础设施市场化提供了最彻底的解决办法。

第三，支持和推动成立城市高质量发展联合会、协会、学会等中介组织或新型智库，加强对制造产业集聚区、科技创新产业区、文化旅游休闲消费区以及未来产业科技创新区进行考核评价，推进科技服务业高质量发展。

成立城市级科技服务业中介组织或新型智库，并与国际合作，对城市创新发展非常重要。尤其是城市基础设施资产、运营管理、互联互通、更新改造等一系列问题，特别需要从城市级的视角厘清，方能提出解决办法，避免因城市领导班子的快速调整而偏离城市战略方向。以深圳市产业园发展促进会、苏州市产业园发展促进会为例，两者作为连接全球创新网络的"桥梁"与"纽带"作用，在专精特新领域，通过与国际知名的专委会、协会、商会、学会、联盟和联合会等行业组织建立全面战略合作关系，拓展跨国跨区域合作渠道。通过促进和跟踪研究，对制造产业集聚区、科技创新产业区、文化旅游休闲消费区等创新基础设施进行评价，有效避免了"产业空心化、创新口头化"的城市发展风险。

第四，重视城市创新空间和文化休闲消费空间运营人才的培育培养，以才引才，人才服务人才，打造"人才金字塔"为动态结构的创新型人才集群，打造优渥的人才再生产环境。

具有知识壁垒的行业，普遍遵从"人才吸引人才"定律。根据研究，通过人才吸引人才的引才，效率能够提升 70%。数字经济、生物医药、新材料、研发及科技服务业等行业均属于智力密集型行业，遵从"人才吸引人才"定律。科技园和产业园运营、商业管理和服务、工业设计及规划等领域的人才也应该作为研发及科技服务业的领军人才得到认可，加大此类人才队伍培育和引进，发挥"以才引才"的关键少数人的作用，进一步优化人才结构。宽容失败和容纳"背叛"（"换工作不换停车场"）是硅谷创业文化的重要组成部分。实践证明，连续创业失败 3 次以上的创业者，再次创业的成功率也同步提升 3 倍以上。各领域的"链主"和"群主"单位应激活和鼓励创新创业人才遇到挫折后东山再起，以避免人才流失。激励创新创业人才"以才引才"，不断地壮大高端人才队伍。可以根据发展需要，推出普惠型的人才激励政策，打造"有高度、有梯度、结构优"的人才再生产环境。

第五，利用城市更新、传统基础设施改造、新型基础设施建设等机会，出台专项政策支持、综合引进和联合打造新产品、新技术、新业态、新服务、新文化、新消费、新模式的集展示、体验、监测、试用等为一体的综合示范区、示范点、示范街等创新试点，探索从"创意"到"创业"、从"示范"到"推广"、从"创富"到"创新"的创新之道。

科技革命并不意味着产业革命。从科技革命到产业革命需要一定的天使用户积累，乃至系统化应用示范作为桥梁。这座桥连通了时间错配、空间错配的技术供给推动和特定特殊需求拉动。乔布斯曾经说过消费者并不知道自己需要什么。超前、前卫、高端的需求，很多时候客户自己也不知道，只能通过科技产品的展示、体验、试用、监测、宣传等系列"人造需求"试点和获取数据支撑后，才有大规模应用和市场推广的价值。

总之，利用城市更新、传统基础设施升级改造、新型基础设施建设等机会，按照适度超前原则，支持新技术、新产品、新服务、新模式等新解决方案的试点示范，让基础设施在建设过程中更好地发挥"乘数效应"的同时，再通过孵化、加速、产业招商、人才引进和产业培育等基础设施的运营策略引入，发挥基础设施带动经济发展的"指数效应"，这是城市高质量、可持续发展的精明之道和创新之路。

全面认识我国构建现代能源体系的四大视角[*]

董晓宇^{**}

现代能源是我国建设社会主义现代化强国的重要物质基础，构建现代能源体系是国家面向未来、面向国际、面向民生发展所作出的重大战略安排，为推动我国能源高质量发展、建设能源强国提供了根本保障。为加快将构建现代能源体系这一战略付诸行动，2022 年，国家能源主管部门出台了《"十四五"现代能源体系规划》（以下简称《规划》），细化了构建现代能源体系的总体蓝图和行动纲领。如何以更全面的视角认识我国构建现代能源体系？笔者认为，应该至少从历史、国际、战略、民生等视角来分析和解读，每个视角下所要揭示的重点内容有所不同。从历史视角来看，我国能源事业发展为构建现代能源体系提供了成功经验和现实基础，体现了构建现代能源体系的时代性；从国际视角来看，构建我国现代能源体系应紧紧把握国际能源发展的趋势，体现构建能源体系的国际性；从战略视角来看，构建现代能源体系将服务我国全面建设社会主要现代化国家的战略目标，体现构建现代能源体系的战略性；从民生视角来看，现代能源体系构建是我国实现共同富裕新征程中以人民为中心的直接体现，突出现代能源体系的人民性。

---

* 原文发表在《中国电业与能源》2022 年第 5 期，部分内容有删节。

** 作者简介：董晓宇，首都科技发展战略研究院研究员，高级经济师（副教授）。

一、历史视角：为构建现代能源体系提供成功实践

关于现代能源的概念目前尚未有明确的界定，在当今的学术、政策及实践当中，"能源"在不同时空语境下所依据的参照物不同，就有了"能源"的现代和传统之分。从人类对能源利用的纵向时间周期来看，大致可以分为薪柴时代、煤炭时代、石油时代和电力时代等，在新的能源品种出现前，原有能源就是当时时代的"现代能源"，如在石油出现之前，煤炭就是当时的现代能源，被替代的秸秆和薪柴是原始能源；但即使在同一时代下，如果能源的利用方式发生了大的改变，现代能源的概念就具有了外延的含义，如对于当今而言煤炭是传统能源，但煤炭的清洁利用是现代能源的范畴。所以，现代能源是一个相对的、动态发展的、与时俱进的概念，是着眼于未来能源发展观念的新体系，不能将其抽象化、绝对化，在不同的历史发展时期，现代能源所蕴含的实质和意义是变化的和发展的。

我国发展现代能源已经有悠久的历史，新中国成立后，发展现代能源的探索和实践就从来没有停止过。改革开放以来，在不断加强能源资源开发和基础设施建设的基础上，我国更加注重能源发展质量和效率，从"六五"计划到"十五"规划，逐步提出提高经济效益和能源效率，坚持节约与开发并举，把节约放在首位，优化能源结构，积极发展新能源，推动能源技术发展，提高能源利用效率。党的"十二大"报告中提出的总任务是逐步实现工业、农业、国防和科学技术四个现代化，提出加强能源开发和大力节约能源消耗两重任务。2006年3月通过的《中华人民共和国国民经济和社会发展第十一个五年规划纲要》提出："坚持节约优先、立足国内、煤为基础、多元发展，优化生产和消费结构，构筑稳定、经济、清洁、安全的能源供应体系。"

现代能源概念最早出现在党和政府的文件中是在2010年党的十七届五中全会上，该次会议及其后的"十二五"规划提出要加强现代能源产业和综合运输体系建设，加快新能源开发，推进传统能源清洁高效利用，在保护生态的情况下，积极发展水电，加强生态建设，发展智能电网，扩大油气战略储备；推动能源生产和利用方式变革，构建安全、稳定、经济、清洁的现代能源产业体系。我国在"十三五"规划中对建设现代能源体系作了阐述，提出要深入推进能源革命，着力推动能源生产利用方式变革，优化能源供给结构，提高能源利用效率，

建设清洁低碳、安全高效的现代能源体系，维护国家能源安全。2016 年 12 月，国家发展改革委、国家能源局印发重要文件《能源生产和消费革命战略（2016—2030）》，也提出要建设现代能源体系。

从我国"十一五"规划提出的"构筑稳定、经济、清洁、安全的能源供应体系"，到"十二五"规划进一步提出：推动能源生产和利用方式变革，构建安全、稳定、经济、清洁的现代能源产业体系，这其中对我国能源工作的总的指导方针是一脉相承的，"八字方针"没有变，只是对"安全"予以更高的重视，提到了首位。"十三五"规划中进一步表述为"建设清洁低碳、安全高效的现代能源体系"，在目前实施的"十四五"发展规划中，单独设置"构建现代能源体系"一节，提出推进能源革命，建设清洁低碳、安全高效的能源体系，提高能源供给保障能力。这其中有一点提法发生了变化，"十一五"规划、"十二五"规划中以构建"现代能源产业体系"为着眼点，"十三五"规划以至"十四五"规划中直接表述为"现代能源体系"，去掉了其中的"产业"两个字眼。这个微小的变化，实际上说明当前我国能源领域改革发展任务是综合的、系统的、全面的，现代能源体系的范畴更加广泛，既包括现代能源产业体系，也包含能源体系治理、发展模式等方面的内容，是新时期大能源观的直接体现。当然，现代能源产业体系仍是现代能源体系的核心，是现代产业体系的一个有机组成部分。有学者曾对现代能源产业的范畴做过研究，认为现代能源产业应该主要包括新兴能源产业和传统能源产业中比较先进的生产方式，可以说凡是高效的、低排放的能源生产方式，都可以算作现代能源产业。笔者较为认同这种观点，但应跳出产业看产业的视角桎梏，现代能源产业也是我国基础设施的重要组成部分，在国家发展全局中具有战略性、基础性、先导性作用。

经过改革开放以来数十年的发展，能源为我国经济增长创造的辉煌成就提供了根本保障。特别是党的十八大以来，我国能源发展取得了历史性的成就，能源生产发生巨大变革，发展动力由传统能源加速向新能源转变，能源结构由原煤为主加速向多元化、清洁化转变；原煤、原油等传统能源生产增速明显放缓，占比大幅下降，能源事业已进入新的发展阶段。构建现代能源体系是一个连续的过程，绝不是另起炉灶，也不存在新老划断的问题，没有过去的探索和成功实践，就不会有继续前行的基础。

二、国际视角：顺应全球能源绿色低碳发展大趋势

从国际视角来看，发达国家的能源生产和利用方式也在从传统能源向清洁能源转变，世界能源正在全面加快转型，可再生能源将成为能源供给的主要组成部分，近5年可再生能源提供了60%左右的全球新增发电量，低碳和绿色发展成为当今国际能源体系转型的主旋律。尽管我们没有看到美欧、日本等国家和地区有"现代能源"的表述，但从其能源战略和相关产业政策中可以清楚地看到，上述国家和地区普遍在能源结构转变、能源体系优化及节能减排行动等方面加大了技术引导、产业政策支持力度，并为应对气候变化提出更积极的碳排放目标。我国加快构建的现代能源体系就是顺应世界能源绿色低碳发展的大趋势、大方向，其与国际能源体系接轨的子体系是加强国家能源合作的基础。

在推动全球能源低碳绿色发展的进程中，中国的承诺和转型至关重要。构建现代能源体系是践行碳达峰碳中和承诺的基本保障。中国宣布力争2030年前实现二氧化碳排放达峰、2060年前实现碳中和的目标，这样的承诺和目标已同时写进国家"十四五"规划，也体现到国家和地方的相关专项规划当中。可以说，中国积极应对气候变化展现了大国担当，加速推动绿色低碳转型的信心和决心是坚定的。目前全球超过130个国家和地区提出了净零排放或碳中和的目标。欧盟成员国承诺在2050年前实现碳中和，到2030年欧盟温室气体净排放总量与1990年相比至少减少55%；美国承诺不迟于2050年实现温室气体净零排放；英国计划到2035年将温室气体排放量较1990年减少78%；阿联酋和沙特成为海湾地区率先提出净零排放目标的传统产油国，分别宣布到2050年、2060年实现净零排放；新兴经济体越南、俄罗斯、印度等宣布碳中和计划，目标分别为2050年、2060年、2070年实现碳中和；韩国宣布到2050年实现净零排放。从这些国家和地区的碳中和目标看，发达国家在2050年前、发展中国家在2060年前实现碳中和是目标设定的基本规律。我国提出碳达峰碳中和目标已与全球主要经济体看齐，既符合中国能源发展的实际，也保持了与世界各国同步推进的节奏。

能源领域是实现碳达峰、碳中和的主战场。中国近90%的温室气体排放源自能源体系，实现碳中和要求能源体系快速而深度转型，低碳和绿色发展必须提到更加重要的战略地位，以抢占新能源发展和第四次工业革命的先机。近年来，我国坚持创新、协调、绿色、开放、共享的发展理念，能源结构持续优化，非化

石能源消费比重达到 16.6% 左右，能源科技创新能力显著提升，新能源和电力装备制造能力全球领先，各类新模式新业态不断涌现，绿色低碳转型发展不断取得新成效，推动能源事业形成新格局。"十四五"时期我国能源低碳转型进入重要窗口期，是构建现代能源体系的重要阶段。在我国对外宣示的碳达峰、碳中和 4 个主要指标中，能源直接相关的就有 3 个，分别是 2030 年单位 GDP 碳排放强度较 2005 年下降 65% 以上、非化石能源消费比重达到 25% 左右，以及风电、太阳能发电总装机容量达到 12 亿千瓦以上。这些任务目标的实现有赖于提高能效、推广可再生能源和减少化石能源使用、大幅加速清洁能源创新等途径，能源绿色低碳发展的重大转型需要现代能源体系予以保障，所以现代能源体系的发展基调是坚定不移走生态优先、绿色低碳的高质量发展道路，稳中求进推动能源生产消费模式绿色低碳变革，助力经济社会发展全面绿色转型。

三、战略视角：服务全面建设社会主义现代化国家

我国提出将在 2035 年基本实现社会主义现代化，从"十四五"开局之年到 2035 年近 25 年的时间段内，全面建设社会主义现代化国家的战略安排将渗透到经济社会的各个领域，能源领域将是主战场之一。从某种意义上讲，能源的现代化是经济社会现代化的基础和保障，这是由能源的基础性地位决定的。因此，从战略角度来看，能源领域现代化关系到国家现代化的全局，构建现代能源体系是服务全面建设社会主义现代化国家的重要支撑。《规划》正是从这个战略高度出发，为"十四五"时期加快构建现代能源体系、推动能源高质量发展提供根本遵循和行动指导。

构建现代能源体系的核心是推动能源领域的现代化。如何看待能源领域现代化的重要意义，不外乎两个方面：一是推动能源高质量发展，提升能源产业链现代化水平，实现"能源强国"新目标，解决的重点是能源事业发展的"强而优"；二是践行"四个革命、一个合作"能源安全新战略，应对全球性能源调整与结构性冲击的挑战，以及受到国际能源体系多重地缘政治环境持续影响带来的挑战，核心是要端牢中国的能源饭碗，解决的重点是能源事业发展的"安而稳"。当然，这两个方面不是完全分立的，相互之间是紧密联系的，在我国推进全面建设社会主义现代化国家的进程中，统一于助力实现碳达峰碳中和目标、支撑经济社会高质量发展的根本宗旨下。

能源领域的现代化就是依靠"现代能源"推动能源生产和利用方式变革，提升能源产业链现代化水平，推动能源产业基础高级化、产业链现代化，形成现代能源产业体系。现代能源产业体系又是我国现代化经济体系建设中的重要组成部分，对于促进经济社会发展至关重要，因此，加快构建现代能源体系，是顺应建设现代化经济体系的内在要求。我国建设社会主义现代化能源强国，离不开现代能源体系的坚实基础。能源强国要求我国能够成为全球能源低碳转型和合作的重要参与者和全球能源治理的领导者，而构建现代能源体系的"四梁八柱"包括深化能源体制改革、推动能源结构转型、提升能源保障能力、加快能源技术创新、扩大能源国际影响等方面，这些任务举措都是建设能源强国的应有之义，共同支撑能源强国目标的实现。

构建现代能源体系是能源安全的防护网。能源安全发展是落实总体国家安全观在能源领域的重要体现，构建现代能源体系要在安全发展方面做好充分的考量，增强机遇意识和风险意识，树立底线思维，坚持统筹发展和安全，协同推进低碳转型与供给保障，着力筑牢国家能源安全屏障。近年来，国际能源市场波动、地缘政治深刻变化、能源治理体系主导权竞争激烈，无疑增加了我国能源事业发展的不确定性和风险。从国内看，经过多年发展，我国形成了煤炭、石油、天然气、非化石能源多轮驱动的能源供给体系，有力保障了经济社会发展和民生用能需求。同时，我国能源安全新旧风险交织，油气资源短板长期存在，区域性、时段性能源供需紧张问题时有发生，网络安全等非传统安全风险日益突出，能源安全保障工作尤为重要。现代能源体系重点从加强"两个能力、一个体系"建设上发力，一是增强能源供应链稳定性和安全性，提升能源战略安全保障能力，通过加大国内油气勘探开发力度、提升储备能力、加强能源国际合作等途径，多措并举增强油气供应保障能力；二是增强能源系统平稳运行能力，发挥好煤炭煤电安全托底保障作用，化解区域性、时段性能源供需矛盾；三是健全能源安全风险管控体系，强化特大城市、核心区域和重要用户的电力安全保障，布局一批坚强局部电网，防范化解非传统安全风险。

四、民生视角：推动区域协调、城乡一体化发展

构建现代能源体系是从坚持以人民为中心的立场出发，强调民生优先，共享发展的原则，着重解决能源区域差别、城乡差别的问题，最终形成在现代能源体

系下，使不同经济发展水平地区、乡村与城市都能平等分享能源普遍服务水平，推动能源发展成果更多更好惠及广大人民群众。因此，从民生视角来看，地区间、城乡间不同的用能水平在一定程度上影响了居民收入、地区经济发展等，这与国家提出的共同富裕道路是不相适应的。现代能源体系的构建正是统合过去能源领域各项顶层设计，弥合过去能源发展过程中历史形成的鸿沟，补短板、清欠账，以新时代能源事业更高的人民性强化民生领域能源需求保障，体现社会主义现代化的本质要求。

在能源地区差别方面，受我国能源资源禀赋、经济发展水平的影响，能源生产消费逆向分布特征明显。以"胡焕庸线"为近似分界线，我国中东部地区能源消费量占全国比重超过 70%，生产量占比不足 30%，重要的能源基地主要分布在西部地区。长期以来，形成了"西电东送、北煤南运、西气东输"的能源流向格局。现代能源体系站在国家全局的角度，综合考虑区域能源供需平衡、资源环境约束、能源输送成本等因素，将统筹提升区域能源发展水平作为一项重点任务，解决地区间能源生产、消费与负荷中心不匹配的问题，对能源生产布局和输送格局做出统筹安排。现代能源体系的主要特征之一是集中式与分布式并举，加大能源就近开发利用，提高资源配置效率。特别是新型电力系统将为更多新能源发展提供载体，各地区可以因地制宜发展新能源等多能互补的供给方式，构建源网荷储一体化的能源生产、消费模式。《规划》提出优化能源开发利用布局，发挥能源富集地区战略安全支撑作用，包括加快西部清洁能源基地建设、提升中东部地区能源清洁低碳发展水平及强化区域间资源优化配置。

虽然我国能源发展已取得历史性伟大成就，但在能源的城乡差别方面，长期以来城乡二元结构所形成的壁垒，使广大农村在能源领域所获得的投资偏少，农村能源基础设施欠账较多，导致用能服务保障能力较弱，农村能源体系的协调性、系统性和整体性发展水平较之于城市有很大差距，服务能力、运行效率、服务品质短板还比较明显。加快农村能源体系现代化是落实国家乡村振兴战略以及走共同富裕之路的本质要求。农村能源体系是我国构建现代能源体系的重要组成部分，没有农村能源体系的现代化，就没有我国整体能源体系的现代化，现代能源是城市能源体系和农村能源体系共同的现代化。如果仅仅是各级城市建立了符合现代化特征的能源体系，而广大农村仍然排除在外，那么是不符合"十四五"提出的共同富裕目标，因此，现代能源体系对于完善城乡供能基础设施，支撑新型城镇化和乡村振兴战略的实施具有重要意义。

为服务现代能源体系构建这一战略在农村落地，国家有关部门发布了关于加快农村能源转型方面的指导意见，主要举措包括：一是加快农村能源绿色低碳试点，提高清洁能源在农村能源中的比重，发展壮大分布式可再生能源，广泛应用绿色低碳新模式新业态。二是提出要完善农村能源基础设施网络，加快新一轮农村电网改造升级，推动提升农村电气化水平，推动供气设施向农村延伸。三是积极培育"新能源+产业"，建设"光伏+现代农业"，开展各类经济作物规模化种植，提升土地综合利用价值；推广新能源+生态修复、矿山治理等模式，合理布局林光互补、牧光互补等项目，打造发电、牧草、种养殖一体化生态复合工程。所有这些举措聚焦于满足人民生产生活用能需求，共同指向提升城乡能源普遍服务水平。

五、结语

构建现代能源体系是我国能源事业发展的重要里程碑，将对我国全面建设社会主义现代化国家产生深远影响。完整、准确、全面认识和理解我国构建现代能源体系的重大意义，需要从我国新中国成立以来特别是改革开放以来能源事业发展的历史成就中总结经验，从国际能源发展新格局、新版图、新趋势中充分吸收新成果、新思想。构建我国现代能源体系集中体现了大能源观下时代性、国际性、战略性和人民性的统一。时代性体现在立足于我国目前所处的历史阶段和应对内外部机遇挑战，突出时代特征和现实基础；国际性体现在瞄准、顺应和把握国际能源发展的转型趋势、技术潮流和治理格局，突出共同责任和使命担当；战略性体现在对实现社会主义现代化进程中能源安全发展的前瞻性、可预见性的总体安排，突出战略引领和行动落实；人民性体现在能源事业发展的出发点和最终落脚点是满足经济社会发展和人民日益增长的美好生活需要，突出改革发展惠及人民。

构建现代能源体系要突出"全国"一盘棋的思想，各个地区的能源基础设施都是现代能源体系的重要组成部分。由于我国各地区能源的资源禀赋条件和负荷实际情况差别很大，单个地区不可能按照现代能源体系的总体构架做到面面俱到，而是要发挥地区所长和优势所在，依托全国现代能源体系的总体布局，加快所在地区能源结构转型，加大科技创新投入力度，推动能源高质量发展，建设本地区的现代能源产业体系。在推动构建现代能源体系进程中，要特别反对搞不切合实际的"大而全""小而全"的所谓现代能源体系，近期部分省市也发布了关于构建现代能源体系的规划，部分内容有雷同的现象，根本原因在于没有从本地实际出发，做到扬长避短。这样的危害在于容易造成重复投资、无效投资，既造成国家财力物力的浪费，也贻误了能源事业改革发展的大好时机。所以对构建现代能源体系之一宏大事业要系统地看、辩证地看、全面地看，才不至于走入误区。

参考文献

［1］章建华．加快构建现代能源体系［EB/OL］．中国电力报，2022-04-02（001）．

［2］国家发展改革委，国家能源局．"十四五"现代能源体系规划（印发）［J］．华北电业，2022（3）：4.

［3］李伟．从供给侧和体制机制两个维度构建现代能源体系［EB/OL］．开放导报，2017（5）：7-11.

［4］陈柳钦．着力构建安全、稳定、经济、清洁的现代能源产业体系［J］．科学发展，2011（8）：62-71.